와인 애호가들을 위한 **김만홍**의 두 번째 이야기

12일만에 끝내는
프랑스와인의 모든것
2

와인 애호가들을 위한 김만홍의 두 번째 이야기
12일 만에 끝내는 프랑스 와인의 모든 것 2 〈6일~12일차〉

1판1쇄 발행 2019년 11월 8일
2판1쇄 발행 2021년 5월 10일
지은이 김만홍

펴낸이 정태욱 | **펴낸곳** 여백출판사
주소 서울시 성동구 한림말길 53, 4층 [04735]
전화 02-798-2368 | **팩스** 02-6442-2296
이메일 ybbook1812@naver.com
출판등록 2019년 11월 25일(제2019-000265호)

ISBN 979-11-90946-15-5 14590
ISBN 979-11-90946-13-1 14590 세트

이 책의 판권은 지은이와 도서출판 여백에 있으며, 양측의 서면 동의 없는 무단 전재 및 복제를 금지합니다.

· 잘못된 책은 구입한 곳에서 바꾸어 드립니다.
· 책값은 뒤표지에 있습니다.

와인 애호가들을 위한 **김만홍**의 두 번째 이야기

12일만에 끝내는
프랑스와인의 모든것

FRENCH
2
WINE

여백

2권 차례

6일차, 전 세계 고급 와인의 롤 모델, 보르도 지방   10

01. 보르도 지방의 개요 | 02. 보르도 와인의 역사 | 03. 보르도 지방의 떼루아
04. 보르도 지방의 레드 와인 성지, 오-메독 지구의 토양의 비밀
05. 보르도 지방의 포도 품종 | 06. 보르도 지방의 등급 체계
07. 보르도 지방의 화이트 와인의 개요 | 08. 보르도 지방의 화이트 와인 생산 지구
09. 레드 와인의 새로운 생산 기술 | 10. 가론 강 좌안 지구의 레드 와인 산지
11. 지롱드 강 좌안 지구의 레드 와인 산지 | 12. 우안 산지의 약진과 배경
13. 도르도뉴 강 우안의 레드 와인 산지 | 14. 보르도 지방의 이모저모

7일차, 보르도 와인의 그늘에서 벗어난 떠오르는 스타, 남서부 지방   106

01. 남서부 지방 개요 | 02. 남서부 지방의 역사
03. 남서부 지방의 주요 포도 품종
04. 남서부 지방의 생산 지역와 주요 AOC

8일차, 태양이 만들어 내는 다양한 와인, 론 밸리   136

01. 론 밸리 개요 | 02. 론 밸리의 역사 | 03. 두 개의 론 밸리, 북부와 남부
04. 론 밸리의 포도 품종 | 05. 와인 양조의 근대화 | 06. 론 밸리의 등급
07. 북부 론 밸리 주요 AOC | 08. 남부 론 밸리의 주요 AOC
09. 론 밸리의 유기농 와인과 론 밸리의 포도밭 확장

9일차, 과거의 영광을 위한 노력과 변화, 랑그독-루씨옹   216

01. 랑그독-루씨옹 개요 | 02. 랑그독-루씨옹 지방의 역사
03. 랑그독-루씨옹 지방의 떼루아 | 04. 랑그독-루씨옹 지방의 주요 포도 품종
05. 랑그독 지방의 주요 AOC | 06. 루씨옹 지방의 주요 AOC

10일차, 무명의 산지에서 개성을 표현하는 와인, 쥐라 & 싸부아 지방   254

01. 쥐라 지방 개요 ㅣ 02. 쥐라 지방의 역사
03. 쥐라 지방의 떼루아 ㅣ 04. 쥐라 지방의 주요 포도 품종
05. 쥐라 지방의 주요 AOC ㅣ 06. 싸부아 지방 개요
07. 싸부아 지방의 역사 ㅣ 08. 싸부아 지방의 떼루아
09. 싸부아 지방의 주요 포도 품종 ㅣ 10. 싸부아 지방의 주요 AOC

11일차, 지중해 햇살을 닮은 로제 와인의 본 고장, 프로방스 & 꼬르스   292

01. 프로방스 지방 개요 ㅣ 02. 프로방스 지방의 역사
03. 프로방스 지방의 떼루아 ㅣ 04. 프로방스 지방의 주요 포도 품종
05. 프로방스 지방의 주요 AOC ㅣ 06. 프로방스 지방의 크뤼 클라쎄 등급
07. 꼬르스 섬 개요 ㅣ 08. 꼬르스 섬의 역사 ㅣ 09. 꼬르스 섬의 떼루아
10. 꼬르스 섬의 주요 포도 품종 ㅣ 11. 꼬르스 섬의 주요 AOC

12일차, 자연친화적인 포도 재배와 와인 양조, 내추럴 와인   330

01. 자연친화적 농업의 움직임 ㅣ 02. 자연친화적인 포도 재배로의 회귀
03. 자연친화적인 재배로의 지향 ㅣ 04. 유기농 재배와 유기농 와인
05. 바이오-다이나믹 재배와 바이오-다이나믹 와인
06. 뤼뜨 래조네 재배와 자연친화적인 재배의 차이
07. 자연친화적인 와인 제조와 내추럴 와인

6일차 — 전 세계 고급 와인의 롤 모델 보르도 지방

01. 보르도 지방의 개요
02. 보르도 와인의 역사
03. 보르도 지방의 떼루아
04. 보르도 지방의 레드 와인 성지, 오-메독 지구의 토양의 비밀
05. 보르도 지방의 포도 품종
06. 보르도 지방의 등급 체계
07. 보르도 지방의 화이트 와인의 개요
08. 보르도 지방의 화이트 와인 생산 지구
09. 레드 와인의 새로운 생산 기술
10. 가론 강 좌안 지구의 레드 와인 산지
11. 지롱드 강 좌안 지구의 레드 와인 산지
12. 우안 산지의 약진과 배경
13. 도르도뉴 강 우안의 레드 와인 산지
14. 보르도 지방의 이모저모

FRENCH WINE REGIONS
BORDEAUX

AOC
60

- 🟢 SÉMILLON
- 🟢 SAUVIGNON BLANC
- 🟢 MUSCADELLE
- ⚫ MERLOT
- ⚫ CABERNET SAUVIGNON
- ⚫ CABERNET FRANC

보르도 지방은 대서양을 접하고 있는 와인 산지로, 부르고뉴 지방과 더불어 프랑스의 2대 와인 산지로 손꼽히고 있습니다. 전체 생산량의 90%를 레드 와인이 차지하고 있지만, 스위트 와인과 드라이 화이트 와인도 품질이 매우 뛰어납니다.

01 보르도 지방의 개요

- ◆ 재배 면적 : 117,500 헥타르
- ◆ 생산량 : 5,983,000 헥토리터

[www.lesvintoutsimplement.com] 2017년 자료 참조

프랑스 남서부에 위치한 보르도 지방은 대서양을 접하고 있는 산지입니다. 연중 기후가 온난하고 바다와 가까워서 비교적 습도가 높은 편입니다. 부르고뉴 지방과 함께 프랑스의 2대 와인 명산지로 손꼽히고 있으며 세계 최고 수준의 와인이 제조되고 있습니다.

레드 와인이 전체 생산량의 90%를 차지할 정도로 양적인 면에서 주를 이루고 있지만, 스위트 와인과 드라이 화이트 와인도 품질이 매우 뛰어납니다. 최고급 레드 와인이나 스위트 와인은 수명이 매우 긴 것이 특징으로 병 숙성을 통해 가치가 올라갑니다. 따라서 보르도 지방의 오래된 와인Old Vintage Wine은 예로부터 경매 시장에서 단골이 되었으며 근래에는 투자 상품으로써 큰 주목을 받고 있습니다.

보르도 지방은 부르고뉴 지방과 비교해, 지방 전체 생산량과 포도원당 생산량도 많은 것이 특징입니다. 보르도 지방의 유명 샤또들은 50~100헥타르의 포도밭을 소유하고 있고 연간 수십 만병 단위의 와인을 생산하고 있습니다. 하지만, 하나의 포도원에서 판매하는 와인의 종류는 부르고뉴 지방보다 적습니다. 대부분의 보르도 지방의 생산자들은 그랑 뱅Grand Vin(퍼스트 와인)의 최상급 와인과 그보다는 품질이 조금 떨어지는 쓰공 뱅Second Vin(세컨드 와인) 와인을 생산하고 있습니다.

보르도 지방은 '귀족적인 산지'라고 일컬어집니다. 부르고뉴 지방의 생산자가 작업복을 입은 농부인데 반해 보르도 지방의 유명 생산자들은 세련된 정장을 차려 입고 있습니다. 부르고뉴 지방의 대다수의 포도원 주인은 자신의 포도밭과 셀러에서 땀을 흘리고 있지만, 보르도 지방의 대규모 생산자는 대부분이 귀족이나 부호 또는 대규모 법인인 경우가 많아 소유주의 대다수는 현장에서 직접 작업을 하지 않고 있습니다.

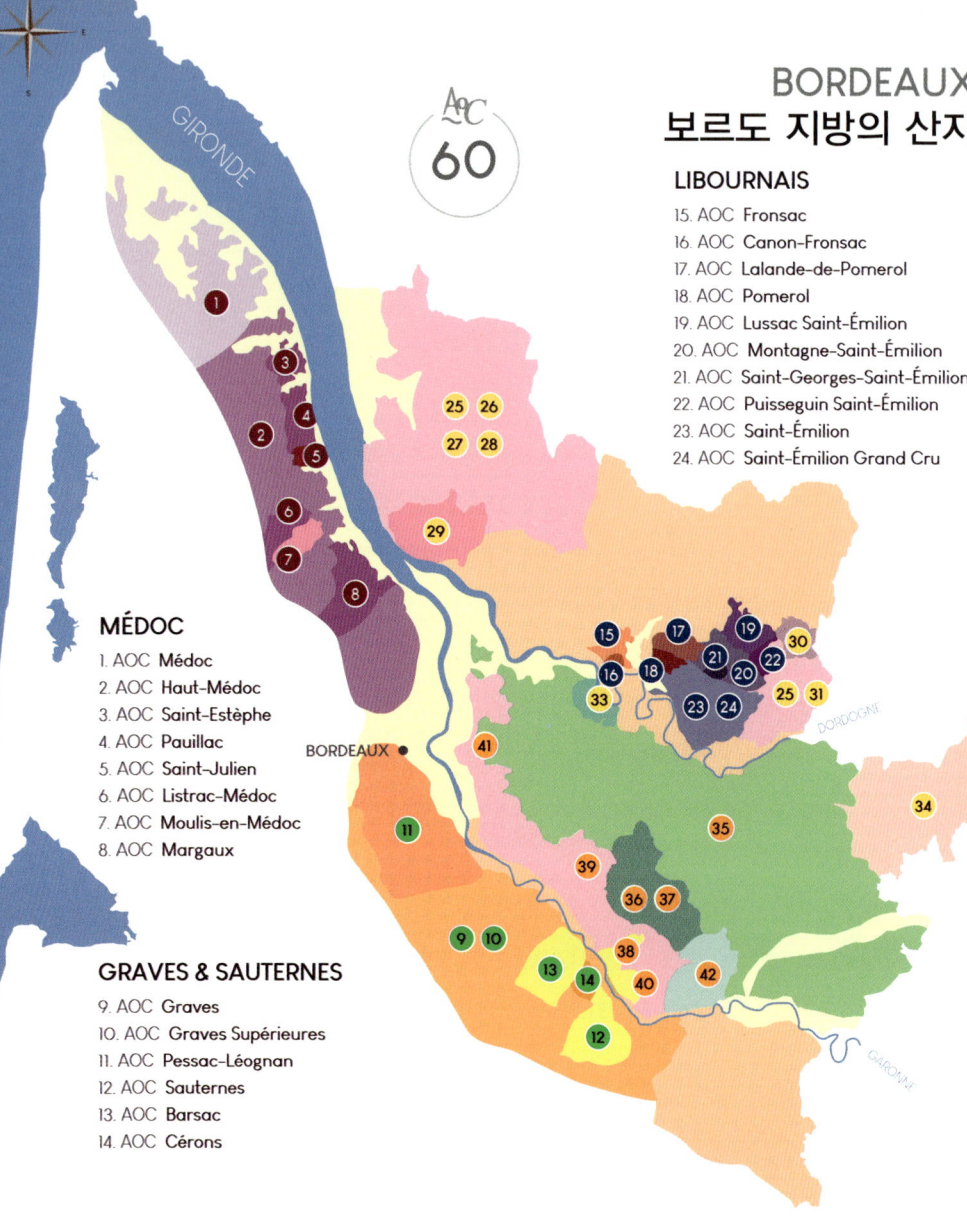

BORDEAUX
지방 명칭 와인

BORDEAUX
AOC Bordeaux
AOC Bordeaux Supérieures
AOC Bordeaux Clairet
AOC Crémant de Bordeaux

보르도 지방에서는 AOC 보르도, AOC 보르도 쉬뻬리외르, AOC 보르도 끌라레, AOC 크레망 드 보르도 등의 지방 명칭으로 레드, 화이트, 로제, 스파클링 와인을 만들고 있습니다. 이러한 AOC 와인들은 보르도 지방 전역에서 생산되고 있으며, 보르도 와인 생산량의 50%를 차지하고 있습니다.

HISTORY OF
BORDEAUX

보르도 지방은 지리적으로 도르도뉴 강과 갸론 강이라는 두 개의 큰 강이 교차해 지롱드 강이 되어 대서양으로 흘러 나가기 때문에 프랑스 남부 지방의 수상 교통의 요충지 역할을 하며 예로부터 상업이 크게 번성했습니다.

11세기 이후 유럽 전체로 무역이 활발하게 이루어지면서 와인도 수요가 증가했으며, 보르도 지방은 산지와 무역지로서 모두 번성하기 시작했습니다. 하지만 그 당시 주요 포도밭은 블라이, 그라브 지구와 쌩-떼밀리옹 마을 등에 있었고, 메독 지구에는 포도밭이 거의 없었습니다.

02 보르도 와인의 역사

고대부터 중세 전기까지

로마 시대의 유명한 시인인 아우소니우스 Ausonius(310~395)는 4세기경, 보르도 지방에서 포도 재배와 와인 생산이 번성했다는 것을 자신의 시 안에 서술했습니다. 이것이 문헌상에서 가장 오래된 보르도 와인에 관한 기록이지만, 실제로는 대략 기원전 2세기경부터 보르도 지방에서는 포도 재배와 와인 양조가 행해졌습니다. 또한 보르도 지방은 지리적으로 도르도뉴 Dordogne 강과 갸론 Garonne 강이라는 두 개의 큰 강이 교차해 지롱드 Gironde 강이 되어 대서양으로 흘러 나가기 때문에 프랑스 남부 지방의 수상 교통의 요충지 역할을 하며 예로부터 상업이 크게 번성했습니다.

로마 제국이 쇠퇴한 후에, 보르도 지방은 서고트족 Visigoth의 침입을 받았지만 프랑크 왕국 Frankenreich의 끌로비스 Clovis가 서고트족을 무찔러 보르도 지방을 점령했습니다.

11세기 이후 유럽 전체로 무역이 활발하게 이루어지면서 와인도 수요가 증가했으며, 보르도 지방은 와인 산지와 무역지로서 모두 번성하기 시작했습니다. 하지만 그 당시 주요 포도밭은 부르그 Bourg와 블라이 Blaye, 그라브 Graves 지구와 쌩-떼밀리옹 Saint-Émilion 마을 등에 있었고, 지금의 주요 산지인 메독 Médoc 지구에는 포도밭이 거의 없었습니다.

아우소니우스(Ausonius, 310-395)

로마 시대에 보르도 지방 출신의 시인이자 수사 학자로, 갸론 강가의 바자스(Bazas) 마을과 도르도뉴 강가의 쌩-떼밀리옹에 자신의 포도밭을 소유하고 있었다고 전해집니다. 한때는 로마 황제 아들의 가정교사로서 트리어(Trier)에 살았고 모젤 지방 포도밭의 아름다움을 칭송한 시도 남겼습니다. 쌩-떼밀리옹의 유명한 샤또 오존(Château Ausone)의 이름은 아우소니우스의 이름을 딴 것입니다.

영국령이었던 중세 후기

와인 산지로서 보르도 지방에 비약적인 발전이 찾아온 것은 12세기에 영국령이 되고 나서부터입니다.

1152년 루이 7세와 이혼한 아끼땐의 알리에노르 공주는 그 해 바로 앙주의 백작 앙리 플랑따즈네와 결혼을 하게 되는데, 여기서부터 아끼땐 공국은 복잡한 문제에 얽히기 시작합니다. 당시 결혼할 때 신부가 지참금을 가져가야 하는 풍습 때문에 알리에노르 공주는 자신의 아끼땐 공국의 영토와 재산을 신랑에게 가져가게 됩니다. 2년 뒤에 앙리 플랑따즈네는 영국으로 건너가 '헨리 2세'로 영국 왕이 되었고 그가 소유한 앙주 공국과 그의 부인 때문에 얻은 아끼땐 공국은 자연스럽게 영국령이 되었습니다.

이후 백년전쟁이 종결될 때까지의 약 300년에 걸쳐서 보르도 지방은 영국의 지배를 받았고 이 기간 동안 보르도 와인 무역은 영국으로의 수출을 중심으로 크게 발전하였습니다. 당시 보르도 지방의 와인 상인들은 영국 왕국으로부터 관세 면제 등의 특혜를 받기도 했습니다.

그 당시에 보르도 지방에서 생산되는 와인은 대수롭지 않은 평범한 와인이었습니다. 보르도 항에서 수출되는 와인 중에는 강의 상류에 있는 남서부 지방의 베르주락 Bergerac, 가이약 Gaillac, 꺄오르 Cahors 등의 와인이 양과 품질적인 면에서 보르도 지방의 와인보다 우세했습니다. 그 결과, 보르도 지방의 와인 상인들은 자신들의 와인 판매를 유리하게 하기 위해서 정치적인 술책을 쓰게 되었고 마침내, 영국으로부터 특별한 권리를 얻어 내는데 성공합니다. 이것을 '보르도 특권'이라 하는데, 보르도 지방의 와인이 남서부 지방의 와인보다 먼저 출시하도록 보장하는 내용입니다. 당시 와인을 장기간 보존하는 것이 어려웠기 때문에 이 특권이 가지는 의미는 매우 컸습니다. 그리고 그들의 계획대로 보르도 지방의 와인은 남서부 지방의 와인을 압도하기 시작했습니다.

HISTORY OF
BORDEAUX

ALIENOR D'AQUITAINE

아끼땐의 알리에노르와 앙주의 백작 앙리 플랑따즈네가 결혼하면서 아끼땐 공국은 영국령이 되었습니다. 이후 백년전쟁이 종결될 때까지의 약 300년에 걸쳐서 보르도 지방은 영국의 지배를 받았고, 이 기간 동안 보르도 와인 무역은 영국으로의 수출을 중심으로 크게 발전하였습니다. 당시 보르도 지방의 와인 상인들은 영국 왕국으로부터 관세면제 등의 특혜를 받기도 했습니다.

AQUITAINE

근세부터 근대 시대의 발전

1453년 백년전쟁이 종결된 후 보르도 지방은 다시 프랑스령이 되었지만 영국과의 와인 무역은 계속 이어졌습니다. 그 후 17세기에 접어들면서 네덜란드 상인들에 의해 북유럽과 독일로의 수출도 활발해졌습니다. 네덜란드 상인들은 늘어나는 수요를 충당하기 위해 과거 늪지대였던 오-메독 Haut-Médoc 지구를 간척했으며, 오-메독 지구는 서서히 포도밭의 모습을 갖추기 시작했습니다. 지금은 유명 와인들이 오-메독 지구의 주요 마을에서 생산되고 있지만, 당시 가장 유명했던 보르도 와인은 그라브 지구의 샤또 오-브리옹 Château Haut-Brion이었습니다.

그 후에도 보르도 지방의 와인 교역은 계속 번성하였고 18세기 전반까지 와인 생산자들은 막대한 부를 축적하게 되었습니다. 이렇게 번 돈을 통해서 왕족과 귀족이 소유한 보르도 지방의 토지는 유복한 상인 계급에게 소유권이 이전되었습니다. 또한 부의 힘에 의해 보르도 지방은 프랑스 혁명기의 정치적 혼란 속에서도 견뎌낼 수 있었습니다. 하지만 나폴레옹 1세가 집권하면서 영국에 대한 경제적 봉쇄 조치인 대륙 봉쇄령을 지시하면서 보르도 지방의 와인은 영국과의 교역이 끊어져 큰 타격을 받았습니다. 반세기가 지난 후에야 나폴레옹 3세의 제2제정 시기를 맞이하면서 보르도 지방은 다시 황금기를 맞이하게 됩니다.

19세기 중반, 보르도 지방은 해상 무역을 통해 발전하여 해외에서는 이미 명성을 확립했지만, 자국 내에서는 존재감이 없는 무명의 존재였습니다. 그러나 1852년 파리와 보르도 지방을 잇는 철도망을 개통되고, 1855년 메독 및 쏘떼른 지구의 등급을 제정되면서 자국 내 인지도를 완전히 바꿔놓았습니다. 이러한 전환기를 계기로 보르도 지방은 프랑스 내에서도 최고의 명산지로서의 지위를 확립했습니다.

세계대전에 의한 정체 시기

20세기 전반, 세계대전의 시대에는 보르도 지방의 와인 산업 역시 슬럼프에 빠지게 되었습니다. 제1차 세계대전 중에는 전쟁의 동원에 의한 일손부족과 러시아 혁명에 의한 시장의 소멸, 그리고 1915년의 극단적인 흉작 등으로 인해 보르도 와인의 생산과 판매에도 큰 타격을 주었습니다. 제1차 세계대전이 종결되고 1920년대에 들어서야 괜찮은 빈티지가 많이 생산되었지만 또다시 금주법에 의한 미국 시장의 소멸과 1929년 세계경제공황의 시작 등으로 파란만장한 시기를 보냈습니다. 1930년대는 세계 불황으로 인해 와인이 전혀 팔리지 않았던 시기로 많은 샤또와 네고시앙이 어려운 경영난으로 인하여 매각되기도 했습니다. 이런 와중에 유럽은 다시 세계대전이 일어나 포도밭에서는 일손, 농약, 비료 등이 심각하게 부족한 상태가 되었고 마침내, 보르도 지방은 독일군에 점령되었습니다.

전쟁 전후에 찾아온 부흥과 1970년대의 부진

제2차 세계대전이 끝나고 프랑스에 평화가 찾아오면서 보르도 지방의 와인 산업도 부흥하기 시작했습니다. 특히 1945, 1947, 1949년의 위대한 빈티지가 연달아 출시된 것과 1950년대에 그라브와 쌩-떼밀리옹 지방에서는 우량 샤또에 대해 등급이 제정된 것이 부흥을 도왔습니다.

1950년대 말 이후부터 보르도 지방의 고급 샤또들은 와인 판매에서 얻은 수익을 설비 시설과 포도밭에 투자하면서 품질 향상에 박차를 가했습니다. 셀러에서는 온도 조절 장치가 부착된 스테인리스 스틸 탱크가 도입되었고, 포도밭에서도 구획 별로 토양에 적합한 품종과 클론으로 옮겨 심기가 진행되었습니다. 같은 시기에 보르도 대학의 양조학부 교수인 에밀 뻬이노Émile Peynaud에 의해서 말로-락틱 발효 과정의 해명, 온도 관리의 효용, 위생 관리의 효용 등 각종 연구가 활발하게 진행되었고 그 성과는 즉시 보르도 지방의 와인 품질에 나타나기 시작했습니다.

1960년대에는 보르도 와인의 수출지로서 미국 시장이 크게 성장하였습니다. 그리고 1970년대부터 보르도 지방의 와인은 미국 시장에서 엉 프리뫼르 En Primeur (선물 구매) 형태로 매매되기 시작하였고, 고급 샤또들의 와인은 수확 이듬 해의 봄에 이미 판매처가 정해지게 되었습니다. 엉 프리뫼르의 와인 매매가 일반화되어가면서, 이전과 같이 샤또와 네고시앙에서 병입된 와인을 일정 기간 숙성시키고 난 후 시장에 파는 일은 없어지게 되었으며, 보르도 와인의 병 내 숙성은 소비자의 몫이 되었습니다.

1970년대 초반에는 샤또들이 계속해서 가격만 높게 설정하는데 급급했기 때문에 보르도 와인의 품질과 가격이 맞지 않는 수준이 되어 버렸습니다. 또한 1973년에 오일쇼크가 일어나 세계가 불황에 빠지게 되자 '와인 게이트 사건'으로 불리는 보르도 와인의 스캔들이 불거져 나오면서 보르도 와인 시장은 결국 무너지고 가격도 폭락하게 되었습니다. 그 결과 많은 샤또와 네고시앙이 경영의 파탄을 맞게 되었고 파산, 매각, 흡수, 합병이라는 큰 아픔을 겪게 되었습니다.

와인 게이트 사건은 1973년에 발각된 보르도 와인 업계의 최대 스캔들로 이 지방의 주요 네고시앙인 크루즈 회사를 포함한 몇 개 회사들이 다른 산지의 뱅 드 따블 와인을 사들여 AOC 와인으로 출하한 사건입니다. 미국의 유명한 워터게이트 사건을 모방해 '와인 게이트'라 부르며, 원산지를 사칭한 비양심적인 사건입니다. 결국 뱅 드 따블 와인을 소개한 중개인들은 실형 판결을 받았으며, 크루즈사에게도 벌금형이 부과되었습니다. 와인 게이트 사건 이후 크루즈사는 실적을 회복하지 못해 끝내, 1979년에 매각 처리되었습니다.

20세기 최고의 양조학자, 에밀 뻬이노(Émile Peynaud) 교수에 관해

1970년대에서 1980년대에 걸쳐, 그랑 크뤼 클라쎄 등급의 대다수 샤또들은 보르도 대학 양조학부 교수인 에밀 뻬이노의 지도를 받아 비약적인 품질 향상을 이뤄냈습니다. 에밀 뻬이노 교수는 20세기 와인 양조를 바꾼 위대한 양조학자로, 대규모 네고시앙에서 일하던 어린 시절에 보르도 대학교의 양조학부 학과장이었던 장 리베로 가이용(Jean-Riberau Gayon) 교수의 눈에 띄어 교육자의 길로 첫발을 딛게 되었습니다.

에밀 뻬이노 교수는 말로-락틱 발효의 조절, 완숙한 포도를 따는 방법, 포도의 선별 방법, 발효 온도의 관리, 와인 양조의 위생 관리 등 막대한 연구 업적을 남겼으며, 현대식 레드 와인 양조 기술의 기초는 전부 그가 넓혔다고 해도 과언이 아닙니다. 또한 와인 시음의 기술 향상과 교육에도 앞장서 르 구 뒤 뱅(Le Goût du Vin, 와인의 맛)이라는 훌륭한 시음 이론서를 남기기도 했습니다.

지금의 양조 컨설턴트라는 직업의 원조인 그는 양조 현장에도 직접 찾아 다니면서 적극적인 조언도 아끼지 않았습니다. 1970년부터 1980년대까지 에밀 뻬이노 교수의 지도를 받은 샤또는 100개가 넘었으며, 품질 평가가 낮아지던 샤또 마르고를 1978년 빈티지부터 극적으로 부활시킨 일화는 매우 유명합니다. 현재 보르도 지방의 좌안을 중심으로 활동하는 유명 양조 컨설턴트인 쟈끄 부아스노(Jacques Boissenot)는 에밀 뻬이노의 애제자로 1970년대 말부터 1980년대에 걸쳐 함께 활동했으며, 미셀 롤랑(Michel Rolland)도 그의 제자 중 한 명이기도 합니다.

HISTORY OF
BORDEAUX

20세기 최고의 양조학자, 에밀 뻬이노 교수는 말로-락틱 발효의 조절, 완숙된 포도를 따는 방법, 포도의 선별, 발효 온도의 관리, 와인 양조의 위생 관리 등 막대한 연구 업적을 남겼습니다.

황금기의 도래와 가격의 급등

1980년대에 접어들면서 1982, 1985, 1986, 1988, 1989년 등 뛰어난 빈티지의 와인이 계속해서 등장하게 되자, 이내 보르도 지방의 고급 샤또들은 다시 부활하였습니다. 에밀 뻬이노 교수가 주장한 선별 작업의 도입과 세컨드 와인의 창설도 활발하게 진행되었고 그랑 뱅 Grand Vin의 품질도 향상되었습니다. 그중에서도 가장 중요한 것이 선별 작업의 도입입니다. 이것은 포도 재배부터 와인 양조와 숙성의 모든 단계에 이르기까지 좋은 와인과 나쁜 와인을 선별하여, 좋은 와인만을 샤또의 최고급 와인인 그랑 뱅에 사용하는 것입니다. 포도밭의 구획 별로 재배, 양조와 숙성은 나뉘어서 진행하며 블렌딩 과정에서는 품질적으로 우수한 것만을 선별해서 그랑 뱅을 만듭니다. 품질이 떨어지는 와인은 샤또의 저가 제품인 쓰공 뱅에 이용되거나, 또는 벌크 Bulk 형태로 네고시앙에 팔아 버리기도 합니다.

선별 과정은 포도밭에서부터 시작됩니다. 토양의 입지 조건이 떨어지는 구획이나 포도나무의 수령이 어린 구획의 포도는 처음부터 그랑 뱅 와인의 제조에서 제외됩니다. 포도 과실의 성숙기 및 수확 전후에 부패한 과실이나 잘 익지 않은 과실을 골라내는 선과 작업도 넓은 의미에서는 선별 작업이라 볼 수 있습니다. 와인은 알코올 발효가 시작된 이후 블렌딩 과정까지 모든 단계에서 반복적으로 시음해 그중에서 가장 뛰어난 품질의 와인만을 그랑 뱅으로 블렌딩합니다.

선별에 의해 제거되는 와인의 비율은 샤또와 빈티지에 따라 달라지며 괜찮은 빈티지일수록 그랑 뱅의 생산 비율이 높아집니다. 일반적으로 그랑 뱅과 쓰공 뱅의 가격이 2배~4배 정도의 차이가 나기 때문에 그랑 뱅의 생산량을 줄이는 것은 단기적으로는 샤또의 매출 감소로 연결됩니다. 하지만 생산량을 줄이고 품질을 높여서 그랑 뱅의 평가가 높아진다면 쓰공 뱅의 가격도 상승하기 때문에 장기적인 측면에서 수익 증가로 연결되는 경우가 많습니다.

비슷한 시기에 우안 산지, 특히 뽀므롤 Pomerol 마을에서 만든 와인의 인기가 현저하게 높아졌습니다. 또한, 1980년대 이후부터 로버트 파커와 영국, 미국의 와인 매체가 보르도 시장에 미치는 영향력이 점점 커지면서, 예전에 네고시앙과 수입업자 등의 유통업자들이 담당했던 품질 평가의 역할이 저널리스트나 평론가들에게로 옮겨갔습니다.

1990년대에는 쌩-떼밀리옹을 중심으로 보르도 지방의 우안에서 혁명이 일어나기 시작했습니다. 갸라주 와인Vin de Gagage(차고 와인)으로 불리는 극소량, 고품질의 와인이 시장에서 유행하기 시작했으며, 과즙 농축 기술을 비롯한 신기술의 도입과 보급에 의해서 예전과 같은 안 좋은 빈티지가 사라지기 시작했습니다. 그리고 2000년 이후 2000, 2003, 2005, 2009, 2010년이라는 뛰어난 빈티지 덕분에 보르도 지방의 와인은 현재 비이상적인 가격까지 급등하게 되었습니다.

샤또 자체 병입 운동

보르도 지방은 20세기 전반까지 그랑 크뤼 클라쎄 와인이라고 해도 샤또에서 병입되는 와인의 비율은 그다지 높지 않았으며, 오크통에 넣은 상태로 네고시앙이나 해외의 수입상에 판매하는 것이 일반적이었습니다. 오크통에서 와인을 일정 기간 숙성시킨 후에 독자적으로 병입을 하는 경우도 있지만 이 과정에서 부정이 행해질 우려가 있었습니다. 이 때문에 샤또 무똥-로칠드의 소유주인 필립 드 로칠드 남작은 1920년대에 다른 1등급 샤또에게도 제안을 하여 생산한 와인 전량을 샤또에서 직접 병입하자는 운동을 개시하였습니다. 1972년 이후, 그랑 크뤼 클라쎄 샤또에서 자체 병입하는 것이 의무화되었습니다.

HISTORY OF
BORDEAUX

1980년대 접어들면서 우안 산지, 특히 뽀므롤 와인의 인기가 현저하게 높아졌습니다. 또한 1980년대 이후부터 로버트 파커와 영국, 미국의 와인 매체가 보르도 시장에 미치는 영향력이 점점 커지면서 예전에 네고시앙과 수입업자 등의 유통업자들이 담당했던 품질 평가의 역할이 저널리스트나 평론가들에게로 옮겨갔습니다.

03 보르도 지방의 떼루아

　보르도 지방은 대서양 연안의 멕시코 만류의 영향을 받아 해양성 기후를 띠고 있습니다. 바다에 가까운 입지와 이 지방을 가로지르며 흐르는 강으로 인해 전반적으로 기후가 온화하고 안정적입니다. 멕시코 만류는 카리브 해에서 북부 유럽까지 따뜻한 해류를 옮기며 포도 생장 주기를 연장시켜 줍니다. 겨울의 혹독한 추위와 겨울 서리, 그리고 발아한 새싹을 위협하는 봄 서리가 상대적으로 덜하며, 포도는 10월까지 성숙될 수 있습니다.

　대서양 연안의 남쪽은 거대한 랑드 숲과 모래 언덕이 있어 바다로부터 불어오는 강한 바람을 막아주고 강우량을 조절해주는 역할을 해줍니다. 연평균 강우량은 950mm 정도로 부르고뉴 지방에 비해 약간 높은 편이고 여름과 특히 가을은 따뜻하고 일조량이 풍부합니다. 6월 개화와 열매 형성 시기에 날씨 변덕이 심해 수확량의 편차가 있고 곰팡이 병의 피해를 받기도 합니다. 특히 수확 시기에 내리는 비는 포도의 수분량이 증가해 풍미가 희석될 수 있습니다.

04 보르도 지방의 레드 와인 성지, 오-메독 지구의 토양의 비밀

보르도 지방의 토양은 매우 다양합니다. 토양의 배수 관리와 열 보유량의 차이에 따라 포도 품종의 적합 여부와 성숙도에 영향을 줍니다. 보르도 지방의 레드 와인 성지인 오-메독 지구는 자갈 토양으로 구성되어 있는데, 이것이 고품질 와인의 비밀이라고 여겨지고 있습니다. 실제로 오-메독 지구의 포도밭은 작은 자갈로 뒤덮여 있어 식물이 생육하기에 힘든 척박한 토양입니다. 이 자갈은 보르도 지방을 흐르는 큰 강의 하천 활동에 의해서 운반되어 퇴적된 것입니다. 아래에서는 자갈질의 토양이 어떻게 고품질의 레드 와인을 만들어 내는지에 대해서 설명하겠습니다.

1970~1980년대에 걸쳐 보르도 대학의 제라르 스갱Gerard seguin 교수는 오-메독 지구의 지질구조와 토양의 메커니즘에 관한 연구를 실시하였습니다. 교수는 지형이 평범한 오-메독 지구는 미세 기후에 큰 차이가 없기 때문에 품질의 차이는 토양의 조성에 있고, 그중에서도 특히 배수 조건에 의해서 결정된다고 연구에서 밝혔습니다.

일러스트의 그림은 제라드 스갱 교수가 쌩-쥘리앙 마을의 4등급 포도원인 샤또 베이슈벨 Château Beychevelle을 조사한 토양의 단면도입니다. 토양의 지표면에서 지하수면까지, 그 사이에 배수가 잘 되는 모래와 자갈 퇴적층이 층층이 쌓여져 있는 것을 볼 수 있습니다. 지하수면은 상당히 깊은 곳에 위치하고 있으며 포도나무의 뿌리는 그 지점까지 뻗어져 있습니다.

뛰어난 포도밭의 조건에서 가장 중요한 것은 포도의 생육 기간 동안 수분이 뿌리까지 안정되게 공급되는 일입니다. 그 관점에서 본다면 포도의 생육 기간, 그중에서도 수확 시기에 비가 종종 내리는 유럽의 경우 토양의 배수가 좋은 것이 매우 중요합니다. 배수가 좋지 못하면 비가 내린 후에 지표면 부근의 토양이 침수되어 뿌리가 대량의 수분을 흡수해 버리게 됩니다. 이는 포도 과즙의 희석과도 연결되며, 결과적으로 와인의 품질에도 영향을 미칩니다.

HAUT-MÉDOC TERROR
오-메독 지구의 떼루아

보르도 대학의 제라드 스갱 교수는 지형이 평범한 오-메독 지구는 미세 기후에 큰 차이가 없기 때문에 와인 품질의 차이는 토양의 조성과 배수 조건에 의해서 결정된다고 연구에서 밝혔습니다.

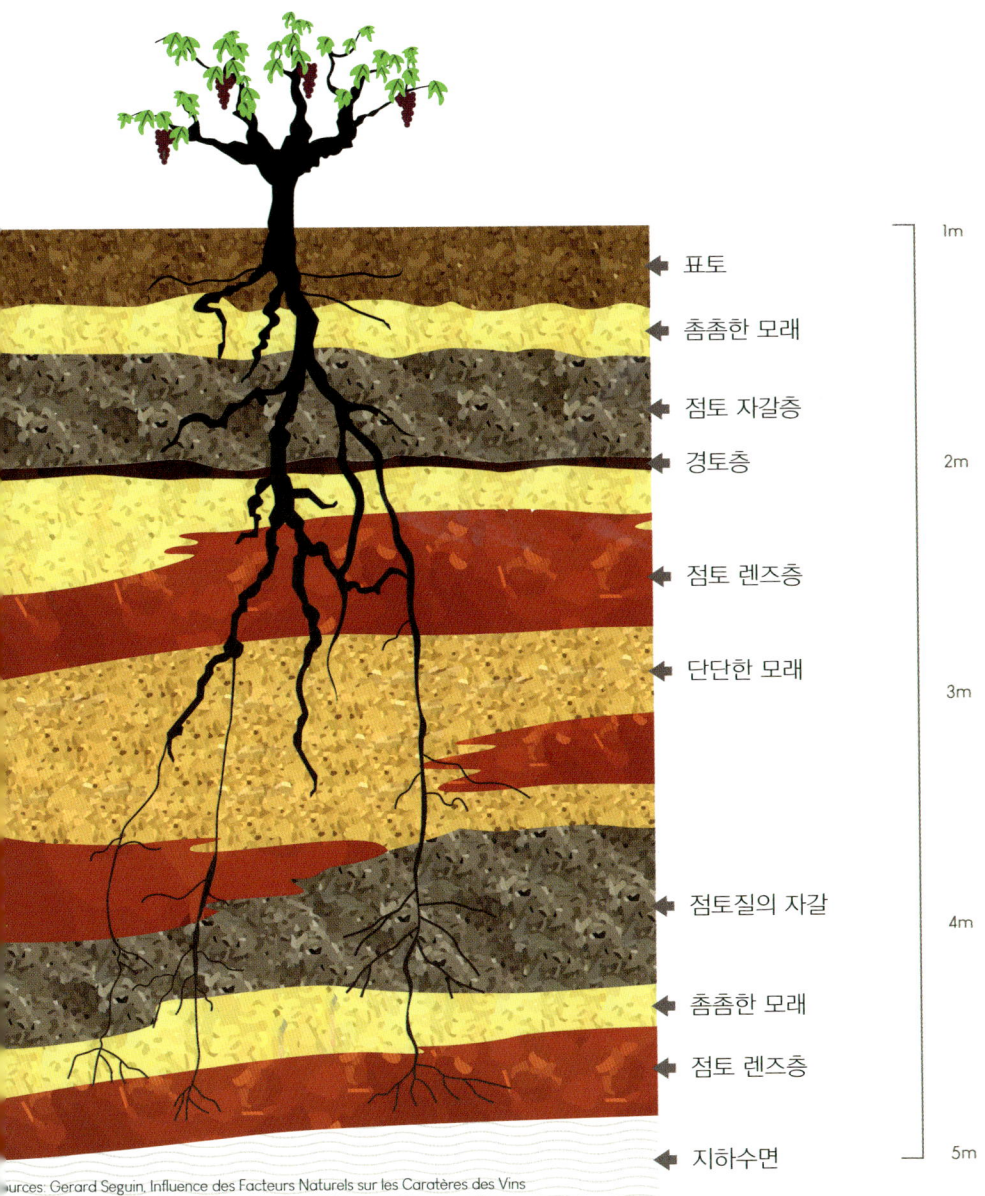

Sources: Gerard Seguin, Influence des Facteurs Naturels sur les Caratères des Vins

점토, 실트Silt, 모래, 자갈, 돌 등 토양을 구성하는 입자가 크면 클수록 배수는 좋아집니다. 특히 모래나 자갈 층은 수분 침투력이 강해 빗물을 거의 모아두지 못합니다. 만약, 토양 안에 자갈밖에 없다면 포도나무의 뿌리는 수분과 영양분을 흡수하는 것이 어렵게 됩니다. 따라서 뿌리가 수분과 영양분을 흡수하기 위해서는 점토가 반드시 있어야만 합니다. 일러스트에서 표시한 오-메독 지구 토양의 경우 모래층과 자갈층 사이에 점토층이 렌즈처럼 끼여있고, 거기에 포도나무의 뿌리가 생육에 필요한 수분이나 영양분을 흡수합니다. 이 렌즈층 만으로는 생육에 필요한 수분을 충당할 수 없기 때문에 포도나무는 땅속 깊이 뿌리를 내려 지하수를 흡수하게 됩니다. 지하수는 비교적 안정된 수분 공급원으로 1년 내내 포도나무에 소량의 수분을 제공해줍니다. 단, 여름에는 지하수의 수위가 내려가기 때문에 포도나무는 가벼운 수분 스트레스를 가지게 됩니다. 최근의 포도 재배학에서는 착색 이후의 적당한 수분 스트레스가 과실의 성숙을 촉진시켜준다고 알려져 있습니다. 이러한 점에서는 오-메독 지구의 토양이 매우 이상적입니다.

05 보르도 지방의 포도 품종

　보르도 지방에서는 대다수의 레드 와인과 화이트 와인 생산에 여러 포도 품종을 블렌딩하여 생산합니다. 레드 와인은 생산 지방의 기후와 토양에 의해서 정해지는 최적의 품종인 까베르네 쏘비뇽이나 메를로에 보조 품종을 몇 가지 블렌딩해 만드는 것이 일반적입니다. 예를 들어, 메독 지구에서는 까베르네 쏘비뇽을 주품종으로 메를로와 까베르네 프랑 등이 블렌딩되고 있습니다. 각 포도 품종은 구획 별로 나누어 심어져 있으며 수확에서 발효까지 포도 품종 별로 진행됩니다.

　각각의 포도 품종은 향이나 맛에 특징이 있지만 블렌딩하면 와인 전체의 복합성이 증가합니다. 또한 포도 품종의 블렌딩은 재배상의 위험 요소를 분산한다는 목적도 있습니다. 블렌딩 비율은 생산자의 재량이기 때문에 보르도 지방은 단일 품종으로 와인을 제조하는 부르고뉴 지방보다 생산자의 개성이 와인에 반영되기 쉽다고 볼 수 있습니다.

- 까베르네 쏘비뇽(Cabernet Sauvignon)
보르도 지방을 대표하는 적포도 품종으로 메독 지구와 그라브 지구의 레드 와인 생산에 주로 사용하고 있습니다. 타닌 성분이 많아 떫은맛이 강하고 강건한 스타일의 와인을 만들어내며 최고급 와인의 경우 수명이 매우 긴 편입니다. 늦게 익는 만생종이므로 비교적 서늘한 기후의 쌩-떼밀리옹과 뽀므롤 마을에서는 잘 익지 않습니다. 반면 자갈이 많이 함유된 오-메독 지구는 태양의 복사 열을 통해 이 품종을 잘 익을 수 있게 도움을 줍니다. 현재 전 세계에 이식된 적포도 품종으로서는 가장 재배 면적이 넓은 품종이기도 합니다.

- 메를로(Merlot)
쌩-떼밀리옹과 뽀므롤 마을의 주요 적포도 품종입니다. 풍부한 과실 향에 적당한 타닌과 부드러운 신맛을 지니고 있습니다. 메를로 품종을 많이 사용한 와인은 전반적으로 부드러움이 특징입니다. 하지만 단일 품종으로 만들 경우 일부러 수확량을 낮춰 과실의 농축미를 끌어올리지 않는 한 개성이 부족합니다. 보르도 지방의 적포도 품종 중에서 가장 빨리 익으며, 수확량도 올리기 쉬워서 보르도 지방에서 가장 널리 재배되고 있습니다.

- 까베르네 프랑(Cabernet Franc)

극히 일부 포도원을 제외하고, 보르도 지방에서 주요 품종으로 사용된 적이 없으며, 대부분 쌩떼밀리옹 마을에서 재배되고 있습니다. 그렇지만 우안과 좌안 산지를 불문하고 보조 역할로서는 매우 중요한 역할을 하고 있으며, 특히 뚜렷하고 다채로운 방향성은 블렌딩할 때 핵심 요소가 될 수 있습니다. 메를로 품종보다는 늦게 익고 까베르네 쏘비뇽보다는 일찍 완숙됩니다. 전반적인 풍미는 까베르네 쏘비뇽과 유사하지만 무게감과 기품이 다소 떨어지며 타닌 성분도 그다지 많지 않습니다. 까베르네 쏘비뇽과 마찬가지로 배수가 좋은 따뜻한 성질의 토양에서 잘 자랍니다. 현재 보르도 지방보다는 루아르 지방에서 주요 품종으로 재배되고 있습니다.

기타 적포도 품종으로는 색, 타닌, 향신료 풍미를 가진 쁘띠 베르도 Petit Verdot 와 말벡 Malbec 이 있으며 사용하는 양에 비해서 와인에 미치는 영향이 적어 최근에는 점점 사용되는 비율이 적어지고 있습니다.

- 쎄미용(Sémillon)

보르도 지방에서 가장 널리 재배되고 있으며, 드라이 화이트 와인과 스위트 화이트 와인 모두에 사용되는 청포도 품종입니다. 포도 껍질이 얇아 귀부균이 번식, 침투하기 쉽기 때문에 쏘떼른 지구에서는 스위트 와인 생산에 주로 사용되고 있습니다. 향은 비교적 수수하지만 와인에 무게감과 깊은 맛을 제공하며 숙성 능력이 좋습니다.

- 쏘비뇽 블랑(Sauvignon Blanc)

드라이 화이트 와인으로 쎄미용과 함께 사용되는 품종입니다. 뚜렷한 풀 내음, 피망 등 향이 두드러지며 신맛이 높아 산뜻하고 경쾌한 것이 특징입니다. 보르도 지방의 스위트 와인 만들 때 쎄미용의 낮은 산도를 보완하기 위해 블렌딩되어 사용되고 있습니다. 현재 보르도 지방에서는 쏘비뇽 블랑을 단일 품종으로 만드는 생산자들이 증가하고 있는 추세입니다.

기타 청포도 품종으로는 방향성이 풍부한 뮈스까델 Muscadelle이 있으며, 스위트, 드라이 화이트 와인 생산에 소량 사용되지만 보호 품종으로 중요한 역할을 하고 있습니다.

까베르네 쏘비뇽의 기원

1997년 캘리포니아 대학교 데이비스 캠퍼스의 캐롤 메레디스(Carol Meredith) 교수가 DNA 검사를 통해 까베르네 쏘비뇽은 까베르네 프랑과 쏘비뇽 블랑의 자연 교배에 의해 탄생된 품종임을 밝혀냈습니다. 이름에서 판단하면 형질을 쉽게 파악할 수 있겠지만, 이것은 대단한 발견으로 1997년 이전까지는 아무도 그 기원을 예상하지 못했습니다. 덧붙여 쏘비뇽은 프랑스어로 쏘바주(Sauvage, 야생)라는 단어에서 그 어원을 찾을 수 있으며 '프랑스 고유의 야생 포도 품종'이라는 의미를 갖고 있습니다.

BORDEAUX
BLENDING

01
서로 다른 품종의 블렌딩을 통해
와인의 복합성과 밸런스를 추구

02
각 샤또의 개성과 독창성을 표현

03
각 포도 품종의 생육 주기 차이를
이용해 날씨의 위험 요소를 분산

- SÉMILLON
- SAUVIGNON BLANC
- MUSCADELLE

- MERLOT
- CABERNET SAUVIGNON
- CABERNET FRANC

	Commune	Propriétaire

Premiers Crus

Lafitte	Pauillac	Sir Samuel Scott B.
Margaux	Margaux	Aguado
Latour	Pauillac	{ ... / ... / ... }
[Brane?]	Pierre [Longue?]	Eugène La...

Seconds Crus

Mouton	Pauillac	B.on de Rothschild
		{ ... }
	[Léoville?]	{ Marquis de las ... / Baron de [Poyferré?] / ... / de [Lagrange?] / de [Pallermo?] }
... Dufort	Margaux	
Lascases	St Julien	Pierre [Larget?] de [Bourgonard?]
		Mademoiselle ...

HISTORY OF
GRANDS CRUS CLASSÉS

1855년 개최된 파리 만국 박람회에서 나폴레옹 3세의 명을 받은 보르도 상공회의소에 의해 '그랑 크뤼 클라쎄 엉 1855' 등급이 제정되었습니다. 메독 지구는 레드 와인을 대상으로 60개 샤또가 선정되어 1등급에서 5등급으로 분류되었습니다. 이때 메독 지구가 아닌 그라브 지구의 샤또 오-브리옹도 선정되었는데, 당시 다른 지역에는 등급에 포함될 만한 뛰어난 와인이 없다고 생각되었기 때문입니다. 또한 같은 시기에 쏘떼른 지구도 귀부 스위트 와인을 대상으로 27개 샤또가 선정되어 등급이 제정되었습니다.

06　보르도 지방의 등급 체계

　보르도 지방은 부르고뉴 지방과 같이 포도밭의 등급 분류는 없지만 포도원의 등급 분류가 존재합니다. 포도원의 등급 분류가 지구 별로 이루어지고 있으며, 이로 인해 보르도 지방에서는 AOC보다 포도원이 주목을 받습니다. 예를 들어, 뽀이약 마을의 1등급 포도원인 샤또 라뚜르를 가리킬 때는 단순히 샤또 라뚜르라고 하는 것이 보통이며, 뽀이약이나 샤또 라뚜르의 뽀이약이라고는 하지 않습니다.

- 메독 지구의 등급 분류

1855년 개최된 파리 만국 박람회에서 나폴레옹 3세의 명을 받은 보르도 상공회의소가 첫 등급 분류를 제정했습니다. 공식적인 등급의 명칭은 '그랑 크뤼 클라쎄 엉 Grand Cru Classé en 1855'로, 레드 와인에 관해서는 메독 지구의 다수의 샤또 중에서 60개의 샤또가 선정되어 1등급에서 5등급으로 분류되었습니다. 이때 메독 지구가 아닌 그라브 지구의 샤또 오-브리옹도 선정되었는데, 다른 지역에는 등급에 포함될 만한 뛰어난 와인이 없다고 생각되었기 때문입니다. 현재 샤또 오-브리옹은 메독 지구뿐만 아니라 그라브 지구의 등급 제정 안에도 포함되어 있습니다. 1등급은 샤또 오-브리옹을 포함해 다섯 개의 샤또가 존재하며, 이 샤또들을 묶어 '5대 샤또'라고 부릅니다.

샤또 라피트-로칠드 Château Lafite-Rothschild, 샤또 라뚜르 Château Latour, 샤또 무똥-로칠드 Château Mouton-Rothschild, 샤또 마르고 Château Margaux, 샤또 오-브리옹 Château Haut-Brion

- 쏘떼른 지구의 등급

1855년, 메독 지구와 함께 쏘떼른 지구의 귀부 와인에 대해서도 등급이 제정되었습니다. 프리미에 크뤼 쉬뻬리외르 Premier Cru Supérieur 샤또 1개, 프리미에 크뤼 클라쎄 Premier Cru 샤또 11개, 뒈지엠 크뤼 클라쎄 Deuxième Cru 샤또 15개로 분류되어, 총 27개의 샤또가 선정되었습니다. 가장 유명한 것은 특1등급에 유일하게 지정된 샤또 디껨 Château d'Yquem 입니다.

- 그라브 지구의 등급

1959년에 그라브 북부 지구의 16개의 샤또가 크뤼 클라쎄 드 그라브 Cru Classé de Graves 등급으로 선정되었습니다. 그라브 지구의 등급은 서열화하지 않고, 레드 와인만이 지정된 샤또와 화이트 와인만이 지정된 샤또, 그리고 화이트와 레드 양쪽 모두가 지정된 샤또의 3그룹으로 분류되었습니다. 가장 유명한 것은 1855년 그랑 크뤼 클라쎄 1등급에 지정된 샤또 오-브리옹 입니다. 샤또 오-브리옹은 레드 와인과 화이트 와인 양쪽 모두 다 생산하지만, 화이트 와인은 생산량이 아주 적기 때문에 레드 와인만 등급으로 지정되어 있습니다.

- 쌩-떼밀리옹 지구의 등급

1954년에 쌩-떼밀리옹 등급이 최초로 제정된 이후 1955년, 1969년, 1986년, 1996년, 2006년 등 10년 주기로 재선정되고 있습니다. 하지만 2006년 재조정 과정에서 좌천된 생산자들이 법원에 이의 제기를 신청하면서 분쟁에 들어갔으며, 결국 2012년 재조정 결과를 발표하였습니다. 현재 프리미에 그랑 크뤼 클라쎄 '아' Premier Grand Cru Classé 'A' 4개 샤또, 프리미에 그랑 크뤼 클라쎄 '베' Premier Grand Cru Classé 'B' 14개 샤또, 그랑 크뤼 클라쎄 Grand Cru Classé 64개 샤또가 분류되어 있습니다. 프리미에 그랑 크뤼 클라쎄 'A'에는 기존의 샤또 오존 Château Ausone과 샤또 슈발 블랑 Château Cheval Blanc을 포함해 새롭게 샤또 앙젤뤼스 Château Angélus, 샤또 빠비 Château Pavie가 승격되어 4개 샤또가 존재합니다.

- 등급이 없는 뽀므롤 마을

뽀므롤은 보르도 지방의 산지 중에서 유일하게 공식적인 등급이 없습니다. 가장 유명하며 고가인 것이 뻬트뤼스 Pétrus와 르 뺑 Le Pin 입니다

메독 지구의 그랑 크뤼 클라쎄 등급에 대한 재평가

1855년에 그랑 크뤼 클라쎄 등급이 제정된 이후로 150년 이상 지난 지금까지도 재평가가 실시되지 않았습니다. 그래서인지 등급은 높은데도 불구하고 와인의 품질이 낮은 경우 혹은 등급은 낮은데도 와인의 품질이 높은 경우 등 현재의 품질 평가와 등급이 일치하지 않는 샤또들이 존재합니다.

1961년 프랑스 정부는 재평가 준비를 하고 있었지만 개정 후 17개 샤또들이 등급을 박탈당할 것이라는 정보가 새면서 이익을 잃는 것을 두려워한 해당 샤또의 오너들이 크게 반대하여 계획이 좌절되었습니다. 유일하게 예외가 된 것이 샤또 무똥-로칠드로, 이 샤또 만이 유일하게 1973년 2등급에서 1등급으로 승격하게 되었습니다. 샤또 무똥-로칠드의 승격이 가능했던 것은 와인의 품질이 높았을 뿐만 아니라 소유주인 로칠드(Rothschild) 가문의 막대한 재력과 정치력이 있었기 때문입니다.

그랑 크뤼 클라쎄 등급에 빠진 오-메독 지구와 메독 지구의 우수한 샤또를 대상으로 1932년 꾸르띠에(Courtier, 중개인) 조합이 등급을 제정했는데, 이것을 크뤼 부르주아(Cru Bourgeois)라 합니다. 발표 당시에는 444개의 샤또가 선정되었지만, 2003년 등급 재조정에 의해 247개로 분류하고 있습니다. 상위 등급인 크뤼 부르주아 엑쎕씨오넬(Cru Bourgeois Exceptionnel 9개 샤또), 크뤼 부르주아 쉬뻬리외르(Cru Bourgeois Supérieurs 87개 샤또), 크뤼 부르주아(Cru Bourgeois 157개 샤또)로 3개의 등급이 있습니다. 하지만, 우수한 와인을 만드는 유력 샤또 중에는 샤또 쏘시앙도-말레(Château Sociando-Mallet)나 샤또 글로리아(Château Gloria)처럼 크뤼 부르주아 등급 신청을 일부러 하지 않고 등급이 없는 샤또로 남아 있는 곳도 있습니다.

CLASSIFICATION
보르도 지방의 등급

GRAND CRU CLASSÉ 1855

■ PREMIERS CRUS	1등급	샤또	5개
■ DEUXIÈMES CRUS	2등급	샤또	14개
■ TROISIÈMES CRUS	3등급	샤또	14개
■ QUATRIÈMES CRUS	4등급	샤또	10개
■ CINQUIÈMES CRUS	5등급	샤또	18개

메독 지구 60개, 그라브 지구 1개 샤또 대상, 레드 와인의 등급 분류

GRAND CRU CLASSÉ 1855

■ PREMIER CRU SUPÉRIEUR	특1등급	샤또	1개
■ PREMIERS CRUS	1등급	샤또	11개
■ DEUXIÈMES CRUS	2등급	샤또	15개

소떼른 지구의 귀부 와인 생산 샤또 27개 대상, 스위트 와인의 등급 분류

CRU CLASSÉ DE GRAVES 1959

■ ROUGE	레드	샤또	7개
■ BLANC	화이트	샤또	3개
■ ROUGE et BLANC	레드, 화이트	샤또	6개

16개 샤또를 대상, 레드 & 화이트 와인을 서열화하지 않고 등급 분류

GRAND CRU CLASSÉ 2012

SAINT-ÉMILION

■ PREMIERS GRANDS CRUS CLASSÉS A — 1등급 A 샤또 4개
■ PREMIERS GRANDS CRUS CLASSÉS B — 1등급 B 샤또 14개
■ GRANDS CRUS CLASSÉS — 샤또 64개

1954년 최초로 제정된 이후 1995, 1969, 1986, 1996, 2006년 등 10년 주기로 재선정되었으나, 2006년 법적 분쟁에 들어가면서, 결국 2012년 재조정 결과를 발표함. 과거 A 샤또 2개였으나 현재 4개

1855년 그랑 크뤼 클라쎄 등급이 재정된 이후로 약 150년 이상 지난 지금까지도 재평가가 실시되지 않았습니다. 1961년에 프랑스 정부는 재평가를 준비하고 있었지만 개정 후 17개 샤또들이 등급을 박탈당할 것이라는 정보가 새면서 이익을 잃는 것을 두려워한 해당 샤또의 오너들이 크게 반대하여 결국 계획이 좌절되었습니다.

유일하게 예외가 된 것이 샤또 무똥-로칠드로, 이 샤또만 1973년에 2등급에서 1등급으로 승격하게 되었습니다. 샤또 무똥-로칠드의 승격이 가능했던 것은 와인의 품질이 높았을 뿐만 아니라 소유주인 로칠드 가문의 막대한 재력과 정치력이 있었기 때문입니다.

07   보르도 지방의 화이트 와인의 개요

보르도 지방은 역사적으로 레드 와인과 스위트 와인으로 유명한 산지입니다. 드라이 화이트 와인은 오랫동안 무명의 존재였으나, 1980년대 이후부터 최신식의 설비와 기술 적용에 의해서 비약적인 품질 향상을 이루었습니다. 그 과정을 '화이트 와인의 혁명'이라고 부르며, 중추적인 역할을 한 인물이 보르도 대학 양조학부의 드니 뒤부르디외Denis Dubourdieu 교수입니다. 그럼 보르도 드라이 화이트 와인의 혁신적 배경이나 그 핵심이 되는 구체적인 양조 기술을 설명하겠습니다.

드라이 화이트 와인의 저품질 시대

일찍부터 명성을 확립한 레드 와인에 비해서 보르도 지방의 드라이 화이트 와인은 1960년대까지 저가 와인이라는 비난을 면할 수 없었습니다. 그라브 지구의 화이트 와인은 저가 와인의 대명사로 알려졌으며, 앙트르-뒤-메르Entre-Deux-Mers의 화이트 와인은 평판이 더욱 좋지 못했습니다. 실제로 10년 전 보르도 지방의 드라이 화이트 와인은 포도를 잘 선별하지 않은 채 비위생적인 환경에서 아무런 계획도 없이 제조되었으며, 심각하게 산화되어 있는 와인도 적지 않았습니다. 하지만 당시에 그라브 지구의 샤또 오-브리옹Château Haut-Brion과 도멘 드 슈발리에Domaine de Chevalier 등 소수의 포도원만이 고품질의 드라이 화이트 와인을 만들었는데 이것은 극히 예외적인 경우입니다.

개혁의 시작

보르도 지방의 드라이 화이트 와인의 품질 향상 움직임은 1960년대 초반 에밀 뻬이노 교수가 저온 발효를 추천하면서 시작되었습니다. 그러나 혁신의 움직임이 산지 전체로 확산된 것은 1970년대 이후의 일이었습니다. 이 시기에는 세계 시장의 소비 동향이 레드 와인에서 가벼운 화이트 와인으로, 화이트 와인 중에서도 스위트 타입에서 드라이 타입으로 전환하는 추세였기 때문에 신선하고 과일 향이 나는 드라이 화이트 와인이 전 세계 산지에서 만들어지기 시작했습니다.

1970년대 보르도 지방 역시 세계적인 소비 동향을 따라가기 위해 같은 접근 방식을 사용해 품질 향상에 힘쓰고 있었습니다. 와인 게이트 사건이 발단이 된 1970년대 전반, 시장 붕괴로 인해서 네고시앙의 세력이 극도로 약해지고, 그에 따라 생산자가 직접 와인을 병입하는 일이 빈번해지면서 품질을 향상시키는 것이 오히려 개혁의 배경이 되었습니다. 더불어, 온도 조절 장치가 부착된 스테인리스 스틸 탱크나 공기압 압착기가 와인의 품질을 높이기 위해서 새로이 보급되었고 마침내, 1980년대로 접어 들면서 보르도 대학 양조학부 교수인 드니 뒤부르디외의 주도하에 혁명이라고 평가될 만큼의 극적인 품질 향상을 이뤄내기 시작했습니다.

드니 뒤부르디외(Denis Dubourdieu, 1949~2016)

1980년대 후반부터 2016년까지 화이트 와인 혁명을 주도한 주인공이 보르도 대학 양조학부의 드니 뒤부르디외 교수입니다. 드니 뒤부르디외는 양조학부에서 가장 존재감이 있는 교수로 여러 포도원을 컨설팅하는 활동도 활발히 했으며, 1997년에는 와인 양조 분야에서는 처음으로 '파리 과학 아카데미상'을 수상하기도 했습니다. 그는 쏘떼른 지구의 2등급 포도원인 샤또 두와지 다엔(Château Doisy Daëne), 그라브 지구의 끌로 플로리덴(Clos Floridene), 샤또 레이농(Château Reynon)의 소유주이기도 하며, 이곳은 드니 뒤부르디외 교수의 폭넓은 연구의 실험 장소이기도 했습니다. 보르도 지방의 화이트 와인 혁명가인 드니 뒤부르디외 교수는 안타깝게도 2016년 67세의 나이로 생을 마감했습니다.

DENIS DUBOURDIEU
혁명가 드니 뒤부르디외

1980년대 후반부터 2016년까지 화이트 와인 혁명을 주도한 주인공이 보르도 양조학부의 드니 뒤부르디외 교수입니다. 드니 뒤부르디외는 양조학부에서 가장 존재감이 있는 교수로 여러 포도원을 컨설팅하는 활동도 왕성하게 했으며, 1997년 와인 양조 분야에서는 최초로 파리 과학 아카데미상을 수상하기도 했습니다. 드니 뒤부르디외 교수의 혁명적인 기술로는 스킨 컨택트, 오크통 발효, 리즈 컨택트, 플레이버 케미스트리 등이 있습니다.

1차 화이트 와인의 혁명과 새로운 생산 기술

1980년대부터 드니 뒤부르디유 교수의 연구 성과를 와인 양조 과정에 전면적으로 도입하기 시작했으며, 풍부한 과실 맛과 무게감을 지닌 새로운 스타일의 고급 드라이 화이트 와인이 차례로 선을 보였습니다. 그 이후, 보르도 지방의 드라이 화이트 와인은 발전을 거듭해 전 세계적으로 알려지게 되었고 그 양조 방법은 다른 산지에도 널리 퍼져 나가고 있습니다. 드니 뒤부르디유 교수의 대표적인 스킨 컨택트, 오크통 발효, 리즈 컨택트 등의 혁명적인 기술을 설명하겠습니다.

- 스킨 컨택트(Skin Contact)

드니 뒤부르디유 교수의 이름을 세계에 널리 알린 대표적인 기술이 스킨 컨택트입니다. 현재 이 기술은 보르도 지방에서 장기 숙성 타입의 와인과 단기 숙성 타입의 와인, 모두에 사용되고 있습니다. 스킨 컨택트는 알코올 발효를 개시하기 전, 포도를 제경, 파쇄한 후 저온 탱크로 옮겨 4~24시간 동안 포도 껍질과 과즙을 접촉시켜주는 기술입니다. 이렇게 하면 껍질에 포함되어 있는 향 성분이 추출되어 와인에 과실 풍미와 복합성을 더해주게 됩니다. 이 기술이 자주 사용되는 품종으로는 쎄미용 Sémillon, 쏘비뇽 블랑 Sauvignon Blanc, 리슬링 Riesling, 뮈스까 Muscat 등이 있습니다. 샤르도네 Chardonnay 품종도 일부 생산자가 사용하고 있지만 부르고뉴 지방에서는 거의 사용하지 않습니다.

스킨 컨택트 기술은 포도 껍질과 과즙의 접촉 시간을 관리하는 것이 매우 중요합니다. 조절을 잘못하면 껍질의 페놀 Phenol 성분이 다량으로 추출되어 버리기 때문에 병입 이후 짧은 기간 숙성을 시켰더라도 와인의 색이 많이 어두워져 버리는 문제가 발생합니다.

SKIN CONTACT
스킨 컨택트

드니 뒤부르디외 교수의 이름을 세계에 널리 알린 대표적인 기술이 스킨 컨택트입니다. 현재 이 기술은 보르도 지방에서 널리 사용되고 있습니다. 스킨 컨택트는 알코올 발효를 개시하기 전 포도를 제경, 파쇄한 후 저온 탱크로 옮겨 4~24시간 동안 포도 껍질과 과즙을 접촉시켜 주는 기술입니다. 이렇게 하면 껍질에 포함되어 있는 향 성분이 추출되어 와인에 과실 풍미와 복합성을 더해주게 됩니다. 스킨 컨택트 기술이 자주 사용되는 품종으로는 쎄미용과 리슬링, 쏘비뇽 블랑, 뮈스까 등이 있습니다.

짧은 시간 동안 저온 탱크에서
파쇄한 과즙과 껍질을 함께 접촉

압착 과정을 거친 후
과즙만 알코올 발효를 진행

- 오크통에서의 알코올 발효

바리끄 Barrique(225리터 용량)라 불리는 작은 용량의 오크통에서 알코올 발효를 실시하는 것을 말합니다. 알코올 발효 종료 후에도 오크통에서 숙성이 계속 진행되기 때문에 리즈 컨택트 Lees Contact와 스티어링 Steering 작업을 행하는 것이 일반적입니다. 장기 숙성 타입의 화이트 와인에 적용되는 양조 기술로 복합적인 풍미와 풍만한 질감의 와인을 만드는 것이 목적입니다. 아울러 부르고뉴 지방에서도 보르도 지방에서 보급되기 이전부터 오크통에서 알코올 발효가 행해지고 있었습니다.

오크통에서 알코올 발효와 숙성을 거친 와인은 스테인리스 스틸 탱크에서 알코올 발효를 진행하고 숙성만을 오크통에서 행한 와인에 비해 오크 향이 은은하고 와인과도 매우 자연스럽게 어우러져 있습니다. 오크통에서 알코올 발효를 진행하면 효모가 오크통 추출 성분의 일부를 향기가 없는 물질로 바꾸어 버릴 뿐만 아니라 오크통 내벽에 부착되어서 와인과의 접촉을 막아주기 때문에 숙성만을 오크통에서 행한 와인보다 오크 향이 강하게 남지 않습니다. 또한 와인의 색도 오크통에서 알코올 발효를 진행한 쪽이 맑습니다.

알코올 발효 온도도 오크통에서 행하는 것과 스테인리스 스틸 탱크에서 행하는 것에 차이가 있습니다. 일반적으로 오크통에서 알코올 발효를 하는 쪽이 온도가 높기 때문에 완성되는 와인의 무게감도 묵직해집니다. 참고로 드니 뒤부르디유 교수는 20~27℃ 정도의 고온에서 알코올 발효를 행하는 것이 고품질 드라이 화이트 와인을 만드는 핵심 포인트라고 주장하고 있습니다.

와인의 복합적인 향과 풍미를 위해서는 알코올 발효 과정에서 여러 종류의 오크통을 사용하는 것이 좋습니다. 동일한 과즙을 사용해도 알코올 발효를 다르게 진행하면 완성되는 와인의 품질에도 미묘한 차이가 발행하기 때문입니다. 오크통에서 발효를 하는 경우 오크통의 수가 대형 탱크와 비교하면 매우 많아지기 때문에 블렌딩해서 와인이 완성되었을 때 복합적인 향과 풍미가 형성됩니다.

위와 같이 오크 발효는 장점도 많이 있지만, 오크통의 위생 관리, 와인의 출납 과정에서 손이 많이 간다는 점, 알코올 발효나 말로-락틱 발효를 위해 오크통의 수가 많아지기 때문에 관리가 힘들다는 점, 오크통 자체의 구입 비용이 많이 든다는 점 등 단점도 많이 있습니다. 오크통에서의 알코올 발효가 고급 와인에만 국한되는 것은 저렴한 와인으로는 오크통 구입 비용이나 소요 시간에 따르는 마진을 얻을 수 없기 때문입니다.

- 리즈 컨택트(Lees Contact)

와인의 숙성 과정 중에 침전물을 거르지 않고 일정 기간 동안 와인과 침전물을 접촉시키는 기법을 말합니다. 주로 오크통에서 리즈 컨택트를 시행하지만 생산자에 따라 대형 탱크에서 행하는 경우도 있습니다. 리즈 컨택트를 함으로써 효모는 자가 분해를 통해 아미노산을 생성시켜 와인에 감칠맛과 중반의 맛의 깊이를 더해주게 됩니다. 또한 리즈 컨택트는 말로-락틱 발효를 촉진시켜주는 이점도 있습니다. 리즈 컨택트 기간은 짧게는 수 주간에서 길게는 1년 정도 소요되기도 합니다.

오크통 발효처럼 장점이 많은 기법이지만 바닥에 모이는 침전물 층이 너무 두꺼워지면 와인이 극도의 환원 상태가 되어 황화수소 등의 불쾌한 환원취가 발생하기 때문에 많은 생산자들은 정기적으로 오크통 상단의 구멍에 막대기를 넣어 바닥에 쌓인 침전물 층을 휘저어줌으로써 환원취의 발생을 방지합니다. 이것을 리즈 스티어링이라고 하고 프랑스어로는 바또나주 Bâtonnage 라고 합니다.

리즈 스티어링 작업은 아미노산의 추출을 촉진시켜주고, 와인의 감칠맛을 증가시켜주는 효과적인 기법이지만 지나치면 침전물의 풍미만이 와인 안에서 생겨나기 때문에 와인의 상태에 따라 적당한 기간과 빈도에서 멈추는 것이 중요합니다.

OAK BARREL
오크통 발효

장기 숙성 타입의 화이트 와인에 적용되는 양조 기술로 '바리끄'라 불리는 225리터의 작은 오크통에서 알코올 발효를 행하는 것을 말합니다. 이 기술은 복합적인 풍미와 풍만한 질감을 지닌 와인을 만들기 위해 사용되고 있으며, 생산자들은 여러 산지의 오크통을 다양하게 사용하고 있습니다. 하지만 오크통의 위생 관리나 비용, 그리고 손이 많이 간다는 단점이 있어 일반적으로 고급 와인에만 오크통에서 알코올 발효를 진행하고 있습니다.

TOASTING LEVEL
토스팅의 정도

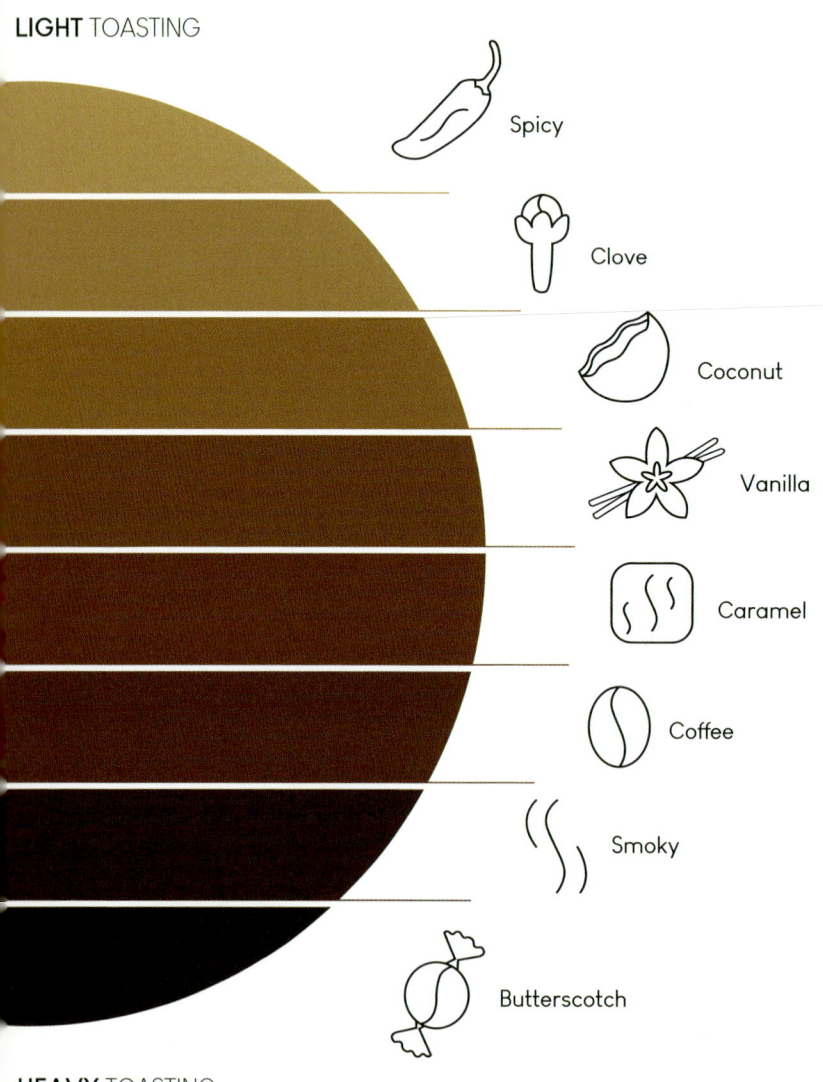

프랑스는 다양한 지역에서 오크통을 제작하고 있으며, 와인 생산자들은 자신이 만들고자 하는 와인 스타일에 맞춰 산지와 토스팅 정도를 오크통 제조 회사에게 주문합니다.

2차 화이트 와인의 혁명과 새로운 생산 기술

- 플레이버 케미스트리(Flavor Chemistry)

1990년대 후반 이후부터 보르도 지방에서는 쏘비뇽 블랑의 향 연구를 통해 완전히 새로운 관점으로의 혁명이 진행 중입니다. 이러한 혁명을 이끈 것도 보르도 대학의 드니 뒤부르디유 교수의 연구팀이었습니다. 이 연구실에서 수많은 성과를 올린 인물은 일본인 연구 학자인 故 토미나가 타카시 박사입니다.

토미나가 타카시 박사는 플레이버 케미스트리라 불리는 풍미 화학을 주로 연구했으며, 와인에 포함된 특징적인 향기의 원인 물질을 화합물 레벨로 밝혀내서 그 생성 조건 등을 규명하였습니다. 일단 향기의 원인 물질을 밝혀내면 그 생성량을 최대치로 끌어올리기 위한 조건의 조사가 과학적 실험에 의해서 가능하게 됩니다. 플레이버 케미스트리에 의한 접근 방법은 특정 와인 안의 향 물질로부터 그 물질이 생성되기 위한 이상적인 양조 방법, 수확 시기, 재배법, 포도밭의 선정 등으로 계속해서 찾아 올라갑니다. 플레이버 케미스트리 학문은 보르도 지방의 화이트 와인뿐만 아니라 앞으로 전 세계의 와인 구조를 크게 바꾸는 연구 영역으로서 현재 큰 관심을 모으고 있습니다.

- 쏘비뇽 블랑의 품종 향기

토미나가 타카시 박사와 동료 연구자들은 쏘비뇽 블랑의 품종 아로마 중, 자몽/패션 후루츠의 향은 3-메르캅토 헥사노르 3-MH 라는 화합물이 원인 물질이며, 회향목/까시스의 싹/고양이 오줌의 향은 4-메틸 메르캅토 펜타논 4-MMP이라는 화합물이 원인 물질이라는 것을 세계 최초로 규명하였습니다.

3-MH, 4-MMP 물질은 포도나 과즙의 상태에서 다른 물질과 결합하여 냄새나지 않는 향의 전구물질(플레이버 프리커서 Flavor Precursors)로서 존재하고 있기 때문에 향을 풍기지 않습니다. 그래서 이 물질들의 특징적인 향을 끌어내기 위해서는 알코올 발효를 거쳐 효모가 결합되어 있는 향의 전구물질을 절단해야만 합니다.

- 향 전구 물질의 최대화

쏘비뇽 블랑은 3-MH, 4-MMP 등의 향의 전구물질을 다량으로 가지고 있는 품종이지만 항상 그 향이 와인에 강하게 나타나지는 않습니다. 포도밭의 조건과 성숙이 진행되는 것에 따라서 급격하게 향의 전구물질의 양이 감소하기도 해서 수확 시기를 잘 선택하는 것이 중요합니다. 전구물질의 양이나 그 증감의 패턴은 기후나 토양 조성 등 포도밭의 떼루아와 매년의 기후 추이 등과 같은 여러 요소의 영향을 받고 있습니다. 일반적으로, 좋은 빈티지일수록 향의 전구물질의 양은 증대됩니다.

재배 관리 방법도 과즙 속 향의 전구 물질 양에 영향을 줍니다. 쏘비뇽 블랑의 주요 아로마는 싸이올Thiol 화합물이 원인 물질로 싸이올은 크게 3-MH, 4-MMP, 3-MHA 등으로 나눕니다. 싸이올 화합물의 향의 전구물질을 위해서는 보르도 혼합액을 최대한 적게 사용하는 것이 중요합니다. 싸이올 화합물은 보르도 혼합액에 포함되어 있는 동과 결합해서 향이 나지 않는 물질로 변해 버리기 때문입니다.

알코올 발효 및 그 전후의 조건에 의해서도 와인에 포함된 3-MH, 4-MMP 등의 싸이올 화합물의 양은 변합니다. 싸이올 화합물은 과즙과 와인이 산화되면서 향이 없어져 버리기 때문에 산소를 제거하고 행하는 혐기성 프로세스Anaerobic process가 전반적으로 요구됩니다. 또한, 효모의 종류에 의해서 프리커서의 분해 능력에 차이가 있어 적합한 효모를 선택해야만 합니다. 쏘비뇽 블랑의 경우 3-MH 등의 향의 전구물질은 포도 과즙뿐만이 아니라 껍질에도 존재하고 있기 때문에 발효 전의 스킨 컨택트 기술에 의해서 껍질로부터 추출하는 것이 중요합니다. 이러한 연구 성과를 현지 포도원에 적용한 결과, 현재 보르도 지방에서는 포도 품종의 특징적인 향이 선명하게 드러나고 훌륭한 품질의 화이트 와인이 탄생하게 되었습니다.

보르도 혼합액(Bordeaux Mixture)

19세기 보르도 지방에 노균병이 발생해 많은 포도나무들이 피해를 입었지만, 놀랍게도 도로 쪽의 포도나무들은 전혀 피해를 입지 않았습니다. 프랑스 보르도 대학의 식물학과 교수인 마리-알렉시 밀라르데(Marie-Alexis Millardet)는 이러한 현상을 조사했고, 그 결과 도로 쪽의 포도나무에서 황산구리와 라임 혼합액을 사용한 흔적을 알아냈습니다. 사실 황산구리와 라임 혼합액은 노균병을 방지하기 위한 목적보다는 사람들이 포도를 따먹지 못하게 하기 위한 포도 재배업자들의 임시적인 조치로, 이 혼합액을 뿌리면 안 좋은 상태로 포도를 위장할 수 있고, 쓴맛 때문에 일시적으로 맛이 없게 느낄 수 있습니다.

밀라르데 교수는 샤또 도작(Château Dauzac)의 양조 책임자인 에르네스트 다비드(Ernest David)의 도움을 받아 도작의 포도밭에 이 혼합액을 처음 사용했고, 그 결과 노균병 치료에 효과적인 사실을 밝혀냈습니다. 1855년에 교수는 이 연구 결과를 발표해, 이 혼합액을 노균병 치료제로 사용할 것을 권고하였으며, 프랑스에서는 이 혼합액을 보르도 혼합액, 석회 보르도 혼합액 또는 밀라르데-다비드 치료법으로 부르고 있습니다. 현재 보르도 혼합액은 황산구리와 석회를 혼합한 수용액 형태로 제조하며, 과수나 화훼작물에 보호 살균제로써 널리 사용되고 있습니다.

또한 합성화학 제품을 전혀 사용하지 않는 유기농 재배와 바이오-다이나믹 재배에도 사용이 인정되고 있는 농약 중의 하나입니다. 가격이 저렴함에도 불구하고 방균 효과가 매우 뛰어나고 병에 내성이 생기지도 않기 때문에 지금도 전 세계의 전통적인 포도 재배업자 사이에서 중요한 역할을 담당하고 있습니다. 하지만 장기간 사용하게 되면 구리(동 성분)가 토양에 축적되어 포도나무의 건강을 해칠 수 있으며 또한, 포도 껍질에 성분이 잔류하게 되면 환원취 발생의 원인이 될 수 있다는 문제점이 지적되고 있습니다.

FLAVOR CHEMISTRY
플레이버 케미스트리

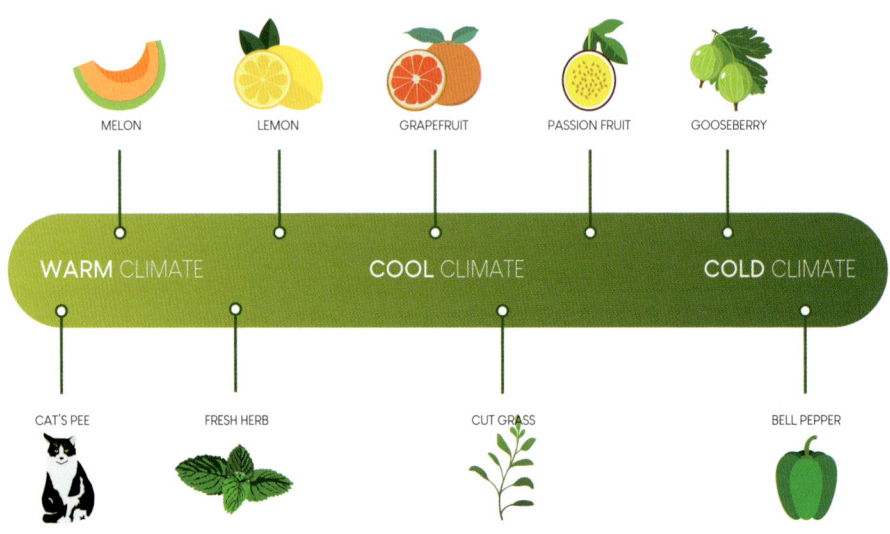

SAUVIGNON BLANC

플레이버 케미스트리는 와인에 포함된 특징적인 향기의 원인 물질을 화합물 레벨로 밝혀내서 그 생성 조건 등을 규명하는 학문입니다. 드니 뒤부르디외 교수 연구팀에서 쏘비뇽 블랑의 향 연구를 통해 완전히 새로운 관점으로의 혁명이 진행 중입니다.

쏘비뇽 블랑의 아로마 중 자몽/패션 후루츠 향은 3-MH 화합물이 원인 물질이며, 회향목/잔디/고양이 오줌 향은 4-MMP 화합물이 원인 물질이라는 것을 세계 최초로 규명하였습니다.

3-MH, 4-MMP 등의 물질은 포도나 과즙의 상태에서 다른 물질과 결합하여 냄새 나지 않는 향의 전구 물질로서 존재하고 있어 향을 풍기지 않습니다. 그래서 이 물질들의 특징적인 향을 끌어내기 위해서는 알코올 발효를 거쳐 효모가 결합되어 있는 향의 전구 물질을 절단해야만 합니다.

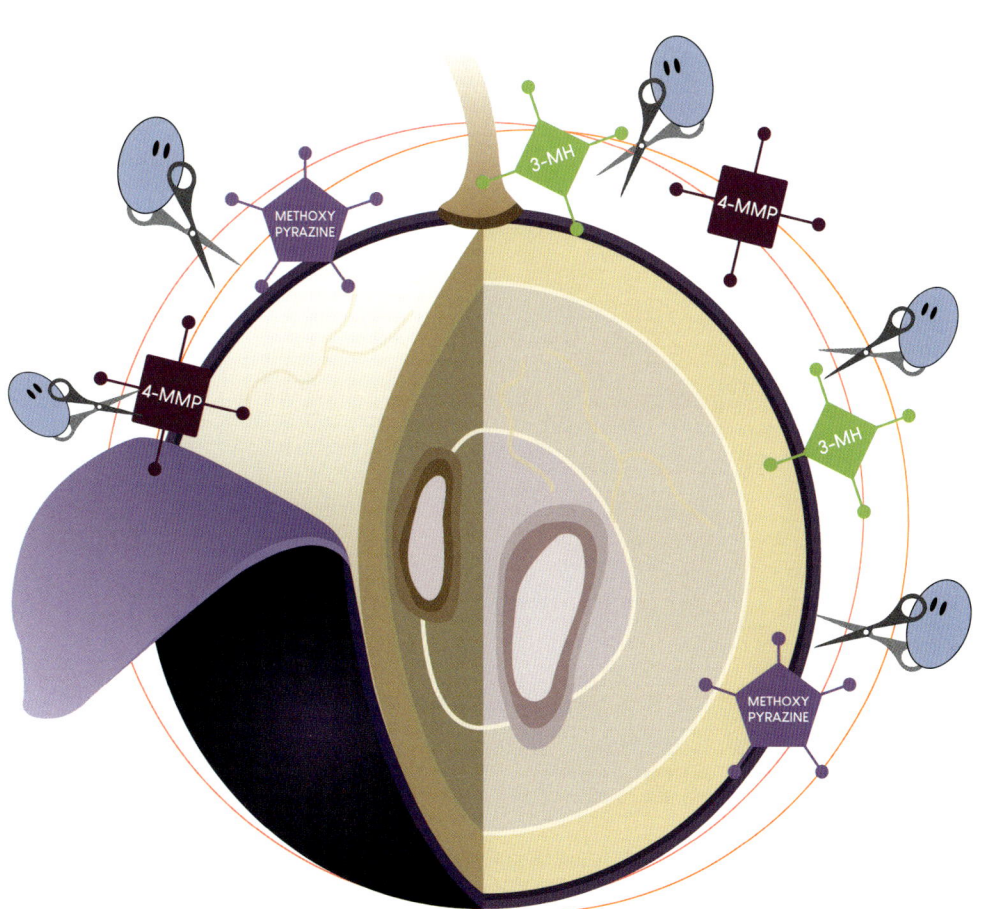

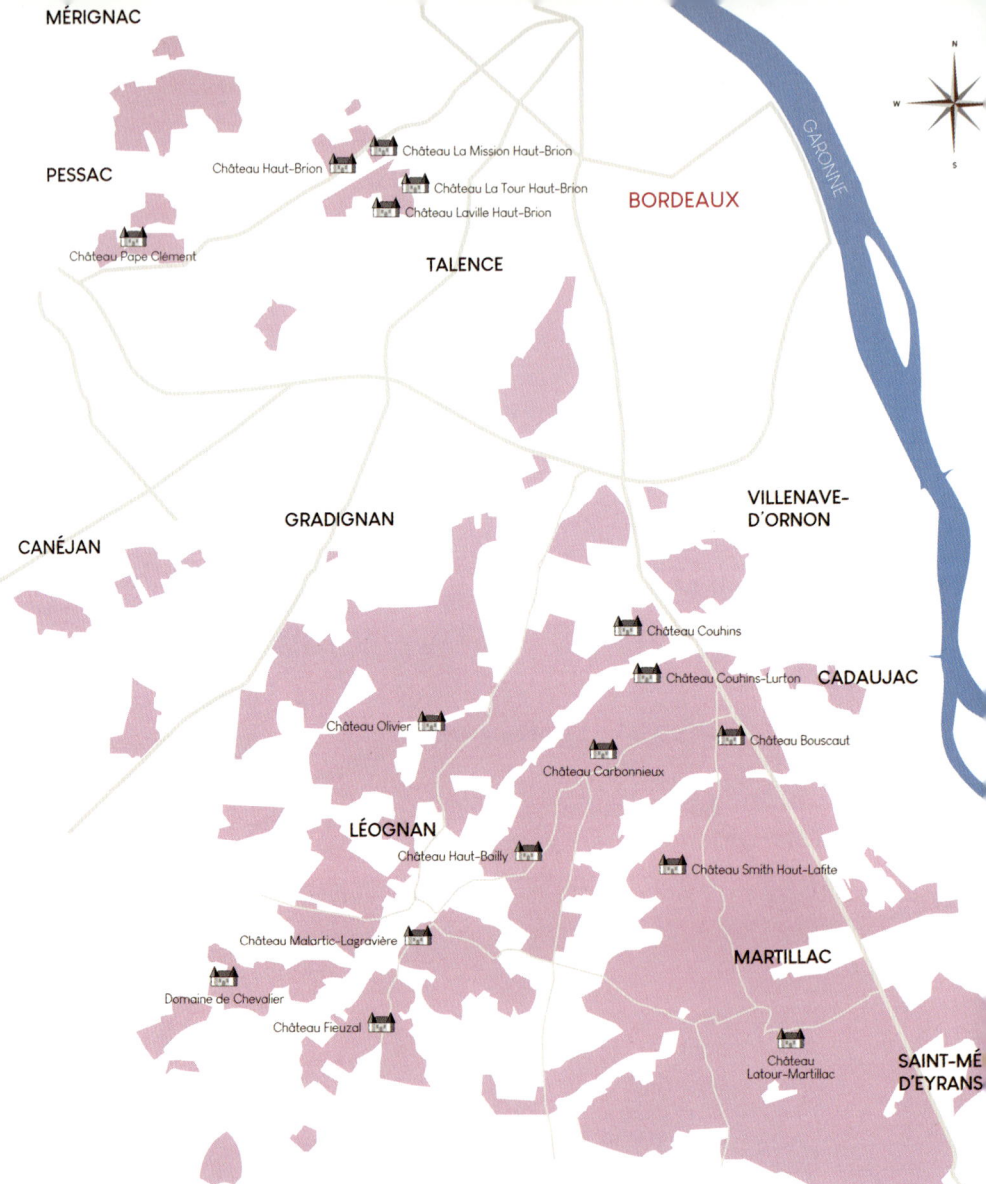

PESSAC-LÉOGNAN
뻬싹-레오냥 마을

AOC 뻬싹-레오냥은 그라브 지구에서 독립된 원산지 명칭으로 쏘비뇽 블랑, 쎄미용 품종을 주품종으로 고품질 드라이 화이트 와인과 레드 와인을 생산하고 있습니다. 1959년 프랑스 원산지 관리 위원회는 그라브 지구의 독자적인 크뤼 클라쎄 드 그라브 등급을 발표했습니다. 16개 샤또가 등급으로 제정되었는데, 모두 뻬싹-레오냥 마을의 샤또로 이루어져 있습니다.

08 보르도 지방의 화이트 와인 생산 지구

그라브 지구(Graves)

- AOC 그라브(Graves) : 1937년 AOC 승격, 5,000헥타르
- AOC 그라브 쉬뻬리외르(Graves Supérieures) : 1937년 AOC 승격, 570헥타르
- AOC 뻬싹-레오냥(Pessac-Léognan) : 1987년 AOC 승격, 1,640헥타르

[2005년 INAO 자료 참고]

- AOC 그라브

보르도시 근교로부터 가론 Garonne 강의 좌안에 펼쳐진 생산 지구입니다. 지구 전체가 AOC 그라브로 지정되어 있으며, 최북단에 위치한 몇 개의 마을은 뻬싹-레오냥이라는 독립적인 AOC가 있습니다. 화이트 와인과 레드 와인 모두 생산이 가능하고 화이트 와인은 드라이 타입만 생산됩니다. 그라브 지방의 화이트 와인은 오크통에서 알코올 발효와 숙성을 거친 뚜렷한 스타일이 주를 이룹니다.

- AOC 그라브 쉬뻬리외르

AOC 그라브와 동일한 생산 지구이지만, 이곳에서 생산되는 스위트 와인만을 위한 원산지 명칭입니다.
쏘떼른 지구의 스위트 와인과 비교하면 훨씬 단조로운 맛을 지니고 있습니다.

- AOC 뻬싹-레오냥

그라브 지구에서 독립된 원산지 명칭으로 쏘비뇽 블랑, 쎄미용을 주품종으로 고품질의 드라이 화이트 와인을 만들고 있습니다. 화이트 와인은 주로 오크통에서 알코올 발효를 진행하고, 이후 숙성 과정에서 효모와 함께 숙성시킵니다. 그라브 지구의 와인에 비해 향이 복합적이고 농축미

가 뛰어나며, 견고한 구조를 지니고 있어 수명도 긴 편입니다.

1959년 프랑스 원산지 관리 위원회는 그라브 지구의 독자적인 와인 등급, 크뤼 클라쎄 드 그라브Crus Classés de Graves를 발표하였습니다. 16개 샤또에 대해서 등급이 제정되었는데, 모두 뻬싹-레오냥 마을의 샤또로 이루어져 있습니다. 하지만 크뤼 클라쎄 드 그라브 등급은 메독 지구와 쏘떼른 지구의 등급처럼 서열화하지 않고 수평적으로 분류하였습니다. 16개 샤또 중에서 7개의 샤또는 레드 와인만 등급이 제정되었고, 3개 샤또는 화이트 와인만, 나머지 6개 샤또는 레드 와인과 화이트 와인 양쪽 모두 등급이 제정되었습니다.

화이트 와인만 등급으로 분류된 샤또는 샤또 꾸앵스Château Couhins, 샤또 꾸앵스-뤼르똥Château Couhins-Lurton, 샤또 라빌 오-브리옹Château Laville Haut-Brion이며, 샤또 오-브리옹, 샤또 드 피외잘Château de Fieuzal 등 레드 와인만 등급으로 분류된 샤또에서도 화이트 와인이 생산되는 경우가 있습니다.

쏘떼른 지구(Sauternes)

- AOC 쏘떼른(Sauternes) : 1936년 AOC 승격, 2,200헥타르
- AOC 바르싹(Barsac) : 1936년 AOC 승격, 660헥타르
- AOC 세롱스(Cerons) : 1936년 AOC 승격, 2,089헥타르

[2005년 INAO 자료 참고]

가론강 좌안, 그라브 지구의 남부에 둘러싸여 있는 생산 지구입니다. 쏘떼른, 바르싹, 세롱 세 개의 AOC가 존재하고 모두 스위트 화이트 와인만을 만듭니다. 쏘떼른 지구는 가을철 저녁 무렵이면 마을의 작은 씨롱Ciron 강에서 강 안개가 피어올라 새벽까지 이어집니다. 이러한 환경에서 포도는 보트리티스Botrytis 균에 감염되어 한낮의 열기 속에서 균을 증식해 포도 알갱이

를 갈색의 쭈글쭈글한 건포도처럼 만듭니다. 이것을 귀부병이라고 하며 귀부병에 걸린 포도 알갱이는 당도와 산미, 그리고 방향성이 극도로 농축되게 됩니다. 이렇게 진해진 과즙을 발효시켜 만든 와인을 귀부 와인이라 하며, 매끈한 질감과 향기가 폭발하는 매력적인 스위트 화이트 와인이 탄생됩니다.

귀부 와인은 귀부병에 감염된 포도 알갱이를 일일이 한 알 한 알 손으로 수확하기 때문에 생산량이 매우 적은 것이 특징입니다. 쏘떼른 지구의 최고 와인인 샤또 디껨 Château d'Yquem의 경우 100헥타르당 1,000병 미만 생산됩니다. 특히 이곳의 재배업자들은 10월 기후에 민감합니다. 10월에 습한 날씨가 지속되면 귀부균은 회색 곰팡이 Grey Rot균으로 바뀌어 포도에 피해를 주고 귀부 와인을 만들 수 없게 만드는데, 일부 포도원의 경우 아예 생산을 포기하는 경우도 있습니다. 쏘떼른 및 바르싹의 귀부 와인은 프랑스 최고 스위트 와인으로서 예로부터 명성을 확립해 왔습니다. 1855년에 메독 지구의 등급이 제정될 당시, 쏘떼른과 바르싹의 귀부 와인도 동시에 등급이 제정되어 총 26개의 샤또가 그랑 크뤼 클라쎄로 분류되어 있습니다. 쏘떼른 지구의 등급은 프리미에 크뤼 쉬뻬리외르 Premier Cru Supérieur는 1개 샤또, 샤또 디껨만 유일하며, 프리미에 크뤼 클라쎄 Premier Cru Classé 11개 샤또, 뒈지엠 크뤼 클라쎄 Deuxième Cru Classé 14개 샤또로 분류되어 있습니다.

하지만 과거에 영화를 누렸던 쏘떼른 지구의 귀부 와인은 현재 소비자들이 스위트 와인을 기피하는 현상이 나타나 그랑 크뤼 클라쎄 샤또라고 해도 경영에 어려움을 겪고 있습니다. 뒈지엠 크뤼 클라쎄의 샤또 드 미라 Château de Myrat의 경우 경영상의 어려움으로 인해 1976년에 잠정적으로 폐업하기도 했을 정도입니다. 귀부 와인은 드라이 화이트 와인이나 레드 와인에 비해 생산량이 극단적으로 적기 때문에 상대적으로 원가가 높습니다. 따라서 판매가 어렵다고 가격을 내릴 수도 없는 것이 현실입니다.

쏘떼른 지구의 그랑 크뤼 클라쎄 샤또 중 일부는 조금이라도 경영난을 극복하기 위해서 드라이 화이트 와인을 생산하는 곳도 있습니다. 드라이 화이트 와인은 귀부 와인과 비교해 생산량도 많고 숙성 기간도 짧아 비교적 저렴한 비용으로의 생산이 가능하며, 포도원의 자금난에도 도움을 줄 수 있습니다. 샤또 디껨Château d'Yquem이 만드는 이그렉Y, 샤또 리외섹Château Rieussec이 만드는 에르R, 샤또 라포리 뻬라게Château Lafaurie Peyraguey가 만드는 브륏 드 라포리Brut de Lafaurie 등이 대표적인 드라이 화이트 와인입니다. 하지만 드라이 화이트 와인은 쏘떼른 지구의 AOC 규정에 어긋나기 때문에 쏘떼른, 바르싹의 원산지 명칭을 사용할 수 없습니다. 따라서 이러한 와인들은 AOC 보르도와 AOC 보르도 쉬뻬리외르Bordeaux Supérieur 명칭으로 판매되고 있습니다.

- 오-메독 지구의 드라이 화이트 와인

오-메독 지구의 AOC는 레드 와인에 한해서만 그랑 크뤼 클라쎄 등급이 제정되어 있습니다. 하지만 그랑 크뤼 클라쎄 샤또 중에서는 소량의 화이트 와인을 생산하는 곳도 있습니다.

대표적인 와인으로는 샤또 마르고Château Margaux의 빠비용 블랑Pavillon Blanc, 샤또 무똥-로칠드Château Mouton-Rothschild의 엘 다르장Aile d'Argent, 샤또 라그랑주Château Lagrange의 레 자롬 드 라그랑주Les Arums de Lagrange, 샤또 랭슈-바주Château Lynch-Bages의 블랑 드 랭슈-바주Blanc de Lynch-Bages 등이 있습니다. 이러한 화이트 와인은 AOC 규정에 어긋나기 때문에 AOC 보르도 와인으로 출하됩니다.

크리오-엑스트라시옹(Cryo-extration)

1980년대 후반 이후부터 쏘떼른 지구에서는 '크리오-엑스트라시옹'이라고 불리는 과즙 농축 기술이 사용되었습니다. 이것은 보트리티스 균의 번식이 충분하지 못했던 해에 수확한 포도를 냉동고에 얼려 빙결 상태로 압착해서 농축된 과즙을 얻는 기술입니다. 아이스 와인에서 일어나는 과즙 농축을 인공적으로 재현한 것이라고 볼 수 있습니다.

크리오-엑스트라시옹 기술의 장점은 냉동고의 온도를 사람이 임의로 조절할 수 있다는 것입니다. 포도 과즙은 당도가 높을수록 어는 온도는 낮아지기 때문에 냉동고의 온도를 낮출수록 당도가 높은 포도송이와 알갱이만 얼지 않고 남아있어 압착한 후에는 아주 달콤한 과즙을 얻을 수 있게 됩니다. 다만, 빙결된 송이와 알갱이가 많아질수록 압착 후에 얻을 수 있는 과즙의 양은 줄어듭니다.

POURRITURE NOBLE
귀부 와인에 관해

쏘떼른 지구는 가을철 저녁 무렵이면 마을의 작은 씨롱 강에서 강 안개가 피어 올라 새벽까지 이어집니다. 이러한 환경에서 포도는 보트리티스 균에 감염되어 한낮의 열기 속에서 균을 증식해 포도 알갱이를 갈색의 쭈글쭈글한 건포도처럼 만듭니다. 이것을 귀부병이라고 하며, 귀부병에 걸린 포도 알갱이는 당도와 산미, 그리고 방향성이 극도로 농축되게 됩니다. 귀부병에 감염된 포도의 과즙을 발효시켜 만든 와인을 귀부 와인이라고 합니다.

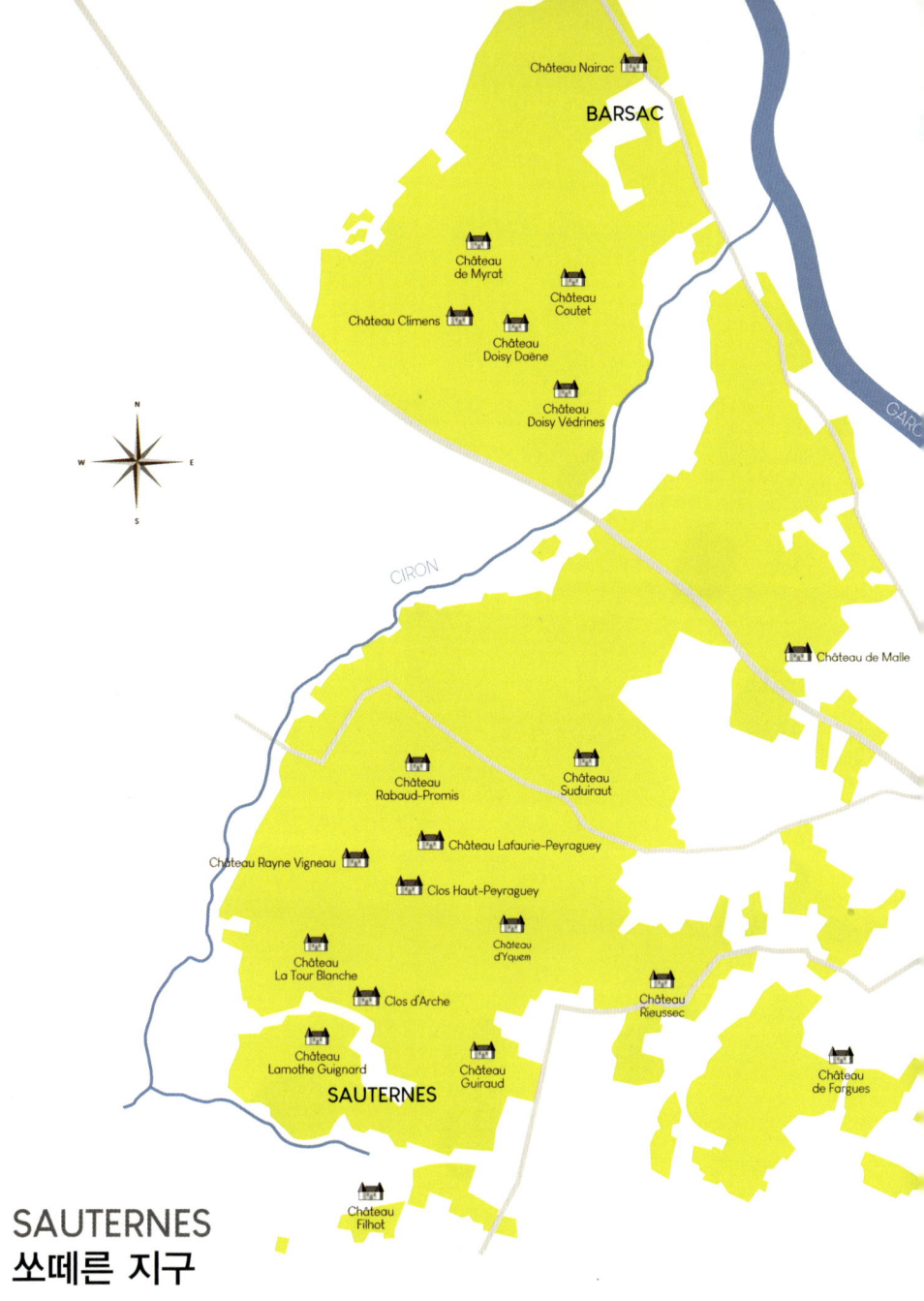

SAUTERNES
쏘떼른 지구

쏘떼른, 바르싹, 세롱스 3개의 AOC가 존재하고 모두 스위트 화이트 와인만을 만듭니다. 쏘떼른 지구는 보트리티스 균에 감염된 포도만을 사용하여 매끈한 질감과 향기가 폭발하는 매력적인 귀부 와인을 만들고 있지만, 현재 소비자들이 스위트 와인을 기피하는 현상이 나타나 경영에 어려움을 겪고 있습니다. 이를 타계하기 위해 AOC 규정에 어긋난 드라이 화이트 와인을 만들고 있으며 이러한 와인은 AOC 보르도, AOC 보르도 쉬뻬리외르로 판매되고 있습니다.

ENTRE-DEUX-MERS
앙트르-뒈-메르

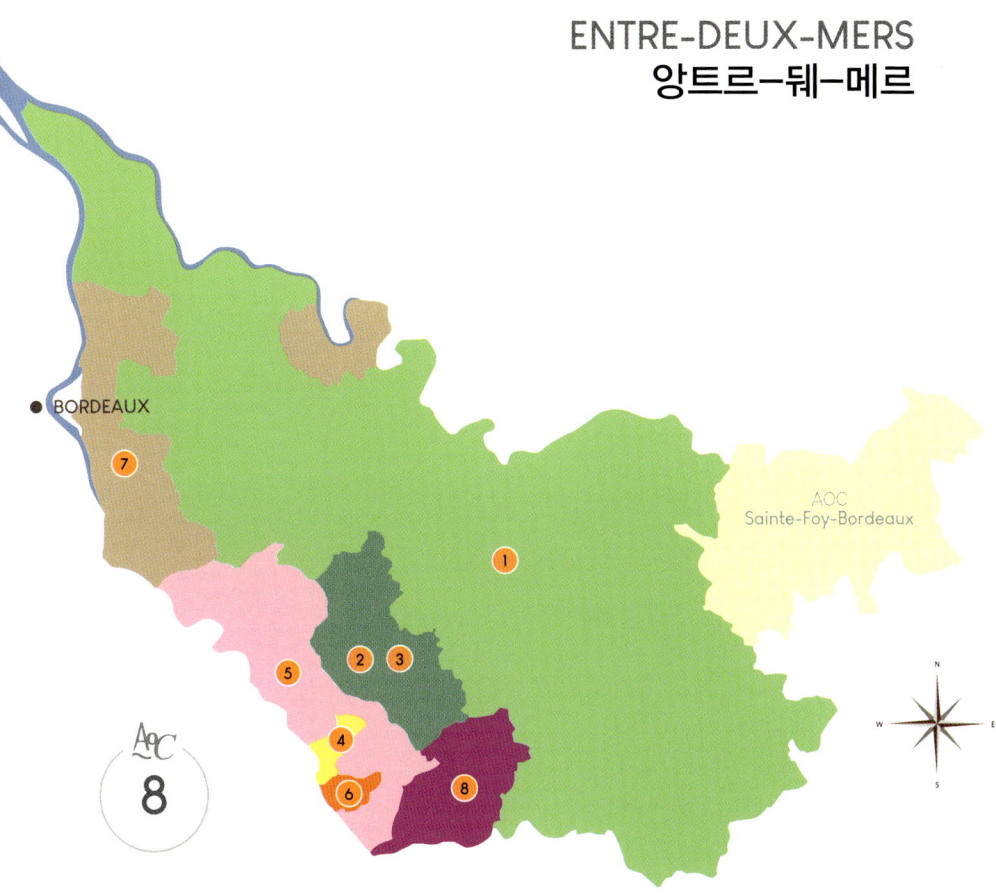

ENTRE-DEUX-MERS
1. AOC Entre-Deux-Mers
2. AOC Entre-Deux-Mers Haut-Benauge
3. AOC Bordeaux Haut-Benauge
4. AOC Loupiac
5. AOC Cadillac
6. AOC Sainte-Croix-du-Mont
7. AOC Premières Côtes de Bordeaux
8. AOC Côtes de Bordeaux-Saint-Macaire

앙트르-뒈-메르는 '두 개의 바다 사이'라는 의미로 갸론 강과 도르도뉴 강 사이의 지리적인 위치로 인해 지역 명칭이 유래되었습니다. 재배 면적은 3천 헥타르로, 보르도 지방의 최대 면적을 자랑하지만, 대부분은 숲이기 때문에 포도밭은 비교적 적습니다. 이곳에서는 화이트, 레드 와인 모두 생산되며, 주로 AOC 앙트르-뒈-메르, AOC 보르도, AOC 보르도 쉬뻬리외르 명칭으로 판매되고 있습니다. 하지만 20세기 중반부터 대다수의 생산자들이 수익성의 이유로 화이트 와인보다는 레드 와인 생산에 집중하고 있는 추세입니다.

09   레드 와인의 새로운 생산 기술

현재 보르도 지방은 레드 와인 생산에 있어 세계 최첨단 기술이 사용되고 있는 것이 특징입니다. 1960년대 에밀 뻬이노 교수의 연구를 기반으로 지금까지 보르도 지방의 레드 와인은 기술적인 측면에서 다른 산지를 줄곧 압도해 왔습니다.

- 과즙 농축 기술

1980년대 후반에 실험적으로 사용되어 1990년대에 자본력이 있는 대형 샤또를 중심으로 단번에 퍼진 것이 역침투막 장치나 진공 증류 장치의 최첨단 설비를 사용한 과즙 농축 기술입니다. 과즙 농축 기술은 원래 수확 시기에 비가 내리는 흉작 빈티지에 한해서, 비로 인해 묽어져 버린 과즙에서 수분을 제거하기 위해 사용되어 왔습니다. 그러나 오늘날에는 농축된 향과 풍미의 와인에 대한 세계 시장의 수요가 증가함에 따라 기후적으로 비 문제가 발생하지 않는 좋은 빈티지에도 사용하고 있는 추세입니다.

- 오크통에서 말로-락틱 발효(Malo-lactic Fermentation)의 진행

보르도 지방에서는 알코올 발효가 끝난 후 일정 기간 동안 대형 탱크에 와인을 그대로 넣어 두었다가 말로-락틱 발효가 끝난 후에 작은 오크통으로 옮겨서 숙성시키는 것이 일반적이었습니다. 하지만, 1980년대부터 우안 지구의 일부 소규모 생산자들이 알코올 발효가 끝나자마자 바로 와인을 작은 오크통에 옮겨서 말로-락틱 발효를 진행시키는 기술을 사용하기 시작했습니다. 특히 우안 지구에 수많은 포도원을 컨설팅하고 있는 미셸 롤랑이 이 기술을 즐겨 사용하는 걸로 잘 알려져 있습니다. 따라서 오크통에서 말로-락틱 발효를 진행하는 기술은 1990년대에 우안 지구에서 급속도로 확산되었고, 이윽고 좌안 지구의 생산자들에게도 큰 영향을 가져다주게 되었습니다.

미셸 롤랑과 이 기술을 사용하는 생산자들은 오크통에서 말로-락틱 발효를 행하면 오크통에서 알코올 발효를 할 때처럼 다양한 향과 풍미가 와인에 잘 스며든다고 주장하고 있습니다. 하지만 생산자들이 언급하지 않는 최대의 장점은, 봄에 치러지는 엉 프리뫼르 거래를 위한 시음회에서 와인에 매력적인 오크 향이 강하게 드러나는 것입니다.

오크통에서 말로-락틱 발효를 하면 대형 탱크에서 말로-락틱 발효를 한 것보다 숙성을 위해 작은 오크통에 와인을 넣는 시기가 1~2개월 정도 빨라집니다. 일반적으로 엉 프리뫼르 거래는 수확 후 이듬해 봄에 치러지기 때문에 1~2개월의 차이는 와인 거래에 결정적인 영향을 미치게 됩니다. 또한 오크통에서 말로-락틱 발효를 진행해 오크 향이 강해진 와인은 엉 프리뫼르 시음회에서 로버트 파커를 비롯한 여러 평론가들로부터 고득점을 받는 것도 수월한 편입니다. 연구 결과에 따르면, 수확부터 1년 반~2년이 경과된 와인을 병입할 때 오크통에서 말로-락틱 발효를 거친 와인과 대형 탱크에서 말로-락틱 발효를 거친 와인은 오크 향에 있어 거의 차이가 느껴지지 않는다고 밝혀졌습니다.

오크통에서 말로-락틱 발효를 진행하려면 생산자가 각각의 오크통을 관리해야 하기 때문에 많은 수고가 필요합니다. 이러한 이유 때문에 비교적 생산량이 많은 좌안 지구의 포도원보다는 우안 지구의 포도원에서 이 기술을 많이 사용하고 있습니다.

– 미크로-뷜라주(Micro-bullage)

컴퓨터 제어기를 사용해 숙성 중인 와인에 미량의 산소를 공급해주는 기술입니다. 이 기술은 1990년대 초 남서부 지방의 마디랑Madiran 마을에서 개발되었으며, 1990년대 중반 이후에는 보르도 지방에도 폭발적으로 보급되었습니다. 미크로-뷜라주 기술을 적극적으로 보급한 인물은 양조 컨설턴트인 스테팡 드르농꾸르Stéphane Derenoncourt와 미셸 롤랑으로, 좌안 지구보다는 우안 지구에 널리 보급되었습니다. 현재 이 기술에 대해 찬반양론이 있으며, 비판자들은 미크로-뷜라주 기술로 인해 산소가 과잉 공급되어 오히려 와인의 수명이 짧아질 수 있다고 문제를 제기하고 있습니다.

– 늦어지는 수확시기

1980년대 이후, 보르도 지방에서도 캘리포니아 등의 신세계 와인 산지처럼 레드 와인용 포도의 수확 시기를 이전보다 늦추는 '생리적 성숙'을 중시하는 경향이 강해졌습니다. 높은 당도를 지닌 포도로 만든 와인은 과실 풍미가 풍부하고, 타닌이 부드럽지만 지나치게 익은 느낌을 줍니다. 보르도 지방 전체에서 수확 시기를 연장하는 경향이 있지만, 특히 이 경향이 강하게 나타나는 산지는 우안 지구로 갸라주 와인이라 부르는 신진 샤또들이 대표적입니다. 생리적 성숙 기술을 적용해 만든 와인은 로버트 파커를 비롯한 미국인 평론가들에게는 호평을 받았으나, 전통적 스타일의 보르도 와인을 좋아하는 영국인 평론가들에는 부정적인 평가를 받고 있기도 합니다.

- 마쎄라시옹(Macération, 침용)에 대해

1980년대 이후부터 부르고뉴 지방에 보급된 저온 마쎄라시옹 기술은 보르도 지방에서도 1990년대 이후부터 우안 지구에서 좌안 지구로 퍼져 나갔습니다. 또한, 예전부터 보르도 지방에서는 일반적으로 알코올 발효 후 침용 공정 Extended Maceration 을 하는데, 이것은 알코올 발효가 끝난 후에도 압착을 하지 않고 1~3주간 정도 마쎄라시옹을 계속 진행하는 것입니다.

알코올 발효 후 침용 공정을 거치면 타닌의 추출량은 증가되는 동시에 타닌의 중합을 촉진시켜주어 와인의 골격이 단단해지고 세련된 타닌을 얻을 수 있습니다.

보르도 지방에서는 비교적 큰 발효 탱크를 사용하며, 마쎄라시옹 과정 중에 르몽따주 Remontage, Pumping Over 방법으로 과모층을 관리합니다. 하지만, 우안 지구의 소규모 생산자 중에는 삐자주 Pigeage, Punching down 방식을 선호하는 생산자도 있습니다.

RIPENING CHART
생리적 성숙

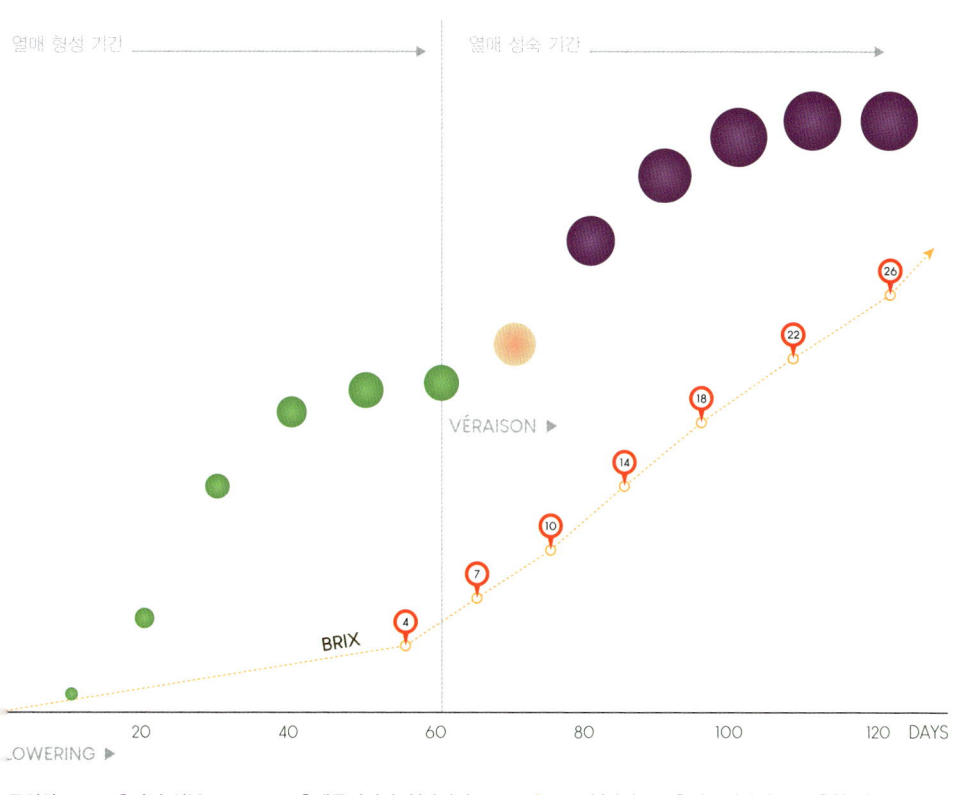

1980년대 이후, 보르도 지방에서도 캘리포니아 등의 신세계 와인 산지처럼 레드 와인용 포도의 수확 시기를 이전보다 늦추는 '생리적 성숙'을 중시하는 경향이 강해졌습니다. 높은 당도를 지닌 포도로 만든 와인은 과실 풍미가 풍부하고, 타닌이 부드럽지만 지나치게 익은 느낌을 줍니다. 보르도 지방 전체에서 수확 시기를 인위적으로 늦추려는 경향이 있지만, 특히 이 경향이 강하게 나타나는 산지는 우안 지구로, 갸라주 와인이라 부르는 신진 샤또들이 대표적입니다.

MICHEL ROLLAND
미셸 롤랑

현재 보르도 지방은 레드 와인 생산에 있어 세계 최첨단 기술이 사용되고 있는 것이 특징입니다. 1960년대 에밀 뻬이노 교수의 연구를 기반으로 그의 제자 미셸 롤랑을 비롯한 여러 양조가들에 의해 과즙 농축 기술, 미크로-뷜라주, 생리적 성숙 지연 등 양조 및 포도 재배에 관해 다양한 첨단 기술들을 사용하고 있습니다. 보르도 지방의 레드 와인은 기술적인 측면에서 다른 산지를 줄곧 압도해 왔습니다.

10   갸론 강 좌안 지구의 레드 와인 산지

- AOC 뻬싹-레오냥(Pessac-Léognan)

보르도 시 남쪽에 위치한 마을로 과거 그라브 지구에 속해있었으나 1987년에 독립되어 AOC 명칭을 획득했습니다. 뻬싹-레오냥은 메리냑 Mérignac, 딸랑스 Talence, 뻬싹 Pessac, 그라디냥 Gradignan, 빌나브-도르농 Villenave-d'Ornon, 까도작 Cadaujac, 레오냥 Léognan, 마르띠약 Martillac의 8개 마을을 포함한 원산지 명칭으로 화이트 와인과 레드 와인 모두 생산 가능합니다.

오-메독 지구와 유사한 자갈 토양으로 배수성이 뛰어납니다. 뻬싹-레오냥의 레드 와인은 흙 향이 특징이며, 병입된 후 숙성 속도는 오-메독 지구의 와인과 비교해 빠른 편입니다.

오-메독 지구에 비해 메를로 품종의 재배 비율이 좀 더 높아서 오-메독 지구의 레드 와인보다 전반적으로 타닌의 질감이 부드럽습니다. 16개의 샤또가 크뤼 클라쎄 드 그라브 등급으로 분류되었는데, 그중 13개 샤또에서 레드 와인을 만들고 있습니다.

참고로 레드 와인만 지정된 샤또 빠프 끌레망 Château Papu Clément은 클레망 5세가 대주교 시절 포도나무를 심은 장소로 매우 유명합니다.

- AOC 그라브(Graves)

그라브 남부에서는 AOC 그라브 명칭으로 와인을 생산합니다. 레드 와인과 화이트 와인 생산이 가능하지만 주로 화이트 와인을 생산합니다. 그라브 지구는 남쪽으로 향할수록 화이트 와인의 생산 비율이 높아지는데, 이것은 청포도 품종에 잘 어울리는 석회질 토양이 많고 강우량도 늘어나는 것과 관련이 있습니다.

11   지롱드 강 좌안 지구의 레드 와인 산지

지롱드 강 좌안 지구를 총칭하여 메독 Médoc 지구라고 부릅니다. 메독 지구는 지롱드 강을 기준으로 상류의 오-메독 지구와 하류의 메독 지구로 나누어집니다. 메독 지구는 과거에 바-메독 지구라 불렸으나, 바 Bas(아래)라는 단어의 의미가 좋지 않아 개명했습니다.

메독 지구의 포도밭은 남쪽의 오-메독 지구로 갈수록 자갈이 많아지고, 북쪽의 메독 지구로 갈수록 점토나 모래의 비율이 높아집니다. 이것은 지롱드 강과 연관이 있습니다. 강 하류의 메독 지구는 강의 폭이 넓어져 유속이 느려지기 때문에 운반되는 퇴적물의 입자가 작아지게 됩니다. 메독 지구는 2개의 지구 명칭 AOC와 6개의 마을 명칭 AOC가 있으며 모두 레드 와인만 생산 가능합니다.

◆ 메독 지구의 2개 지구 명칭 AOC

- AOC 메독(Médoc) : 1936년 AOC 승격, 4,900헥타르
- AOC 오-메독(Haut-Médoc) : 1936년 AOC 승격, 4,300헥타르

[2005년 INAO 자료 참고]

◆ 메독 지구의 6개의 마을 명칭 AOC

- AOC 쌩-떼스떼프(Saint-Estèphe) : 1936년 AOC 승격, 1,200헥타르
- AOC 뽀이약(Pauillac) : 1936년 AOC 승격, 1,250헥타르
- AOC 쌩-쥘리앙(Saint-Julien) : 1936년 AOC 승격, 910헥타르
- AOC 마르고(Margaux) : 1954년 AOC 승격, 1,488헥타르
- AOC 물리-쌩-메독(Moulis-en-Médoc) : 1938년 AOC 승격, 634헥타르
- AOC 리스트락-메독(Listrac-Médoc) : 1957년 AOC 승격, 650헥타르

[2005년 INAO 자료 참고]

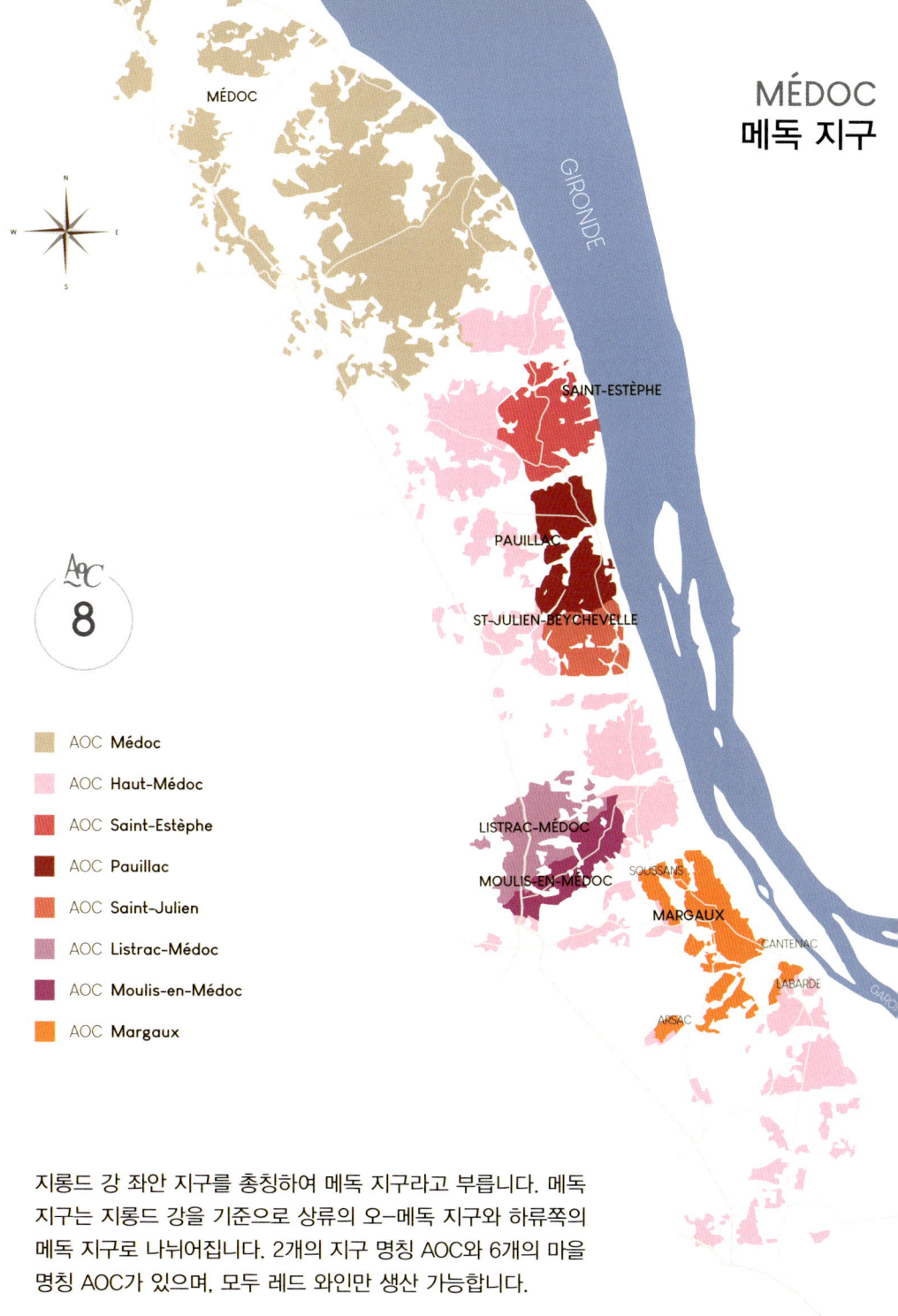

- AOC 메독(Médoc)

지롱드 강의 북쪽. 강 하류에 위치하고 있는 원산지 명칭입니다. 오-메독 지구의 토양과 비교하면, 자갈이 적고 점토 및 모래의 비율이 높기 때문에 배수 조건이 떨어집니다. 이러한 토양에 잘 맞는 메를로 품종을 주로 재배하고 있으며, 생산되는 와인은 대부분 맛이 가볍습니다. 메독 지구는 그랑 크뤼 클라쎄 샤또가 존재하지 않으며, 실제로 눈에 띌 만한 고품질 와인도 존재하지 않습니다.

- AOC 오-메독(Haut-Médoc)

지롱드 강 좌안에 위치한 15개 마을을 포함한 원산지 명칭입니다. 지롱드 강의 남쪽 절반에 산지가 펼쳐져 있으며 길이는 60km에 달합니다. 쌩-떼스떼프, 뽀이약, 쌩-쥘리앙, 마르고, 물리-썽-메독, 리스트락-메독의 6개 AOC에 포함되지 않은 다른 마을의 생산자들이 AOC 오-메독 명칭으로 와인을 만듭니다. 포도밭은 비교적 낮은 자갈 둔덕에 위치하고 있으며, 지하수면이 높아 포도나무가 물을 쉽게 흡수할 수 있기 때문에 상대적으로 와인의 복합성은 다소 떨어지는 편입니다. 까베르네 쏘비뇽과 메를로의 재배 비율이 비슷하며, 빈티지에 따라 블렌딩 비율을 조절합니다. 오-메독 지구에는 그랑 크뤼 클라쎄 샤또가 5개 존재합니다.

- AOC 쌩-떼스떼프(Saint-Estèphe)

쌩-떼스떼프, 뽀이약, 쌩-쥘리앙, 마르고는 오-메독 지구의 핵심 마을로 쌩-떼스떼프는 이 중 가장 북쪽에 자리 잡고 있는 원산지입니다. 오-메독 지구 와인의 개성과 품질은 자갈 토양에서 유래되는데, 쌩-떼스떼프 마을에 다다르면 강물에 쓸려온 자갈들이 서서히 줄어들면서 점토의 비율이 높아집니다. 반면 뽀이약과 마르고 마을로 내려갈수록 점토를 거의 찾아볼 수 없습니다. 핵심 마을 4개 중 점토의 비율이 가장 높고 배수가 느린 편입니다. 보수성이 강한 차가운 성질의 토양 때문에 배수가 잘 되는 남쪽의 자갈 토양의 산지보다 뜨겁고 건조한 여름을 잘 견딜 수 있습니다. 방향성은 비교적 수수하며 화려한 풍미가 부족한 편이지만 색이 가장 진하고 산미와 타닌이 강한 강건한 스타일의 와인을 생산합니다. 쌩-떼스떼프 마을에는 그랑 크뤼 클라쎄 샤또가 5개 존재합니다.

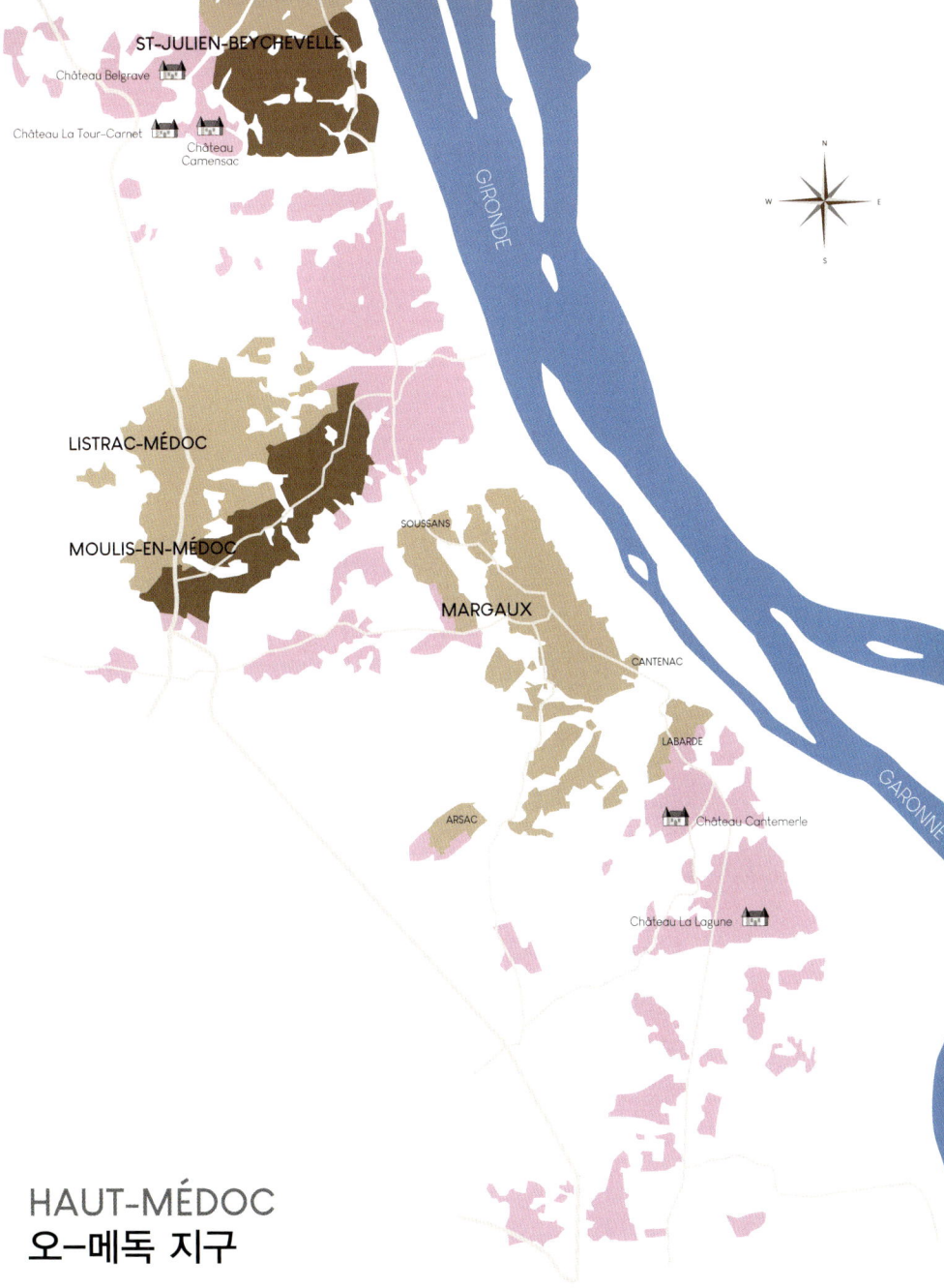

HAUT-MÉDOC
오-메독 지구

지롱드 강 좌안에 위치한 15개 마을을 포함한 원산지 명칭입니다. 쌩-떼스떼프, 뽀이약, 쌩-쥘리앙, 마르고, 물리-쌩-메독, 리스트락-메독의 6개 AOC에 포함되지 않은 다른 마을의 생산자들이 AOC 오-메독 명칭으로 와인을 만듭니다. 포도밭은 비교적 낮은 자갈 둔덕에 위치하고 있으며, 지하 수면이 높기 때문에 상대적으로 와인의 복합성이 떨어집니다.

SAINT-ESTÈPHE
쌩-떼스떼프 마을

오-메독 지구의 핵심 마을 중 가장 북쪽에 위치하고 있는 마을로 점토의 비율이 가장 높고 배수가 느린 편입니다. 보수성이 강한 차가운 성질의 토양 때문에 남쪽의 자갈 토양보다는 뜨겁고 건조한 여름을 잘 견딜 수 있습니다. 방향성은 비교적 수수하며, 풍미는 화려한 편은 아니지만 산미와 타닌이 강한 강건한 스타일의 와인을 생산합니다.

- AOC 뽀이약(Pauillac)

샤또 라뚜르, 샤또 라피트-로칠드, 샤또 무똥-로칠드 3개의 1등급 샤또로 대표되는 당당한 권위와 격조가 높은 와인을 생산하는 최고의 원산지입니다. 자갈이 많은 척박한 환경으로 배수 조건이 뛰어나며, 충적토 바로 아래 석회암 토양으로 구성되어 있습니다.

까시스와 삼나무 향이 두드러지며 타닌의 풍부함은 쌩-떼스떼프에는 미치지 못하지만 섬세한 뉘앙스가 장점입니다. 전반적으로 견고한 스타일로 입안에서 꽉 찬 구조감을 느낄 수 있으며, 핵심 마을 4개 중 수명이 가장 긴 와인을 생산하고 있습니다. 영국의 유명 평론가 휴 존슨Hugh Johnson은 보르도 지방의 산지 중 최고의 산지를 하나만 선정한다면 논쟁의 여지없이 뽀이약을 선정할 거라고 말하기도 했습니다. 뽀이약 마을에는 그랑 크뤼 클라쎄 샤또가 18개 존재합니다.

- AOC 쌩-쥘리앙(Saint-Julien)

쌩-쥘리앙은 4개의 핵심 마을 중 가장 생산량이 적지만 재배 면적에 비교해 그랑 크뤼 클라쎄 샤또의 비율이 가장 높습니다. 자갈 토양으로 이루고 있지만 뽀이약 마을만큼 그 층이 깊지 않고 마르고 마을보다는 점토가 많습니다. 와인의 스타일도 남쪽과 북쪽 마을의 절충적인 스타일로 양쪽의 특징을 고루 갖추고 있습니다. 쌩-쥘리앙은 마르고의 우아함, 부드러움과 뽀이약의 강건함, 섬세함을 잘 갖춘 와인으로, 전반적으로 균형이 잘 잡혀있습니다. 쌩-쥘리앙 마을에는 그랑 크뤼 클라쎄 샤또가 11개 존재합니다.

- AOC 마르고(Margaux)

핵심 마을 중 가장 재배 면적이 넓은 마을로 마르고, 깡뜨낙Cantenac, 아르삭Arsac, 쑤쌍Soussans, 라바르드Labarde 5개의 마을을 포함한 원산지 명칭입니다. 핵심 마을 4개 중 가장 여성적인 스타일의 와인을 만듭니다. 가론 강의 자갈 토양이 많이 분포되어 있고 모래의 비율이 가장 높습니다. 토양의 깊이는 4개의 마을 중에서 가장 얕고 오-메독 지구에서 가장 가벼운 토양입니다. 이러한 떼루아에서 생산되는 마르고 와인은 매혹적인 향과 섬세함과 우아함을 지닌 부드러운 맛이 특징입니다.

마르고 마을에는 그랑 크뤼 클라쎄 샤또가 21개 존재합니다.

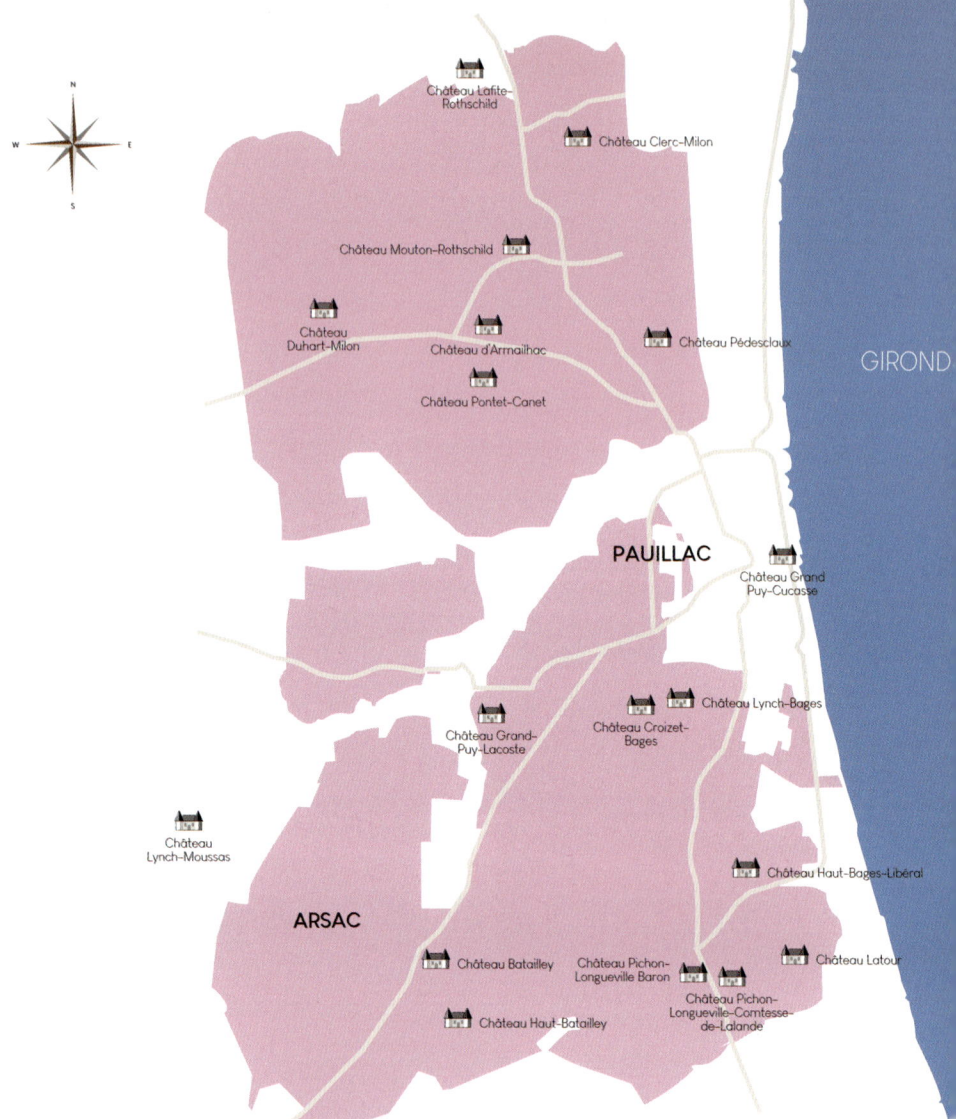

PAUILLAC
뽀이약 마을

3개의 그랑 크뤼 클라쎄 1등급 샤또가 위치한 최고의 마을로, 자갈이 많은 척박한 환경으로 배수 조건이 뛰어나며, 충적토 바로 아래 석회암 토양으로 구성되어 있습니다. 전반적으로 섬세하면서도 견고한 스타일로 입안에서 꽉 찬 구조감을 느낄 수 있으며, 핵심 마을 4개 중 가장 긴 수명을 자랑합니다.

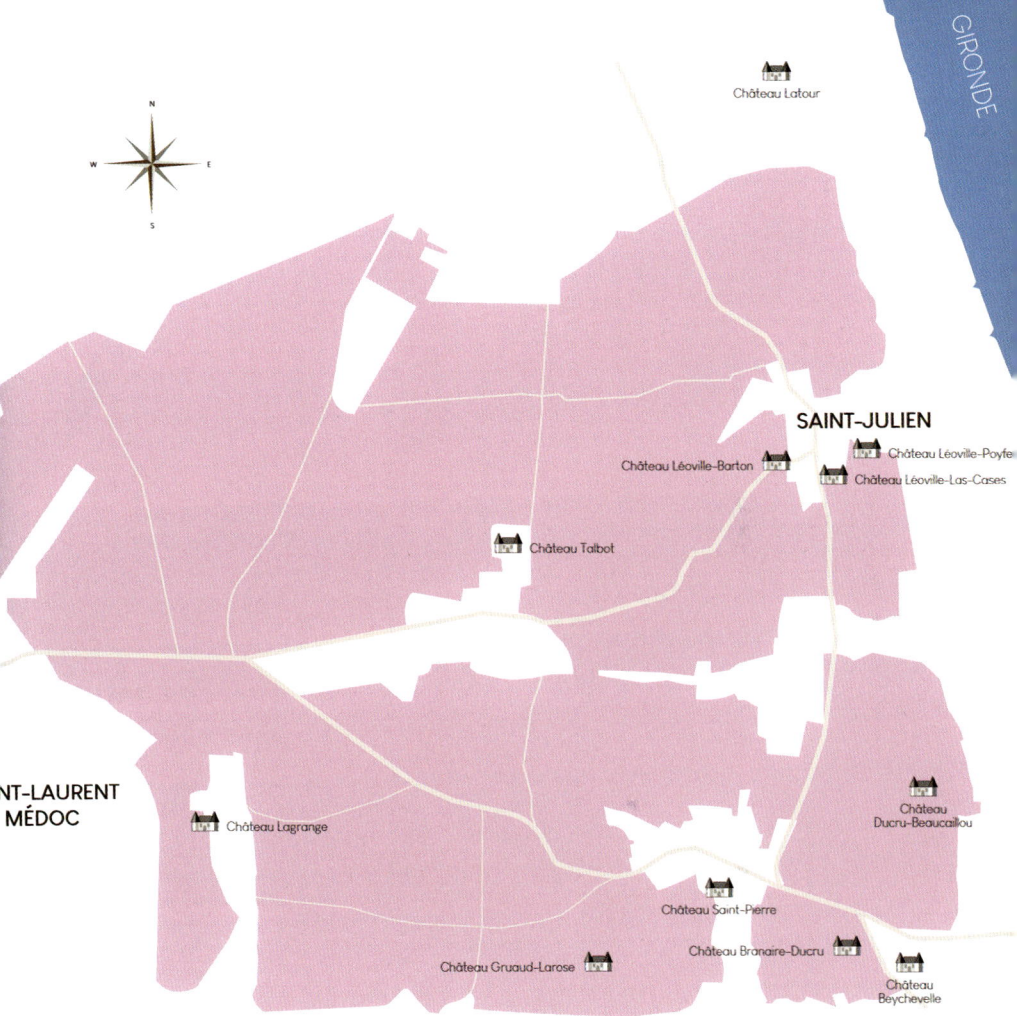

SAINT-JULIEN
쌩-쥘리앙 마을

핵심 마을 중 가장 생산량이 적지만 재배 면적에 비교해 그랑 크뤼 클라쎄 샤또의 비율이 가장 높습니다. 자갈 토양으로 이루고 있지만 뽀이약 마을만큼 그 층이 깊지 않고 점토는 마르고 마을에 비해 많습니다. 와인의 스타일도 남쪽과 북쪽 마을의 절충적인 스타일로 양쪽 특징을 고루 갖추고 있습니다. 쌩-쥘리앙은 마르고의 우아함과 뽀이약의 강건함, 섬세함을 잘 갖춘 와인으로, 전반적으로 균형이 잘 잡혀있습니다.

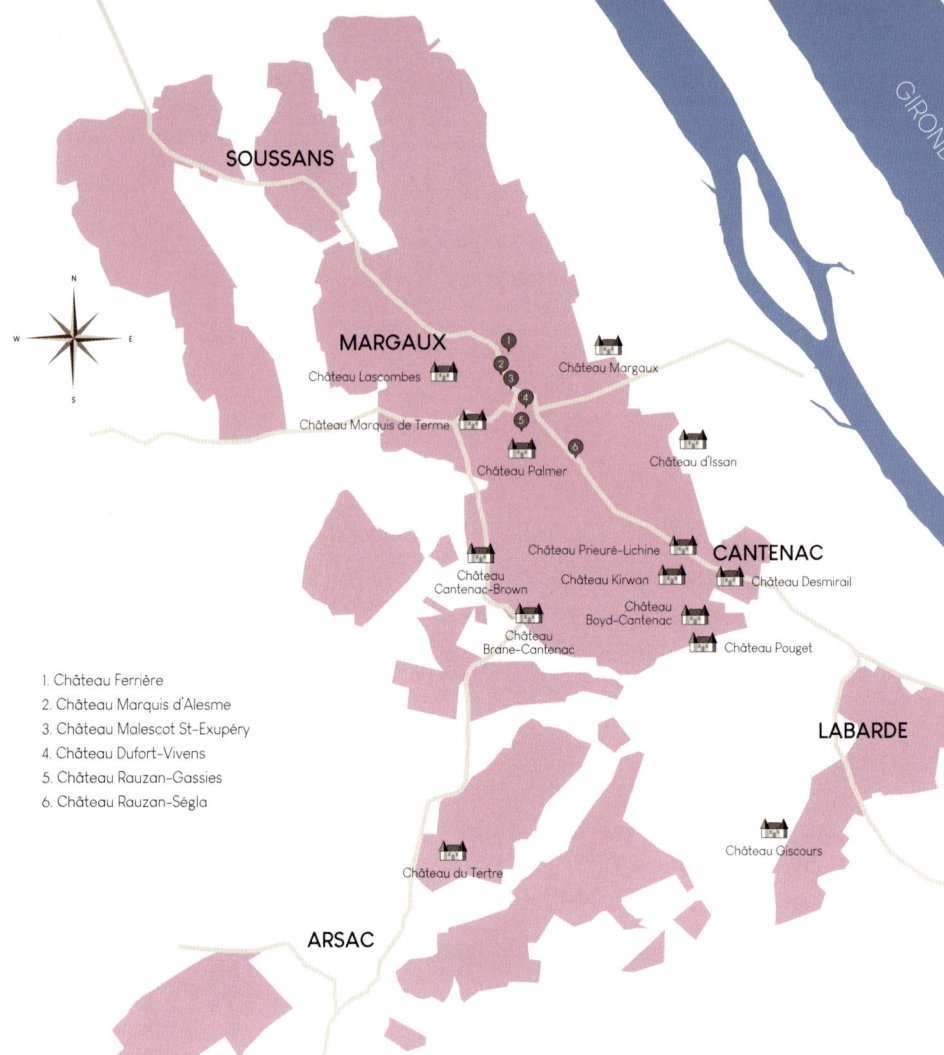

MARGAUX
마르고 마을

핵심 마을 중 재배 면적이 넓은 마을로 마르고, 깡뜨냑, 아르삭, 쑤쌍, 라바르드 5개 마을을 포함한 원산지 명칭입니다. 가론 강의 자갈 토양이 많이 분포되어 있으며 모래의 비율이 가장 높습니다. 토양의 깊이는 4개 마을 중에서 가장 얕고 오-메독 지구에서 가장 가벼운 토양입니다. 이러한 떼루아에서 생산되는 마르고 와인은 매혹적인 향과 섬세함, 우아함을 지닌 부드러운 맛이 특징입니다.

- AOC 물리-썽-메독과 AOC 리스트락-메독(Moulis-en-Médoc & Listrac-Médoc)

그랑 크뤼 클라쎄 샤또는 없지만 우수한 품질의 크뤼 부르주아Cru Bourgeois가 많이 존재하고 있는 원산지입니다.

물리-썽-메독의 토양은 점토와 석회질이 많아서 힘 있고 풍만한 와인이 만들어집니다. 우수한 품질의 와인은 과실 풍미와 여운이 긴 편입니다.

리스트락-메독의 토양은 모래의 비율이 높습니다. 물리-썽-메독에서 생산되는 와인과 유사한 특징을 가지고 있으나 타닌이 약간 거친 편입니다. 일반적으로 리스트락-메독에 비해 물리-썽-메독 와인의 평가가 약간 높습니다.

- 지롱드(Gironde) 강가의 저지대

오-메독 지구와 메독 지구는 지롱드 강 인근의 저지대에서도 와인을 생산하고 있습니다. 이곳의 와인은 전반적으로 품질이 떨어지며 주로 AOC 보르도 명칭으로 만들어집니다. 토양은 모래가 없는 충적토로 보수성이 높고 매우 비옥합니다. 이러한 강가의 충적 평야지대를 빨뤼스Palus라고 부르며 메를로 품종을 주로 사용해 마시기 쉬운 저가 와인을 주로 생산합니다.

12   우안 산지의 약진과 배경

메독, 쏘떼른Sauternes, 그라브 Graves 등 좌안 지구의 와인은 18세기부터 19세기에 걸쳐 일찍이 세계적인 명성을 확립했습니다. 반면 도르도뉴 Dordogne 강의 쌩-떼밀리옹 Saint-Émilion, 뽀므롤 Pomerol 마을은 비교적 최근까지 이류 산지 취급을 받아 왔습니다. 이 두 산지가 좌안 지구의 와인과 동등한 대우를 받으며 높은 평가를 받게 된 것은 1980년대 이후부터입니다.

우안 산지의 역사

우안 지구의 중심 도시인 리부른 Libourne 시 역시 보르도 시처럼 긴 역사를 가지고 있는 상업 도시입니다. 리부른 시는 보르도 시와 마찬가지로 와인 교역이 번성했으며, 또한 오래전부터 보르도 시와 경쟁 관계였습니다. 하지만, 보르도 시의 정치적인 특권에 의해 우안 지구를 포함한 주변 도시들은 억압을 당했고, 따라서 우안 지구의 와인은 높은 평가를 받지 못했습니다.

1855년 보르도 지방에서 처음으로 등급이 제정되었을 때 메독과 쏘떼른의 좌안 지구 샤또들을 대상으로 이루어졌습니다. 반면 쌩-떼밀리옹이나 뽀므롤 등의 우안 지구 샤또들은 제외되었으며, 이러한 사실만 보더라도 당시의 상황을 짐작할 수 있습니다.

당시 우안 지구에도 샤또 오존 Château Ausone 이나 샤또 슈발 블랑 Château Cheval Blanc 과 같은 뛰어난 샤또들이 존재했었지만 등급 제정의 명을 받은 보르도 시의 상공회의소의 입장에서는 우안 지구의 와인이 거래에 경쟁 상대였기 때문에 무시한 것은 당연하다고 할 수 있습니다.

오랫동안 무명의 존재로 취급받던 우안 지구의 산지는 19세기 말에 쌩-떼밀리옹 마을을 필두로 높은 평가를 받았으며, 뒤를 이어 뽀므롤 마을도 제2차 세계대전이 끝난 후부터 명성이 높아졌습니다.

뻬트뤼스 전략과 르 뺑(Pétrus & Le Pin)의 성공

좌안 지구와 비교해 우안 지구의 샤또들은 규모가 작은 것이 특징이며, 그중에서도 뽀므롤 마을은 그 경향이 강합니다. 오-메독 지구의 그랑 크뤼 클라쎄 1등급과 2등급을 합친 18개 샤또의 연평균 생산량은 약 35만 병 정도로 평균 재배 면적 66헥타르에 달합니다. 반면 뽀므롤 마을의 유명 샤또의 연평균 생산량은 약 5만 병 정도로, 평균 재배 면적은 10헥타르 정도로 규모에서 차이가 현저하게 납니다. 참고로 쌩-떼밀리옹 마을의 평균 재배 면적은 뽀므롤 마을의 2배 정도입니다.

생산 규모가 적은 우안 지구는 세계 시장에 진출하는 데 있어서 좌안 지구와는 다른 접근 방법을 사용하고 있습니다. 적은 생산량을 희소성으로 어필해서 판매 가격을 높이는 전략을 사용했는데, 이러한 전략이 최초로 성공한 와인이 뽀므롤 마을의 뻬트뤼스입니다. 제2차 세계 대전 이후에 뻬트뤼스는 높은 품질과 교묘한 마케팅 전략을 통해 뽀므롤의 이름을 세계 와인 애호가에게 알렸으며, 현재 보르도 지방에서 가장 비싼 와인이 되었습니다.

뻬트뤼스 와인의 뒤를 잇는 신데렐라 와인이 바로 르 뺑Le Pin입니다. 비유 샤또 세르땅Vieux Château Certan 등을 소유한 띠엥뽕Thienpont 일가는 1979년 2헥타르의 포도밭을 매입해 르 뺑을 만들기 시작했습니다. 포도밭 옆에 있는 차고 규모의 작은 양조장에서 연평균 7,200병 정도의 극소량만 생산되던 르 뺑은 로버트 파커의 사랑을 독차지하게 되었습니다. 파커의 극찬과 함께 평가가 급상승해서 한때는 뻬트뤼스를 제치고 보르도 지방에서 최고가 와인의 주인공이 되기도 했습니다.

르 뺑과 같이 고품질의 극소량 생산되는 와인을 '뱅 드 갸라주 또는 갸라주 와인'이라고 부르며, 갸라주 와인의 유행은 르 뺑에서 시작되었습니다. 참고로 띠엥뽕은 양조장 옆에 심어져 있던 소나무(Pin)에서 영감을 받아 와인 이름을 르 뺑Le Pin이라고 지었습니다.

VIN DE GARAGE
뱅 드 갸라주

생산 규모가 적은 우안 지구는 적은 생산량을 희소성으로 어필해서 판매 가격을 높이는 전략을 사용하고 있습니다. 이 전략이 최초로 성공한 와인이 뽀므롤 마을의 뻬트뤼스와 르 뺑으로 현재 보르도 지방에서 가장 비싼 가격으로 거래되고 있습니다.
뻬트뤼스, 르 뺑 등과 같이 고품질의 극소량 생산되는 와인을 '뱅 드 갸라주'라 부르며, 갸라주 와인의 유행은 주변 마을인 쌩-떼밀리옹에도 영향을 끼쳤습니다. 특히 1990년에 들어서자 쌩-떼밀리옹 마을에서는 뱅 드 갸라주가 대거 등장하기 시작했습니다.

쌩-떼밀리옹(Saint-Émilion)의 하극상

뽀므롤 와인의 성공은 주변 산지에도 영향을 끼쳤으며 1990년대에 들어서자, 쌩-떼밀리옹 마을에서도 갸라주 와인이 다수 탄생했습니다. 샤또 드 발랑드로Château de Valandraud(1991년 설립), 라 고므리La Gomerie(1995년 설립), 라 몽도뜨La Mondotte(1996년 설립), 그라시아Gracia(1997년 설립), 뀌노 랑끌로Quinault L'enclos(1997년 설립) 등 갸라주 와인이 차례로 등장하면서 로버트 파커의 호평을 받게 되고 놀라울 정도의 고가로 거래가 되었습니다. 이러한 갸라주 와인의 대부분은 메독 지구의 그랑 크뤼 클라쎄 등급의 샤또들보다 더 높은 가격에 거래되었습니다.

1996 첫 빈티지를 출시한 라 몽도뜨는 로버트 파커를 비롯한 평론가와 업계 관계자만이 참석한 엉 프리뫼르 거래에서 보르도 지방의 최고가로 책정될 정도였습니다. 하지만 이러한 갸라주 와인이 만들어지는 포도밭은, 이른바 위대한 떼루아의 포도밭이 아닌 곳이 많아서 생산자들은 의도적으로 극소량을 생산하는 방식으로 부족한 떼루아의 조건을 보충하고 있습니다.

1990년대 말에 한 시대를 풍미했던 갸라주 와인은 2000년대 이후부터 시장의 열광적이던 인기가 점점 가라앉게 되었습니다. 잠깐의 유행을 선도했던 갸라주 와인은 다시 역사와 전통을 지닌 그랑 크뤼 클라쎄 등급의 와인에게 밀려나기 시작했으며, 고가의 가격 전략도 이제는 소비자가 인정하지 않고 있습니다.

1980년대 이후, 차례로 등장한 갸라주 와인이 있기까지는 실력 있는 양조 컨설턴트의 도움이 컸습니다. 대표적인 인물이 미스터 메를로Mr. Merlot로 불리는 미셸 롤랑과 직감적인 와인 제조가 장점인 스테판 드르농꾸르입니다. 둘은 보르도 지방의 쌍벽을 이루는 와인 컨설턴트로, 오크통에서 말로-락틱 발효를 행하는 것과 미크로-빌라주의 새로운 기술을 아낌없이 사용하여 과실 풍미가 풍부하고 깊이가 있는 와인을 만들어 냈습니다. 로버트 파커 외의 다른 평론가들도 이러한 실력파 양조 컨설턴트가 참여한 것만으로도 고품질 와인의 지표로 생각해서 그들이 만드는 와인에 예외 없는 찬사와 높은 점수를 아낌없이 선사했습니다.

LIBOURNAIS
리부르네 지구

LIBOURNAIS
- AOC Fronsac
- AOC Canon-Fronsac
- AOC Lalande-de-Pomerol
- AOC Pomerol
- AOC Lussac Saint-Émilion
- AOC Montagne-Saint-Émilion
- AOC Saint-Georges-Saint-Émilion
- AOC Puisseguin Saint-Émilion
- AOC Saint-Émilion
- AOC Saint-Émilion Grand Cru

좌안 지구는 전체적으로 표고가 낮은 평탄한 지형인데 비해서 우안 지구의 지형은 석회암 대지로 이루어져 있습니다. 이 대지의 표면은 기복이 심하기 때문에 표고, 사면, 방위라는 지형적인 요소가 개별 포도밭의 개성에 영향을 끼칩니다. 또한 우안 지구는 좌안 지구에 비해 표고가 높은 편입니다. 이러한 조건으로 기온이 낮기 때문에 메를로를 주요 품종으로 사용하고 있습니다. 만생종인 까베르네 쏘비뇽은 우안 지구에서는 잘 익지 않아 블렌딩의 보조 품종으로 주로 사용됩니다. 우안 지구의 대표적인 산지로는 AOC 쌩-떼밀리옹, AOC 쌩-떼밀리옹 그랑 크뤼, AOC 뽀므롤이며, 모두 레드 와인만 생산 가능합니다.

13 도르도뉴 강 우안의 레드 와인 산지

메독, 오-메독 지구 및 그라브 지구에서 지롱드 강과 가론 강을 횡단하면 건너편에 부르그Bourg와 블라이Blaye 지구 그리고 앙트르-되-메르Entre-Deux-Mers 지구에 걸쳐 석회암의 대지가 벽처럼 우뚝 솟아 있는 것을 볼 수 있습니다.

좌안 지구가 전체적으로 표고가 낮은 평탄한 지형인데 비해서 우안 지구의 지형은 석회암의 대지로 이루어져 있습니다. 이 대지의 표면은 기복이 심하기 때문에 표고, 사면, 방위라는 지형적인 요소가 개별 포도밭의 개성에 영향을 끼칩니다. 또한 우안 지구는 좌안 지구에 비해 표고가 높은 편입니다. 이러한 조건으로 기온이 낮기 때문에 메를로를 주요 품종으로 사용하고 있습니다. 만생종인 까베르네 쏘비뇽은 우안 지구에서는 잘 익지 않아 보조 품종으로 주로 사용됩니다.

우안 지구의 대표적인 AOC는 뽀므롤과 쌩-떼밀리옹, 쌩-떼밀리옹 그랑 크뤼로 모두 레드 와인만 생산 가능합니다.

- AOC 까농-프롱싹(Canon-Fronsac) : 1939년 AOC 승격, 270헥타르
- AOC 꼬뜨 드 보르도(Côtes de Bordeaux) : 2009년 AOC 승격, 12,623헥타르
- AOC 꼬뜨 드 보르도 '까스띠용'(Côtes de Bordeaux 'Castillon') : 2009년 AOC 승격, 3,000헥타르
- AOC 꼬뜨 드 보르도 프랑(Côtes de Bordeaux Franc) : 2009년 AOC 승격, 500헥타르
- AOC 프롱싹(Fronsac) : 1937년 AOC 승격, 840헥타르
- AOC 라랑드-드-뽀므롤(Lalande-de-Pomerol) : 1936년 AOC 승격, 1,144헥타르
- AOC 뤼싹 쌩-떼밀리옹(Lussac Saint-Émilion) : 1936년 AOC 승격, 1,436헥타르
- AOC 몽따뉴-쌩-떼밀리옹(Montagne-Saint-Émilion) : 1936년 AOC 승격, 1,793헥타르
- AOC 뽀므롤(Pomerol) : 1936년 AOC 승격, 800헥타르
- AOC 쀠쓰갱 쌩-떼밀리옹(Puisseguin Saint-Émilion) : 1936년 AOC 승격, 740헥타르
- AOC 쌩-떼밀리옹(Saint-Émilion) : 1936년 AOC 승격, 5,500헥타르

- AOC 쌩-떼밀리옹 그랑 크뤼(Saint-Émilion Grand Cru) : 1954년 AOC 승격, 5,500헥타르
- AOC 쌩-조르주-쌩-떼밀리옹(Saint-Georges-Saint-Émilion) : 1936년 AOC 승격, 200헥타르

[2005년 INAO 자료 참고]

– AOC 뽀므롤(Pomerol)

우안의 르부르네Libournais 지구 내에 위치한 마을로 100년 전에는 많은 양의 화이트 와인을 생산했지만, 현재는 레드 와인만을 생산하고 있습니다. 메를로 품종이 핵심 품종으로 재배 면적의 80%를 차지하고 있으며, 까베르네 프랑의 재배 면적은 15%를 차지하고 있습니다. 일반적으로 메를로 70~80%, 까베르네 프랑 5~20% 비율로 블렌딩해 와인을 만들지만, 작황이 좋은 경우 메를로의 비율을 95%까지 사용하기도 합니다.

1923년 뽀므롤 마을은 프랑스 정부로부터 쌩-떼밀리옹과 리부르네 지구에서 독립되어 하나의 와인 산지로 인정받았으며, 1936년에는 AOC 명칭을 획득했습니다. 하지만 이곳은 와인의 등급을 제정할 만큼 판매 활동을 오래 이어오지 못했기 때문에 메독 지구와 같은 공식적인 등급은 존재하지 않습니다.

뽀므롤 마을은 대규모 자갈 언덕으로, 약간의 굴곡이 있긴 하지만 지형은 비교적 평탄한 편입니다. 토양은 서쪽과 남쪽이 모래 비율이 비교적 높고, 쌩-떼밀리옹으로 이어지는 동쪽과 북쪽은 점토가 풍부한 편입니다. 특히 이 마을에서 볼 수 있는 독특한 토양으로는 크라쓰 드 페르 Crasse de fer(쇠 찌꺼기)라 불리는 철분 퇴적물이 풍부한 모래 토양과 부또니에르Boutonière라 불리는 푸른 점토의 몰라쓰Molasse 토양입니다. 이곳에서 생산되는 와인은 진한 색상과 절제된 산미 그리고 매우 응축감이 강한 것이 특징입니다.

뽀므롤 마을은 보르도 지방의 뒤늦게 떠오른 신성으로, 이곳의 우수한 품질 와인들은 메독 지구의 그랑 크뤼 클라쎄 와인들보다 더 비싼 가격에 거래되고 있습니다. 유명한 샤또가 많이 있지

만, 그중에서도 최고의 평가를 받는 곳은 뻬트뤼스Pétrus입니다. 그 뒤를 이어 샤또 트로따누아Château Trotanoy, 비유 샤또 쎄르땅Vieux Château Certan이 우열을 겨루고 있으며, 샤또 라 플뢰르-뻬트뤼스Château La Fleur-Pétrus, 샤또 라플뢰르Château Lafleur, 샤또 라 꽁세이양트Château La Conseillante, 샤또 라뚜르 아 뽀므롤Château Latour à Pomerol, 샤또 레방질Château L'Evangile 등의 샤또들도 오랜 기간 동안 우수한 와인을 생산하고 있습니다. 위와 같은 샤또의 고품질의 비결은 자갈성 토양에 절묘하게 섞인 점토에 있습니다.

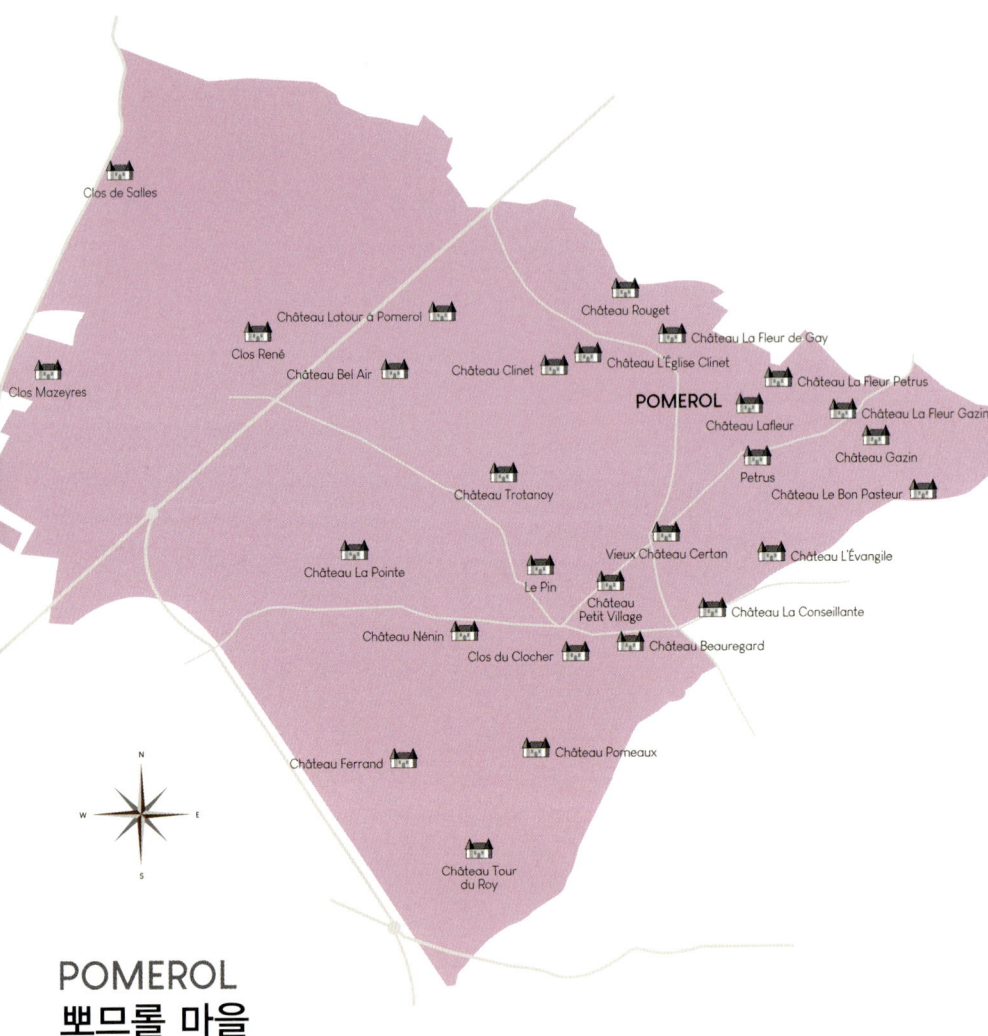

POMEROL
뽀므롤 마을

뽀므롤은 우안의 르부르네 지구 내에 위치한 마을로, 100년 전에는 많은 양의 화이트 와인을 생산했지만, 현재는 레드 와인만을 생산하고 있습니다. 메를로가 핵심 품종으로 재배 면적의 80%를, 까베르네 프랑이 15%를 차지하고 있습니다. 일반적으로 메를로 70~80%, 까베르네 프랑 5~20% 비율로 블렌딩해 와인을 만들지만, 작황이 좋은 경우 메를로의 비율을 95%까지 사용하기도 합니다.

1936년 뽀므롤 마을은 프랑스 정부로부터 쌩-떼밀리옹과 리부르네 지구에서 독립되어 AOC 명칭을 획득했습니다. 하지만 이곳은 와인의 등급을 제정할 만큼 판매 활동을 오래 이어오지 못했기 때문에 메독 지구와 같은 공식적인 등급은 존재하지 않습니다.

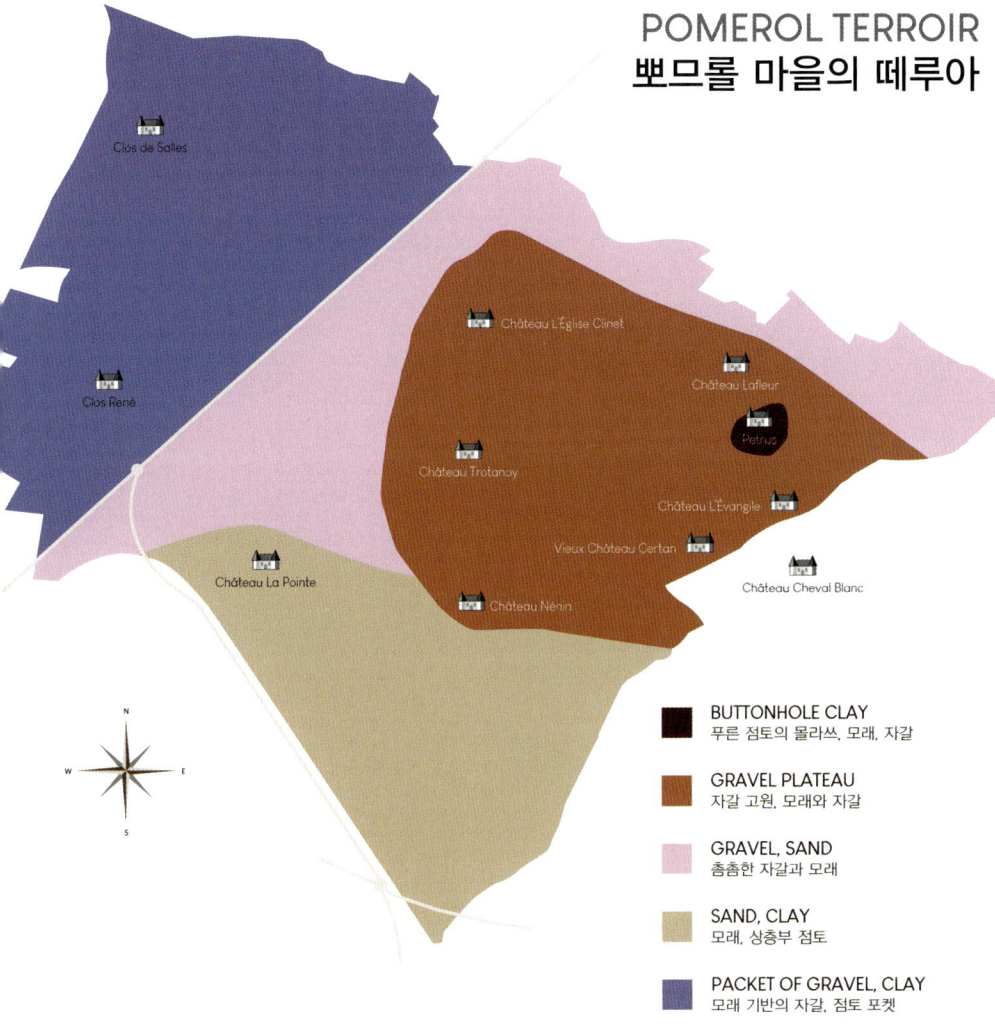

뽀므롤 마을은 대규모 자갈 언덕으로 약간의 굴곡이 있긴 하지만 지형은 비교적 평탄한 편입니다. 토양은 서쪽과 남쪽이 모래 비율이 비교적 높고, 생-떼밀리옹 마을로 이어지는 동쪽과 북쪽은 점토가 풍부한 편입니다.

특히 이 마을에서 볼 수 있는 독특한 토양으로는 크라쓰 드 페르의 철분 퇴적물이 풍부한 모래 토양과 푸른 점토의 몰라쓰 토양입니다. 이러한 떼루아에서 생산되는 와인은 진한 색상과 절제된 산미, 그리고 응축감이 강한 것이 특징입니다.

뻬트뤼스, 샤또 트로따누아, 비유 샤또 쎄르땅 등의 우수한 품질의 와인들은 메독 지구의 그랑 크뤼 클라쎄 와인들보다 더 비싼 가격에 거래되고 있으며, 이와 같은 와인들의 품질 비결은 자갈성 토양에 절묘하게 섞인 점토에 있습니다.

SAINT-ÉMILION
쌩-떼밀리옹 마을

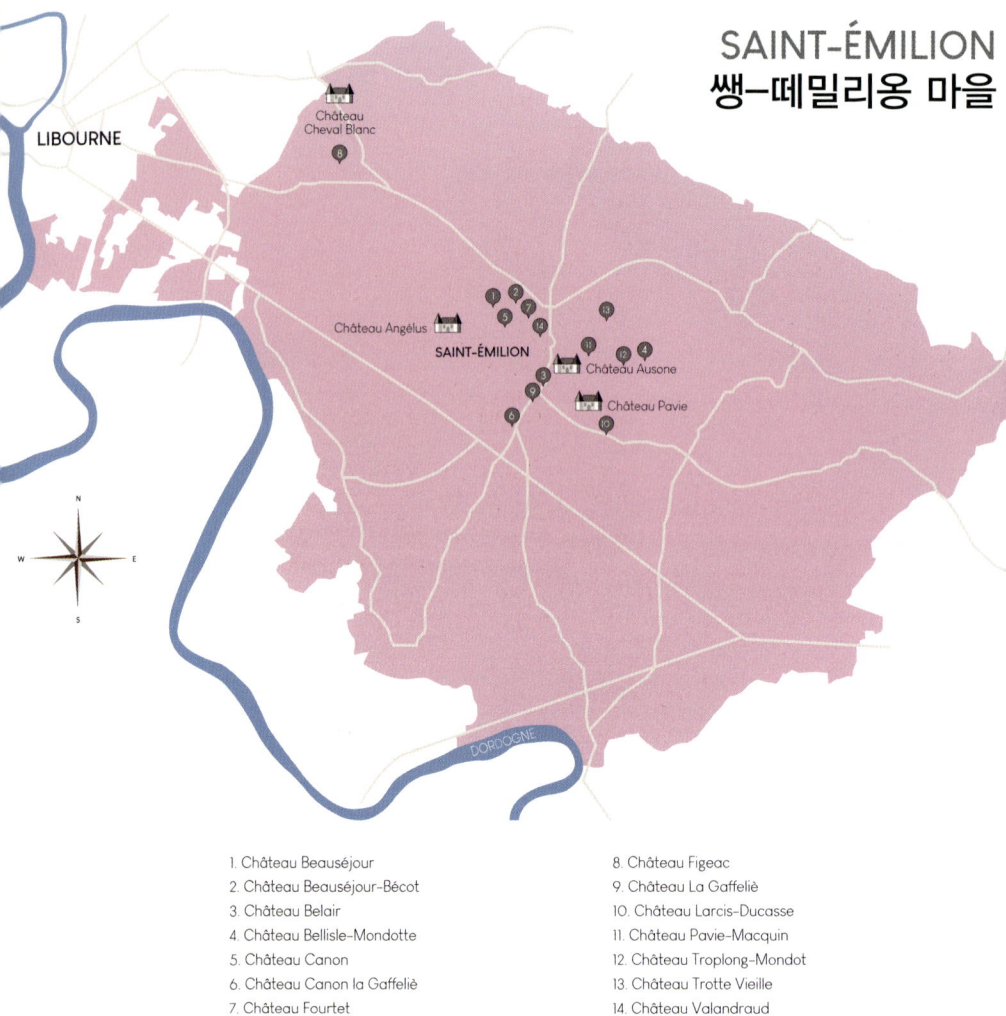

1. Château Beauséjour
2. Château Beauséjour-Bécot
3. Château Belair
4. Château Bellisle-Mondotte
5. Château Canon
6. Château Canon la Gaffelié
7. Château Fourtet
8. Château Figeac
9. Château La Gaffelié
10. Château Larcis-Ducasse
11. Château Pavie-Macquin
12. Château Troplong-Mondot
13. Château Trotte Vieille
14. Château Valandraud

도르도뉴 강 우안의 리부르네 지구 내에 위치한 산지로, 여러 마을이 군락을 이뤄 하나의 원산지 명칭을 이루고 있습니다. 재배 면적은 5,400헥타르에 달할 정도로 거대하며, 보르도 지방의 전체 포도밭에 6%를 차지하고 있습니다.

쌩-떼밀리옹과 쌩-떼밀리옹 그랑 크뤼 2개의 AOC가 있으며, 같은 원산지 구역 내에서 생산되고 있습니다. 이 두 AOC는 최저 알코올 도수와 최대 수확량의 차이로 나뉘어집니다.

1954년 쌩-떼밀리옹 마을에 최초의 등급이 제정된 후 10년 주기로 재선정되고 있었지만 2006년 재선정 과정에서 좌천된 생산자들이 법원에 이의제기를 신청하면서 분쟁에 들어갔습니다. 결국 2012년 재조정 결과를 발표하였는데, 프리미에 그랑 크뤼 클라쎄 샤또 18개, 그랑 크뤼 클라쎄 샤또 64개가 분류되어 있습니다.

– AOC 쌩-떼밀리옹(Saint-Émilion)

도르도뉴 강 우안의 리부르네 지구 내에 위치한 산지로, 여러 마을이 군락을 이뤄 하나의 원산지 명칭을 이루고 있습니다. 재배 면적은 5,400헥타르에 달할 정도로 거대하며, 보르도 지방의 전체 포도밭에 6%를 차지하고 있습니다. 이 마을은 쌩-떼밀리옹과 쌩-떼밀리옹 그랑 크뤼 2개의 AOC가 존재합니다.

AOC 쌩-떼밀리옹과 AOC 쌩-떼밀리옹 그랑 크뤼는 같은 원산지 내에서 생산되고 있으며, 최저 알코올 도수와 최대 수확량의 차이에 의해 나누어집니다. AOC 쌩-떼밀리옹은 최저 알코올 도수가 10.5%, 최대 수확량은 헥타르당 45헥토리터인데 반해 AOC 쌩-떼밀리옹은 그랑 크뤼는 최저 알코올 도수 11%, 최대 수확량은 헥타르당 40헥토리터로 규정하고 있습니다. 생산된 와인은 분석과 관능검사를 진행하는데 AOC 쌩-떼밀리옹은 1회, AOC 쌩-떼밀리옹 그랑 크뤼는 2회가 의무화되어 있습니다. 또한 쌩-떼밀리옹 등급에 속한 샤또는 전부 AOC 쌩-떼밀리옹 그랑 크뤼의 규정을 반드시 이행해야 합니다.

쌩-떼밀리옹 마을은 크게 2종류의 토양 타입으로 나누어져 있습니다. 하나는 뽀므롤 마을 인근의 모래와 자갈 토양으로 여기에서 생산되는 와인은 뱅 드 그라브Vin de Graves (자갈 와인)라 부릅니다. 뱅 드 그라브의 포도밭은 뽀므롤 마을과 유사한 토양으로 구성되어 있으며, 이곳의 유명한 샤또로는 샤또 슈발 블랑과 샤또 피작Chteau Figeac이 있습니다.

다른 하나는 쌩-떼밀리옹 마을 중심부의 풍화한 석회암, 점토, 석회질 토양으로 여기에서 생산되는 와인은 뱅 드 꼬뜨Vin de Côtes라 부릅니다. 샤또 오존을 비롯해 프리미에 그랑 크뤼 클라쎄Premier Grand Cru Classé의 샤또 대부분이 뱅 드 꼬뜨에 위치하고 있습니다.

뱅 드 그라브에서 생산되는 와인은 전반적으로 과일 향이 풍부하고 타닌이 강한 스타일이고, 반면 뱅 드 꼬뜨에서 생산되는 와인은 뱅 드 그라브에 비해 색도 진하며 방향성이 풍부하고 구조감이 견고한 스타일입니다.

1954년 보르도, 리부르른의 네고시앙, 꾸르띠에, 와인 양조학 전문가, 포도 재배 전문가, 토양 분석 전문가, 경제인 및 법조인 등 9명 회원으로 구성된 쌩-떼밀리옹 포도 재배업자 협회의 제안을 받아들여 프랑스 원산지 관리 위원회가 쌩-떼밀리옹 마을의 등급 관리를 담당하기로 결정하게 되었습니다. 등급을 받고자 하는 샤또는 꾸르띠에가 아닌 생산자가 직접 프랑스 원산지 관리 위원회에 서류를 제출해야 하며, 10년에 한 번씩 수정하는 것을 골자로 하고 있습니다. 1954년에 쌩-떼밀리옹 등급이 최초로 제정된 이후 1955년, 1969년, 1986년, 1996년, 2006년 등 10년 주기로 재선정되고 있습니다. 하지만 2006년 재조정 과정에서 좌천된 생산자들이 법원에 이의 제기를 신청하면서 분쟁에 들어갔으며, 결국 2012년 재조정 결과를 발표하였습니다. 현재 프리미에 그랑 크뤼 클라쎄 '아' Premier Grand Cru Classé 'A' 4개 샤또, 프리미에 그랑 크뤼 클라쎄 '베' Premier Grand Cru Classé 'B' 14개 샤또, 그랑 크뤼 클라쎄 Grand Cru Classé 64개 샤또가 분류되어 있습니다.

프리미에 그랑 크뤼 클라쎄 'A'에는 기존의 샤또 오존 Château Ausone과 샤또 슈발 블랑 Château Cheval Blanc과 함께 새롭게 샤또 앙젤뤼스 Château Angélus, 샤또 빠비 Château Pavie가 승격되어 4개 샤또가 존재합니다.

현재 200개 이상의 AOC 쌩-떼밀리옹 그랑 크뤼 와인이 존재하고 있지만, 이는 1955년에 제정된 등급과는 전혀 관계가 없습니다. 실제로 AOC 쌩-떼밀리옹 그랑 크뤼 와인은 쌩-떼밀리옹 그랑 크뤼 클라쎄 와인에 필적할 만한 품질은 아닙니다.

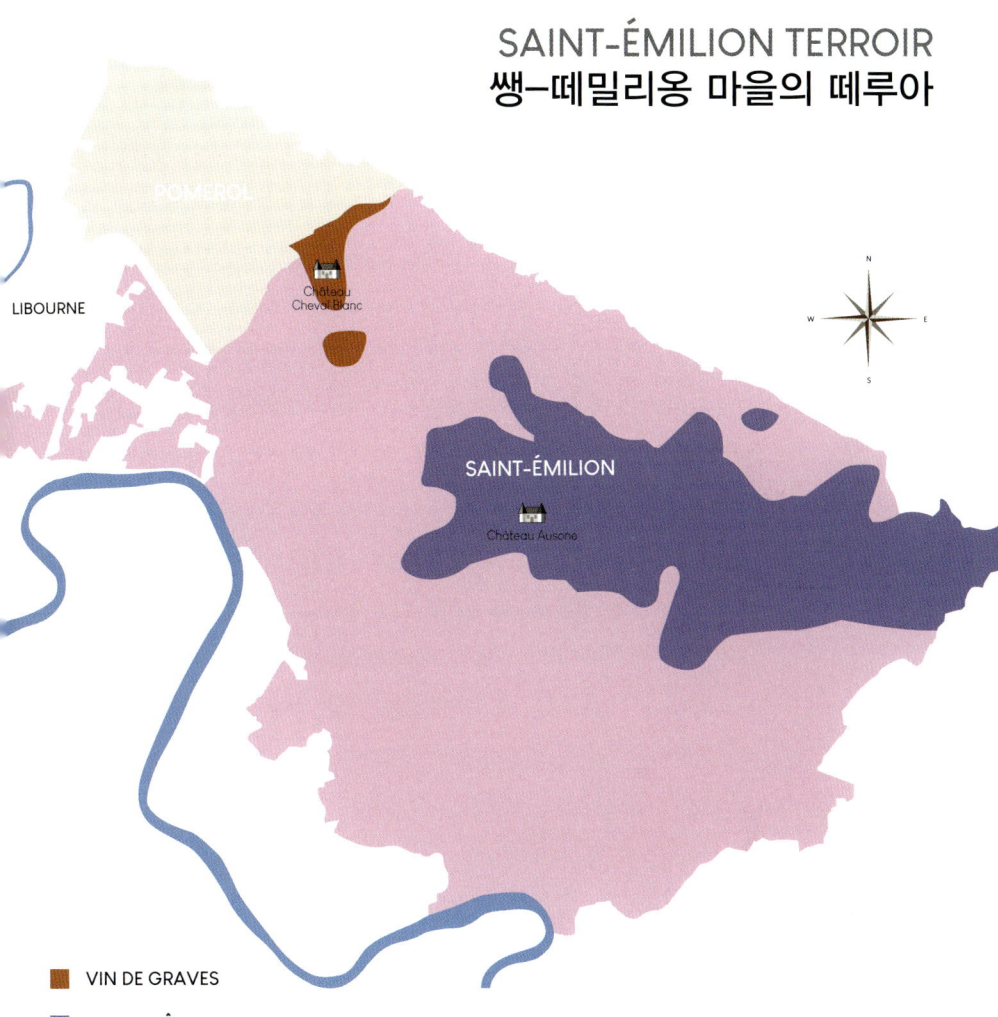

SAINT-ÉMILION TERROIR
쌩-떼밀리옹 마을의 떼루아

쌩-떼밀리옹 마을은 크게 2종류의 토양 타입으로 나뉘어져 있습니다. 하나는 뽀므롤 마을 인근의 모래와 자갈 토양으로 여기에서 생산되는 와인은 뱅 드 그라브라 부릅니다. 이곳의 포도밭은 뽀므롤 마을과 유사한 토양으로 구성되어 있으며, 샤또 슈발 블랑과 샤또 피작이 대표적인 포도원입니다.

다른 하나는 쌩-떼밀리옹 마을 중심부의 풍화한 석회암, 점토, 석회질 토양으로, 여기에서 생산되는 와인은 뱅 드 꼬뜨라 부릅니다. 샤또 오존을 비롯해 프리미에 그랑 크뤼 클라쎄의 샤또 대부분이 이곳에 위치하고 있습니다.

뱅 드 그라브의 와인은 전반적으로 과일 향이 풍부하고 타닌이 강하며 반면 뱅 드 꼬뜨의 와인은 뱅 드 그라브에 비해 색도 진하고 방향성이 풍부하며 구조감도 견고합니다.

14   보르도 지방의 이모저모

샤또와 네고시앙(Château & Négociant)

보르도 지방 와인의 유통은 '네고시앙'이라고 불리는 1차 도매상에 의해 취급되고 있으며, 네고시앙은 도매상, 소매상, 해외 수입업자 등을 주요 고객으로 두고 있습니다.

유명 샤또들은 각각 수십 개의 네고시앙과 거래를 하며, 생산되는 와인을 전매하고 있습니다. 샤또와 네고시앙 간의 와인 판매 계약은 반드시 꾸르띠에Courtier라고 불리는 중개상인에 의해 중개되어야 합니다.

보르도 지방에는 대략 400개의 네고시앙이 있으며, 이들은 프랑스 국내 시장을 포함해 영국, 미국, 이탈리아, 아시아 등 다양한 국가와 거래를 하고 있습니다. 그렇기 때문에 각 샤또는 여러 곳의 네고시앙과 거래함으로써 스스로 마케팅 활동을 하지 않고 세계 시장에 빠짐없이 자신의 와인을 유통할 수가 있습니다. 비교적 생산량이 많은 보르도 지방의 경우 생산과 마케팅을 분리시켜 유통하는 것이 더 효율적입니다. 하지만 보르도 지방 이외의 다른 산지에서는 포도원이 도매상, 소매상, 해외 수입업자 등 다양한 고객에게 직접 와인을 판매하는 것이 일반적입니다.

또한 다른 산지에서는 와인이 병입된 후 완성품이 되고 나서 판매하는 것이 보통입니다. 하지만 보르도 지방의 고급 샤또들의 대다수는 수확 이후 이듬해 봄에 와인이 오크통에 들어있는 상태에서 선물 거래를 하고 있습니다. 이 선물 거래를 엉 프리뫼르En Primeur라고 부릅니다. 보르도 지방은 1970년대부터 엉 프리뫼르 매매가 번성하여 지금은 각 샤또 생산량의 70%~80%가 선물 거래로 판매되고 있습니다. 봄이 되면 각 샤또와 네고시앙은 그 해 와인의 판매 가격을 제시하고 네고시앙은 할당된 양을 구매하게 됩니다. 그 후 네고시앙은 도매상, 소매상, 해외 수입업자 등 자신의 고객에게 선물 거래로 구매한 와인에 마진을 더해서 전매하거나 일반 소비자에게도 단기간에 걸쳐서 판매가 이루어집니다. 각 단계의 유통업자 및 소비자는 매매 시점에서 대금의 전액을 지불하지만 완성된 와인은 대략 2년 후에 받을 수 있습니다.

샤또, 꾸르띠에, 네고시앙에 의한 유통 시스템 및 엉 프리뫼르에 의한 판매 방식을 총칭하여 쁠라스 드 보르도 Place de Bordeaux(보르도 시장)라고 부릅니다.

꾸르띠에(Courtier)의 역할

꾸르띠에는 샤또가 네고시앙에 와인을 판매할 때 조건 교섭이나 서류 작성 등의 사무를 담당해 주고 수수료를 받는 중개 상인입니다. 이들은 생산자의 상황이나 시장의 움직임을 숙지하여 생산자와 네고시앙 양쪽에 조언을 하면서 거래가 원만히 이루어질 수 있도록 윤활유 역할을 하는 사람입니다. 이러한 거래를 통해 꾸르띠에는 2% 정도의 수수료를 받게 됩니다.

1855년 메독, 쏘떼른 지구의 등급을 제정할 당시, 실제로 샤또를 선별하고 서열화 작업을 행한 것은 보르도 상공회의소가 아닌 꾸르띠에였습니다. 이런 것들로 보아서 이들이 예전부터 정보통 역할을 해 왔음을 알 수 있습니다.

엉 프리뫼르(En Primeur) 판매의 명암

엉 프리뫼르 판매는 생산자와 소비자 양쪽 모두에게 이점이 있는 것이 사실입니다. 우선 생산자 측면에서 이점은 자금 유통이 좋아지는 점을 꼽을 수 있습니다. 고급 와인의 생산은 일반적으로 제조 과정부터 판매까지 시간이 걸리는 사업으로, 미완성된 와인을 선물로 판매하여 수익을 올리면 자금의 유통이 매우 좋아집니다.

반면 소비자 측면에서 이점은 선물 거래를 통해 소매상에서 판매하는 가격보다 저렴하게 구입할 수 있다는 것입니다. 엉 프리뫼르로 구매한 와인이 일반 판매상에게 양도되는 기간이 대략 2년 정도 걸리기 때문에 엉 프리뫼르를 구매한 소비자는 2년 전 가격으로 와인을 구매할 수 있게 되는 것입니다.

하지만 엉 프리뫼르 거래에는 각종 위험 요소도 존재하고 있습니다. 첫 번째 위험 요소는 극히 일부의 평론가나 유통업자를 제외한 대부분의 구매자는 현물의 품질을 모르는 상태에서 구매 여부를 판단해야 하는 것입니다. 매년 3월 엉 프리뫼르 거래가 시작되기 전에 보르도 지방의 고급 샤또 생산자 협회는 오크통에 숙성 중인 와인을 와인 평론가나 유통업자에게 미리 시음할 기회를 제공합니다. 하지만 엉 프리뫼르 시음회에 초대받는 사람은 한정되어 있으므로 와인을 시음하지 못한 대부분의 구매자는 로버트 파커와 같은 유명한 평론가가 발표하는 시음 평점에 의존해서 구매 여부를 판단해야 합니다. 1990년대 후반부터 로버트 파커의 영향력이 커지면서 각 샤또들은 로버트 파커의 평가나 점수가 발표되고 난 후에 와인의 가격을 책정했습니다. 로버트 파커의 점수가 높으면 좀 더 비싼 가격으로 책정해도 와인이 잘 팔리기 때문입니다. 따라서 엉 프리뫼르 구매자들은 와인의 품질, 품질에 상응하는 가격 등을 알지 못한 채 거래하는 경우가 발생할 수 있습니다.

두 번째 위험 요소는 엉 프리뫼르 시점의 와인이 미완성품이라는 것입니다. 고급 와인은 숙성을 통해 계속해서 발전하게 됩니다. 엉 프리뫼르 시점에서 훌륭한 평가를 받았던 와인이 병입 시점에서 평범한 와인이 되어버리는 경우도 발생할 수 있고, 그 반대의 경우도 생길 수 있습니다. 그 위험 요소를 직접적으로 부담하는 것은 와인 평론가가 아니고 실제로 돈을 지불하는 구매자들입니다. 또한, 구매자는 와인이 2년 후에 무사히 도착하는 것에 대한 위험도 부담합니다. 대금 지불을 한 와인이 자신에게 도착하기 전에 샤또와 구매자를 연결해 주는 유통업자가 도산하는 경우가 있는데, 대부분의 이런 경우에는 와인을 수령하지도 못하고 미리 지불한 대금도 회수가 불가능합니다.

이러한 여러 위험 요소를 부담하면서까지 엉 프리뫼르 거래를 하는 것은 와인의 미래 가치 때문입니다. 보르도 지방의 유명 샤또의 와인 대다수는 시간이 지날수록 가격이 올라가기 때문에 미리 구매하는 것은 가격적인 측면에서 충분히 가치가 있습니다. 단, 모든 샤또의 와인이 향후 가격이 보장되는 것은 아니며, 빈티지나 시장 상황에 따라서는 나중에 사는 편이 저렴한 경우도 가끔 발생할 수 있습니다. 이 시점에서 샤또들은 단기적인 수급 상황만을 반영해 엉 프리뫼르의 거래 가격을 설정하기 때문에 품질 평가가 결코 좋지 않은 빈티지 와인이라도 가격에 거품이 들어가는 경우가 있습니다. 이러한 와인이 어떠한 계기를 전환점으로 거품이 빠지게 되면, 당연히 가격은 하락하게 될 것이고 이를 구매한 구매자들은 손해를 보는 상황이 발생할 수 있습니다.

  2012년부터 샤또 라뚜르는 기존의 엉 프리뫼르 거래 방식을 탈피해 자체 생산한 모든 와인을 충분히 숙성시킨 후에 판매하겠다는 뜻밖의 결정을 내렸습니다. 그랑 뱅인 샤또 라뚜르는 8~10년, 두 번째 와인인 쓰공 뱅 레 포르 드 라뚜르Les Forts de Latour는 6~8년, 그리고 세 번째 와인은 4~6년 정도 숙성시킨 후 출시일을 결정하겠다고 발표했습니다. 선물거래를 통해 포도원의 자금 확보를 우선으로 여기지 않고 와인의 품질, 명성을 위한 결정으로, 자금력이 약하고 막대한 양의 와인을 저장할 시설이 없는 일반 샤또에서는 꿈도 꾸기 어려운 일입니다.

EN PRIMEUR
엉 프리뫼르

EN PRIMEUR

1950년대 보르도 와인의 수출지로서 미국 시장이 크게 성장하였습니다. 그리고 1970년대 보르도 지방의 와인은 미국 시장에서 엉 프리뫼르 형태로 매매되기 시작하였고, 고급 샤또들의 와인은 수확 이듬 해의 봄에 이미 판매처가 정해지게 되었습니다. 엉 프리뫼르 와인 매매가 일반화 되어가면서 이전과 같이 샤또 네고시앙에서 병입된 와인을 일정 기간 숙성시키고 난 후 시장에 파는 일은 없어지게 되었으며, 병 내 숙성은 소비자의 몫이 되었습니다. 또한 엉 프리뫼르 판매는 생산자와 소비자 양쪽 모두에게 이점도 있지만, 여러 가지 위험 요소도 존재하고 있습니다.

CRUS CLASSÉS DE GRAVES, 1959

CRUS CLASSÉS DE GRAVES EN ROUGE ET BLANC

Château Bouscaut	Cadaujac
Château Carbonnieux	Léognan
Domaine de Chevalier	Léognan
Château Latour-Martillac	Martillac
Château Malartic-Lagravière	Léognan
Château Olivier	Léognan

CRUS CLASSÉS DE GRAVES EN ROUGE

Château de Fieuzal	Léognan
Château Haut-Bailly	Léognan
Château Haut-Brion	Pessac
Château La Mission-Haut-Brion	Talence
Château Pape-Clément	Pessac
Château Smith-Haut-Lafite	Martillac
Château La Tour-Haut-Brion	Talence

CRUS CLASSÉS DE GRAVES EN BLANC

Château Couhins	Villenave-d'Ornon
Château Couhins-Lurton	Villenave-d'Ornon
Château Laville-Haut-Brion	Talence

GRANDS CRUS CLASSÉS EN 1855, SAUTERNES

PREMIER CRU SUPÉRIEUR

Château d'Yquem   Sauternes

PREMIER CRUS

Château Climens	Barsac
Clos Haut-Peyraguey	Sauternes
Château Coutet, Barsac	Barsac
Château Guiraud, Sauternes	Sauternes
Château Lafaurie-Peyraguey	Sauternes
Château Rabaud-Promis	Sauternes
Château Rayne-Vigneau	Sauternes
Château Rieussec	Sauternes
Château Sigalas-Rabaud	Sauternes
Château Suduiraut	Sauternes
Château La Tour-Blanche	Sauternes

DEUXIÈMES CRUS

Château d'Arche	Sauternes
Château Broustet	Barsac
Château Caillou	Barsac
Château Doisy-Daëne	Barsac
Château Doisy-Dubroca	Barsac
Château Doisy-Védrines	Barsac
Château Filhot	Sauternes
Château Lamothe (Despujols)	Sauternes
Château Lamothe-Guignard	Sauternes
Château de Malle	Sauternes
Château de Myrat	Barsac
Château Nairac	Barsac
Château Romer-du-Hayot	Sauternes
Château Romer	Sauternes
Château Suau	Barsac

GRANDS CRUS CLASSÉS EN 1855, MÉDOC

PREMIERS CRUS

Château Lafite-Rothschild	Pauillac
Château Latour	Pauillac
Château Mouton-Rothschild	Pauillac
Château Margaux	Margaux
Château Haut-Brion	Pessac-Léognan

DEUXIÈMES CRUS

Château Rauzan-Ségla	Margaux
Château Rauzan-Gassies	Margaux
Château Léoville-Las-Cases	Saint-Julien
Château Léoville-Poyferré	Saint-Julien
Château Léoville-Barton	Saint-Julien
Château Durfort-Vivens	Margaux
Château Gruaud-Larose	Saint-Julien
Château Lascombes	Margaux
Château Brane-Cantenac	Margaux
Château Pichon-Longueville Baron	Pauillac
Château Pichon-Longueville Comtesse-de-Lalande	Pauillac
Château Ducru-Beaucaillou	Saint-Julien
Château Cos-d'Estournel	Saint-Estèphe
Château Montrose	Saint-Estèphe

TROISIÈMES CRUS

Château Kirwan	Margaux
Château d'Issan	Margaux
Château Lagrange	Saint-Julien
Château Langoa-Barton	Saint-Julien
Château Giscours	Margaux
Château Malescot-Saint-Exupéry	Margaux
Château Boyd-Cantenac	Margaux
Château Cantenac-Brown	Margaux
Château Palmer	Margaux
Château La Lagune	Haut-Médoc
Château Desmirail	Margaux
Château Calon-Ségur	Saint-Estèphe
Château Ferrière	Margaux
Château Marquis-d'Alesme-Becker	Margaux

QUATRIÈMES CRUS

Château Saint-Pierre	Saint-Julien
Château Talbot	Saint-Julien
Château Branaire-Ducru	Saint-Julien
Château Duhart-Milon	Pauillac
Château Pouget	Margaux
Château La Tour-Carnet	Haut-Médoc
Château Lafon-Rochet	Saint-Estèphe
Château Beychevelle	Saint-Julien
Château Prieuré-Lichine	Margaux
Château Marquis-se-Terme	Margaux

CINQUIÈMES CRUS

Château Pontet-Canet	Pauillac
Château Batailley	Pauillac
Château Haut-Batailley	Pauillac
Château Grand-Puy-Lacoste	Pauillac
Château Grand-Puy-Ducasse	Pauillac
Château Lynch-Bages	Pauillac
Château Lynch-Moussas	Pauillac
Château Dauzac	Margaux
Château d'armailhac	Pauillac
Château du Tertre	Margaux
Château Haut-Bages-Libéral	Pauillac
Château Pedesclaux	Pauillac
Château Belgrave	Haut-Médoc
Château Camensac	Haut-Médoc
Château Cos-Labory	Saint-Estèphe
Château Clerc-Milon	Pauillac
Château Croizet-Bages	Pauillac
Château Cantemerle	Haut-Médoc

SAINT-ÉMILION
GRANDS CRUS CLASSÉS, 2012

PREMIERS GRANDS CRUS CLASSÉS A

Château Angélus
Château Ausone
Château Cheval Blanc
Château Pavie

PREMIERS GRANDS CRUS CLASSÉS B

Château Beau-Séjour (Duffau-Lagarrosse)
Château Beau-Séjour-Bécot
Château Bél Air-Monange
Château Canon
Château Canon la Gaffelière
Château Figeac
Clos Fourtet
Château la Gaffelière
Château Larcis Ducasse
La Mondotte
Château Pavie Macquin
Château Troplong Mondot
Château Trottevieille
Château Valandraud

GRANDS CRUS CLASSÉS

Château l'Arrosée
Château Balestard la Tonnelle
Château Barde-Haut
Château Bellefont-Belcier
Château Bellevue
Château Berliquet
Château Cadet-Bon
Château Cap de Mourlin
Château le Chatelet
Château Chauvin
Château Clos de Sarpe
Château la Clotte
Château la Commanderie
Château Corbin
Château Côte de Baleau
Château la Couspaude
Château Dassault
Château Destieux
Château la Dominique
Château Faugères
Château Faurie de Souchard

Château de Ferrand
Château Fleur Cardinale
Château La Fleur Morange Mathilde
Château Fombrauge
Château Fonplégade
Château Fonroque
Château Franc Mayne
Château Grand Corbin
Château Grand Corbin-Despagne
Château Grand Mayne
Château les Grandes Murailles
Château Grand-Pontet
Château Guadet
Château Haut Sarpe
Clos des Jacobins
Couvent des Jacobins
Château Jean Faure
Château Laniote
Château Larmande
Château Laroque
Château Laroze Clos la Madeleine

Château la Marzelle
Château Monbousquet
Château Moulin du Cadet
Clos de l'Oratoire
Château Pavie Decesse
Château Peby Faugères
Château Petit Faurie de Soutard
Château de Pressac
Château le Prieuré
Château Quinault l'Enclos
Château Ripeau
Château Rochebelle
Château Saint-Georges-Cote-Pavie
Clos Saint-Martin
Château Sansonnet
Château la Serre
Château Soutard
Château Tertre Daugay
Château la Tour Figeac
Château Villemaurine
Château Yon-Fig

행정법원에 이의 신청 제기 중인 샤또

Château Corbin Michotte, Château La Tour du Pin Figeac (Giraud-Bélivier), Château La Tour du Pin Figeac (Moueix)

7 일차

보르도 와인의 그늘에서 벗어난 떠오르는 스타
남서부 지방

01. 남서부 지방 개요
02. 남서부 지방의 역사
03. 남서부 지방의 주요 포도 품종
04. 남서부 지방의 생산 지역와 주요 AOC

FRENCH WINE REGIONS
SUD-OUEST

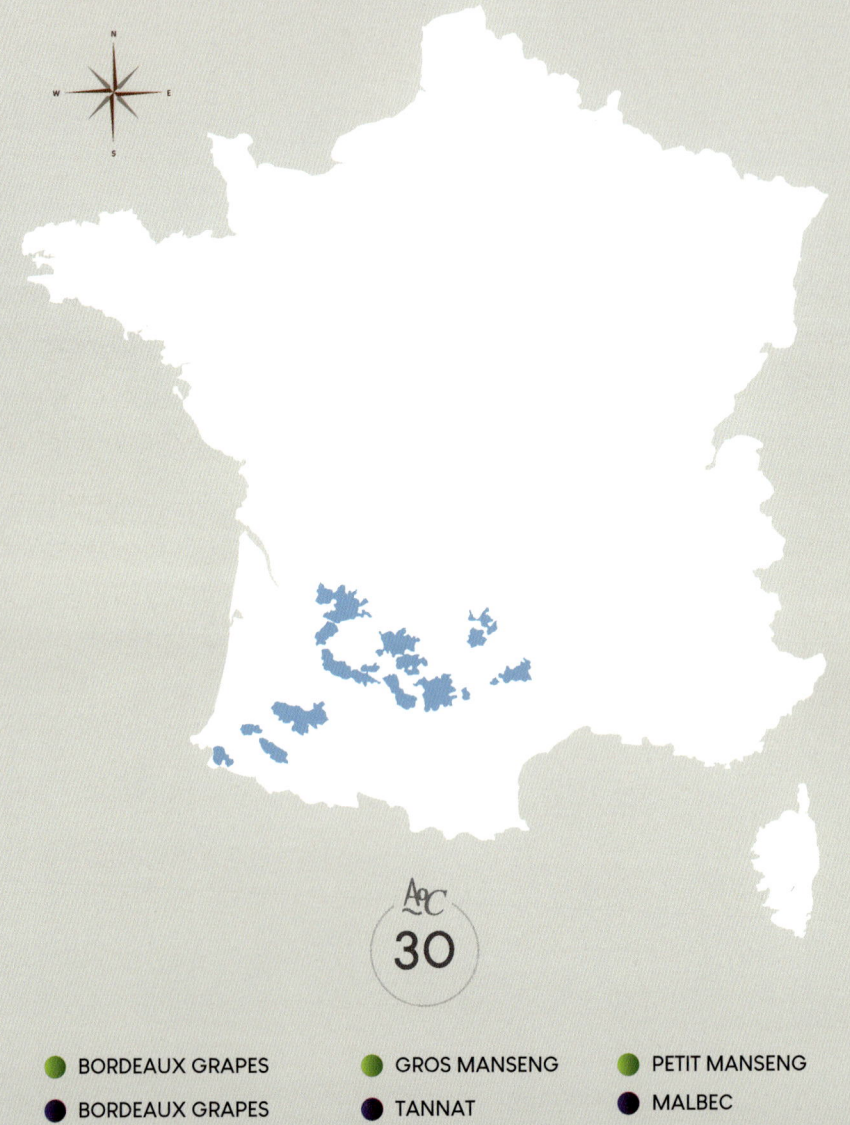

AOC 30

- 🟢 BORDEAUX GRAPES
- 🟢 GROS MANSENG
- 🟢 PETIT MANSENG
- ⚫ BORDEAUX GRAPES
- ⚫ TANNAT
- ⚫ MALBEC

프랑스 남서부 지역에 펼쳐져 있는 와인 산지로, 보르도 지방을 제외한 내륙의 여러 와인 산지를 통합해 남서부 지방으로 부릅니다. 보르도 지방과 유사한 와인에서 따나, 말벡 등의 토착 품종을 사용한 남서부 지방만의 개성적인 와인까지 다양하게 생산되고 있습니다.

01   남서부 지방 개요

- ◆ 재배 면적 : 57,500 헥타르
- ◆ 생산량 : 4,570,000 헥토리터

[www.lesvintoutsimplement.com] 2017년 자료 참조

프랑스 남서부에 펼쳐져 있는 와인 산지로, 보르도 지방을 제외한 내륙의 여러 와인 산지를 통합해 남서부 지방 Sud-Ouest으로 부릅니다. 보르도 지방의 남쪽과 서쪽, 그리고 랑드 숲이 대서양을 막아주고 있는 남서부 지방은 와인 산지들이 여기저기 흩어져 있습니다. 대부분의 와인 산지들이 강을 끼고 있으며 지중해보다는 대서양에 더 가까운 편입니다. 남서부 지방에서 가장 재배 면적이 넓은 가스꼬뉴 Gascogne 지역 안에는 브랜디를 생산하는 아르마냑 Armagnac 산지가 함께 자리 잡고 있으며, 이곳에서 재배되는 포도의 대부분은 뱅 드 뻬이 드 꼬뜨 드 가스꼬뉴 Vin de Pays de Côtes de Gascogne 명칭의 뱅 드 뻬이 등급으로 생산되거나, 아르마냑을 첨가해 만든 뱅 드 리꿰르 Vin de Liqueur 인 AOC 플록 드 가스꼬뉴 Floc de Gascogne로 생산되고 있습니다. 남서부 지방에서 생산되는 와인은 뱅 뒤 쒸드-우에스트 Vins du Sud-Ouest의 통합 명칭으로 판매되지 않고, 각각의 생산 지역이나 마을 명칭 등의 개별 명칭으로 판매되고 있기 때문에 소비자가 한 번에 알아보기란 쉽지 않습니다.

남서부 지방에서 생산되는 와인은 크게 세 그룹으로 분류할 수 있습니다.

첫 번째, 보르도 지방과 가까운 산지에서는 보르도 지방과 동일한 품종으로 보르도 와인과 유사하게 생산합니다. 두 번째, 보르도 지방에서 더 남쪽으로 떨어진 산지에서는 보르도 지방의 품종을 사용하지 않지만 이 지방의 토착 품종인 따나 Tannat 품종을 사용해 오히려 보르도 와인에 더 닮아있는 와인을 생산합니다. 세 번째, 삐레네산맥 근처의 산지에서는 그로 망쌍 Gros Manseng, 쁘띠 망쌍 Petit Manseng과 같은 이 지방 토착 품종을 사용해 남서부 지방만의 개성을 담은 와인을 생산합니다.

2017년 기준으로 AOC 와인용 포도 재배 면적은 5만7천 헥타르가 넘고 와인 생산량은 4백6만 헥토리터 이상의 생산량을 자랑합니다.

SUD-OUEST
남서부 지방의 산지

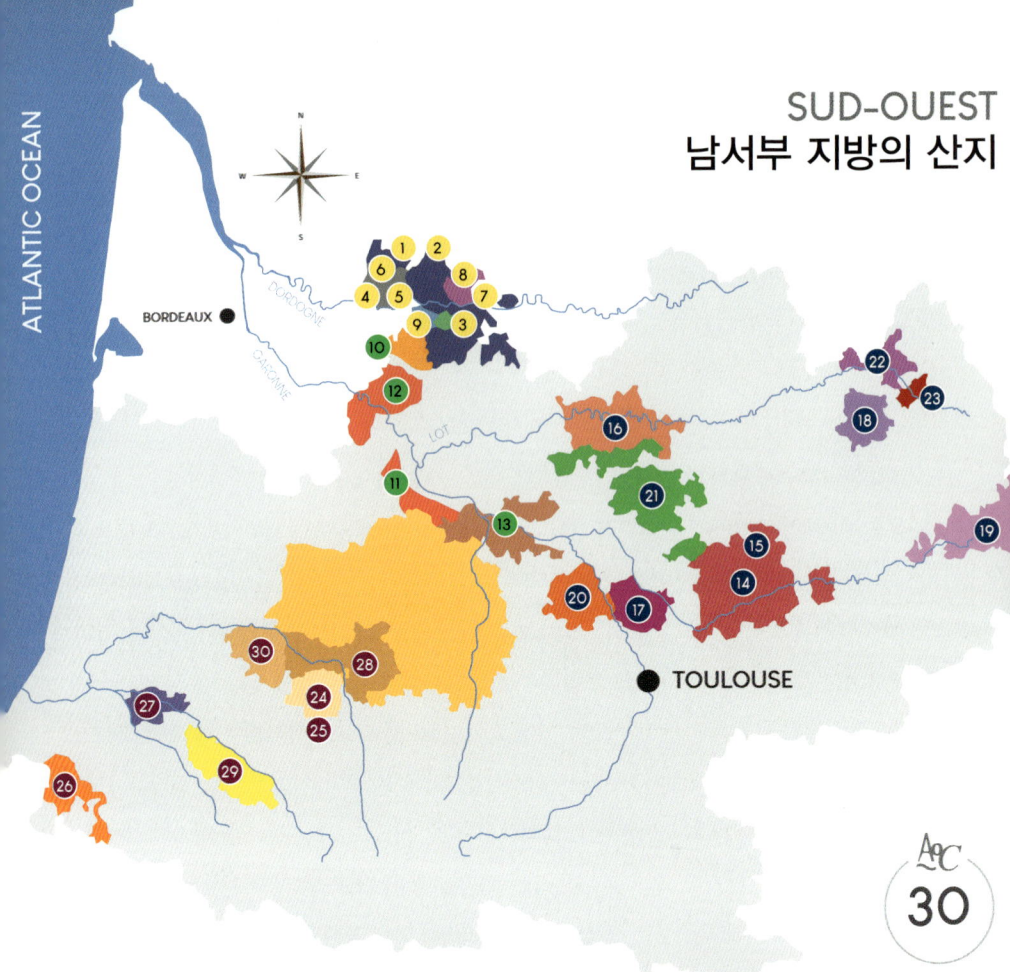

BERGERAC & DORDOGNE
1. AOC Bergerac
2. AOC Côtes de Bergerac
3. AOC Monbazillac
4. AOC Montravel
5. AOC Haut-Montravel
6. AOC Côtes de Montravel
7. AOC Pécharmant
8. AOC Rosette
9. AOC Saussignac

LOT & GARONNE
10. AOC Côtes de Duras
11. AOC Buzet
12. AOC Côtes du Marmandais
13. AOC Brulhois

TARN & GARONNE
14. AOC Gaillac
15. AOC Gaillac Premières Côtes
16. AOC Cahors
17. AOC Fronton
18. AOC Marcillac
19. AOC Côtes de Millau
20. AOC Saint-Sardos
21. AOC Coteaux du Quercy
22. AOC Entraygues-Le Fel
23. AOC Estaing

PYRÉNÉES
24. AOC Madiran
25. AOC Pacherenc du Vic-Bilh
26. AOC Irouléguy
27. AOC Béarn
28. AOC Saint-Mont
29. AOC Jurançon
30. AOC Tursan

02   남서부 지방의 역사

    로마 제국의 거대한 식민지화로 인해 프로방스, 론 밸리, 랑그독 지방에 해당하는 나르본 Narbonne 지방까지 포도 재배가 확산되었으며, 이후 남서부 지방에도 포도 재배가 전파되었습니다. 1세기 경에는 남서부 지방의 와인이 로마 제국에 수출되었고, 이 지방에서 사용했던 와인 용기가 스코틀랜드 같은 멀리 떨어진 곳에서도 발견될 정도로 남서부 지방의 와인 무역은 오랫동안 번창했습니다.

    중세 시대 들어 남서부 지방은 수도원에 의해서 와인 제조가 발전하였지만, 아끼땐 공국에 편입되어 300년 이상 영국의 지배를 받게 됩니다. 이 지방에서 생산되던 와인은 근처의 보르도 지방에서 생산된 와인과 더불어 영국에서 큰 인기를 얻었으며, 14세기에는 인기가 절정에 달하였습니다. 당시 가스꼬뉴 지방으로 알려진 남서부 지방 와인은 영국 시장을 거의 독점하며 가장 많이 소비되었습니다. 가스꼬뉴 와인의 주요 산지는 갸론 강, 따른 Tarn 강, 로트 강 유역과 내륙에 위치한 고지대로, 멀게는 꺄오르 Cahors, 가이약 Gaillac 지역까지 가스꼬뉴 와인이라는 이름을 달고 수출되었습니다. 또한 가스꼬뉴 지방의 기후는 보르도 지방에 비해 더 따뜻하고 온난한 편으로, 포도는 더 일찍 수확되었고 와인은 더 진한 색과 높은 알코올 도수를 지니고 있었습니다. 이때부터 보르도 지방에서 생산되는 밝은 빛깔의 와인은 가스꼬뉴의 고지대에서 생산되는 짙은 빛깔의 와인과 비교되어 끌라레 Claret 로 불리기 시작했습니다.

    중세부터 근세에 걸쳐 가스꼬뉴 지방은 보르도 지방과 라이벌 관계가 되었습니다. 하지만 품질 면에서 가스꼬뉴 지방에서 생산되는 와인이 보르도 지방보다 우위를 차지했으며, 보르도 지방의 생산자들은 와인에 무게감을 더해주기 위해서 종종 가스꼬뉴 와인을 블렌딩에 사용했습니다.

    보르도 시에 항구가 건설되면서 가스꼬뉴 지방의 와인은 갸론강과 도르도뉴 강을 거쳐 대서양 연안을 따라 시장으로 보내졌고, 영국, 네덜란드, 독일, 러시아 등의 국가로 수출되었습니다. 이때부터 가스꼬뉴 와인은 뱅 뒤 오-뻬이 Vins du haut-pays 로 불리며 판매되었습니다. 이 기간 동안 많은 보르도 지방의 와인 생산자들은 오-뻬이 와인의 인기 때문에 경제적인 손실을 받게 되었고, 와인 시장을 독점하기 위해 뽈리스 데 뱅 Police des Vins 으로 알려진 일련의 법규와 관행을 만들게 됩니다. 13~14세기에 걸쳐 오-뻬이 와인은 뽈리스 데 뱅의 규제를 받았는데, 내용은 이렇습니다. 그 해 12월 1일 이전까지 보르도 지방 외에 어떠한 와인도 거래할 수 없으며, 보르도 와인의 판매가 끝날 때까지 항구에서 어떠한 와인도 반입할 수 없다는 것과 오-뻬이 와인에 높은 세금을 매기는 식으로 불공정한 압력을 넣었습니다.

오-뻬이 와인 생산자의 입장에서는 매우 억울한 일이지만 와인을 수출하기 위해서는 반드시 강을 타고 내려와 보르도 지방을 통과하지 않으면 안 되었습니다. 결국 오-뻬이 와인들은 몇 주 또는 몇 달 동안 보르도 창고에서 발이 묶인 상태로, 보르도 와인 판매가 끝나기만을 기다려야 했습니다. 또한 늦은 출하로 인해 시장에서는 이미 와인이 포화 상태가 되어, 오-뻬이 와인은 낮은 가격으로 판매했으며, 와인 산업에 엄청난 손해를 보았습니다. 이 때문에 지금도 남서부 지방의 생산자들은 보르도 지방을 좋게 생각하고 있지 않습니다. 이러한 보호주의적 관행은 프랑스 혁명 때까지 지속되었으며, 그때까지 남서부 지방에서 생산되는 와인은 보르도 지방의 그늘에 가려진 채로 무명의 서러움을 참아야만 했습니다.

1773년 루이 16세 때 재무장관인 뛰르고 Turgot 는 와인 운송법의 자유를 선포하였으며, 당시 뽈리스 데 뱅이라 불리는 보르도 특권에 대해 다음과 같이 말했습니다. "보르도 지방의 포도밭을 소유한 부르주아들이 그들의 와인을 높은 가격에 판매하기 위해 교묘하게 고안된 규정으로, 남서부 지방의 대다수 재배업자들에게 불리하게 고안되었다."

하지만 행복도 잠시, 1860년대 남서부 지방에도 필록세라 병충해가 출현하게 되면서 대다수의 포도밭이 황폐해졌습니다. 그리고 1880년 경기 악화로 인해 와인 산업에 침체기를 맞이했고, 남서부 지방은 뱅 드 따블 등급의 와인을 생산하는 주산지로 자리매김하였습니다.

1956년 설상가상으로 매서운 한파가 찾아와 많은 포도밭이 파괴되었지만, 이를 전화위복의 계기로 삼아 포도밭을 재정비하고 고품질 포도로 옮겨 심기를 하는 등 변화를 꾀하게 됩니다. 그 결과 1936년 베르주락 Bergerac, 그리고 1948년 마디랑 Madiran 이 AOC 명칭을 획득하게 되었습니다. 현재 남서부 지방에서는 좋은 품질의 와인을 생산하는 포도원도 증가하고 있는 추세입니다.

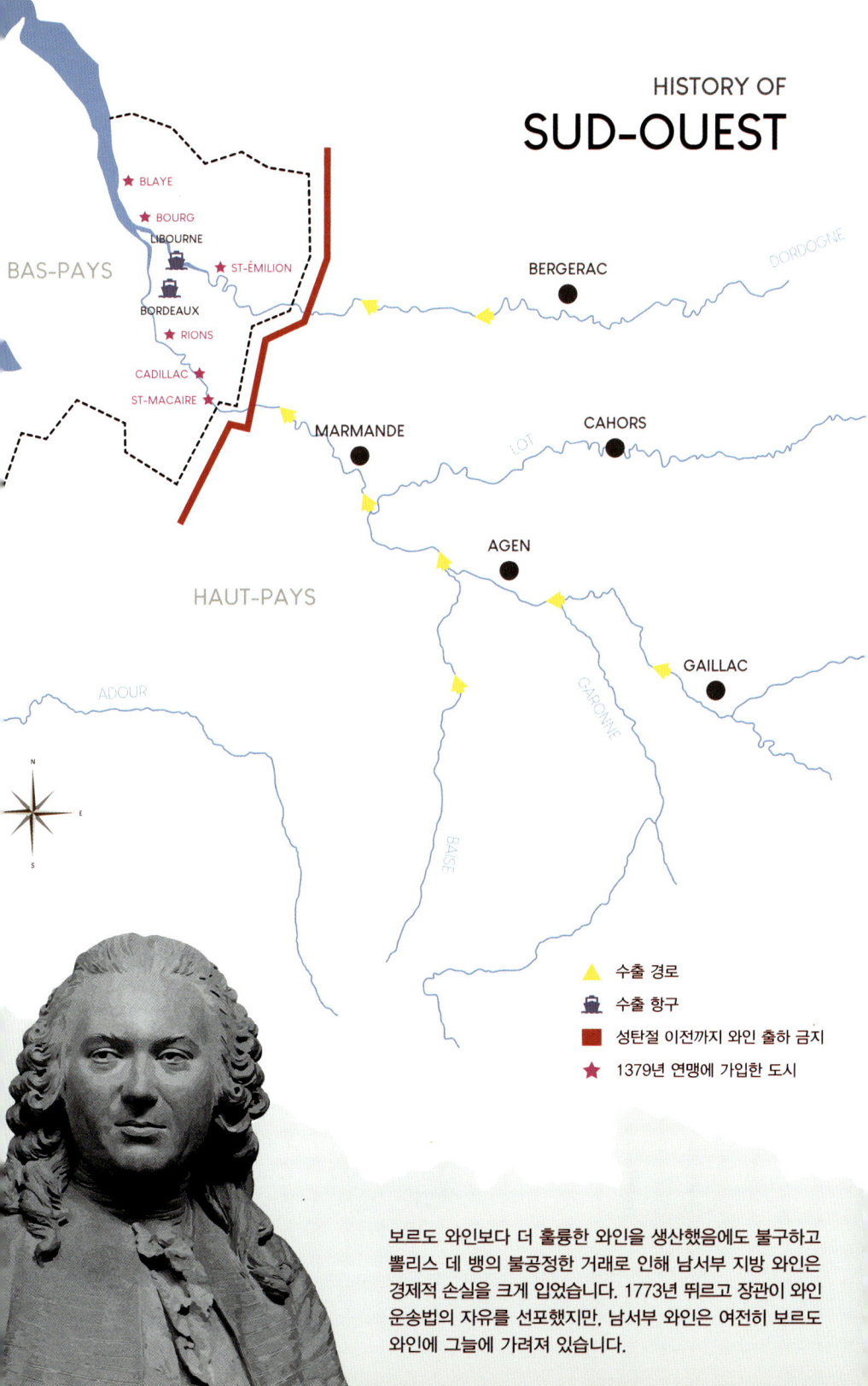

03 남서부 지방의 주요 포도 품종

남서부 지방은 다양하게 흩어진 산지만큼 포도 품종도 다양합니다.

주요 적포도 품종으로는 까베르네 쏘비뇽, 까베르네 프랑, 메를로와 같은 보르도 지방의 품종과, 네그레뜨Négrette, 뒤라Duras, 따나Tannat, 말벡Malbec, 페르 쎄르바두Fer Servadou, 프뤼라르Prunelard 등이 있으며, 주요 청포도 품종으로는 쏘비뇽 블랑, 쎄미용, 뮈스까델과 같은 보르도 지방의 품종과 꼴롱바르Colombard, 모작Mauzac, 쁘띠 망쌍Petit Manseng, 그로 망쌍Gros Manseng, 쁘띠 꾸르부Petit Courbu, 랑 드 렐Len de l'El, 아뤼피악Arrufiac 등이 있습니다. 포도 품종의 특징에 대한 설명은 생산 지역과 주요 AOC에서 다루겠습니다.

BERGERAC & DORDOGNE
베르주락, 도르도뉴 지방

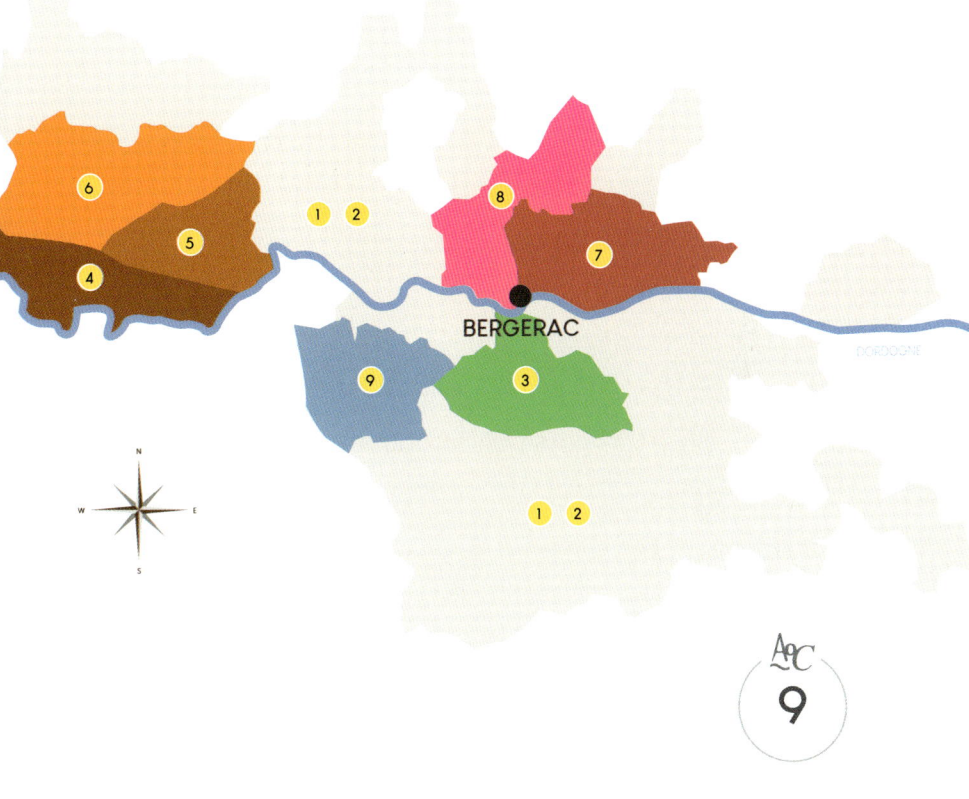

BERGERAC & DORDOGNE

1. AOC Bergerac
2. AOC Côtes de Bergerac
3. AOC Monbazillac
4. AOC Montravel
5. AOC Haut-Montravel
6. AOC Côtes de Montravel
7. AOC Pécharmant
8. AOC Rosette
9. AOC Saussignac

- SÉMILLON
- SAUVIGNON BLANC
- MUSCADELLE
- CABERNET SAUVIGNON
- MERLOT
- CABERNET FRANC

보르도 지방 동쪽의 도르도뉴 강 및 가론 강 상류에 위치한 와인 산지로 93개 마을을 포함하고 있으며, 9개의 AOC가 존재합니다. 해양성 기후로 9월 수확 시기에는 비교적 건조하고 10월에 적당한 습도가 유지되어 귀부 와인 생산에 이상적인 기후를 지니고 있습니다.
화이트, 레드 와인 모두 보르도 지방과 동일한 품종을 사용하고 있지만, 고품질 와인은 드뭅니다.

04   남서부 지방의 생산 지역와 주요 AOC

남서부 지방의 와인 산지는 광범위하게 흩어져 있습니다. 베르주락 에 도르도뉴Bergerac et Dordogne, 로떼 가론Lot et Garonne, 따른 에 가론Tarn et Garonne, 삐레네Pyrénées의 4개 지방으로 나누어져 있으며, 이 모두를 총칭해 남서부 지방으로 부릅니다. 각각의 지방마다 다른 품종, 다른 스타일의 와인이 만들어지지만, 기후는 전반적으로 대서양의 영향을 받은 해양성 기후에 속합니다.

베르주락 에 도르도뉴(Bergerac et Dordogne) 지방

베르주락 에 도르도뉴 지방은 보르도 지방 동쪽의 도르도뉴 강 및 가론Garonne 강 상류에 위치해 있으며, 93개의 마을을 포함한 원산지 명칭입니다. 베르주락 마을을 중심으로 와인 산지가 펼쳐져 있으며, 9개의 AOC가 존재합니다. 레드 와인과 다양한 타입의 화이트 와인, 그리고 로제 와인을 생산하고 있습니다.

해양성 기후로 여름은 따뜻하고 건조하며 5월에서 8월까지 2,000 시간 이상의 일조량이 집중됩니다. 9월의 수확 철에는 비교적 건조한 편이며, 10월에 적당한 습도가 유지되어 귀부 와인과 같은 스위트 와인을 생산하기에 이상적인 기후를 지니고 있습니다. 고지대의 포도밭은 석회질 토양으로 구성되어 있어 11월과 12월에 내리는 비를 비축하는 역할을 하기도 합니다.

화이트 와인과 레드 와인 모두 보르도 지방과 동일한 품종으로 생산하고 있지만 고품질 와인은 드뭅니다. 주요 AOC는 다음과 같습니다.

- AOC 베르주락(Bergerac) : 1936년 AOC 승격, 6,934헥타르
- AOC 꼬뜨 드 베르주락(Côtes de Bergerac) : 1955년 AOC 승격, 1,600헥타르

- AOC 몽바지약(Monbazillac) : 1936년 AOC 승격, 1,949헥타르
- AOC 몽라벨(Montravel) : 1937년 AOC 승격, 246헥타르
- AOC 오-몽라벨(Haut-Montravel) : 1937년 AOC 승격, 49헥타르
- AOC 꼬뜨 드 몽라벨(Côtes de Montravel) : 1937년 AOC 승격, 49헥타르
- AOC 뻬샤르망(Pécharmant) : 1946년 AOC 승격, 450헥타르
- AOC 로세뜨(Rosette) : 1946년 AOC 승격, 13헥타르
- AOC 쏘씨냑(Saussignac) : 1982년 AOC 승격, 53헥타르

[2005년 INAO 자료 참고]

- AOC 베르주락

93개의 마을을 포함한 거대한 원산지 명칭으로, 보르도 지방의 중저가 와인들과 많이 닮은 와인을 생산합니다. 과거 촌스럽다는 평가가 지배적이었지만, 현재 많은 생산자들이 열정적으로 품질을 끌어올리고 있는 중입니다. 보르도 지방과 같은 품종을 사용해 레드 와인과 로제 와인, 그리고 화이트 와인을 생산하고 있습니다. 높은 표고의 석회질 토양의 포도밭에서 쎄미용과 쏘비뇽 블랑을 블렌딩해 품질 좋은 베르주락 쎅Bergerac Sec 와인을 생산하고 있으며, 특히 스위트 와인의 품질이 좋지만, 대부분 지역 내에서 소비되고 있습니다. 베르주락에서 생산되는 와인은 일반적으로 수명이 짧은 편이며 2년 안에 빨리 마시는 것이 좋습니다.

- AOC 꼬뜨 드 베르주락

1955년 AOC 베르주락에서 독립되어 승격된 원산지 명칭입니다. 다수의 마을을 포함하여 생산되고 있으며 보르도 지방과 같은 품종을 사용해 레드 와인과 화이트 와인을 생산하고 있습니다. 이 원산지에서 생산되는 와인 중 레드 와인은 베르주락 와인에 비해 숙성력이 좋은 편이지만, 10년 이상 장기 숙성될 정도는 아닙니다. 화이트 와인은 드미-쎅Demi-sec(잔여 당분 4~12그램까지)과 무알뤠Moelleux(잔여 당분 12~45그램까지), 그리고 리꼬르Liquoreux(잔여 당분 45그램 초과) 타입으로 생산하고 있습니다.

- AOC 몽바지약

도르도뉴 강 좌안에 위치한 산지로, 몽바지약 마을에서 생산되는 와인에 대한 원산지 명칭입니다. 베르주락 지구에서 가장 유명한 원산지로, 귀부병에 걸린 포도를 사용해 달콤한 귀부 와인만을 생산해야 합니다. 쎄미용, 쏘비뇽 블랑, 뮈스까델 품종으로 귀부 와인을 생산하고 있으며, 드라이 타입의 화이트 와인으로 생산할 경우에는 베르주락 쎅으로 라벨에 표기해 판매해야 합니다.

보르도 지방의 소떼른 와인과 유사하지만, 상대적으로 뮈스까델의 블렌딩 비율이 높은 편이고, 향도 약간 차이가 있습니다. 과거에는 중간 정도의 단맛을 지닌 세미-스위트 타입의 화이트 와인으로 주로 생산했지만, AOC 명칭을 획득하면서 귀부 와인만을 생산하고 있습니다.

- AOC 몽라벨

보르도 지방의 꼬뜨 드 까스띠용의 경계를 넘어 펼쳐진 와인 산지로, 1937년 AOC 명칭을 획득했을 때 화이트 와인 생산만 인정했으나, 2001년에 개정되면서 이제는 레드 와인도 생산 가능합니다. 보르도 지방과 같은 품종을 사용해 화이트 와인과 레드 와인을 생산하고 있으며, 토양은 부싯돌, 점토, 모래, 석회질 등 다양하게 구성되어 있습니다. 몽라벨의 북쪽에는 AOC 꼬뜨 드 몽라벨과 동쪽에는 AOC 오-몽라벨이 위치하고 있으며, AOC 규정상 두 원산지 모두 무왈뢔 타입의 화이트 와인만 생산 가능합니다.

- AOC 뻬샤르망

베르주락 시의 북동쪽 언덕에 위치한 원산지로, 베르주락 지구에서는 가장 오랜 와인 역사를 지니고 있습니다. 보르도 지방과 같은 품종을 사용해 레드 와인만 생산하고 있습니다. '매혹적인 언덕'을 의미하는 뻬샤르망은 햇볕이 잘 드는 곳에 포도밭이 위치하고 있으며, 토양은 주로 자갈과 모래로 구성되어 있습니다. 주로 풀-바디한 레드 와인을 만드는데, 일부 생산자의 경우 오크 숙성을 시키기도 합니다.

- AOC 로세뜨

베르주락 시 바로 서쪽에 위치한 원산지로, 재배 면적이 가장 작은 산지입니다. 쎄미용, 쏘비뇽 블랑과 뮈스까델을 사용해 무왈뤠 타입의 화이트 와인만을 생산하고 있습니다. 로세뜨에서 생산되는 화이트 와인은 단맛이 약간 감도는 섬세한 스타일로 유명합니다.

- AOC 쏘씨냑

베르주락 시의 남서쪽에 위치하고 있는 원산지로, 몽바지약과 더불어 화려하고 달콤한 스위트 와인을 생산하는 것으로 유명합니다. 몽바지약과 상당히 유사하지만 몽바지약에 비해 약간 단맛이 덜한 편입니다. 사용되는 포도는 보트리티스 균의 영향을 받은 쎄미용으로, AOC 규정상 쏘씨냑, 라작-드-쏘씨냑 Razac-de-Saussignac, 모네스띠에 Monestier, 가작-루이약 Gageac-Rouillac 4개 마을에서 생산되어야 하고, 늦게 수확한 포도로 스위트 와인을 만드는 것과, 가당을 해서 스위트 와인을 만드는 것을 금하고 있습니다.

로떼 갸론(Lot et Garonne) 지방

로 강과 갸론 강 사이에 위치한 생산 지방, 특히 갸론 강을 따라 원산지들이 모여있습니다. 해양성 기후와 지중해성 기후가 공존하며 포도 품종은 보르도 지방과 거의 유사하며, 몇 가지 정도만 차이를 보이고 있습니다. 프랑스 원산지 관리 위원회를 기준으로 분류한 주요 AOC는 다음과 같습니다.

- AOC 꼬뜨 드 뒤라(Côtes de Duras) : 1937년 AOC 승격, 2,038헥타르
- AOC 뷔제(Buzet) : 1973년 AOC 승격, 2,116헥타르
- AOC 꼬뜨 뒤 마르망데(Côtes du Marmandais) : 1990년 AOC 승격, 53헥타르
- AOC 브륄루아(Brulhois) : 2011년 AOC 승격, 250헥타르

[2005년 INAO 자료 참고]

- AOC 꼬뜨 드 뒤라

보르도 지방의 경계 구역 바로 동쪽의 15개 마을을 포함한 원산지 명칭으로, 앙트르-뒈-메르 Entre-Deux-Merss와 베르주락의 다리 역할을 하고 있습니다. 15세기 말부터 이 지역에서 생산되는 와인은 유명했으며 보르도 지방의 품종을 사용해 평판 좋은 와인들을 다수 생산하고 있습니다. 보르도 지방과 동일한 해양성 기후이지만 대서양과 멀리 떨어져 있기 때문에 기온의 편차가 심한 편입니다. 토양은 크게 3가지로 분류되는데, 깔께르 드 까스띠용Calcaire de Castillon으로 불리는 백악질 토양과 몰라쓰 드 라즈네Molasses de l'Agenais로 불리는 자갈이 섞인 점토와 점토-모래층 토양, 그리고 깔께르 드 블랑 드 라즈네Calcaire blanc de l'Agenais로 불리는 석회질 토양입니다. 레드 와인과 로제 와인, 그리고 화이트 와인을 생산하고 있으며, 특히 쏘비뇽 블랑으로 만든 드라이 타입의 화이트 와인이 유명합니다.

- AOC 뷔제

아르마냑 지방의 북쪽, 갸론 강의 좌안에 위치한 와인 산지로, 27개의 마을을 포함한 원산지 명

칭입니다. 1953년까지 꼬뜨 드 뷔제Côtes de Buzet 명칭의 AO-VDQS 등급이었으나, 1973년에 AOC 등급으로 승격되었습니다. 그리고 1986년에 원산지 명칭을 꼬뜨 드 뷔제에서 뷔제로 변경했습니다. 포도밭은 주로 가론 강과 랑드 숲 주변에 위치하고 있으며, 보르도 지방의 포도 품종을 사용해 레드 와인과 로제 와인, 그리고 화이트 와인을 생산하고 있습니다. 잘 조직된 협동조합이 와인 생산을 지배하고 있으며, 일부 생산자들에 의해 메독 지구 와인과 견줄만한 와인들이 만들어지고 있습니다.

- AOC 꼬뜨 뒤 마르망데

마르망데 마을에서 생산되는 원산지 명칭으로, 가론 강을 따라 앙트르-두-메르 남동쪽, 보르도 지방의 경계 구역 외곽에 위치하고 있습니다. 중세 시대부터 19세기까지 꼬뜨 뒤 마르망데에서 생산되는 와인은 네덜란드로 수출되었지만, 필록세라 피해 이후 대다수의 포도 재배업자들이 포도나무 대신 다른 작물을 재배하는 바람에 재배 면적이 급격히 줄어들었습니다. 20세기 후반이 되어서야 현재 수준의 재배 면적으로 회복되었고, 1990년 AO-VDQS 등급에서 AOC 등급으로 승격되었습니다. 보르도 지방의 품종 외에도 론 밸리의 씨라, 부르고뉴 지방의 가메, 그리고 토착 품종인 위니 블랑과 아부리우Abouriou 등 다양한 포도 품종으로 와인을 만들고 있습니다. 레드 와인과 로제 와인, 화이트 와인의 생산이 가능하지만 주로 레드 와인을 생산하고 있으며, 최근 들어 쏘비뇽 블랑으로 만든 화이트 와인이 점점 증가하는 추세입니다.

- AOC 브릴루아

제르스Gers 지방과 로떼 가론 지방, 그리고 따른 에 가론 지방에 걸쳐있는 와인 산지로, 3개 지방에서 생산되는 원산지 명칭입니다. 잘 알려지지 않은 산지로 20세기 전반에 걸쳐 뻬이 뒤 브릴루아Pays du Brulhois 명칭의 뱅 드 뻬이 등급이었지만, 1984년 AO-VDQS 등급에서 2011년 마침내 AOC 등급으로 승격되었습니다. 보르도 지방의 품종과 토착 품종을 사용해 레드 와인과 로제 와인만 생산하며, 생산량의 85%는 레드 와인이 차지하고 있습니다.

따른 에 갸론(Tarn et Garonne) 지방

갸론 강과 따른 강의 이름을 따서 명명된 생산 지방으로, 동쪽으로는 프랑스에서 네 번째로 큰 도시인 뚤루즈Toulouse가 위치하고 있습니다. 두 개의 강에 흩어진 와인 산지는 두 가지 기후를 보이고 있습니다. 서쪽은 대서양에 영향을 받는 반면, 동쪽은 지중해성 기후로 인해, 강우량이 적고 기온도 다소 높은 편입니다. 포도 품종은 베르주락 & 도르도뉴 지방과 거의 유사하며, 몇 가지 정도만 차이를 보이고 있습니다. 주요 AOC는 다음과 같습니다.

- AOC 가이약(Gaillac) : 1938년 AOC 승격, 3,600헥타르
- AOC 가이약 프리미에르 꼬뜨(Gaillac Premières Côtes) : 1938년 AOC 승격, 20헥타르
- AOC 까오르(Cahors) : 1971년 AOC 승격, 4,200헥타르
- AOC 프롱똥(Fronton) : 1975년 AOC 승격, 1,700헥타르
- AOC 마르씨약(Marcillac) : 1990년 AOC 승격, 200헥타르
- AOC 꼬뜨 드 미요(Côtes de Millau) : 2010년 AOC 승격, 60헥타르
- AOC 쌩-싸르도(Saint-Sardos) : 2011년 AOC 승격, 120헥타르
- AOC 꼬또 뒤 께르씨(Coteaux du Quercy) : 2011년 AOC 승격, 250헥타르
- AOC 엉트레그-르 펠(Entraygues-Le Fel) : 2011년 AOC 승격, 20헥타르
- AOC 에스땡(Estaing) : 2011년 AOC 승격, 14헥타르

[2005년 INAO 자료 참고]

- AOC 가이약

따른 지방에 위치한 생산 지구로, 73개의 마을을 포함한 원산지 명칭입니다. 1세기까지 거슬러 올라가는 역사가 깊은 산지였지만, 필록세라 피해 이후 포도밭이 황폐화되어 재배 면적이 급감하게 됩니다. 최근 10년 동안 많은 노력을 들여 포도밭 재건에 성공하였습니다. 까베르네 쏘비뇽, 까베르네 프랑, 뒤라, 브로꼴Braucol로 불리는 페르 쎄르바두, 씨라를 사용해 레드 와인과 로제 와인을 만듭니다. 가이약 지구의 전통적인 레드 와인은 8~10년 정도 장기 숙성이 가능할 정

도로 강건한 구조를 지니고 있습니다. 가이약 지구에서는 최근 보졸레 누보처럼 그 해 수확해서 그 해 병입되는 햇 와인, 가이약 프리뫼르Gaillac Primeur 레드 와인도 만들고 있으며, 매년 11월 셋째 주에 출하하는 판매 전략도 그대로 모방하고 있습니다.

화이트 와인은 모작, 쏘비뇽 블랑, 뮈스까델, 랑 드 렐, 옹댕크Ondenc 등의 토착 품종을 사용하고 있으며, 그 외에 스위트 와인과 스파클링 와인도 생산되고 있습니다.

특히 가이약 지구는 건조한 날씨가 길게 이어지기 때문에 스위트 와인 생산에 적합하며, 한때 유명했습니다. 가이약의 화이트 와인은 잔여 당분의 상태에 따라 '방당주 따르디브Vendage Tardive(늦 수확 와인)'와 두Doux를 표기할 수 있습니다.

– AOC 가이약 프리미에르 꼬뜨

가이약 지구의 북쪽 언덕에 위치한 11개 마을을 포함한 원산지 명칭으로, 화이트 와인만 생산 가능합니다. 석회질 포도밭에서 랑 드 렐, 모작, 옹댕크의 토착 품종과 뮈스까델, 쏘비뇽 블랑의 보르도 지방의 품종을 사용해 드라이 타입의 화이트 와인을 만듭니다. 이곳에서 생산되는 화이트 와인은 일반적으로 3~5년 정도 숙성 가능하며, 방향성이 풍부한 것이 특징입니다.

– AOC 꺄오르

로 강 바로 북쪽에 위치한 마을로 이 주변에서 생산되는 와인의 원산지 명칭입니다. 이곳의 와인 양조의 역사는 고대 로마 시대로 거슬러 올라가며 중세부터 19세기 말까지 위대한 명성을 누렸습니다. 중세 시대부터 국제적으로 유명했던 레드 와인 산지로 19세기에는 색이 너무 진해서 '블랙 와인'이라 불리며, 영국, 러시아까지 판매되었습니다. 이 무렵에 꺄오르 마을의 포도밭은 약 4만 헥타르에 달했으나, 19세기 말에 느닷없이 나타난 필록세라 병충해와 1956년 혹독한 겨울 한파로 인해 재배 면적이 급감하였습니다. 그리고 철도망이 연결되면서 랑그독 지방의 와인이 대량으로 유입되었고, 그 결과 이 마을 사람들조차 자신의 와인들을 외면했습니다. 한파로 유린당한 포도밭은 현재 재건하는 과정에서 말벡 품종을 중심으로 옮겨 심기를 했으며, 현재 만족할만한 수준은 아니지만 4,200헥타르까지 복원했습니다.

꺄오르 마을의 대부분의 포도밭은 로 강에 의해 형성된 자갈 떼라스Terrasse에 위치하고 있는데,

저지대의 경우 강과 너무 가깝기 때문에 포도 재배에 적합하지 않습니다. 기후는 대서양의 영향을 받아 여름은 덥고, 겨울은 습한 편이며, 보르도 지방과 대조적으로 지중해성 기후의 영향을 받습니다. 프랑스 중남부의 산악 지대인 마씨프 쌍트랄Massif Central에 의해 겨울에 가끔 심한 서리가 발생하기 때문에 로 강이 온도를 조절하는 매우 중요한 역할을 합니다.

AOC 규정상 레드 와인만 생산 가능하며, 말벡을 최소 70% 이상, 메를로와 따나 품종을 최대 30%까지 블렌딩이 가능합니다. 이 지역에서는 말벡은 꼬Côt, 꼬 누아Côt Noir 또는 오쎄루아Auxerrois로 불립니다. 이 마을에서 소량의 화이트 와인과 로제 와인도 생산되지만, 뱅 드 뻬이 뒤 로Vin de Pays du Lot 명칭의 뱅 드 뻬이 등급으로 판매됩니다. 현재 까오르 마을의 주요 재배 지역은 주로 서쪽에 위치하고 있으며 특히 로Lot 강 위쪽의 일부에서 아주 훌륭한 품질의 와인이 생산되고 있습니다.

까오르 마을의 블랙 와인의 비결

19세기 까오르 마을에서는 와인의 색을 진하고 맛을 강하게 하기 위해서 포도를 오븐에 굽거나 과즙을 삶아서 수분을 증발시켜 색과 당도를 응축시켰습니다. 또한 알코올 발효가 끝난 후에 주정 강화도 했기 때문에 당시의 까오르 와인은 농후한 포트 와인과 같은 맛이었다고 합니다. 단, 이렇게 만들어지는 '블랙 와인'은 그 자체로 소비되는 것보다는 색과 무게감이 빈약한 와인과 블렌딩용으로 사용되는 것이 그 목적이었습니다.

CAHORS
꺄오르

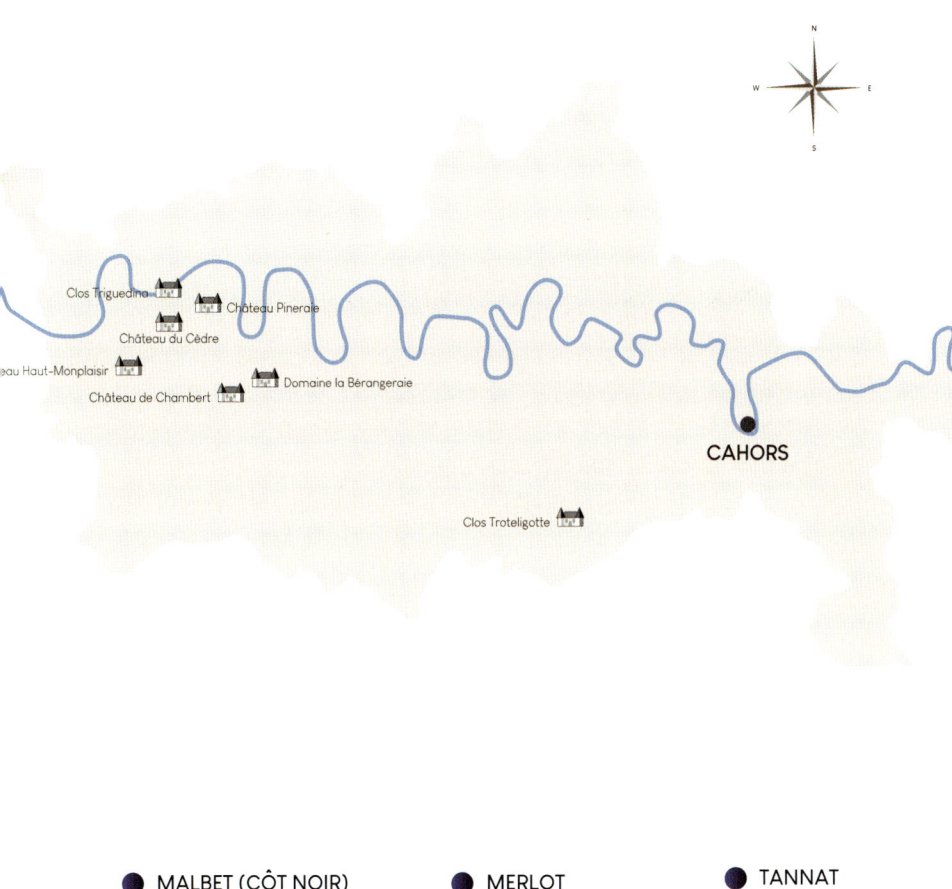

로 강 북쪽에 위치한 꺄오르 마을은 고대 로마 시대부터 와인 역사가 시작되었습니다. 중세부터 19세기 말까지 위대한 명성을 누렸으며, 19세기에는 색이 너무 진해서 블랙 와인이라 불리기도 했습니다. AOC 규정상 레드 와인만 생산 가능하며, 말벡을 최소 70% 이상, 메를로와 따나 품종을 최대 30%까지 블렌딩이 가능합니다.

CAHORS TERROIR
꺄오르 마을의 떼루아

대부분의 포도밭은 로 강에 의해 형성된 자갈 떼라스에 위치하고 있는데, 저지대의 경우 강에 의해 형성된 비옥한 충적토로 포도 재배에 적합하지 않습니다. 현재 꺄오르 마을의 주요 재배 지역은 주로 서쪽에 위치하고 있으며, 로 강 위쪽의 떼라스와 쁠라또 꼬스(Plateau Causse)의 석회암 지대에서 아주 훌륭한 와인이 생산되고 있습니다.

기후는 지중해성 기후이지만 대서양의 영향을 받습니다. 또한 마씨프 쌍트랄 산악 지대에 의해 겨울에 가끔 심한 서리가 발생하기 때문에 로 강이 온도를 조절하는 매우 중요한 역할을 합니다.

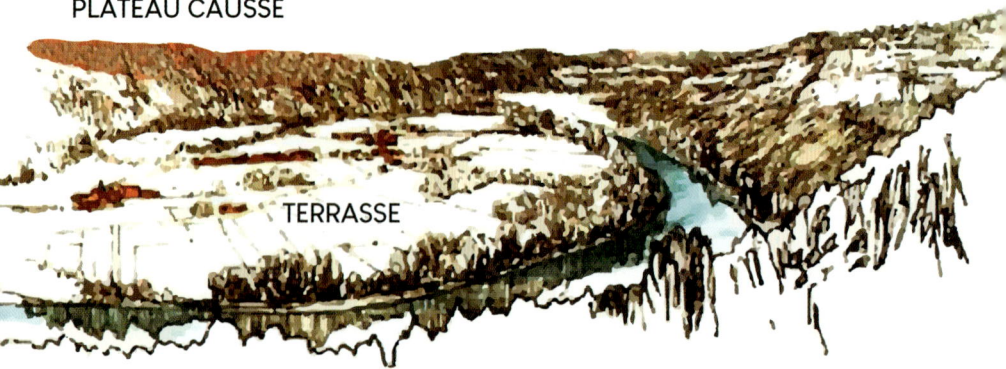

- AOC 마르씨약

로 강에 인근의 8개 마을을 포함한 원산지 명칭으로, 1965년부터 뱅 드 마르씨약Vin de Marcillac 명칭의 AO-VDQS 등급으로 판매되었으나, 1990년 AOC 등급으로 승격되면서 지금의 마르씨약 명칭을 획득하게 됩니다. 기후는 계절에 따라 변하는데, 겨울은 반대륙성 기후를 띄는 반면, 여름에는 지중해성 기후를 띕니다. 연간 2,200시간 정도의 일조량으로 토양은 루지에르Rougiers로 알려진 산화철이 풍부한 붉은 점토로 주로 구성되어 있습니다. 햇볕에 잘 노출될 수 있게 포도밭은 남향의 산기슭에 위치하고 있습니다. 페르 쎄르바두 품종을 주로 사용해 레드 와인과 로제 와인만 생산하고 있으며, 이곳에서 생산되는 레드 와인은 라즈베리 향이 강하고 가벼운 스타일로 가급적 2년 안에 빨리 마시는 것이 좋습니다.

- AOC 꼬뜨 드 미요

아베롱Aveyron 지방에 위치한 원산지 명칭으로, 1994년부터 AO-VDQS 등급이었지만 2010년 AOC 등급으로 승격되었습니다. 씨라, 페르 쎄르바두, 가메, 까베르네 쏘비뇽을 사용해 레드 와인과 로제 와인을 생산하며, 모작, 슈냉 블랑을 사용해 소량의 화이트 와인을 만듭니다. 현재 70% 레드 와인, 25% 로제 와인, 5% 화이트 와인 비율로 생산되고 있습니다.

- AOC 쌩-싸르도

오-갸론 일대에서 생산되는 와인의 원산지 명칭으로 과거 AO-VDQS 등급이었으나, 2011년에 AOC 등급으로 승격되었습니다. AOC 규정상 레드 와인은 씨라를 최소 40% 이상, 따나는 최대 20% 이하, 까베르네 프랑과 메를로는 최대 10% 이하 사용해야 하며, 로제 와인도 생산 가능하지만 화이트 와인은 생산할 수 없습니다. 현재 레드 와인은 80%, 로제 와인은 20% 생산되고 있습니다.

- AOC 꼬또 뒤 께르씨

따른 에 갸론 지방과 로 지방에 걸쳐 있는 원산지 명칭입니다. 1982년 뱅 드 뻬이 데 꼬또-뒤-께르씨vin de pays des coteaux-du-quercy 명칭의 뱅 드 뻬이 등급이었지만, 여러 차례 개정을 거쳐, 2011년 드디어 AOC 등급으로 승격되었습니다. 까베르네 프랑, 메를로, 말벡, 따나와 가메를 사용해 레드 와인과 로제 와인만 생산합니다.

AOC 엉트레그-르 펠과 AOC 에스땡은 과거에 모두 AO-VDQS 등급이었지만, 2011년 AOC 등급으로 승격되었습니다. 두 AOC 모두 다양한 품종을 사용해 레드 와인과 로제 와인, 화이트 와인을 생산하고 있지만, 나날이 희소해지고 있습니다.

PYRÉNÉES
삐레네 지방

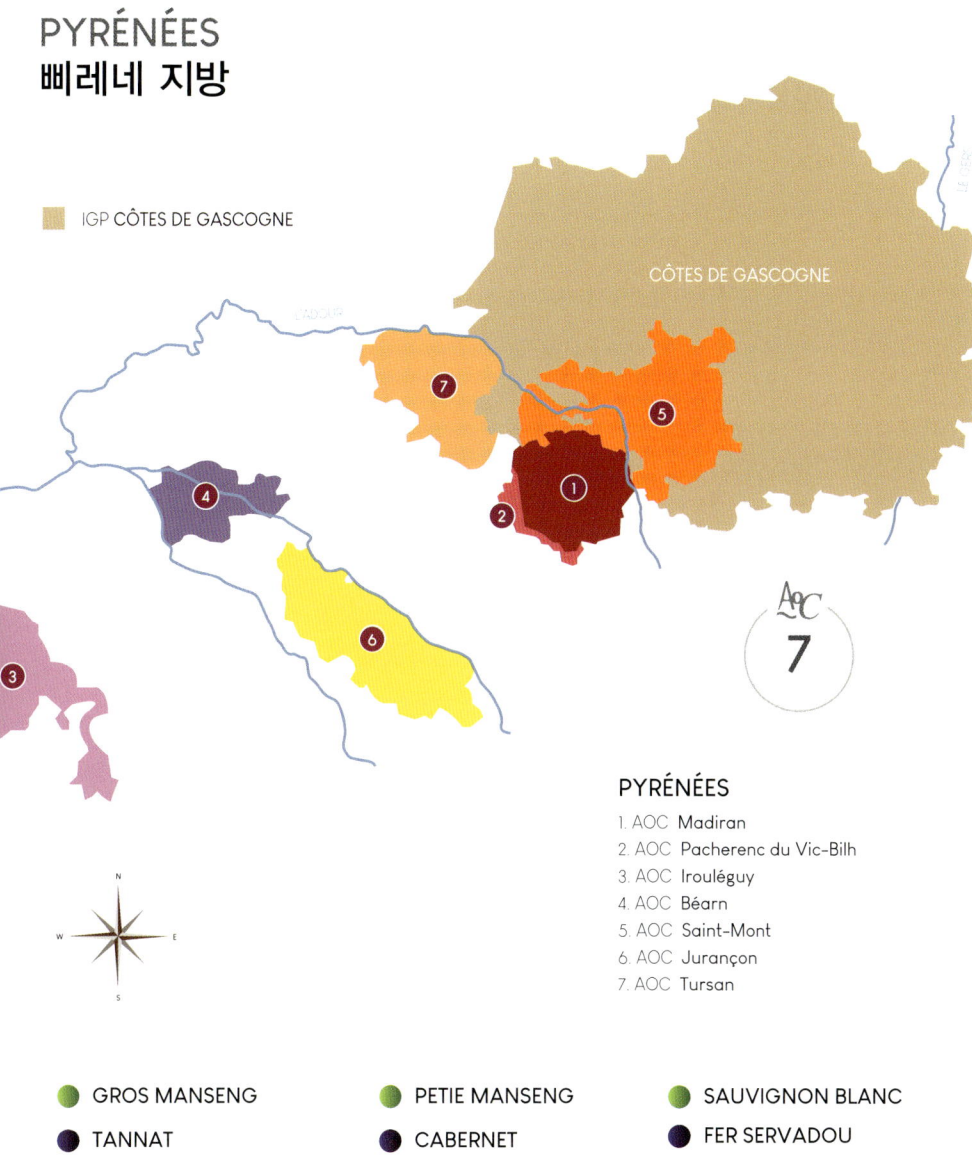

PYRÉNÉES
1. AOC Madiran
2. AOC Pacherenc du Vic-Bilh
3. AOC Irouléguy
4. AOC Béarn
5. AOC Saint-Mont
6. AOC Jurançon
7. AOC Tursan

- GROS MANSENG
- PETIE MANSENG
- SAUVIGNON BLANC
- TANNAT
- CABERNET
- FER SERVADOU

스페인 국경 근처의 삐레네 산맥 주변에 위치한 와인 산지로, 뻬이-바스끄, 베아른, 가스꼬뉴의 3개 지역에서 주로 생산됩니다. 7개의 AOC가 있으며, 이중 마디랑과 쥐랑쏭이 가장 유명합니다. AOC 마디랑은 토착 품종인 따나를 주품종으로 농축미가 강하고 타닌이 매우 많은 장기 숙성용 레드 와인을 생산하고 있습니다. 또한 현재 전 세계적으로 사용되고 있는 미크로-뷜라주 기술도 마디랑 마을의 포도원에서 개발되었습니다.

삐레네(Pyrénées) 지방

스페인 국경 근처의 삐레네산맥 주변에 위치한 와인 산지로, 뻬이-바스끄Pays-Basque, 베아른Béarn, 가스꼬뉴Gascogne의 3개 지역에서 주로 생산됩니다. 지방 명칭 AOC 베아른 1개와 마을 명칭 AOC 6개를 포함해 총 7개의 AOC가 존재하며, 이중 가장 유명한 AOC는 마디랑Madiran과 쥐랑쏭Jurançon 입니다. 삐레네 지방의 AOC는 다음과 같습니다.

- AOC 마디랑(Madiran) : 1948년 AOC 승격, 1,300헥타르
- AOC 빠슈렁 뒤 빅-빌(Pacherenc du Vic-Bilh) / AOC 빠슈렁 뒤 빅-빌 섹(Pacherenc du Vic-Bilh Sec) : 1948년 AOC 승격, 300헥타르
- AOC 이룰레기(Irouléguy) : 1970년 AOC 승격, 230헥타르
- AOC 베아른(Béarn) : 1975년 AOC 승격, 300헥타르
- AOC 쌩-몽(Saint-Mont) : 1981년 AOC 승격, 1,112헥타르
- AOC 쥐랑쏭(Jurançon) : 1995년 AOC 승격, 1,200헥타르
- AOC 튀르상(Tursan) : 2003년 AOC 승격, 275헥타르

[2005년 INAO 자료 참고]

- AOC 마디랑

가스꼬뉴 지방 안의 마디랑 마을에서 생산되는 와인의 원산지 명칭으로, 마디랑 마을은 제르스Gers 지방의 3개 마을과 오뜨-삐레네Hautes-Pyrénées 지방의 6개 마을, 그리고 삐레네-아뜰랑띠끄Pyrénées-Atlantiques 지방에 28개의 마을을 포함하고 있습니다. AOC 규정상 레드 와인만 생산할 수 있으며, 토착 품종인 따나Tannat 를 주품종으로 까베르네 프랑과 까베르네 쏘비뇽, 페르 쎄르바두를 블렌딩해 만듭니다. 마디랑의 최고급 와인 중 일부는 따나 100%로 생산되는데, AOC 규정에도 어긋나지 않습니다. 이곳에서는 까베르네 프랑을 부시Bouchy, 페르 쎄르바두를 삐낭크Pinenc 이라 부르기도 합니다. 전형적인 마디랑의 레드 와인은 농축미가 강하고 타닌이 매우 많으며, 또한 10년 이상 장기 숙성도 가능합니다. 실제 따나 품종의 이름은 타닌Tannin 에

서 유래되었습니다. 최고급 마디랑의 레드 와인은 방향성이 풍부하고 입안에서 풍미가 가득하며 유연하고 견고한 타닌이 강점으로, 보르도 지방의 그랑 크뤼 와인과 견줄만합니다.

현재 전 세계에서 사용되고 있는 미크로-뷜라주Micro-Bullage 기술은 1990년대 초반 마디랑의 유명 생산자인 빠뜨릭 뒤꾸르노Patrick Ducournau에 의해 개발된 것입니다. 뒤꾸르노가 이 기술을 개발한 것은 타닌 양이 극단적으로 많은 따나 품종의 와인에 '효과적으로 산소 공급을 행해서 더 부드러운 맛으로 만들 수는 없을까?'라고 생각했던 것이 발단이 되어 와인 제조 기술로 발전하게 되었습니다.

미크로-뷜라주 기술을 사용하는 대표적인 생산자는 개발자인 빠트릭 뒤꾸르노의 샤또 아이디Château Aydie를 선두로 샤또 부스까세Château Bouscassé와 샤또 몽뛰스Château Montus의 알랭 브뤼몽Alain Brumont, 도멘 베르뚜미외Domaine Berthoumieu의 디디에 바르Didier Barre, 그리고 샤또 비엘라Château Viella의 알랭 보르똘뤼씨 Alain Bortolussi 등이 있습니다.

- AOC 빠슈렁 뒤 빅-빌과 AOC 빠슈렁 뒤 빅-빌 섹

마디랑 구역 안에 속해 있는 원산지 명칭으로, 꾸르부와 쁘띠 망쌍을 주품종으로 아뤼피악Arrufiac, 그로 망쌍, 쏘비뇽 블랑 등을 블렌딩해 화이트 와인만을 생산합니다. 빠슈렁 뒤 빅-빌은 스위트 타입의 화이트만 만들고, 빠슈렁 뒤 빅-빌 섹은 드라이 타입의 화이트 와인만 만듭니다. 2005년 AOC 규정이 개정되면서 두 원산지 모두 아뤼피악, 쎄미용 품종의 사용이 허가되었습니다. 빠슈렁 뒤 빅-빌은 최소 알코올 도수 14.5%, 잔여 당분은 최소 리터당 35그램 이상 포함되어야 하고, 빠슈렁 뒤 빅-빌 섹은 최소 알코올 도수 11.5%, 잔여 당분은 리터당 3그램 이하로 규정하고 있습니다. 최고급 빠슈렁 뒤 빅-빌의 스위트 와인은 포도를 건조해 당도를 농축시켜 만듭니다. 참고로 AOC 규정상 마디랑에서는 화이트 와인의 생산을 인정하지 않기 때문에 일부 마디랑 생산자는 빠슈렁 뒤 빅-빌 명칭으로 판매하는 경우도 있습니다.

- AOC 이룰레기

프랑스에서 유일하게 바스끄Basque 지방에 위치한 산지로 15개 마을을 포함한 원산지 명칭입니다. 프랑스에서 가장 작은 AOC 중 하나로 주로 토착 품종을 블렌딩해 생산하고 있습니다. 현재 레드 와인 70%, 로제 와인 20% 화이트 와인 10% 차지하고 있습니다. 포도밭은 최대 60도에 이르는 급경사지에 주로 위치하고 있으며, 바스끄 지방의 생산자들은 특별한 떼라스 경작 기술을 개발하기도 하였습니다. 해발 100~400미터 사이의 표고에서 포도나무를 재배하고 있으며, 토양도 다양하게 구성되어 있지만, 붉은색을 띠고 있는 것이 특징입니다.

- AOC 베아른

광범위한 원산지로 뻬레네-아뜰랑띠끄Pyrénées-Atlantiques 지방의 74개 마을과 오뜨-뻬레네 Hautes-Pyrénées 지방의 6개 마을, 제르스Gers 지방의 3개 마을에서 생산되는 와인의 원산지 명칭입니다. 레드 와인과 로제 와인, 그리고 화이트 와인을 생산하고 있습니다.

AOC 쥐랑쏭은 화이트 와인만 생산 가능하지만 일부 생산자의 경우 레드 와인을 생산해 AOC 베아른 명칭으로 판매하고 있습니다. 또한 일부 마디랑 생산자도 AOC 규정으로 금한 로제 와인을 생산해 AOC 베아른 로제 명칭으로 판매하고 있습니다. 베아른의 하류 쪽에 위치한 벨로크 마을에서 생산되는 와인은 베아른-벨록Béarn-Bellocq 명칭을 라벨에 표기할 수 있습니다. 대부분이 레드 와인과 로제 와인으로 생산되며 가볍고 깔끔한 맛이 특징입니다. 이곳에서 생산되는 와인은 수명이 짧아 가급적 1년 안에 빨리 소비하는 것이 좋습니다.

- AOC 쌩-몽

제르스 지방 안에 위치하며, 46개의 마을을 포함한 원산지 명칭입니다. 1981년에 AO-VDQS 등급으로 2007년까지 꼬뜨 드 쌩-몽Côtes de Saint-Mont 명칭이었으나, 2007년 AOC 등급으로 승격되면서, 지금의 명칭을 사용하게 되었습니다.

레드 와인, 로제 와인, 화이트 와인을 생산하고 있으며, 레드 와인과 로제 와인은 따나, 페르 쎄르바두, 까베르네 쏘비뇽, 메를로, 까베르네 프랑을 사용해 만들며 화이트 와인은 아뤼피악, 그로 망쌍, 쁘띠 망쌍 등을 사용해 만듭니다.

- AOC 쥐랑쏭

뻬레네산맥의 산기슭에 위치하며, 25개의 마을을 포함한 원산지 명칭입니다. 드라이 타입에서 스위트 타입의 화이트 와인만 생산 가능하며, 프랑스 와인 중 가장 특색 있는 와인 중 하나입니다. 주요 포도 품종은 그로 망쌍, 쁘띠 망쌍, 꾸르부입니다. 일찍 수확한 그로 망쌍으로 드라이 타입의 쥐랑쏭 쎅Jurançon Sec을 만들고, 포도알이 작고 껍질이 두꺼운 쁘띠 망쌍은 포도나무에서 포도가 말라 쪼그라들어 당분이 농축될 때까지 기다린 후 수확해 스위트 타입의 쥐랑쏭 무왈뤠Moelleux를 만듭니다. 무왈뤠 생산을 위해서 보통 10월~11월까지 기다리며, 손으로 일일이 수확을 진행합니다. 1995년 AOC 규정이 개정되면서 늦수확 와인을 의미하는 방당주 따르디브Vendanges Tardives를 라벨에 표기하는 것이 가능해졌으며, 역시 말라 쪼그라진 포도로 생산합니다.

참고로, 프랑스의 여성 소설가 꼴레뜨Colette는 그로 망쌍, 쁘띠 망쌍으로 만든 화이트 와인을 가장 좋아했습니다. 꼴레뜨는 이 와인을 '바람둥이의 유혹Séduction du vert galant'이라 불렀으며 "이 와인을 만났을 때 나는 소녀였다. 모든 바람둥이가 그렇듯 거만하고 당당하며 자극적이다."라고 말했습니다. 과거에 쥐랑쏭의 와인 생산자들은 꼴레뜨의 문구를 반영해, 홍보 책자에 남성적이고 자극적인 와인으로 홍보하기 시작했으며, "망쌍은 쥐랑쏭에서 섹스를 의미한다."라는 문구의 광고 포스터를 제작하기도 했습니다.

- AOC 튀르상

몽 드 마르상에서 남동쪽으로 35킬로미터 지점에 위치하고 있으며, 랑드 지방의 39개의 마을과 제르스 지방의 2개, 총 41개의 마을을 포함한 원산지 명칭입니다. 1958년부터 AO-VDQS 등급이었으나, 2003년에 AOC 등급으로 승격되었습니다. 화이트 와인과 로제 와인, 그리고 레드 와인을 생산하고 있으며, 화이트 와인은 바로끄Baroque를 주품종으로 그로 망쌍과 쏘비뇽 블랑을 블렌딩해 만듭니다. 로제 와인은 까베르네 프랑과 까베르네 쏘비뇽을 주품종으로 사용하며, 레드 와인은 따나를 주품종으로 까베르네 쏘비뇽과 까베르네 프랑을 블렌딩해 만듭니다. 화이트 와인이 비교적 품질이 괜찮다고 알려져 있지만, 생산되는 양은 레드 와인이 더 많습니다.

미크로-뷜라주 (Micro-Bullage, Micro-Oxygenation)

미크로-뷜라주 또는 마이크로-옥시지네이션이라고 불리는 기술은 앞서 설명드린 바와 같이 1991년에 마디랑의 빠트릭 뒤꾸르노에 의해 개발된 기술입니다. 1996년 유럽 연합은 미크로-뷜라주 기술의 사용을 허가해주었으며, 오늘날 보르도 지방뿐만 아니라 미국과 칠레 등을 포함해 적어도 11개 국가에서도 널리 사용되고 있습니다. 산소 탱크와 연결된 두 개의 커다란 공급실(Chamber)을 통해 미세한 산소를 와인에 주입하는 기술입니다. 공급실에서 와인의 부피와 동일하게 산소를 보정한 후 바닥에 위치한 다공성 세라믹 돌을 통해 산소를 공급해줍니다. 와인 1리터당 0.75~3입방 센티미터 범위까지 산소 주입량을 조절하며, 알코올 발효 초기 단계 또는 숙성 과정 중에 사용될 수 있습니다. 미세 산소는 와인의 색상과 방향성, 입안에서의 질감과 페놀 성분에 영향을 주게 됩니다. 그러나 과도한 산소를 주입하면 산화 등의 와인 결함이 발생할 수 있습니다. 전통 방식인 오크통에서 숙성을 시키는 것보다 비용과 시간적인 면에서 경제적인 장점을 가지고 있지만, 인간의 지나친 인위적 개입과 너무 과도하게 숙성되는 경향이 있다는 비판의 목소리도 있습니다. 2012년 연구 결과에 따르면 미세 산소와 와인의 화학적 반응이 너무 복잡해 과학적으로 증명되지 않았다고 합니다.

MICRO-BULLAGE
미크로-뷜라주 기술

1991년 마디랑 마을의 빠트릭 뒤꾸르노에 의해 개발된 기술로 1996년부터 유럽 연합은 미크로-뷜라주 기술의 사용을 허가해주고 있습니다. 오늘날 보르도 지방 뿐만 아니라 미국, 칠레 등을 포함해 11개 이상의 국가에서도 널리 사용되고 있습니다.

알코올 발효 초기 단계 또는 숙성 과정 중에 사용될 수 있으며, 미세 산소를 주입해줌으로써 와인의 색상과 방향성, 입안에서의 질감과 페놀 성분에 영향을 주게 됩니다. 전통 방식인 오크통에서 숙성시키는 것보다 비용과 시간적인 면에서 경제적인 장점을 가지고 있지만, 인간의 지나친 인위적 개입과 너무 과도하게 숙성되는 경향이 있다는 비판도 있습니다.

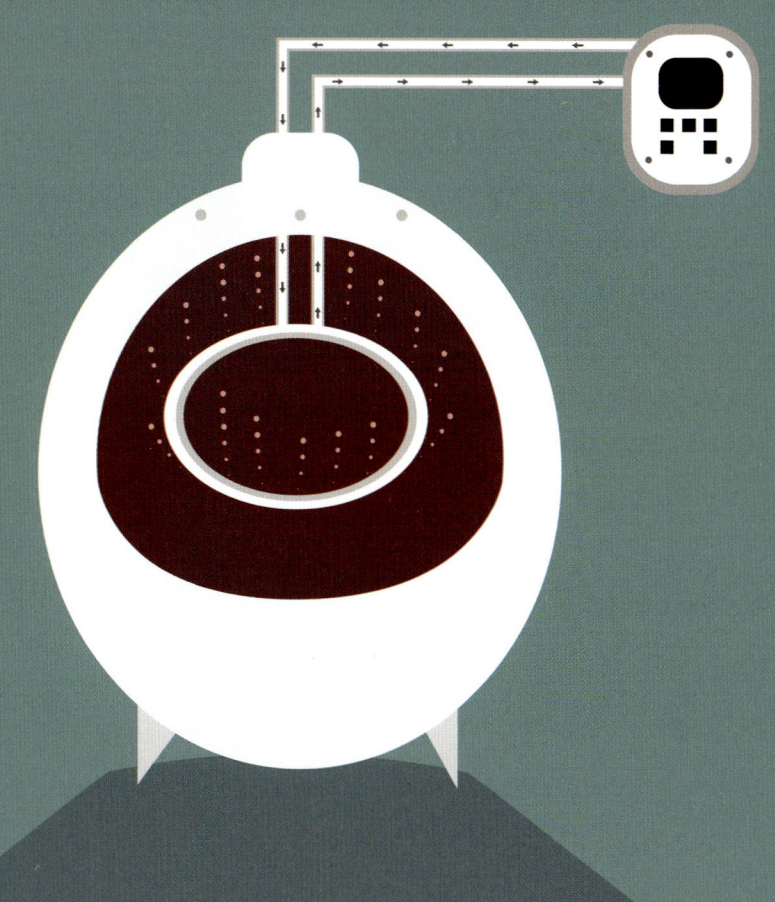

8 일차

태양이 만들어 내는 다양한 와인
론 밸리

01. 론 밸리 개요
02. 론 밸리의 역사
03. 두 개의 론 밸리, 북부와 남부
04. 론 밸리의 포도 품종
05. 와인 양조의 근대화
06. 론 밸리의 등급
07. 북부 론 밸리 주요 AOC
08. 남부 론 밸리의 주요 AOC
09. 론 밸리의 유기농 와인과 론 밸리의 포도밭 확장

FRENCH WINE REGIONS
VALLÉE DU RHÔNE

AOC 28

- VIOGNIER
- SYRAH
- ROUSSANNE, MARSANNE
- GRENACHE NOIR
- GRENACHE BLANC
- MOURVÈDRE

론 강 유역 리옹의 바로 남쪽에 비엔 마을부터 아비뇽 마을 주변까지 펼쳐지는 와인 산지를 론 밸리 또는 꼬뜨 뒤 론 이라고 부릅니다. 기후가 비교적 온난해 레드 와인이 전체 생산량의 95%를 차지하고 있고, 소량이지만 유명한 로제 와인과 화이트 와인도 있습니다.

01 론 밸리 개요

- ◆ 재배 면적 : 73,838 헥타르
- ◆ 생산량 : 2,833,154 헥토리터

[www.lesvintoutsimplement.com] 2017년 자료 참조

론Rhône 강은 프랑스 4대강 중 하나로 스위스의 남부 알프스에서 발원하여 레만 호수Lac Léman를 경유해 프랑스 동남부를 지나 지중해로 흘러갑니다. 전체 길이 812km 중에 프랑스에 흐르는 길이는 581km입니다. 스위스의 서쪽에서 흘러오는 론 강은 부르고뉴 지방의 남단에 위치한 리옹Lyon 마을에서 쏜Saône 강과 합류하여 남쪽으로 방향을 바꿉니다. 론 강 유역 중, 리옹의 바로 남쪽에 있는 비엔Vienne 마을로부터 하류에 있는 아비뇽Avignon 마을 주변까지 펼쳐지는 남북 200km 정도의 와인 산지를 론 밸리 또는 꼬뜨 뒤 론Côtes du Rhône이라고 부릅니다.

철도망이 발달하기 이전 시대에는 론 강은 다른 큰 강들처럼 교역의 거점 역할을 했으며 프랑스의 남북을 연결하는 중요한 무역로이기도 했습니다. 로마 시대 이후, 와인 제조는 지중해로부터 론 강, 쏜 강의 북쪽으로 전파해 나갔고 그 유역을 따라 프로방스 지방, 론 밸리, 부르고뉴 지방의 와인 산지가 생겨나게 되었습니다.

론 밸리의 AOC 양조용 포도 재배 면적은 7만 3천 헥타르 이상이고 와인 생산량은 약 283만 헥토리터입니다. AOC 와인 산지로는 보르도 지방에 이어 프랑스에서 두 번째로 규모가 큰 지방입니다. 기후가 비교적 온난해 레드 와인이 전체 생산량의 95%를 차지하고 있고, 소량이지만 유명한 로제 와인과 화이트 와인도 있습니다. 와인은 전반적으로 과실 풍미가 풍부하고 강건한 스타일로 만들어지며 북부 지방과 남부 지방은 떼루아, 포도 재배 및 품종, 그리고 양조에 걸쳐 확연한 차이를 보이고 있습니다.

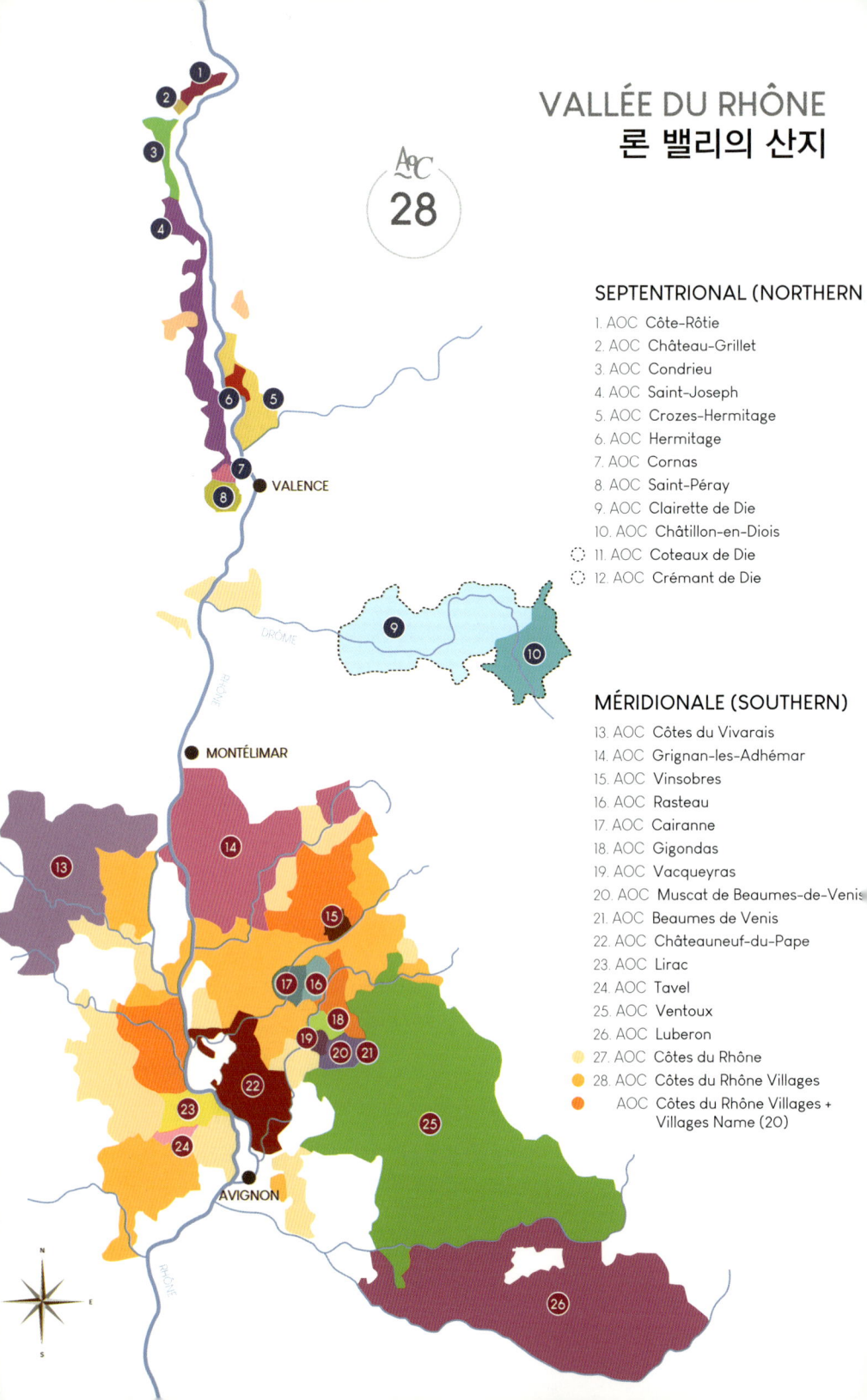

02 론 밸리의 역사

고고학자에 의해 출토된 암포라Amphora를 보면 기원전 1세기부터 이미 론 밸리에서는 와인을 마시고 있었다는 것과 이탈리아의 고급 와인이 이 지방에서 소비되고 있었다는 것을 알 수 있습니다. 그리고 기원전 1세기 무렵에 이미 북부 론 밸리에서는 알로브로게스Allobroges족에 의해 알로브로지카Allobrogica 라는 품종으로 와인이 양조되었고, 이곳에서 만들어진 와인은 비엔과 리옹에서 주로 판매가 되었다고 전해지고 있습니다.

로마 제국의 지배에서 벗어난 뒤에도 이 지역에서는 와인 양조가 계속 이루어졌지만, 문헌상의 기록이 거의 없고, 다른 지방과 다른 나라로의 와인 수출도 14세기에 접어들 때까지는 이루어지지 않았던 것으로 추정하고 있습니다.

13세기 말에 들어 세속 권력이 신장하면서 교황의 권력이 쇠퇴하게 됩니다. 군주의 권력이 강해지던 14세기 초반 프랑스 왕 필립 4세Philippe IV는 국내 교회령의 과세 문제로 로마 교황 보니파시우스 8세Bonifacius VIII와 분쟁을 일으켰습니다. 군주에 대한 교황권의 우위 주장에 프랑스 왕 필립 4세는 삼부회를 소집해 지지를 받은 후 교황을 급습하여 승리하게 됩니다. 패배 직후 교황 보니파시우스가 사망하자, 1305년 프랑스 보르도 주교인 클레망 5세Clemens V가 추기경 회의에서 교황으로 선출되고 1309년에 교황청을 남부 론 밸리의 아비뇽으로 옮기게 됩니다. 1309년부터 1377년까지 교황들이 아비뇽에 거주한 대략 70년의 기간을 교황의 '아비뇽 유수'라고 합니다. 이 사건을 계기로 교황권은 크게 약화되어 아비뇽의 교황들은 프랑스 왕의 강력한 간섭을 받았으며, 로마로 돌아가지 못한 채 프랑스에 체류하게 됩니다. 교황의 아비뇽 유수는 유럽의 가톨릭 교구들에게 참을 수 없는 사건으로 거센 반발이 일어났으며, 이에 힘입어 1377년에 교황 그레고리우스 11세Gregorius XI는 로마로 복귀하게 됩니다. 그리고 이듬해 새로운 이탈리아 출신의 우르비누스 6세Urbanus VI가 교황으로 선출되자, 로마로 복귀한 것을 달가워하지 않던 일부 추기경들이 다시 프랑스 출신의 클레망 7세Clemens VII를 새 교황으로 선출하였습니다. 이렇게 로마 교회는 대분열을 겪고 두 명의 교황을 탄생시키게 되면서 교황 우르비누스 6세는 로마에, 다른 교황 클레망 7세는 프랑스 남부 론 밸리의 아비뇽에 다시 거처를 마련하게 됩니다.

이러한 역사적 종교 사건을 계기로 론 강 일대는 새로운 와인 소비 시장으로 각광을 받기 시작했습니다. 그리고 교황청에서는 좀 더 값싼 와인을 많이 필요로 했으며 수요를 맞추기 위해 론 강 일대의 포도밭이 급속도로 증가하게 되었습니다. 전해지는 일화로 와인은 가톨릭의 미사 의식인 영성체에 사용되었던 것보다 교황과 함께 온 대규모 사제단이 많은 양의 와인을 소비했습니다.

14세기경 지금의 샤또네프-뒤-빠프 마을에 아비뇽의 3대 교황인 요한 22세Joannes XXII의 피서용 별장이 지어졌습니다. 당시 여기서 생산된 와인을 '아비뇽의 와인'이라 불렀으며, 교황의 피서용 별장을 지었던 것을 계기로 샤또네프-뒤-빠프 이름이 유래되었습니다. 이 시기에 로마의 교황청이 아비뇽에 위치해 있었던 이유로 론 밸리의 와인은 더욱 큰 명성을 얻게 되었지만, 그 이후 오랫동안 암흑기를 맞이하게 됩니다.

1446년에는 부르고뉴 지방의 디종 시에서 '아주 하찮고 변변치 않은 와인Très petit et pauvres vins'이라는 이유로 론 밸리의 리옹, 비엔, 뚜르농Tournon에서 생산되는 와인의 반입을 금하였습니다. 북부 론 밸리에서 생산되던 와인을 경쟁 상대로 의식한 부르고뉴 지방 생산자들에게 저지당하면서 17세기에 이를 때까지 파리에서는 론 밸리의 와인을 구할 수가 없었습니다.

17세기 말부터 에르미따주 와인을 비롯한 론 밸리의 와인은 다른 지역이나 다른 국가로 수출되기 시작하였습니다. 프랑스에서는 보르도 지방으로 옮겨져 보르도 와인과 블렌딩이 되었으며, 영국이나 러시아에도 많은 양의 와인을 수출했습니다. 론 밸리의 와인은 국제적인 명성을 얻게 되었지만, 유명 와인으로 알려진 것은 20세기에 들어와서도 에르미따주 와인 하나밖에 없었습니다. 근처 산지에서 생산되는 와인들은 낮은 인지도로 인해 지역 안에서 소비되는 저가 와인 취급을 받았으며, 당시 에르미따주를 제외한 북부 론 밸리의 포도 재배 농가들은 생계유지를 위해서 다른 과수나 곡물을 재배하고 목축을 병행하였습니다.

1737년에 프랑스 왕 루이 15세Louis XV는 론 밸리의 따벨Tavel, 리락Lirac, 로끄뮈르Roquemure, 슈스끌랑Chusclan 등에서 생산되는 꼬뜨 뒤 론Côte du Rhône 와인통에 'C.D.R' 낙인을 찍어 진품임을 표시하도록 지시했습니다. 이후 이 C.D.R 낙인과 더불어 빈티지와 포도원의 소재지를 새겨 넣기 시작했음에도 불구하고 여전히 론 밸리의 와인들은 대외적으로 무명의 산지에 가까웠습니다.

20세기 전반에 일어난 두 번의 세계대전은 필록세라의 피해로부터 완전하게 회복하지 못했던 북부 론 밸리의 포도 재배 농가들을 재기불능 상태로 만들었고 육체적으로 힘든 노동을 필요로 하는 급경사지의 포도밭들은 1950~1960년대에 걸쳐 그대로 방치되었습니다. 꽁드리외, 꼬뜨-로띠Côte-Rôtie, 꼬르나스Cornas 등의 원산지 포도밭들은 이 시기에 이미 풍전등화의 상황에 놓이게 되었으나, 1970년대에 접어들면서 론 밸리의 와인에 전환기가 찾아왔습니다.

1970년대 전반은 론 밸리보다 한발 앞서 있는 경쟁 와인인 보르도 와인과 부르고뉴 와인의 가격이 품질에 걸맞지 않을 정도로 상승했던 시기였습니다. 이 때문에 유통 관계자나 소비자의 눈은 상대적으로 저렴한 가격대를 형성하고 있는 론 밸리의 와인으로 향하게 되었습니다. 이 시기 영국이나 독일 등 유럽 국가로의 수출이 급증해서 방치되어 있던 포도밭들이 다시금 활성화되기 시작했으며, 이때까지 포도나 와인을 모두 네고시앙에 팔고 있던 소규모 생산자들 중 일부는 스스로 와인을 양조해 자신의 이름을 걸고 병입해서 판매하기 시작했습니다.

1980년대에 들어오면서 미국의 유명한 와인 평론가 로버트 파커가 론 밸리의 와인을 매우 호의적으로 평가하면서 미국 시장으로의 수출도 급증하기 시작했습니다. 신데렐라처럼 성공을 거둔 와인은 북부 론 밸리의 대규모 네고시앙인 E.기갈E.Guigal의 단일 포도밭 명칭의 꼬뜨-로띠 와인으로 단번에 세계에서 가장 구하기 힘든 고가 와인 중 하나로 인정받기 시작했습니다. 또한, 남부의 샤또네프-뒤-빠프도 로버트 파커의 극찬에 의해서 '개운치 않은 전통술' 이미지에서 '남부 프랑스를 대표하는 고급 와인'으로 재평가 받게 되었습니다.

1990년대 이후에도 론 밸리의 고품질 와인 생산자들은 품질 향상을 위해 노력을 계속하고 있으며 지금은 부르고뉴 와인, 보르도 와인과 어깨를 나란히 할 정도의 품질로 평가받고 있습니다.

HISTORY OF
VALLÉE DU RHÔNE

14세경, 지금의 샤또네프-뒤-빠프 마을에 아비뇽의 3대 교황 요하네스 22세의 피서용 별장이 지어졌습니다. 당시 여기서 생산된 와인을 '아비뇽의 와인'이라 불렀으며, 교황의 피서용 별장을 지었던 계기로 샤또네프-뒤-빠프 이름이 유래되었습니다. 이 시기에 로마 교황청이 아비뇽에 위치해 있었던 이유로 론 밸리의 와인은 더욱 큰 명성을 얻게 되었습니다.

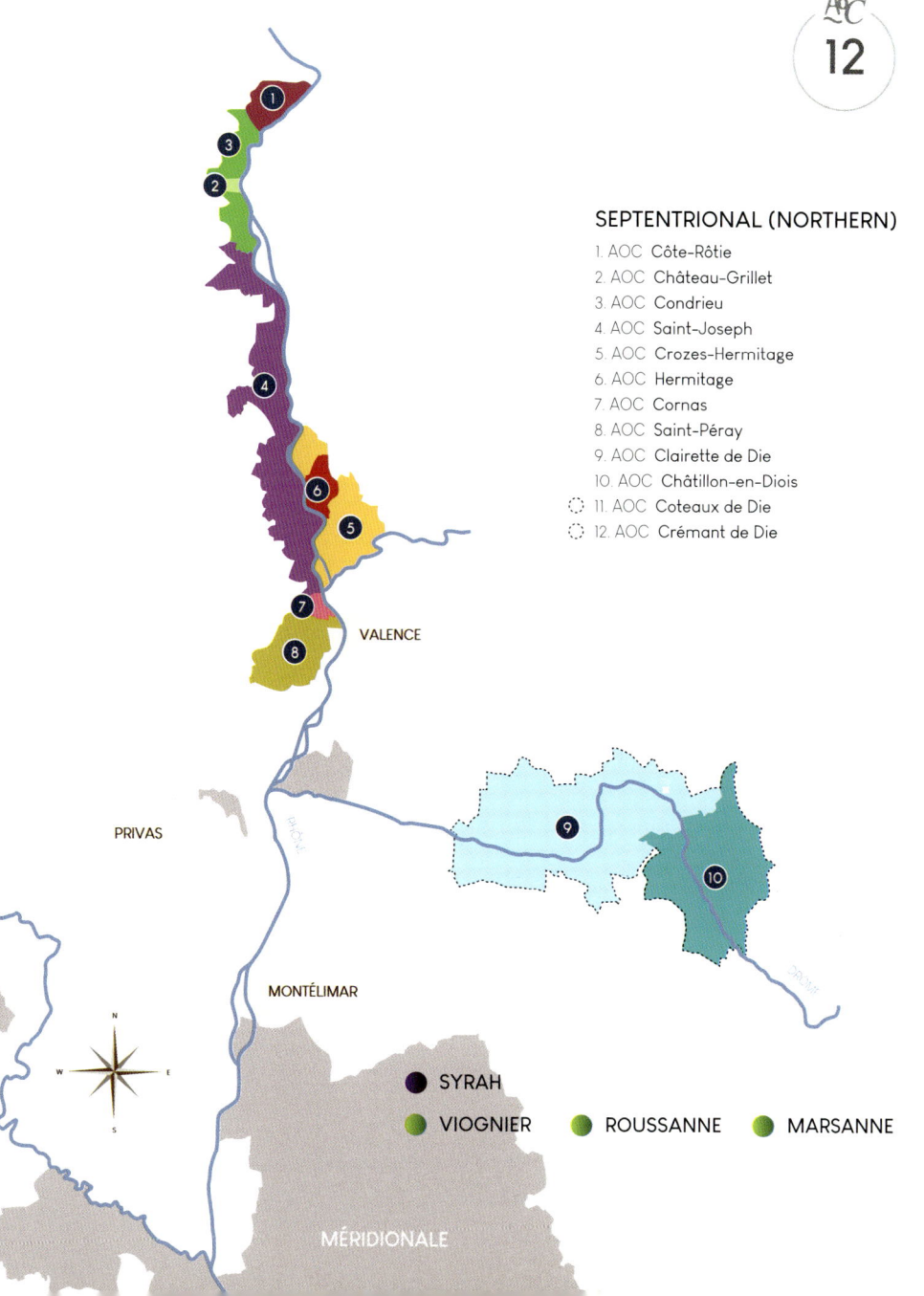

03   두 개의 론 밸리, 북부와 남부

론 밸리의 중앙 부근에는 몽뗄리마Montèlimar 마을이 있으며, 이곳은 넓은 협곡으로 되어 있어 포도밭이 존재하지 않습니다. 하지만 론 밸리의 와인 산지는 몽뗄리마 부근에 펼쳐지는 평야를 기준으로 북부와 남부로 나뉘게 됩니다. 프랑스에서는 북부는 셉땅트리오날Septentrional, 남부는 메리디오날Méridional 로 부르며, 이 두 지역은 기후와 지형, 그리고 토양과 포도 품종 등이 큰 차이를 보이기 때문에 각각 다른 산지로 구분하고 있습니다.

북부 론 밸리(Vallée Septentrionale)에 관한 모든 것

북부는 비엔 마을부터 발랑스Valence 마을까지 론 강의 주변 지역이 주산지입니다. 북부 론 밸리에서 생산되는 와인은 론 밸리 전체 생산량의 5% 밖에 해당되지 않지만, 세계적인 명성과 높은 가격에 거래되고 있습니다.

기후는 북쪽의 부르고뉴 지방과 같은 대륙성 기후로 특히, 보졸레 지구와 유사합니다. 여름은 온난하지만 너무 뜨겁지 않으며 비가 주기적으로 내립니다. 비교적 온난한 기후라고 하지만 보당이 허용되는 것으로 보아 포도가 쉽게 익을 만큼 기온이 높은 것은 아닙니다.

대다수의 포도밭이 현기증을 일으킬 정도의 급경사지에 위치하고 있으며, 토양은 주로 화강암질이나 편암질로 구성되어 있습니다. 좁은 계단식으로 정비된 경사지의 포도밭은 남쪽이나 남동쪽으로 향해 있고, 이러한 지형은 미스트랄Mistral 로 불리는 차가운 북풍으로부터 포도나무를 보호해 주며, 공기를 잘 순환시켜 곰팡이 질병을 억제하는 데 도움을 줍니다.

'태양의 도로'라고 불리는 남북으로 뻗은 간선도로에서 층층이 정비된 경사지의 포도밭이 한눈에 들어오기 때문에 대규모의 네고시앙의 회사 이름을 광고하는 간판을 종종 볼 수 있습니다. 급경사지의 포도밭은 기계 작업으로 재배하는 것이 거의 불가능하기 때문에 힘든 작업을 모두 사람들이 하고 있습니다.

주요 포도 품종으로는 적포도 품종인 씨라Syrah와, 청포도 품종인 비오니에Viognier와 루싼Roussanne, 마르싼Marsanne이 있습니다. 레드 와인은 씨라 100% 혹은 씨라를 주품종으로 다른 품종과 블렌딩되는 경우가 있으며, 전통적으로 적포도 품종이 아닌 비오니에, 루싼, 마르싼과 같은 청포도 품종을 사용하기도 합니다. 화이트 와인은 비오니에 100% 혹은 루싼과 마르싼 등을 블렌딩해 생산하며, AOC에 따라 포도 품종의 차이가 있습니다. 하지만 북부 론 밸리에서는 부르고뉴 지방처럼 주로 단일 품종으로 와인을 만들고 있습니다.

생산량의 대부분을 차지하는 씨라 주품종의 레드 와인은 균형 잡힌 밸런스를 지닌 견고한 스타일로, 꼬뜨-로띠나 에르미따주Hermitage 와인 등이 국제적인 명성을 얻고 있습니다. 화이트 와인도 비오니에로 만들어지는 꽁드리외Condrieu, 샤또-그리에Château-Grillet 등의 유명한 와인이 있습니다.

북부 론 밸리에서는 E. 기갈E. Guigal, M. 샤뿌띠에M. Chapoutier, 뽈 자불레Paul Jaboulet 등과 같은 대규모 네고시앙들이 이 지방 생산량의 절반을 차지하고 있습니다. 북부는 대규모 네고시앙 생산자나 소규모의 도멘 생산자를 불문하고 대다수가 가족 경영으로 포도원을 운영하고 있는 것이 특징입니다. 남부 론 밸리에서 많이 볼 수 있는 협동조합은 북부에서는 거의 찾아볼 수 없습니다.

또한, 북부 론 밸리의 와인 산지에는 론 강가의 주변뿐만 아니라, 발랑스 남동쪽에 위치한 디Die 마을 주변에서 AOC 끌레레뜨 드 디Clairette de Die, AOC 크레망 드 디Crémant de Die 등의 스파클링 와인 원산지도 존재합니다. 이 원산지에서는 끌레레뜨Clairette 청포도 품종을 단일 품종으로 병 내 2차 탄산가스 발효를 진행해 스파클링 와인을 주로 생산하며, 끌레레뜨와 뮈스까 아 쁘띠 그랭Muscat à petits grains을 블렌딩하여 아주 옛날 방식인 앙쎄스트랄/루랄Rurale 기법으로도 스파클링 와인을 생산합니다. 앙쎄스트랄 기법은 알코올 발효 중간에 병으로 옮겨 남은 잔여 당분으로 탄산가스 발효를 마무리하는 방식으로 이렇게 생산한 끌레레뜨 드 디 라벨에는 생산 기법인 메또드 앙쎄스트랄Clairette de Die Méthode Ancestrale도 함께 표기됩니다.

또한 AOC 샤띠옹-엉-디우와Châtillon-en-Diois에서는 가메를 사용한 레드 와인과 로제 와인, 그리고 알리고떼Aligoté나 샤르도네Chardonnay를 사용한 화이트 와인이 생산되고 있습니다. 북부 론 밸리 핵심적인 AOC는 주요 AOC에서 자세하게 설명하겠습니다.

미스트랄(Mistral)

미스트랄은 프랑스 남동부 지역에 겨울부터 봄에 걸쳐 부는 유명한 북풍입니다. 대서양에서 프랑스 내륙을 향해 동쪽으로 불어오는 바람이 알프스 산맥과 부딪치면서 남쪽으로 방향을 바꾸어 론 강의 계곡을 타고 불어오며, 풍속이 강하게 불 때면 일대의 기온이 크게 떨어집니다. 론 밸리의 재배업자 사이에서는 미스트랄을 '미친 바람'이라 부르기도 합니다.

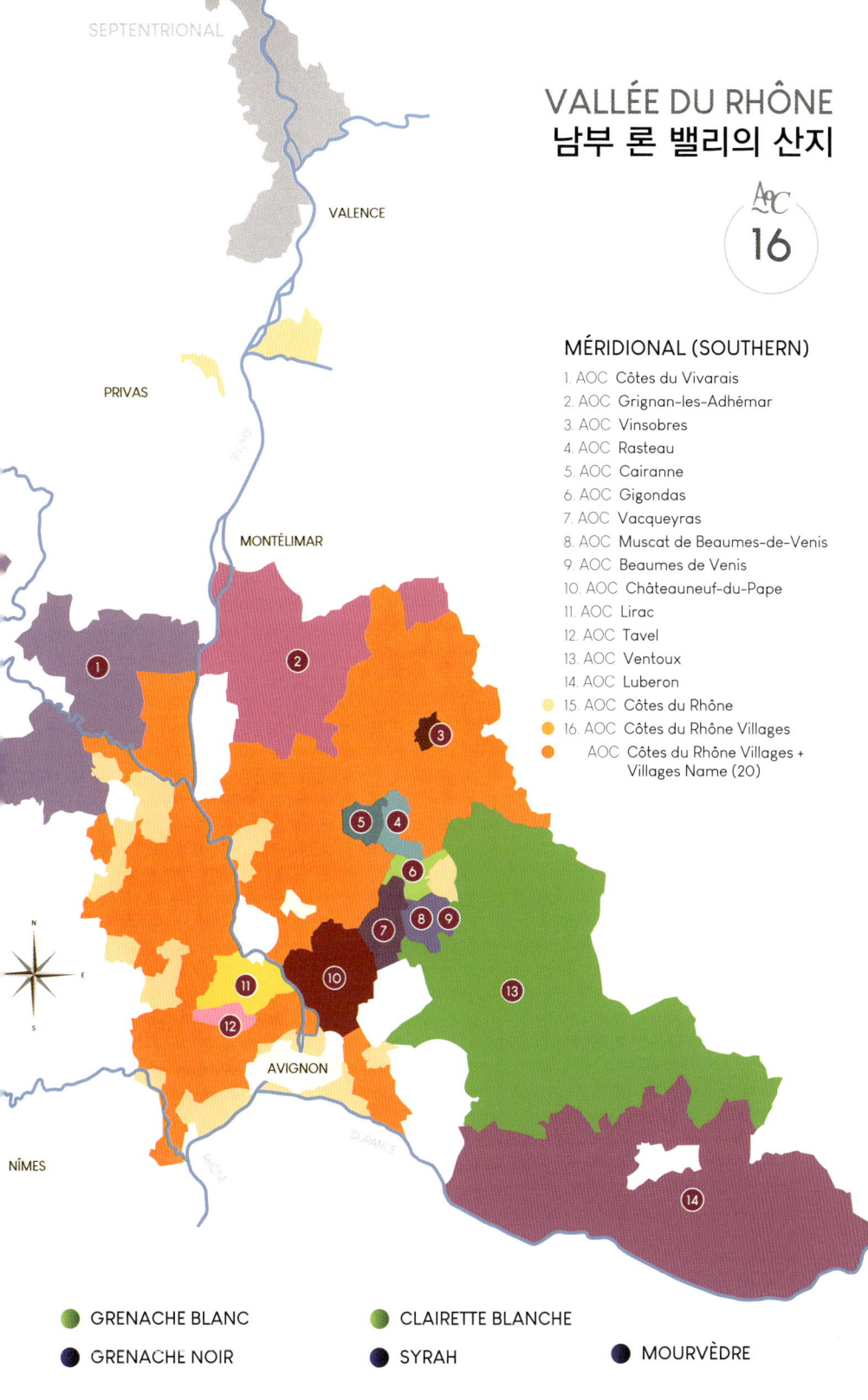

남부 론 밸리(Vallée Méridionale)에 관한 모든 것

남부 론 밸리는 북부의 발랑스 시에서 60km 떨어진 몽뗄리마Montèlimar 마을의 바로 남쪽에서 시작되어 아비뇽 근교까지 강 양쪽에 광범위한 지역이 주산지입니다. 남쪽에 인접하고 있는 프로방스 지방과 같은 지중해성 기후에 속하며 기온이 높고 건조하여 전반적으로 알코올과 과실 풍미가 강한 와인이 만들어집니다. 북부에 비해 비가 적게 내리기 때문에 가뭄이 든 해에는 관개가 허가되고 있습니다.

일반적으로 북부 론 밸리에 비해 저렴한 와인이 많이 생산되고 있지만, AOC 샤또네프-뒤-빠프에서 고품질의 레드 와인과 AOC 따벨에서 훌륭한 로제 와인이 생산되기도 합니다. 남부에서는 미스트랄의 북풍이 특히나 강하게 불기 때문에 바람에 잘 견디는 고블레Gobelet과 같은 포도 재배 연구가 한창 진행 중에 있습니다. 고블레 수형은 울타리와 와이어 없이 포도나무를 낮게 관리하는 방법으로 마치 고블레 잔을 엎어놓은 것 같다 하여 붙여진 수형 관리 방법입니다. 포도밭은 평지 혹은 완만한 구릉지에 펼쳐져 있으며 광활한 지역의 산지답게 토양도 매우 다양합니다.

포도 품종도 매우 다양해서 남부 전체로 보면 적포도 품종 13개, 청포도 품종 8개로 합계 21개의 품종이 허용되고 있습니다. 단일 품종으로 생산하는 와인이 극히 드물고, 여러 품종을 블렌딩 또는 혼합하는 것이 일반적입니다. 혼합하는 기법에 대한 내용은 아래의 팁 부분을 참고하시길 바랍니다. 레드 와인과 로제 와인은 그르나슈 누아Grenache Noir를 주품종으로 생산하는 것이 대부분으로 여기에 씨라, 무르베드르Mourvèdre 등의 품종을 블렌딩합니다. 화이트 와인은 그르나슈 블랑Grenache Blanc, 끌레레뜨, 위니 블랑Ugni Blanc 등의 여러 품종들이 사용되고 있습니다.

남부는 협동조합이 생산하는 양이 전체의 70%를 차지하고 있는 것이 특징입니다. 이러한 협동조합에서 제조한 와인은 일반적으로 품질이 떨어지는 것이 많고, 품질보다 양을 추구하는 와인 제조가 지금도 행해지고 있기 때문에 문제가 되고 있습니다. 덧붙여, 북부 론 밸리에 본거지를 두고 있는 대규모 네고시앙도 남부 론 밸리의 재배업자에게 많은 양의 포도를 매입하고 있습니다.

　　재배 면적과 생산량에서는 남부가 북부보다 크게 앞서며, 론 밸리에서 전체 생산량의 95%가 남부에서 생산되고 있습니다. 남부 론 밸리는 광범위하게 만들어지는 AOC 꼬뜨 뒤 론 Côtes du Rhône 및 꼬뜨 뒤 론 빌라주Côtes du Rhône Villages의 포도밭 대부분이 남부에 위치하고 있습니다. 참고로 AOC 꼬뜨 뒤 론 와인만으로 론 밸리 전체 생산량의 75%를 차지합니다.

아쌍블라주(Assemblage, Blending)와 멜랑주(Mélange, Mixture)의 양조 기술에 관해

여러 가지 포도 품종을 사용해 생산하는 와인의 경우, 포도를 혼합하는 방법에는 2가지가 있습니다. 현재 와인 제조에서 가장 보편화된 방법은 '아쌍블라주/블렌딩 기법'으로 포도 품종 별로 양조한 와인을 이후에 양조자가 임의의 비율로 혼합하는 기술입니다. 이런 경우에는 포도밭을 품종 별로 구획이 분리되어 있어 수확, 양조, 숙성 과정 모두 아쌍블라주하는 시점까지 품종 별로 각각 행해집니다. 구획 별로 품종을 분류해서 재배하여, 양조를 하고 블렌딩을 하는 순서로 진행되는 양조 방법이 현재 보편화된 것은 포도 품종마다 과실의 익는 속도가 서로 다를 뿐만 아니라 숙성 타이밍에도 차이가 있기 때문입니다.

한편 멜랑주는 우리 말로 '혼합'이라 표현할 수 있으며, 이 방법은 여러 품종을 발효 탱크에 함께 넣어서 알코올 발효시키는 방법으로, 수령이 오래된 포도나무의 포도밭은 여러 품종이 무질서하게 섞여 심어져 있기 때문에 모든 품종을 동시에 수확해서 알코올 발효시키지 않을 수 없습니다. 단, *색소 침착(Copigmentation) 효과를 기대하여 다른 구획에 심어져 있는 여러 품종을 동시에 알코올 발효시키기도 하며, 수확 시기가 다른 경우에는 먼저 수확한 품종을 냉장고에 넣어 보관하기도 합니다.

*색소 침착 : 론 밸리에서는 전통적으로 적포도 품종에 소량의 청포도 품종을 넣어 함께 알코올 발효시키는 경우가 있습니다. 대다수 AOC에서 법적으로 인정받고 있는 제조 방식으로 적포도 품종에 청포도 품종을 혼합해 알코올 발효시키면 청포도 품종 특유의 신선함과 꽃 계열의 향이 와인에 부여될 뿐만 아니라, 색 또한 진하게 안정되는 효과를 얻을 수 있습니다. 이처럼 색이 진해지는 효과는 색소 침착(Copigmentation)이라는 복잡한 화학적 반응에 의한 것입니다.

VALLÉE DU RHÔNE TERROIR
론 밸리의 떼루아

북부 론 밸리는 부르고뉴 지방과 같은 대륙성 기후로 특히, 보졸레 지구와 유사합니다. 여름은 온난하지만 너무 뜨겁지 않으며 비가 정기적으로 내립니다. 토양은 주로 화강암질, 편암질로 구성되어 있으며, 포도밭은 급경사지에 위치하고 남쪽, 남동쪽 경사지의 포도밭은 미스트랄의 차가운 북풍으로부터 포도 나무를 보호해주며, 공기를 잘 순화시켜 곰팡이 피해를 줄여줍니다.

남부 론 밸리는 지중해성 기후에 속하며 기온이 높고 건조합니다. 특히 미스트랄이 강하게 불기 때문에 바람에 잘 견디는 고블레 수형으로 포도 나무를 관리하고 있습니다. 포도밭은 평지나 완만한 구릉지에 펼쳐져 있으며, 광활한 지역인만큼 토양도 다양하게 구성되어 있습니다.

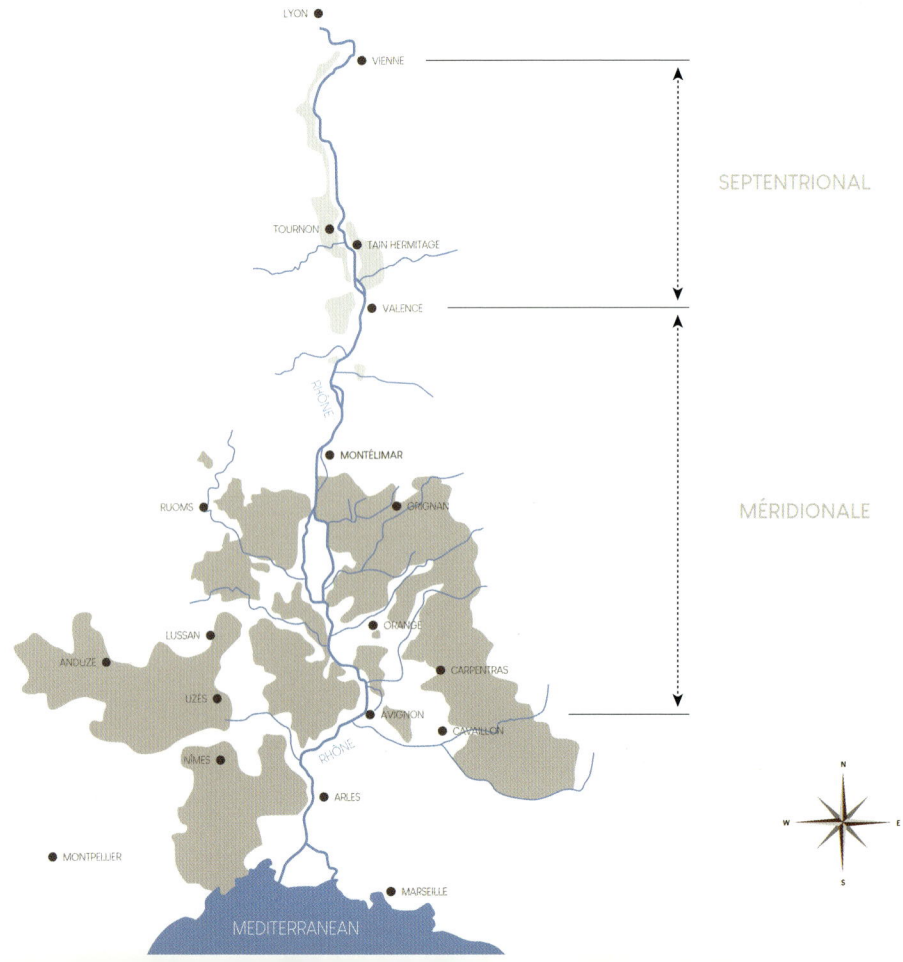

04 론 밸리의 포도 품종

주요 적포도 품종

- 씨라(Syrah)

북부 론 밸리의 주요 적포도 품종인 씨라는 남부에서도 그르나슈 누아와 자주 블렌딩되고 있으며, 최근 들어 남부에서도 재배 면적이 증가하고 있는 추세입니다. 씨라의 기원에는 여러 가지 설이 있는데, 하나는 그리스인들이 페르시아의 도시 쉬라즈Shiraz에서 씨라 품종을 가져왔다는 것과 다른 하나는 기원후 대략 280년 경 로마인들이 시칠리아의 도시 시라쿠사Syracuse에서 씨라와 비오니에를 가져왔다는 설 등이 있습니다. 하지만 1990년대 후반 DNA 감정한 결과 프랑스 남동부의 토착 품종인 두레자Dureza(적포도 품종)와 몽되즈 블랑슈Mondeuse Blanche(청포도 품종)의 자연 교배에 의해서 태어난 것으로 밝혀졌으며, 재배 학자들은 원산지가 론 밸리인 것으로 결론을 내렸습니다.

씨라는 열매가 많이 열리고 병충해에도 내성이 강한 편입니다. 또한 싹이 늦게 트는 것에 비해 수확 시기는 그다지 늦지 않기 때문에 비교적 재배하기 쉬운 품종이라 여깁니다. 다만, 개화 시기에 포도나무에 열매가 열리는 착과 불량을 일으키기 쉽고, 수확 시기를 놓치면 산도와 방향성 성분이 급속히 줄어드는 어려움이 있습니다.

씨라는 검은 과일, 후추를 연상시키는 스파이시한 향이 특징으로 북부 론 밸리와 같이 비교적 서늘한 기후의 산지에서 그 향기가 가장 두드러지게 나타납니다. 색은 진하고, 타닌 성분이 아주 많으며, 고품질 씨라 와인은 장기 숙성이 가능합니다. 전통적으로 론 밸리에서는 새 오크통에서 숙성을 시키지 않지만, 최근 들어 젊은 생산자들 사이에 새 오크통 사용에 대한 의견이 분분하게 발생하고 있습니다.

- 그르나슈 누아(Grenache Noir)

스페인이 원산지라 추정하고 있는 그르나슈 누아는 남부 론 밸리에서 가장 중요한 품종으로 대부분의 레드 와인과 로제 와인 생산에 사용되고 있습니다. 단일 품종으로 생산하기도 하지만 씨라, 무르베드르 등과 블렌딩하여 생산하는 것이 일반적입니다.

가뭄이나 더위에 강한 품종으로 남쪽의 기후에 적합하며, 실제로 스페인과 남부 프랑스의 많은 지역에서 널리 재배되고 있습니다. 또, 줄기가 견고하고 포도 열매가 줄기에서 잘 떨어지지도 않기 때문에 강한 바람인 미스트랄에도 잘 견디어 내며, 론 밸리에서는 일반적으로 고블레 수형으로 재배됩니다.

그르나슈 누아는 발아가 비교적 빠르나 늦게 익기 때문에 긴 생육 기간을 요하는 품종입니다. 따라서 풍미가 익을 때까지 기다렸다가 수확하게 되면 진한 과실 풍미와 알코올 도수가 매우 높은 와인이 되며, 신맛도 적어 약간의 단맛을 느끼는 경우도 있습니다. 이 품종으로 만든 남부 론 밸리 와인에서는 알코올 도수 15%가 넘는 와인도 가끔 볼 수 있습니다.

지중해성 품종이라 불리는 그르나슈 누아는 두꺼운 껍질을 지니고 있지만 껍질 속에 색소 성분과 타닌 성분이 상대적으로 적어 단일 품종으로 생산된 와인은 색이 엷고 타닌도 적은 것이 보통입니다. 이러한 이유로 일부 생산자의 경우 비가 적게 내려 수분 스트레스가 있는 포도밭에서 수확량을 인위적으로 감량해 만들고 있으며, 이렇게 만든 와인은 색이 아주 진하고 타닌이 강한 것이 특징입니다. 붉은 과실, 향신료, 말린 허브 향 등이 나며, 남부 프랑스에서는 부께 갸르니 Bouquet Garni라고 그 향기를 표현하기도 합니다.

− 무르베드르(Mourvèdre)

무르베드르는 남부 프랑스 일대에서 재배되는 적포도 품종으로 스페인이 원산지라고 추정하고 있습니다. 따뜻한 토양에서만 자라는 품종이지만 프랑스에서 가장 기온이 높은 남부 프랑스에서도 이 품종을 완숙시키는 것이 어렵습니다. 이런 재배상의 어려운 이유로, 품질적인 면에서 우수한 품종임에도 불구하고 재배 면적은 그리 넓지 않은 편입니다.

포도 껍질이 두껍고 작은 열매에서 만들어지는 무르베드르는 검은색 과일 향의 강건한 타닌과 높은 알코올, 그리고 뚜렷한 야생 동물과 고소한 풍미가 느껴지는 힘 있는 와인을 생산합니다. 남부 론 밸리의 레드 와인 제조 시에는 씨라와 함께 보조 품종으로 사용되어 색과 타닌을 제공하며, 이 품종을 주품종으로 해서 생산되는 와인도 소량 존재하기도 합니다.

- 까리냥(Carignan)

까리냥은 남부 프랑스 일대에서 재배되는 적포도 품종으로 대부분이 랑그독-루씨옹 지방에서 재배되고 있습니다. 늦게 익는 만생종으로 진한 색과 그런대로 강한 타닌이 특징입니다. 좋게 말해 야성미가 넘치는 맛이라 할 수 있지만 대게 맛이 거칠어 평가가 낮은 것이 현실입니다. 포도 열매가 매우 많은 다수확 품종이라는 이유로 1950~1960년대에 랑그독-루씨옹 지방에 많이 심어졌지만, 현재는 급격히 재배 면적이 줄어들고 있는 추세입니다. 남부 론 밸리에서 레드 와인에 보조 품종으로 일부 사용되고 있으며, 예외적이긴 하지만 척박한 토양의 오래된 수령의 포도나무에서 응축감이 강한 우수한 품질의 와인이 만들어지는 경우도 있습니다.

- 쌩쏘(Cinsault)

남부 프랑스 일대에 널리 재배되는 적포도 품종으로 대부분이 랑그독-루씨옹 지방에서 재배되고 있습니다. 가뭄에 강하고 열매도 많이 열리지만, 품질적인 면에서 그리 높은 평가를 받고 있지 않습니다. 이 품종으로 만든 와인의 색은 비교적 진하지 않으며 타닌은 부드러워서 가벼운 와인이 됩니다.

남부 론 밸리에서는 레드 와인 생산 시 보조 품종으로 블렌딩되어 과일 향과 신맛을 높여주는 역할을 하고 있습니다. 단일 품종으로 사용되는 경우는 극히 드물며, 로제 와인 생산에 있어 그르나슈 누아와 블렌딩되어 과일 향과 풍미의 신선한 캐릭터를 부여합니다.

VALLÉE DU RHÔNE GRAPE
론 밸리의 적포도 품종

북부 론 밸리의 주요 품종인 씨라는 남부에서도 그르누슈 누아와 자주 블렌딩 되고 있으며, 최근 들어 남부에서도 재배 면적이 증가하고 있는 추세입니다. 검은 과일, 스파이시한 향이 특징으로 진한 색과 타닌 성분이 아주 많습니다.

남부 론 밸리의 주요 품종인 그르나슈 누아는 대부분의 레드, 로제 와인 생산에 사용되고 있으며 주로 씨라, 무르베드르 등과 블렌딩되어 생산하는 것이 일반적입니다.

그 외에 검은색 과일 향의 강건한 타닌과 높은 알코올이 특징인 무르베드르와 풍부한 과실 아로마, 신맛을 높여주는 역할을 하는 쌩쏘, 그리고 까리냥 등이 남부 론 밸리에서 블렌딩 보조 품종으로 사용되고 있습니다.

주요 청포도 품종

- 비오니에(Viognier)

최근 들어 세계적으로 방향성이 풍부한 아로마틱 품종으로 높은 인기를 얻고 있지만, 착과 불량과 매우 적은 수확량의 이유로 1960년대에 론 밸리에서 멸종될 뻔한 적도 있었습니다. 비오니에는 현재 론 밸리 전역에서 재배되고 있지만, 아직까지는 재배 면적이 한정되어 있습니다. 북부의 AOC 샤또-그리에, AOC 꽁드리외에서 단일 품종으로 만들고 있으며, AOC 꼬뜨-로띠에서 레드 와인을 생산할 때 주품종인 씨라에 소량을 혼합해 사용하고 있습니다. 최근 연구 결과에 따르면, 비오니에는 이탈리아의 네비올로Nebbiolo 품종과 친척 관계에 있는 것으로 밝혀졌습니다. 따뜻한 기후에 적합한 품종으로 수분 스트레스에는 강하지만 곰팡이 균에 의한 질병에 걸리기 쉬운 품종입니다. 게다가 비오니에 특유의 풍부한 방향 성분을 생성하기 위해서는 포도 생육 기간을 최대한 길게 기다려야 하기 때문에 일반적으로 이 품종은 당도는 높고 산도가 떨어지는 경우가 많습니다. 비오니에는 비교적 색이 진하고 알코올은 높으며 신맛이 낮아 부드러운 와인이 됩니다. 그러나 이러한 특성이 지나치면 자칫 느끼해질 수 있어, 생산자들이 매우 조심스럽게 다뤄야 합니다.

복숭아, 살구, 흰 꽃 등의 방향성이 풍부하지만, 이러한 향을 즐길 수 있는 것은 비교적 영할 때뿐이므로 가급적 빨리 소비하는 것이 좋습니다. 비오니에 와인은 일반적으로 수명이 짧은 편이지만, 고급 꽁드리외 와인이나, 샤또-그리에 와인의 경우 장기 숙성도 가능합니다. 최근 들어 일부에 해당되지만 평판이 좋아지고 인기가 높아지자 가격 또한 상승했으며, 이를 반영하듯 론 밸리의 비오니에 재배 면적도 꾸준히 증가하고 있는 추세입니다.

- 루싼(Roussanne)

론 밸리 전역에서 재배되고 있는 청포도 품종으로 북부에서는 마르싼과 블렌딩되어 화이트 와인을 만들고 있으며, 일부 씨라 주품종의 레드 와인에 혼합되는 경우도 있습니다. 포도 껍질이 황갈색Russet을 띠고 있어서 루싼의 품종 명칭이 유래되었습니다. 허브티와 같은 독특한 향기와 풍부한 밀도 그리고 높은 신맛을 지니고 있어 깊은 맛의 와인이 생산됩니다. 특히 무게감이 있는 마르싼과 블렌딩되어 환상적인 궁합을 보이지만, 마르싼과 비교하면 수확량이 불안정하고 병충해나 강한 바람에 약한 특성 탓에 재배가 어려워서 재배 면적이 줄어들고 있습니다.

– 마르싼(Marsanne)
론 밸리 전역에서 재배되고 있는 청포도 품종으로 북부에서는 루싼과 함께 블렌딩되어 사용됩니다. 방향성이 풍부한 아로마틱 품종으로 진한 색상의 부드러운 신맛과 무게감이 있는 풀-바디 스타일의 와인이 만들어집니다. 견과류 향이 나는 것이 특징이며 수확량도 많고 규칙적이어서 생산자들 사이에서 루싼보다 인기가 높고 재배 면적도 늘어나고 있는 추세입니다.

– 그르나슈 블랑(Grenache Blanc)
그르나슈 누아의 돌연변이로 탄생한 청포도 품종이며, 남부 론 밸리에서 화이트 와인 생산에 자주 사용됩니다. 단일 품종으로 사용되는 경우는 극히 드물고, 다른 품종과 블렌딩되어 산미를 억제해주고 무게감을 더해 주는 역할을 합니다. 그르나슈 누아의 변이종에는 껍질이 핑크색인 그르나슈 그리Grenache Gris라는 품종이 있는데, 남부 론 밸리에서 화이트 와인이나 로제 와인에 사용되고 있습니다.

– 끌레레뜨 블랑슈(Clairette Blanche)
론 밸리와 남부 프랑스의 프로방스와 랑그독 지방에서 널리 재배되는 청포도 품종으로 건조하고 척박한 토양에 잘 자랍니다. 향과 풍미에는 별다른 특징이 없고 알코올이 높으며 산화되기 쉬운 품종으로 잘 알려져 있습니다. 남부 론 밸리에서는 와인에 신선함을 더 해주기기 위해 포도의 산도가 남아있는 약간 덜 익은 상태에서 수확해 블렌딩하고 있습니다.

– 위니 블랑(Ugni Blanc)
론 밸리와 남부 프랑스 일대에서 널리 재배되는 청포도 품종으로 이탈리아의 트레비아노Trebbiano와 같은 품종입니다. 21세기에 DNA 검사를 통해 에밀리아-로마냐Emilia-Romagna 주의 알리온자Alionza 품종과 트레비아노가 유전적 관계가 있는 것으로 밝혀졌습니다.

남부 론 밸리에서는 가장 재배 면적이 넓은 청포도 품종입니다. 향과 풍미는 빈약한 편이지만 따뜻한 산지에서도 신맛이 있는 와인을 만들 수 있으며, 많은 양을 수확할 수 있는 품종이기 때문에 저렴한 가격대의 와인 생산자들에게 있어 중요한 품종입니다.

- 부르불랭(Bourboulenc)

그리스가 원산지로 추정되는 역사가 오래된 청포도 품종으로 현재는 남부 론 밸리와 프로방스, 랑그독 지방 일대에서 재배되고 있습니다. 이 품종은 기후가 온화한 산지에서도 신맛이 있는 와인을 만들 수 있으며, 우수한 부르불랭 와인은 스모키 향을 느낄 수 있습니다.

VALLÉE DU RHÔNE GRAPE
론 밸리의 청포도 품종

VIOGNIER

MARSANNE

ROUSSANNE

GRENACHE BLANC

비오니에 품종은 과거 론 밸리에서 멸종 위기에 처했으나, 최근 인기가 높아지면서 재배 면적도 조금씩 늘고 있습니다. 북부 론 밸리의 AOC 샤또-그리에, 꽁드리외에서 비오니에 단일 품종으로 만들고 있으며, AOC 꼬뜨-로띠에서 레드 와인을 만들 때 소량 혼양해 사용되고 있습니다.
론 밸리 전역에서 재배되고 있는 루쌍, 마르쌍 품종은 주로 북부 론 밸리의 화이트 와인을 만들 때 서로 블렌딩되고 있습니다. 또한 이 두 품종은 AOC 에르미따주 레드 와인을 만들때 때 씨라와 소량 혼양해 사용되기도 합니다.

그 외에 남부 론 밸리의 화이트 와인 생산에 자주 사용되는 그르나슈 블랑과 끌레레뜨, 위니 블랑, 부르불랭도 남부에서 재배되고 있습니다.

05 와인 양조의 근대화

론 밸리는 전통적인 방식으로 와인 양조를 꾸준히 해 온 산지였으나, 1990년대 이후 일부 와인에 대한 평가가 급상승한 후, 다른 산지에도 볼 수 있는 와인 양조의 근대화를 경험하고 있습니다. 과거 전통적인 와인에서 양조학적 결함을 보이거나 혹은 타닌과 산도 등의 밸런스가 현저하게 무너지는 와인을 종종 볼 수 있었는데, 와인 양조의 근대화로 인해 이제는 그러한 와인들을 찾아볼 수 없을 정도로 품질이 향상되었습니다. 반면에 획일적인 레시피에 의한 양조로 인해 본질적인 특성이 사라졌다는 비판도 듣고 있습니다.

근대화의 최대 상징은 새 오크통과 작은 오크통의 사용입니다. 론 밸리에서 사용되고 있는 씨라, 그르나슈 등의 품종은 전통적으로 새 오크통의 풍미와 궁합이 잘 맞지 않는다고 생각되어, 예전의 생산자들은 몇 년이나 사용한 500~1,200리터의 큰 오크통을 주로 사용했으며, 작은 오크통을 사용해야 하는 경우에도 오래된 중고 오크통만을 고집했습니다. 그러나 새 오크통으로 숙성시킨 이 기갈의 꼬뜨-로띠 와인이 대성공을 거둔 이후에는 레드 와인과 화이트 와인의 양조 과정 모두에서 새 오크통을 사용하는 것이 계속 보급되고 있습니다.

새 오크통의 향과 풍미에 압도당하지 않는 레드 와인을 만들려면 침용 과정 Macération 에서 성분을 더 많이 추출하고 응축감을 강하게 하지 않으면 안 됩니다. 따라서, 최근에는 침용 기간을 장기화하는 경향이 있으며 '과모'라 부르는 껍질과 씨의 고형 물질에서 삐자주 Pigeage, 르몽따주 Remontage, 데레스따주 Délestage 와 같은 여러 가지 관리 방법이 사용되고 있습니다. 최근에는 레드 와인을 빠르게 숙성시키기 위해 인위적으로 미세 산소를 주입하는 미크로-뷜라주 Micro-Bullage 라는 최신식의 기술을 도입하고 있는 생산자도 있습니다.

론 밸리에서는 전통적으로 레드 와인을 제조할 때 포도송이에서 줄기를 제거하지 않고 포도송이 전체를 발효시키는 방법이 일반적이었습니다. 포도 줄기를 사용하면 와인의 골격이 강해지는 기능도 있지만, 완전하게 익지 않은 포도송이를 사용하면 줄기에 의해서 자칫 와인에 풋내가 발생하기도 합니다. 1980년대 이후에는 근대화로 인해 론 밸리에서 완전히 *제경 작업을 행하는 생산자가 점점 늘어나고 있으며, 지금은 제경 작업을 하지 않는 전통적인 생산자가 더 적습니다.

현재 화이트 와인 양조에 있어서도, 전 세계적으로 만들어지는 고급 샤르도네 와인과 같은 양조 방법이 론 밸리에서도 일부 사용되고 있습니다. 새 오크통을 포함한 작은 오크통에서의 알코올 발효를 진행하거나, 말로-락틱 발효를 시행하고, 쉬르 리Sur lie 숙성 기간에 효모 침전물을 휘저어주는 바또나주Bâtonnage 작업을 실시하고 있습니다.

데레스따주(Délestage) 기술에 관해

데레스따주란 레드 와인 양조 시 알코올 발효 중에 탱크의 하부에서 과즙만을 뽑아내어 다른 탱크로 옮겨 몇 시간이 경과한 후, 원래 탱크에 남아 있는 건조된 과모층 위에 과즙을 다시 쏟아붓는 기술입니다. 이 과정 중에 과모나 와인에 대량의 산소가 공급되기 때문에 타닌 성분이 중합되어 부드러운 와인이 만들어지며, 과즙을 다른 탱크로 옮기면서 거친 타닌의 근원이 되는 포도씨를 제거하는 효과도 있습니다. 원래는 발효 탱크에 온도 관리 장치가 없는 남부 프랑스의 포도원에서 발효 온도가 너무 오르는 것을 막기 위해 긴급 조치로 행해졌던 기술이었습니다.

*제경 작업 : 포도송이에서 줄기를 제거하는 작업

DÉLESTAGE
데레스따주 기술

데레스따주는 침용 과정에서 과모층을 관리하는 방법 중 하나로, 알코올 발효 중 탱크의 하부에서 과즙을 추출해 다른 탱크로 옮겨 몇 시간이 경과한 후, 원래 탱크에 남아 있는 건조된 과모층 위에 다시 쏟아 붓는 기술입니다. 이 과정 중 과모나 와인에 대량의 산소가 공급되기 때문에 타닌 성분이 부드러워집니다. 또한 과즙을 다른 탱크로 옮기면서 거친 타닌의 근원이 되는 포도 씨를 제거하는 효과도 있습니다.

06 론 밸리의 등급

론 밸리는 프랑스의 일부 지방에서 볼 수 있는 자체 등급이 존재합니다. 2018년 기준으로 다음과 같이 분류하고 있습니다.

- AOC 크뤼(Crus) : 크뤼 등급으로 지정된 17개 마을에서 생산 가능하며, 크뤼 명칭만 표기합니다.
- AOC 꼬뜨 뒤 론 빌라주 + 지리적 명칭 표기가 가능(Côtes du Rhône Villages + Geographic Names) : 20개 마을에서 생산 가능하며, 꼬뜨 뒤 론 빌라주 등급과 함께 지리적 명칭을 표기할 수 있습니다.
- AOC 꼬뜨 뒤 론 빌라주(Côtes du Rhône Villages) : 빌라주 등급으로 지정된 95개 마을에서 생산 가능합니다.
- AOC 꼬뜨 뒤 론(Côtes du Rhône) : 6개 도, 171개 마을에서 생산 가능합니다.

- AOC 꼬뜨 뒤 론

론 밸리 전역에서 생산되는 와인으로 지방 명칭을 사용합니다. 론 밸리 전체 생산량의 절반 이상을 차지하며, 레드 와인, 화이트 와인, 로제 와인 생산이 가능하지만, 대다수 레드 와인으로 생산되고 있습니다. AOC 꼬뜨 뒤 론은 전반적으로 과실 향과 풍미가 많아 가볍게 즐길 수 있는 와인이지만, 뛰어난 생산자들이 소량으로 생산하는 보물 같은 와인이 숨어 있기도 합니다.

대표적인 예가 샤또 드 퐁살레뜨Château de Fonsalette로 샤또네프-뒤-빠프의 장인, 샤또 하야스Château Rayas가 샤또네프-뒤-빠프 포도밭에 이 원산지에 걸맞지않는 포도를 사용해 샤또 퐁살레뜨 명칭의 AOC 꼬뜨 뒤 론으로 판매하고 있습니다.

- AOC 꼬뜨 뒤 론 빌라주 +지리적 명칭

꼬뜨 뒤 론 빌라주 등급과 함께 지리적 명칭을 함께 사용할 수 있습니다. 지정된 20개의 마을에서 각각 독자적으로 생산되었을 경우 라벨에 마을 명칭을 표기할 수 있습니다. AOC 꼬뜨 뒤 론 와인에 비해 향과 풍미가 다채롭고 구조감이 좋은 편입니다. 20개 마을은 모두 크뤼 등급 신청이 가능하며, 프랑스 원산지 관리 위원회에서 승격 여부를 결정합니다.

- AOC 꼬뜨 뒤 론 빌라주

남부 론 밸리의 지정된 마을에서 생산되는 와인으로 꼬뜨 뒤 론 빌라주 명칭을 사용합니다. 레드 와인을 주로 생산하며, 소량의 화이트 와인과 로제 와인도 생산합니다.

- AOC 크뤼

지정된 17개 마을에서만 생산되는 와인으로, 이 중 2개의 마을은 주정 강화 와인인 뱅 두 나뛰렐 Vins Doux Naturels 를 포함하고 있습니다. 각각의 크뤼의 개성을 보여줄 수 있는 가장 고품질 와인으로 엄격한 규제를 적용받고 있습니다. 론 밸리의 핵심 원산지라 할 수 있는 AOC 크뤼에 대해 자세히 살펴보도록 하겠습니다.

CLASSIFICATION
론 밸리의 등급

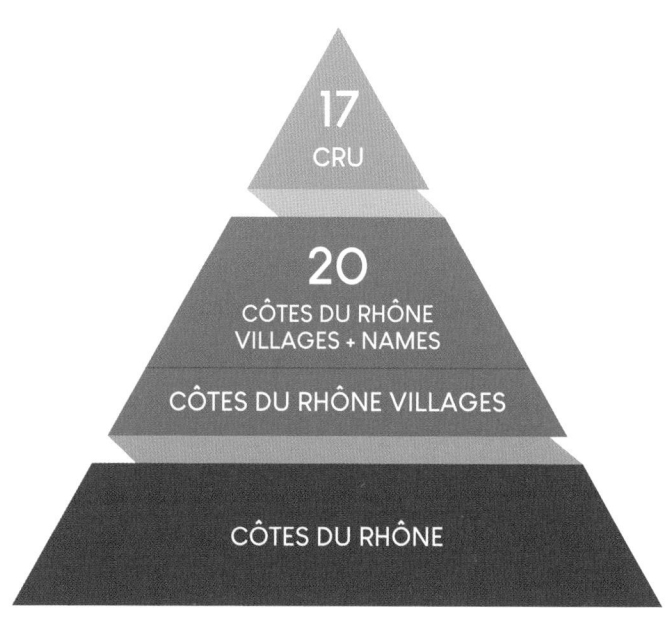

CRU DU RHÔNE

SEPTENTRIONAL (NORTHERN)
1. AOC Côte-Rôtie
2. AOC Château-Grillet
3. AOC Condrieu
4. AOC Saint-Joseph
5. AOC Crozes-Hermitage
6. AOC Hermitage
7. AOC Cornas
8. AOC Saint-Péray

MÉRIDIONALE (SOUTHERN)
9. AOC Vinsobres
10. AOC Rasteau
11. AOC Cairanne
12. AOC Gigondas
13. AOC Vacqueyras
14. AOC Muscat de Beaumes-de-Venise
15. AOC Châteauneuf-du-Pape
16. AOC Lirac
17. AOC Tavel

론 밸리는 자체 등급이 존재하며, 3개의 등급 체계로 분류되어 있습니다. AOC 꼬뜨 뒤 론 빌라주 등급 안에는 95개 마을에서 생산되는 꼬뜨 뒤 론 빌라주와 지리적 명칭의 표기가 가능한 20개 마을에서 생산되는 꼬뜨 뒤 론 빌라주 '마을 명칭'을 포함하고 있습니다. 론 밸리 최고의 등급은 크뤼로 17개 마을이 지정되어 있습니다. 이 중 뮈스까 드 봄-드-브니즈와 라스또는 주정강화 와인인 뱅 두 나뛰렐을 생산하고 있습니다.

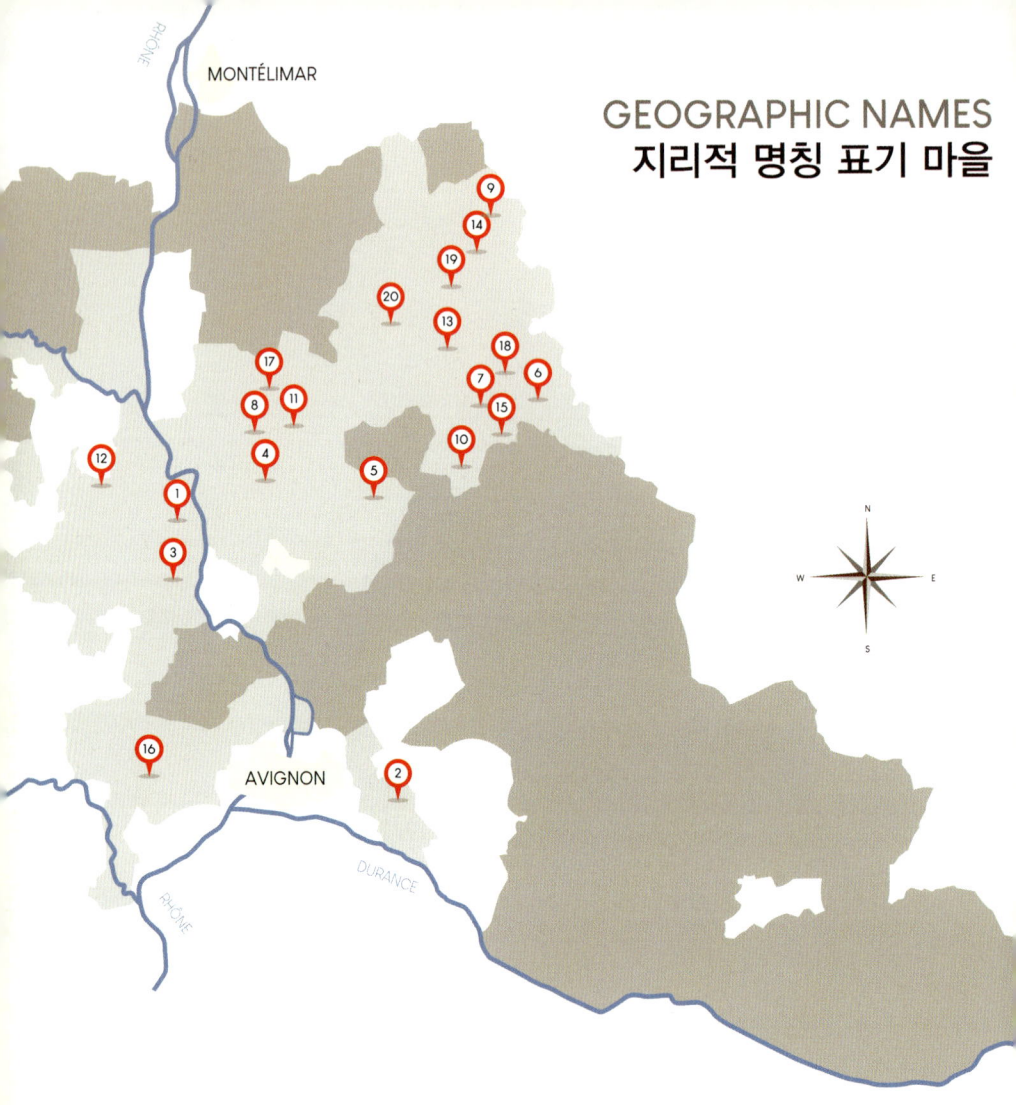

GEOGRAPHIC NAMES
지리적 명칭 표기 마을

CÔTES DU RHÔNE VILLAGES + GEOGRAPHIC NAMES

1. Chusclan
2. Gadagne
3. Laudun
4. Massif d'Uchaux
5. Plan de Dieu
6. Puyméras
7. Roaix
8. Rochegude
9. Rousset-les-Vignes
10. Sablet
11. Saint-Cécile
12. Saint-Gervais
13. Saint-Maurice
14. Saint-Pantaléon-les-Vignes
15. Séguret
16. Signargues
17. Suze la Rousse
18. Vaison la Romaine
19. Valréas
20. Visan

AOC 꼬뜨 뒤 론 빌라주 + 지리적 명칭은 꼬뜨 뒤 론 빌라주 등급에 지리적 명칭을 함께 사용할 수 있습니다. 지정된 20개 마을에서 각각 독자적으로 생산되고 있으며, AOC 꼬뜨 뒤 론 와인에 비해 향과 풍미가 다채롭고 구조감이 좋습니다. 20개 마을은 모두 크뤼 등급의 신청이 가능하며 프랑스 원산지 관리 위원회에서 승격 여부를 결정합니다.

07 북부 론 밸리 주요 AOC

북부 론 밸리의 포도 재배 면적은 1970년대 이후부터 크게 증가했습니다. AOC 크로-제르미따주Crozes-Hermitage와 AOC 쌩-조셉Saint-Joseph을 제외한 북부 론 밸리의 대다수 크뤼Cru들은 규모가 작은 편으로, 프랑스에서 가장 큰 재배 면적을 자랑하는 보르도 지방과 비교하면 메독 지구의 대형 샤또 하나 정도의 규모라 할 수 있습니다. 북부 론 밸리의 대표적인 크뤼 AOC는 다음과 같습니다.

- AOC 꼬뜨-로띠(Côte-Rotie) : 1940년 AOC 승격, 308헥타르

[2018년 Inter-Rhône 자료 참고]

북부 론 밸리의 최북단에 있는 원산지로 씨라를 주품종으로 레드 와인만을 생산합니다. AOC 규정상 최대 20%까지 비오니에 품종의 혼합이 가능하며, AOC 에르미따주와 함께 론 밸리에서 가장 높은 가격으로 거래되고 있습니다.

로마 시대부터 포도를 재배했을 정도로 역사가 오래된 꼬뜨-로띠는 1970년대까지 그다지 주목받지 못한 산지였습니다. 하지만 1980년대에 들어와서 대규모 네고시앙인 이.기갈의 단일 포도밭에서 생산된 와인이 세계 시장, 특히 와인 평론가 로버트 파커에게 호평을 받게 되자, 빠르게 세계 최고의 레드 와인 반열에 오르게 되었습니다. 이러한 인기를 반영하듯 1970년대는 겨우 70헥타르 정도였던 재배 면적이 현재 약 300헥타르까지 확장되었습니다.

꼬뜨-로띠는 프랑스에서 가장 험난한 포도밭 중 하나로 경사도가 60도에 달하곤 합니다. 남동쪽을 향해 있는 계단식의 포도밭은 태양열을 가득 모아주며, '달궈진 비탈길'이라는 의미의 꼬뜨-로띠Roasted Slope 이름에 걸맞게 여름이면 햇볕에 구워질 지경입니다.

토양은 전반적으로 높은 열과 압력에 의해 변형된 변성암을 기반으로 북쪽은 편암, 남쪽은 편마암, 그리고 남동쪽 끝자락은 화강암, 이렇게 크게 3가지로 구성되어 있습니다. 배수성이 좋은 토양 덕에 포도나무뿌리는 수분을 공급받기 위해 뿌리를 깊게 내리게 되고, 토양 깊은 층에서 미네랄 성분을 제공받게 됩니다. 이러한 떼루아에서는 풍부한 향과 견고한 타닌, 그리고 섬세함

을 겸비한 와인이 생산됩니다. 하지만 북부 론 밸리의 에르미따주 와인과 비교하면 꼬뜨-로띠는 좀 더 여성적인 와인으로 평가받고 있습니다.

꼬뜨-로띠에서 가장 좋은 포도밭은 앙쀠Ampuis 마을 위쪽에 위치한 꼬뜨 블롱드Côte Blonde와 꼬뜨 브륀Côte Brune입니다. 남향에 위치한 꼬뜨 블롱드는 편암과 높은 비율의 화강암, 모래 토양으로 이곳에서 생산되는 와인은 전반적으로 부드러운 타닌 질감의 우아한 캐릭터로 빨리 숙성되는 경향이 있습니다. 남서향에 위치한 꼬뜨 브륀은 풍부한 철분 성분의 점토, 편암 등 어두운색을 지닌 토양으로 꼬뜨 블롱드에 비해 타닌이 풍부하고 무게감이 무겁고, 병안에서 오래 숙성을 요하는 편입니다. 과거에는 꼬뜨 블롱드와 꼬뜨 브륀을 블렌딩해 꼬뜨-로띠 라벨로 판매되었으나, 현재는 E. 기갈의 영향으로 각각의 포도밭 명칭을 표기해 판매되고 있습니다. 전설에 따르면 황금색 비탈과 갈색 비탈을 의미하는 꼬뜨 블롱드와 꼬뜨 브륀은 이 지방 영주의 금발과 갈색 머리를 지닌 두 딸의 머리 색에서 유래되었다고 전해지고 있습니다.

꼬뜨-로띠의 혁명가, 마르셀 기갈(Marcel Guigal)

볼품없는 시골스러운 와인 이미지의 꼬뜨-로띠를 신데렐라로 만든 인물이 E. 기갈 포도원의 마르셀 기갈입니다. 완벽주의자인 마르셀 기갈은 앙쀠 마을에 위치한 자사 소유의 라 랑돈(La Landonne), 라 물린(La Mouline), 라 뛰르끄(La Turque) 포도밭에서 각자만의 확실한 개성을 지닌 와인을 생산합니다. '라-라-라 시리즈'로 불리는 E. 기갈의 꼬뜨-로띠 와인은 파격적으로 새 오크통에서 42개월 동안 숙성시키며, 중고 오크통을 사용해 부드러운 맛을 내는 전통적인 꼬뜨-로띠 와인과는 완벽하게 다른 와인으로 평가받고 있습니다. 꼬뜨 브륀 동쪽에 위치한 라 랑돈에서는 씨라 단일 품종의 가장 강건하고 긴 수명을 지닌 와인을 생산하고 꼬뜨 블롱드 쪽에 위치한 라 물린에서는 씨라 주품종으로 비오니에를 혼합해 부드러운 타닌 질감을 지닌 와인을 생산합니다. 꼬뜨 브륀에 위치한 라 뛰르끄는 씨라 주품종으로 비오니에를 혼양해 강건함과 우아함을 지닌 와인을 생산합니다.

최근 들어 이.기갈은 샤또 당쀠(Château d'Ampuis) 라벨의 전통적인 스타일의 꼬뜨-로띠도 생산하고 있습니다. 샤또 당쀠는 E. 기갈이 소유하고 있는 꼬뜨 블롱드와 꼬뜨 브륀의 7곳의 포도밭에서 수확한 포도를 블렌딩해 만든 와인으로, 샤또 당쀠를 매입한 E. 기갈은 이제는 앙쀠 마을의 절대적인 생산자가 되었습니다.

CÔTE-RÔTIE
꼬뜨-로띠

AOC 꼬뜨-로띠는 레드 와인만 생산 가능하며, AOC 규정상 씨라 주품종에 최대 20%까지 비오니에 품종의 혼양이 가능합니다. 포도밭은 남동향의 급경사지에 위치하고 있으며, 가장 좋은 포도밭은 앙퓌 마을 위쪽에 위치한 꼬뜨 블롱드와 꼬뜨 브륀입니다.

꼬뜨 블롱드는 편암과 높은 비율의 화강암, 모래 토양으로 구성되어 있으며, 전반적으로 부드러운 타닌 질감의 우아한 와인이 생산됩니다. 반면 남서향의 꼬뜨 브륀은 풍부한 철분 성분의 점토, 편암 등 어두운 색을 지닌 토양으로 꼬뜨 블롱드에 비해 타닌이 많고 묵직한 무게감과 병 숙성을 요하는 와인이 생산됩니다.

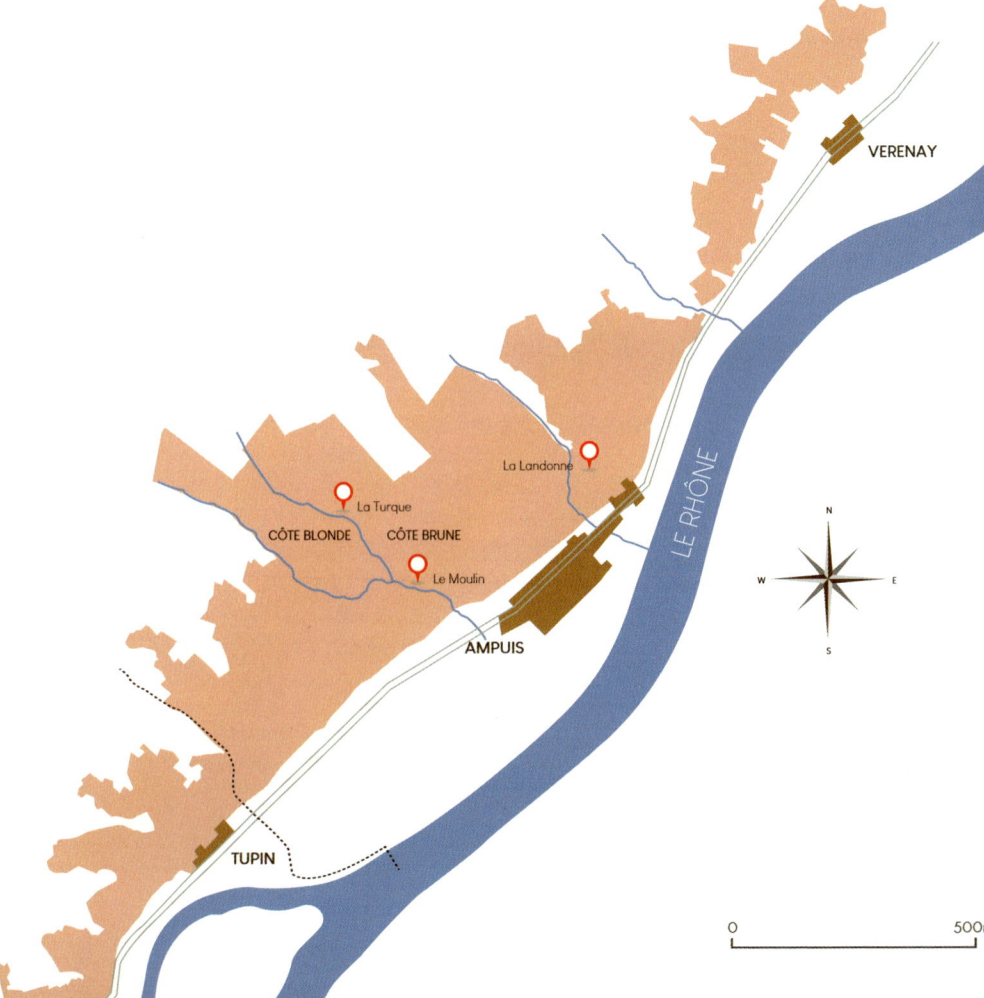

NW　　　　　　　　　　　SE　N　　　　　　　　　　S

AMPUIS
"ROZIER"

TUPIN-SEMONS

334m

화강암질 모래, 자갈 토양
급경사면의 떼라스 포도밭

1. 두 종류의 운모가 겹쳐진 운모편암
2. 운모편암
3. 강의 충적토

1. 큰 결정체의 안구편마암
2. 코디에라이트(Cordierite) 편마암
3. 흰 운모와 화강암

0　　　　1km

--- KEY FIGURES ---

308
HA

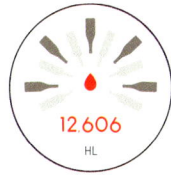
12.606
HL

100%
RED

41
HL/HA

1940년 AOC 인증을 받은 꼬뜨-로띠는 프랑스에서 가장 오래된 포도밭 중 하나로 로마인들에 의해 크게 발전했습니다. 포도밭은 론 강 우안의 3개 마을: 쌩-씨르-쉬르-론(Saint-Cyr-sur-le-Rhône), 앙쀠(Anpuis), 뛰뺑-쎄몽(Tupin-Semons) 에 위치합니다. 온화한 대륙성 기후로 여름은 덥고 건조하며, 강우량은 전반적으로 균일한 편입니다.
AOC 품종 규정: 씨라가 최소 80%이상 사용, 최대 20% 비오니에 혼합이 가능합니다.

Sources: Inter Rhône 2018

- AOC 꽁드리외(Condrieu) : 1940년 AOC 승격, 192헥타르

[2018년 Inter-Rhône 자료 참고]

비오니에 100%의 드라이 타입 화이트 와인만을 생산하는 원산지로 최근 들어 큰 주목을 받고 있습니다. 꽁드리외는 로마 시대부터 포도를 재배했을 정도로 오랜 역사를 지니고 있음에도 불구하고, 과거 론 밸리 재배업자들에게 철저하게 외면당해 1960년대에는 재배 면적이 겨우 10헥타르 밖에 남지 않았습니다. 하지만 현재 인기가 높아져 190헥타르까지 회복되었습니다. 우수한 포도밭은 남향의 가파른 경사지에 위치하고 있으며, 화강암 토양으로 구성되어 있습니다. 남향의 경사지에 위치한 포도밭은 늦은 봄과 가을 초기의 서늘한 계절에 태양 열을 최대한 받을 수 있게 해주고, 배수성이 좋은 화강암 토양은 낮에 받은 태양 열을 저장했다가 야간에 방출해 포도나무가 성숙하는 데 도움을 줍니다.

꽁드리외의 샤바네Chavanay 인근은 토양에 화강암 비율이 높아 미네랄 풍미가 풍만한 와인이 생산되며, 셰리Chéry, 샹송Chanson, 꼬뜨 보네뜨Côte Bonnette 등의 마을에서는 아르젤Arzelle이라 부르는 백악질, 부싯돌과 표토에 운모 가루가 섞여 있는 토양으로 과실, 꽃 계열의 화려한 방향성을 지닌 고품질 와인이 생산됩니다. 하지만 고품질 꽁드리외 와인이라 할지라도 비오니에 품종 자체가 수확량이 적고 의외로 연약한 품종이기 때문에 장기 숙성시키는 것보다, 가급적 영할 때 빨리 소비하는 것이 좋습니다.

CONDRIEU
꽁드리외

AOC 꽁드리외는 비오니에 단일 품종으로 화이트 와인만을 생산하는 산지로 최근 들어 큰 주목을 받고 있습니다. 우수한 포도밭은 남향의 가파른 경사지에 위치하고 있으며 늦은 봄과 가을 초기의 서늘한 계절에 태양 열을 최대한 받을 수 있게 해줍니다.
샤바네 인근은 토양에 화강암 비율이 높아 미네랄 풍미가 풍부하고 백악질, 부싯돌과 표토에 운모가루가 섞여 있는 셰리, 샹송, 꼬뜨 보네뜨 등의 마을에서는 과실, 플로럴 계열의 화려한 방향성을 지닌 고품질 와인이 생산됩니다.

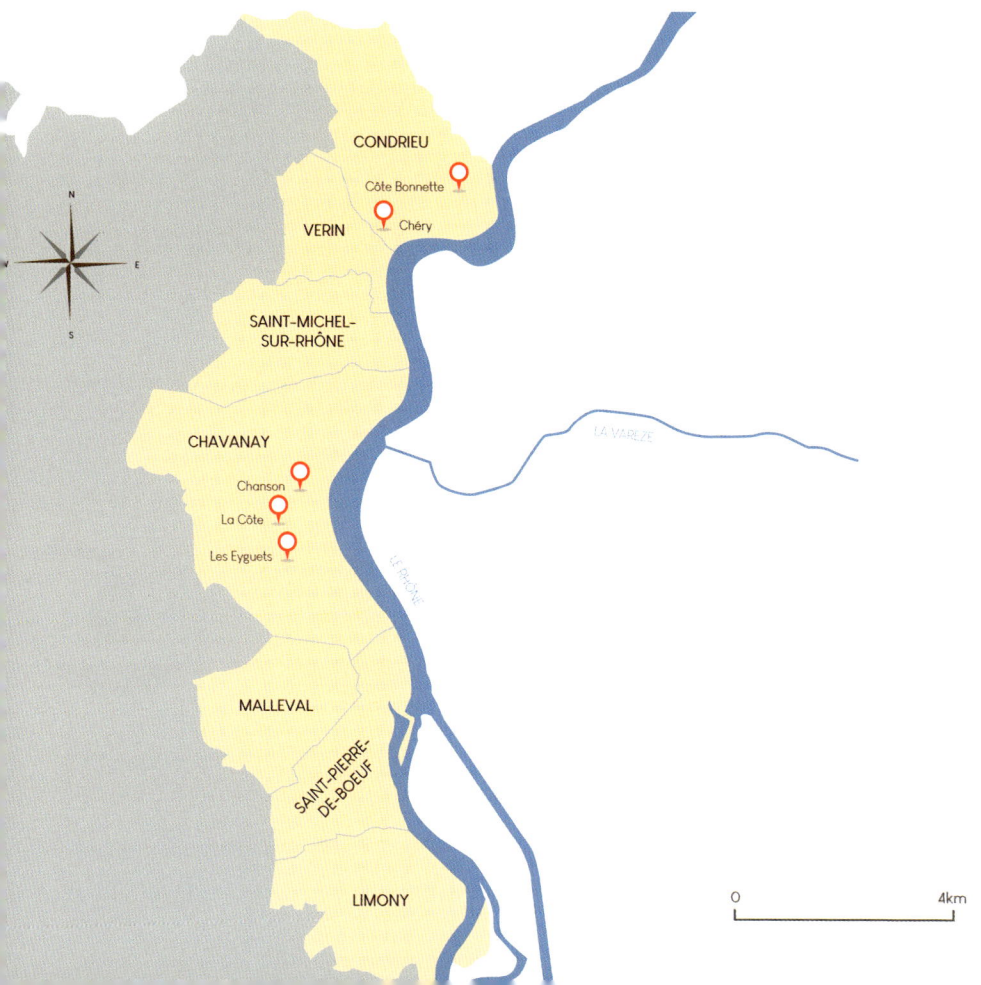

CONDRIEU
꽁드리외

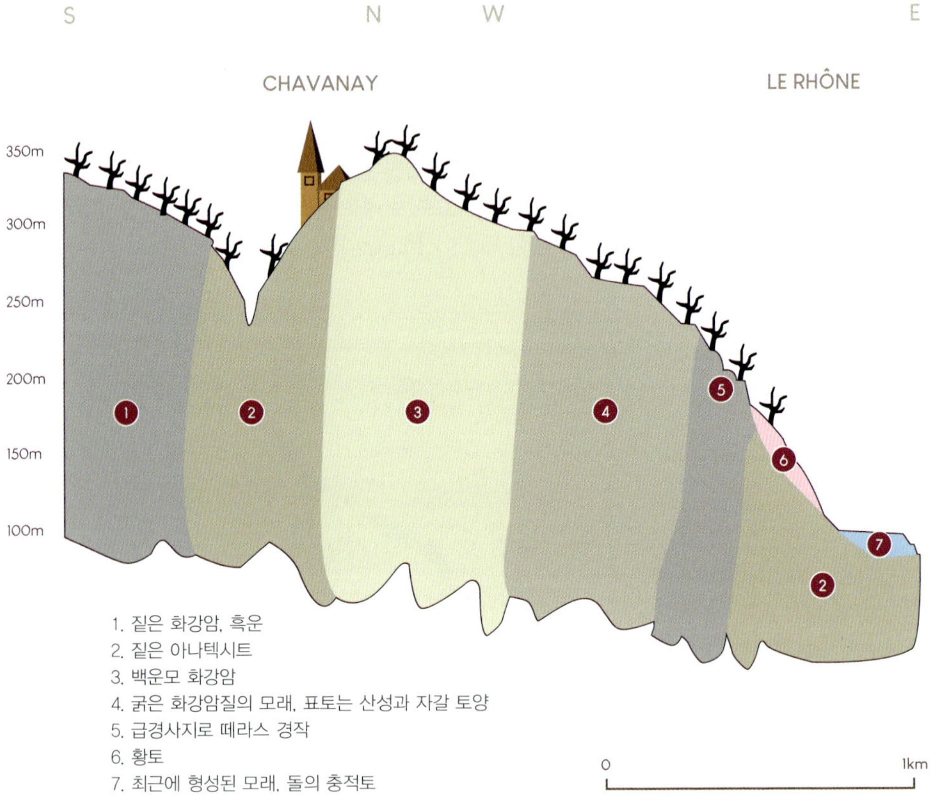

S　　　　　　　N　　W　　　　　　　　　　E

CHAVANAY　　　　　　　LE RHÔNE

1. 짙은 화강암, 흑운
2. 짙은 아나텍시트
3. 백운모 화강암
4. 굵은 화강암질의 모래, 표토는 산성과 자갈 토양
5. 급경사지로 떼라스 경작
6. 황토
7. 최근에 형성된 모래, 돌의 충적토

···· KEY FIGURES ····

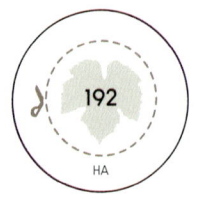
192
HA

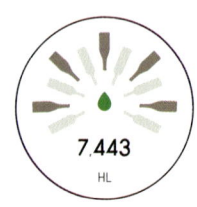
7,443
HL

100%
WHITE

39
HL/HA

1940년 AOC 인증을 받은 꽁드리외는 론 강 우안의 7개 마을에 포도밭이 펼쳐져 있습니다. 전반적으로 대륙성 기후를 띄고 있지만 약간의 지중해성 기후도 공존합니다. 태양 열을 저장하는 화강암 등 암반 토양 때문에 특히 여름철 기온이 매우 높은 편입니다.
AOC 품종 규정: 비오니에 품종만을 허가하고 있습니다.

Sources: Inter Rhône 2018

- AOC 샤또-그리에(Chteau-Grillet) : 1936년 AOC 승격, 3헥타르

[2018년 Inter-Rhône 자료 참고]

꽁드리외 마을 안에 있는 단일 포도밭이자 단일 포도원으로 프랑스에서 가장 작은 원산지 중의 하나입니다. 3헥타르의 포도밭에서 꽁드리외와 같이 비오니에 단일 품종으로 드라이 타입의 화이트 와인만을 생산합니다. 18세기에 미국의 제3대 대통령인 토마스 제퍼슨Thomas Jefferson이 극찬을 한 바 있고, 20세기 전반에 활약한 미식 평론가, 뀌르농스키는 샤또-그리에를 프랑스 5대 화이트 와인 중 하나로 손꼽았습니다.

포도밭은 남동쪽을 향해 위치하고 있으며, 토양은 꽁드리외에 비해 잘게 부서진 화강암과 모래로 구성되어 있습니다. 가파른 절벽에서 토양이 쓸려 내려오는 것을 방지하기 위해 계단식의 담을 쌓아 포도를 재배하고 있습니다. 생산량은 헥타르당 21헥토리터 수준으로 매우 낮은 편이며, 연간 생산량은 1만 병 정도입니다. 샤또-그리에는 꽁드리외보다 복합적인 향과 풍미를 지니고 있으며, 장기 숙성도 가능합니다. 영한 상태에서 소비하면 향이 답답할 정도로 무뚝뚝한 느낌이지만 10년 이상 숙성시켜 마시면 아름답게 피어오르는 향과 부드러운 질감을 느낄 수 있습니다.

1830년에 네레-가셰Neyret-Gachet 가문이 이 포도밭을 매입하여 오랫동안 가족 경영으로 포도원을 운영해오다. 2011년에 프랑스의 억만장자인 프랑수아 앙리 삐노François Henri Pinault에게 매각되었습니다. 참고로 샤또-그리에는 1987년까지 700ml 용량에 병입했으나, 그 이후부터는 다른 와인들과 동일한 750ml 용량에 병입하고 있습니다.

CHÂTEAU-GRILLET
샤또-그리에

AOC 샤또-그리에는 꽁드리외 마을 안의 단일 포도밭이자 단일 포도원으로 프랑스에서 가장 작은 원산지 중 하나입니다. 3헥타르의 포도밭에서 비오니에 단일 품종으로 드라이 화이트 와인만 생산합니다.
1830년부터 네레-가셰 가문이 소유하고 있었지만, 2011년에 프랑수아 앙리 삐노에게 매각되었습니다.

N-NE   S-SE

LE RHÔNE

200m

1. 굵은 입자의 화강암질 모래, 자갈, 급경사의 떼라스
2. 흑운모, 짙은 화강암

165m

--- KEY FIGURES ---

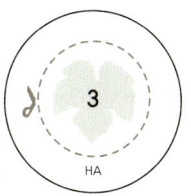
3
HA

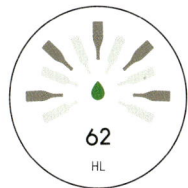
62
HL

100%
WHITE

21
HL/HA

포도밭은 론 강 우안의 쌩-미셸-쉬르-론(Saint-Michel-sur-Rhône)과 베랭(Verin) 마을에 위치하고 있습니다. 포도밭은 남동쪽을 향해 위치하고 있으며, 토양은 잘게 부서진 화강암과 모래로 구성되어 있습니다. 가파른 절벽에서 토양이 쓸려 내려오는 것을 방지하기 위해 계단식의 담을 쌓아 포도를 재배하고 있습니다.

AOC 품종 규정: 비오니에 품종만을 허가하고 있습니다.

Sources: Inter Rhône 2018

- AOC 쌩-조셉(Saint-Joseph) : 1956년 AOC 승격, 1,231헥타르

[2018년 Inter-Rhône 자료 참고]

꽁드리외에서 남쪽의 뚜르농Tournon 근교까지 론 강 우안에 남북으로 약 48km 길이로 펼쳐진 원산지입니다. 과거 쌩-조셉은 6개 마을에서 90헥타르의 재배 면적을 가진 작은 산지였으나, 1994년 프랑스 원산지 관리 위원회가 AOC를 재편성하면서 26개 마을의 1,082헥타르가 확장되어, 현재 재배 면적이 1,231헥타르에 달할 정도로 광범위해졌습니다.

씨라를 주품종으로 레드 와인을 주로 생산하며, 1980년 이후부터는 최대 10% 범위까지 루싼과 마르싼을 혼합해 생산이 가능해졌습니다. 화이트 와인은 루싼과 마르싼을 사용해 만들며, 생산되는 와인의 88% 레드 와인이고 12% 화이트 와인입니다.

일반적인 쌩-조셉 와인은 씨라 품종 특유의 라즈베리와 후추 향이 잘 드러나며 크로-제르미 따주와 같이 신선한 맛이 특징입니다. 북부 론 밸리에서 생산되는 레드 와인 중 아마도 수명이 가장 짧지 않을까 생각되며, 포도밭의 확장과 연관성이 있어 보입니다. 그러나 최초로 지정된 랑Lemps, 비옹Vion, 쌩-장-드-뮈졸St-jean-de-Muzols, 뚜르농Tournon, 모브Mauves, 그렁Glun의 6개 마을에서는 고품질 와인이 생산됩니다. 특히, 장-루이 샤브Jean-Louis Chave, M. 샤뿌띠에 M.Chapoutier, 삐에르 고농Pierre Gonon 등과 같은 생산자는 이곳에서 에르미따주와 유사한 풍부한 방향성과 견고한 구조감을 지닌 고품질 와인을 생산하고 있습니다.

SAINT-JOSEPH
쌩-조셉

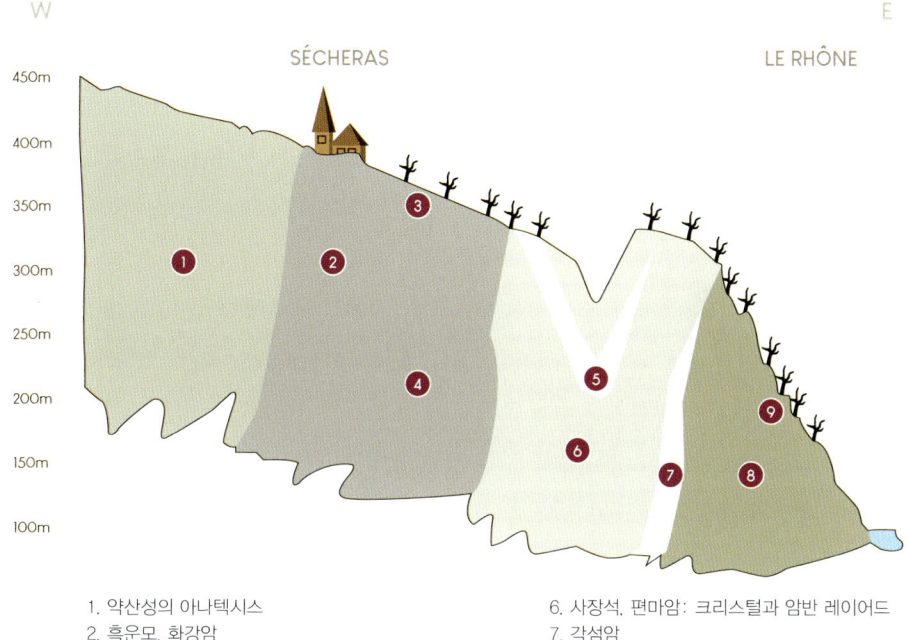

1. 약산성의 아나텍시스
2. 흑운모, 화강암
3. 굵은 입자의 화강암질 모래, 표토는 산성과 자갈
4. 백운모, 화강암
5. 화강암 지층
6. 사장석, 편마암: 크리스털과 암반 레이어드
7. 각섬암
8. 줄무늬 모양의 편마암, 화강암 지층
9. 급경사의 떼라스 포도밭

KEY FIGURES

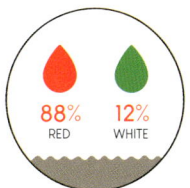

론 강 우안, 북쪽의 샤바네에서 남쪽의 귀에랑까지 대략 50킬로미터 정도, 26개의 마을에 걸쳐 포도밭이 펼쳐져 있습니다. 반대륙성 기후의 북부 지역과는 달리 남부로 내려갈수록 지중해성 기후를 띄고 있습니다. 전반적으로 여름은 덥고 건조하며 사계절 동안 비가 규칙적으로 내립니다. 16세기 초반 프랑스 왕실의 식탁에서 즐겼던 쌩-조셉은 17세기 뚜르농 예수회에 의해 현재 이름으로 명명되었습니다. 1956년에 AOC 명칭을 획득하였으며, 1994년에는 AOC 산지가 확장되었습니다.
AOC 품종 규정: 레드 와인은 씨라 주품종으로 최대 10% 루싼과 마르싼 혼합이 가능합니다. 화이트 와인은 주로 루싼과 마르싼을 블렌딩해 생산합니다.

Sources: Inter Rhône 2018

- AOC 크로-제르미따주(Crozes-Hermitage) : 1952년 AOC 승격, 1,683헥타르

[2018년 Inter-Rhône 자료 참고]

에르미따주 언덕 뒤쪽의 크로즈 마을을 중심으로 펼쳐져 있는 원산지로, 북부 론 밸리 중에서는 가장 넓은 재배 면적을 자랑합니다. 11개 마을에서 방대한 양의 와인이 생산되고 있으며 북부 론 밸리 와인의 전체 생산량의 50%가 이곳에서 만들어지며, 에르미따주 생산량과 비교하면 8배 정도 많은 양입니다.

씨라를 주품종으로 생산하며, 최대 15% 범위까지 루싼과 마르싼을 혼합해 생산 가능합니다. 루싼과 마르싼을 사용해 소량의 화이트 와인도 생산하고 있으며, 생산되는 와인의 92% 레드 와인이고 8% 화이트 와인입니다.

재배 면적이 넓은 만큼 다양한 지형에 포도밭이 위치합니다. 북동쪽은 경사지에 포도밭이 위치하며, 화강암 기반에 황토가 덮여 있습니다. 이곳에서 생산되는 와인은 복합적인 향과 타닌이 강한 것이 특징입니다. 남쪽과 동쪽은 대부분 평야 지대에 포도밭이 위치하고 있으며 상대적으로 수확량도 많아 비교적 가벼운 스타일의 와인을 생산합니다.

전반적으로 대량 생산되는 크로-제르미따주 와인은 저렴한 가격대의 가급적 빨리 소비하는 것이 좋지만, 최근에는 알랭 그라이오Alain Graillot, 도멘 뒤 꼴롱비에Domaine du Colombier 도멘 마끄 쏘렐Domaine Marc Sorrel 등과 같이 능력 있는 생산자들에 의해서 훌륭한 와인이 늘어나고 있습니다.

CROZES-HERMITAGE
크로-제르미따주

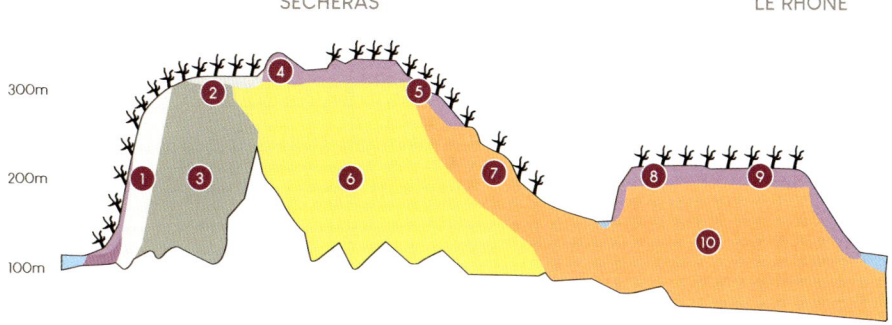

1. 급경사의 얇은 돌, 화강암질의 자갈
2. 자갈 고원
3. 렙티나이트, 화강암
4. 고대 조약돌 충적토, 다양한 종류의 점토
5. 경사면 상층부: 자갈
6. 모래, 코발트
7. 경사면: 점토질의 석회암 토양
8. 황토
9. 고대 조약돌 충적토
10. 선신세(鮮新世)의 점토 퇴적물

KEY FIGURES

1,683
HA

80,314
HL

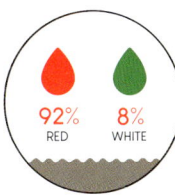
92% RED 8% WHITE

48
HL/HA

드롬 현, 론 강 우안의 11개 마을에 포도밭이 펼쳐져 있습니다. 에르미따주에 비해 포도 재배 역사가 짧고, 남쪽 대다수 포도밭들은 최근에 개간되었습니다. 재배 면적이 넓은 만큼 지형도 다양합니다. 북동쪽은 경사지에 포도밭이 위치하며 화강암 기반에 황토가 덮여 있으며, 복합적인 향의 타닌이 강한 와인이 생산됩니다. 남쪽과 동쪽은 대부분 평야 지대에 포도밭이 위치하며, 상대적으로 가벼운 스타일의 와인이 생산됩니다.

AOC 품종 규정: 레드 와인은 씨라 주품종으로 최대 15% 루싼과 마르싼 혼합이 가능합니다. 화이트 와인은 주로 루싼과 마르싼을 블렌딩해 생산합니다.

Sources: Inter Rhône 2018

- AOC 에르미따주(Hermitage) : 1937년 AOC 승격, 137헥타르

[2018년 Inter-Rhône 자료 참고]

북부 론 밸리의 가장 핵심적인 원산지로, 에르미따주 이름은 중세 시대의 전설에서 유래합니다. 1224년 알비 십자군Albigensian Crusade 원정에 참여한 가스빠르 드 스테랭베르그Gaspard de Stérimberg 기사는 부상을 당해 프랑스로 돌아온 후, 프랑스 여왕으로부터 고향으로 돌아가는 것을 허락받게 되었습니다. 가스빠르는 몸을 회복하기 위해 지금의 에르미따주 언덕 정상에 작은 은신처를 짓고 전쟁에서 행한 살생을 참회하며 30년 동안 은둔자Ermite로 살았다고 합니다. 이후 가스빠르의 은신처에 크리스토퍼 성인을 기르기 위한 예배당이 지어지고, 은둔자가 살았던 이 마을은 '에르미따주'라고 불리게 되었습니다. 현재 이 예배당이 위치한 포도밭은 론 밸리의 대형 네고시앙인 뽈 자불레 에네Paul Jaboulet Aîné가 소유하고 있으며, 에르미따주 라 샤뻴 Hermitage La Chapelle의 라벨로 판매되고 있습니다.

1642년에는 루이 13세가 에르미따주 마을을 방문하는 동안 에르미따주 와인을 마신 후 궁정 와인으로 지정하였으며, 루이 14세는 영국의 찰스 2세에게 에르미따주와 샹빠뉴, 그리고 부르고뉴 와인을 포함한 200개의 와인통을 선물한 기록도 있습니다. 이와 같이 17세기부터 높은 품질과 명성을 쌓아왔던 에르미따주는 오랫동안 프랑스에서 가장 훌륭한 산지로 찬사를 받아왔습니다.

17세기 말부터 19세기 중반까지 보르도 지방의 생산자들은 레드 와인의 맛을 강화하려는 목적으로 에르미따주 와인을 사용하였으며, 당시 메독 지구의 그랑 크뤼 클라쎄 1등급 샤또들도 에르미따주를 블렌딩에 사용한 기록이 남아있기도 합니다. 이렇게 에르미따주를 블렌딩한 보르도 와인을 에르미따제Hermitagé로 불렀으며, 당시 비싼 가격에 거래가 되었습니다. 현재는 AOC 법에 의해 다른 원산지를 블렌딩하는 행위를 금하고 있지만, 샤또 빨메르Château Palmer 포도원에서는 19세기 에르미따제 와인을 재현한 샤또 빨메르 히스토리칼 19 센추리 블렌드Château Palmer Historical XIXth Century Blend 와인을 뱅 드 따블 등급으로 출시하고 있습니다.

에르미따주는 씨라를 주품종으로 레드 와인을 주로 생산하며, 최대 15% 범위까지 루싼과 마르

싼을 혼합해 생산 가능합니다. 루싼과 마르싼을 사용해 화이트 와인도 생산하며, 뱅 드 빠이으 Vin de Paille(볏짚 와인)도 작황에 따라 소량 생산되고 있습니다. 뱅 드 빠이으는 수확한 포도를 짚 더미 위의 그늘에서 건조해 만든 스위트 와인으로 에르미따주는 쥐라 지방 이외에 뱅 드 빠이으의 생산이 허가된 유일한 산지입니다.

생산되는 와인의 76% 레드 와인이고 24% 화이트 와인입니다. 재배 면적은 137헥타르로 오랜 세월 큰 변화는 없으며, 다른 AOC와 달리 포도밭의 확장을 제한하고 있습니다. 에르미따주의 포도밭은 땡–레르미따주Tain-l'Hermitage 마을 뒤쪽의 남향의 급경사지에 펼쳐져 있으며, 지중해성 기후의 영향으로 햇살이 풍부합니다. 북부 론 밸리에서는 드물게 강 좌안의 남향의 급경사지에 포도밭이 위치하고 있어 차가운 북풍이 유입되지 않는 천혜의 떼루아를 지니고 있습니다. 포도밭은 여러 리외–디Lieu-dits로 나누어져 있으며 크게 3구역으로 분류합니다. 서쪽의 베싸르Bessards 구획은 울퉁불퉁한 화강암 토양으로 레드 와인에 적합한 떼루아이며, 유명한 뽈 자불레 에네의 라 샤뻴 포도밭이 이 구획 안에 위치하고 있습니다. 이곳에서 생산되는 와인은 상대적으로 타닌이 많고 수명이 긴 편입니다.

중앙부의 상부는 산화된 부싯돌과 석회암 표토로 구성되어 있으며, 르 메알Le Méal 포도밭이 유명합니다. 이곳은 태양 열을 가장 많이 받을 수 있는 남향으로 힘 있고 강건한 와인을 생산합니다. 하부는 계곡 침식에 의해 비옥한 토양으로 구성되어 있으며, M. 샤뿌띠에가 가장 많이 소유하고 있는 그레피외Greffieux 포도밭이 유명합니다. 이곳에서 생산되는 와인은 방향성이 풍부하고 우아한 캐릭터를 지닙니다. 마지막 동쪽의 뮈레Murets와 디오니에르Dionnières 포도밭은 좀 더 가파른 경사지에 표토가 점토로 구성되어 있으며, 고품질 화이트 와인 생산에 적합한 떼루아로 잘 알려져 있습니다.

결과적으로 에르미따주의 레드 와인은 북부 론 밸리 와인 중에서 가장 남성적이라고 할 수 있으며, 법률상으로는 청포도 품종과 함께 사용할 수 있지만 실질적으로는 거의 사용하지 않기 때문에 골격이 강한 와인이 됩니다.

HERMITAGE
에르미따주

AOC 에르미따주는 북부 론 밸리의 가장 핵심적인 원산지로 포도밭은 크게 3구역으로 분류합니다. 서쪽의 베싸르 구획은 울퉁불퉁한 화강암 토양으로 레드 와인에 적합한 떼루아이며 유명한 뽈 자불레 에네의 라 샤뻴 포도밭이 이 구획 안에 위치하고 있습니다. 이곳의 와인은 타닌이 많고 수명이 긴 편입니다.
중앙부의 상부는 산화된 부싯돌과 석회암 표토로 구성되어 있으며, 르 메알 포도밭이 가장 유명합니다. 이곳은 태양 열을 가장 많이 받을 수 있는 남향으로, 힘있고 강건한 스타일의 와인이 생산됩니다. 하부는 계곡 침식에 의해 비옥한 토양으로 그레피외 포도밭이 유명하며 방향성이 풍부하고 우아한 캐릭터의 와인이 생산됩니다.
동쪽의 뮈레와 디오니에르 포도밭은 좀더 가파른 경사지에 점토로 구성되어 있으며, 고품질 화이트 와인 생산에 적합한 떼루아입니다.

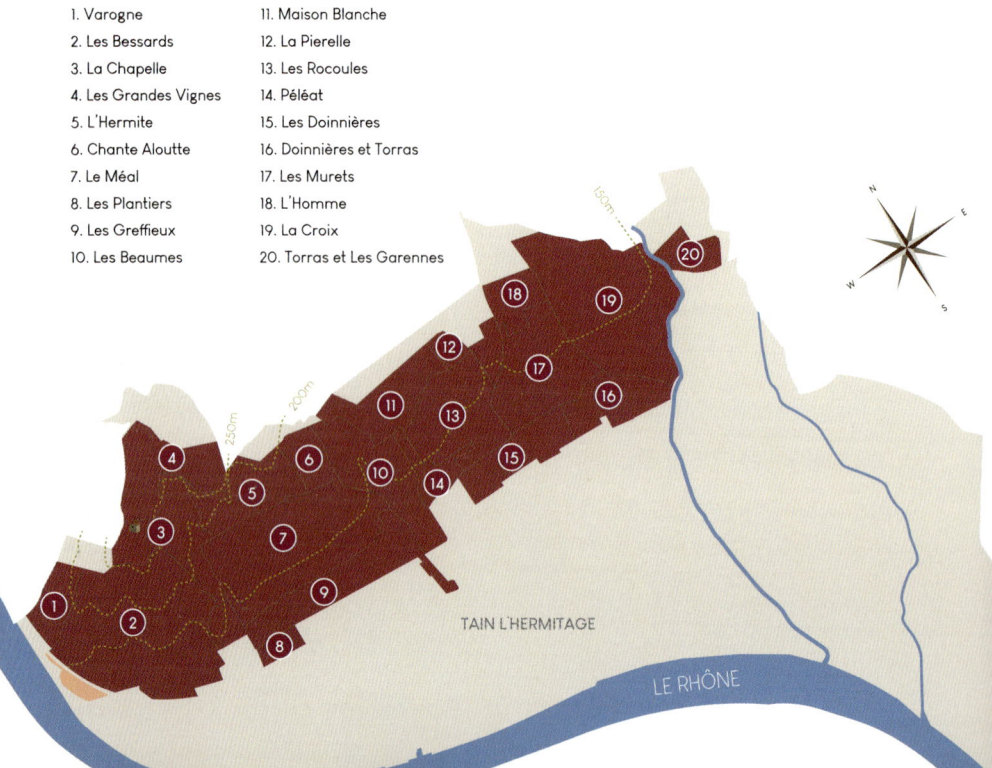

1. Varogne
2. Les Bessards
3. La Chapelle
4. Les Grandes Vignes
5. L'Hermite
6. Chante Aloutte
7. Le Méal
8. Les Plantiers
9. Les Greffieux
10. Les Beaumes
11. Maison Blanche
12. La Pierelle
13. Les Rocoules
14. Péléat
15. Les Doinnières
16. Doinnières et Torras
17. Les Murets
18. L'Homme
19. La Croix
20. Torras et Les Garennes

NW   SE

LE RHÔNE   L'HERMITE   MAISON BLANCHE   LES DIONNÈRES

300m

200m

100m

1. 떼라스 하부: 누적된 토양
2. 얇은 돌의 화강암질 자갈
3. 흑운모, 화강암
4. 자갈, 황토로 뭉쳐진 돌
5. 황토 응괴(凝塊)

6. 고대 충적토 테라스
7. 선신세(鮮新世)의 이회토
8. 선신세, 중신세(中新世)의 석회질 사암
9. 떼라스 하부: 자갈
10. 최근에 형선된 충적토

0   1km

--- **KEY FIGURES** ---

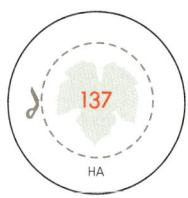

137
HA

3.292
HL

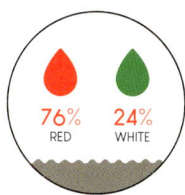

76% RED   24% WHITE

24
HL/HA

포도밭은 드롬 현의 론 강 우안의 땅-레르미따주, 크로-제르미따주, 라르나주(Larnage) 3개 마을에 펼쳐져 있습니다. 지중해성 기후의 영향을 받아 햇살이 풍부하며, 북부 론 밸리에서는 드물게 강 좌안의 남향 경사지에 포도밭이 위치하고 있어 차가운 북풍이 유입되지 않는 천혜의 떼루아를 지니고 있습니다.
AOC 품종 규정: 레드 와인은 씨라 주품종으로 최대 15% 루쌍과 마르쌍 혼합이 가능합니다. 화이트 와인은 주로 루쌍과 마르쌍을 블렌딩해 생산합니다.

Sources: Inter Rhône 2018

HISTORY OF
HERMITAGE

1224년 알비 십자군 원정에 참여한 가스빠르 드 스테림베르그 기사는 부상을 당해 프랑스로 돌아온 후, 프랑스 여왕으로부터 고향으로 돌아가는 것을 허락 받게 되었습니다. 가스빠르는 몸을 회복하기 위해 지금의 에르미따주 언덕 정상에 작은 은신처를 짓고 전쟁에서 행한 살생을 참회하며 30년 동안 은둔자(Ermite)로 살았다고 합니다.
이후 가스빠르의 은신처에 크리스토퍼 성인을 기르기 위한 예배당이 지어지고, 은둔자가 살았던 이 마을은 에르미따주라고 불리게 되었습니다. 현재 이 예배당이 위치한 포도밭은 론 밸리의 대형 네고시앙인 뽈 자불레 에네가 소유하고 있으며, 에르미따주 라 샤뻴의 라벨로 판매되고 있습니다.

- AOC 꼬르나스(Cornas) : 1938년 AOC 승격, 145헥타르

[2018년 Inter-Rhône 자료 참고]

발랑스 서쪽에 위치한 작은 원산지로 씨라 단일 품종으로 레드 와인만을 생산합니다.

전설에 따르면 840년 샤를마뉴가 여행을 다니던 중에 꼬르나스를 맛본 후 너무 좋아한 나머지 그의 궁정 엑스-라-샤뻴Aix-la-Chapelle(현 독일 서부)로 보냈다고 합니다. 또한 쌩 루이, 루이 11세, 샤를 깽Charles Quint, 루이 15세 등 프랑스의 유명 인사들이 꼬르나스의 애호가로 잘 알려져 있습니다. 꼬르나스에 대한 문헌상의 첫 기록은 10세기경으로 꼬르나스에 위치한 교회에서 '포도나무로 둘러싸여 있었다.'라고 기록했으며, 1763년 한 문서에서 꼬르나스에서 생산된 와인은 '강한 와인'으로 묘사하기도 했습니다. 이처럼 오랜 역사를 지닌 꼬르나스는 18~19세기까지 명성을 간간이 유지했지만 20세기에 들어와서 세간의 관심이 크게 줄어들면서 과소평가를 받는 산지가 되었습니다.

그러나, 1990년대 이후부터 장 뤽 꼴롱보Jean Luc Colombo와 오귀스트 클랍Auguste Clape 등 열정적인 생산자로 인해 평가가 급격히 상승해, 꼬르나스의 위상도 서서히 바뀌기 시작했습니다. 양조 컨설턴트이자 생산자인 장 뤽 꼴롱보는 새 오크통을 사용한 현대적인 스타일의 꼬르나스 와인을, 오귀스트 클랍은 오래된 큰 오크통을 사용한 전통적인 스타일의 꼬르나스 와인을 생산하며 서로 개성은 다르지만 좋은 평가를 받고 있습니다.

북부 론 밸리의 레드 와인을 생산하는 크뤼 중 가장 남쪽에 위치하고 있어 기후도 따뜻합니다. 최고의 포도밭은 남향과 남동향의 급경사지에 반원형으로 위치하고 있어, 미스트랄과 급격한 기온 변화를 막아줘 포도가 잘 익게 도와줍니다. 토양은 잘게 부서진 화강암 토양이 주를 이루며 석회암 단층 사이에 고르Gores로 알려진 모래와 유사한 점토가 형성되어 있습니다. 이러한 떼루아에서 만든 꼬르나스는 짙은 색과 견고한 구조의 묵직한 캐릭터를 갖고 있으며, 에르미따주 와인과 비견될만한 수준이라 평가받고 있습니다.

CORNAS
꼬르나스

AOC 꼬르나스는 오랜 역사를 지닌 산지임에도 불구하고 20세기에 들어와서 세간의 관심이 크게 줄어들면서 과소평가 받고 있는 산지가 되었습니다. 하지만 1990년대 이후부터 장 뤽 꼴롱보와 오귀스트 클랍 등 열정적인 생산자로 인해 평가가 급격히 상승했습니다.
양조 컨설턴트이자 생산자인 장 뤽 꼴롱보는 새 오크통을 사용한 현대적인 스타일의 꼬르나스 와인을, 오귀스트 클랍은 오래된 큰 오크통을 사용한 전통적인 스타일의 꼬르나스 와인을 생산하며, 서로 개성은 다르지만 좋은 평가를 받고 있습니다.

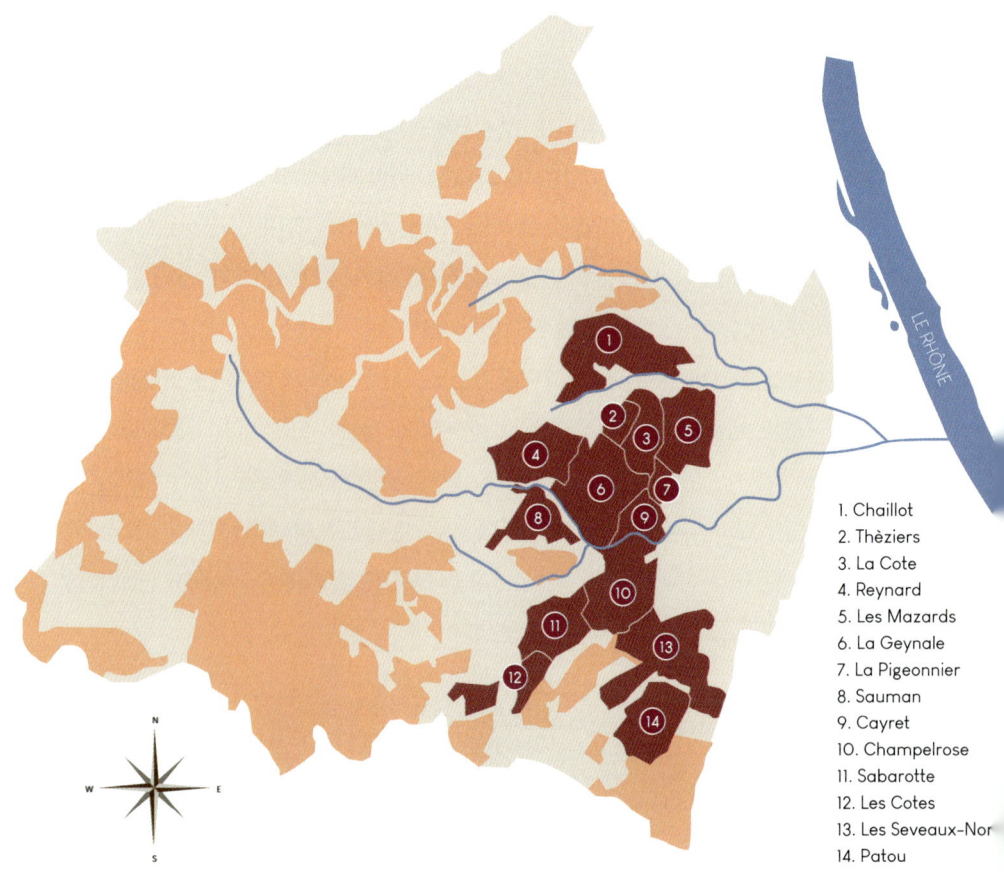

1. Chaillot
2. Thèziers
3. La Cote
4. Reynard
5. Les Mazards
6. La Geynale
7. La Pigeonnier
8. Sauman
9. Cayret
10. Champelrose
11. Sabarotte
12. Les Cotes
13. Les Seveaux-Nor
14. Patou

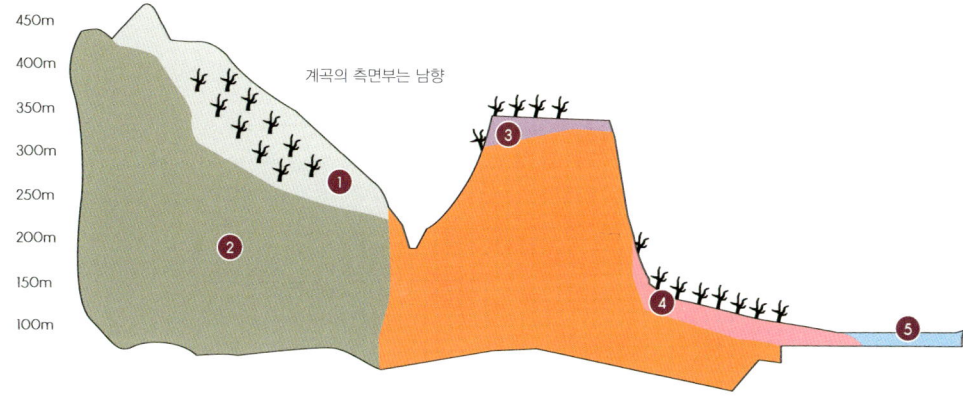

1. 얕은 화강암의 모래, 산성 토양과 자갈
2. 검은색 운모와 화강암, 일부 산성 토양
3. 자갈성 황토
4. 자갈 비탈과 각진 석회암
5. 충적토

KEY FIGURES

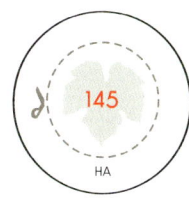
145
HA

5,236
HL

100%
RED

36
HL/HA

꼬르나스는 북부 론 밸리의 레드 와인을 생산하는 크뤼 중 가장 남쪽에 위치하고 있어 기후도 따뜻합니다. 포도밭은 남향, 남동향의 급경사지에 반원형으로 위치하고 있어 미스트랄과 급격한 기온 변화를 막아줘 포도가 잘 익게 도와줍니다. 토양은 잘게 부서진 화강암 토양이 주를 이루며 석회암 단층 사이에 모래와 유사한 점토가 형성되어 있습니다. 이러한 떼루아에서 만든 와인은 색이 짙고 구조감이 견고하며, 에르미따주 와인과 견줄만한 수준으로 평가 받고 있습니다.
AOC 품종 규정: 씨라 만을 허가하고 있습니다.

Sources: Inter Rhône 2018

- AOC 쌩-뻬레(Saint-Péray) : 1936년 AOC 승격, 85헥타르

[2018년 Inter-Rhône 자료 참고]

꼬르나스 남쪽에 위치한 아주 작은 원산지로 북부 론 밸리 원산지 중에서는 유일하게 레드 와인을 생산하지 않습니다. 루싼과 마르싼을 사용해 스파클링 와인을 주로 생산하며, 소량의 화이트 와인도 생산하고 있습니다. 지형적으로 울퉁불퉁한 산비탈과 깊은 계곡으로 이루어져 있어 기후는 서늘한 편입니다. 토양은 오랜 지질학적 시대를 거쳐 화강암, 쥐라기 석회암, 황토, 충적토 등 다양하게 구성되어 있습니다.

1세기경 로마의 정치가이자 백과사전 편집자이자 학자인 플리니우스는 자신의 저서에 쌩-뻬레 와인에 대해 언급했을 정도로 오랜 역사를 지니고 있으며, 나폴레옹 보나파르트는 발랑스에서 생도 시절을 보냈을 때 처음 마신 와인이 쌩-뻬레였다고 말한 바 있습니다.

쌩-뻬레에서 처음으로 스파클링 와인을 만든 시기는 1826년으로, 이 지역 생산자인 루이-알렉상드르 포르Louis-Alexandre Faure에 의해서입니다. 이후 생산자들은 샹빠뉴 지방의 전통적인 제조 방식을 배운 후, 1829년부터 본격적으로 쌩-뻬레 명칭의 스파클링 와인을 만들기 시작했습니다.

19세기는 쌩-뻬레 스파클링 와인과 화이트 와인의 황금기로 당시 샹빠뉴보다 더 높이 평가되어 러시아 황실과 빅토리아 여왕의 식탁에서도 큰 사랑을 받았습니다. 또한 쌩-뻬레 와인은 위대한 예술가에게도 영감을 주기도 했습니다. 리하르트 바그너Richard Wagner는 쌩-뻬레를 마시면서 오페라 『파르지팔Parsifal』을 작곡했고, 프랑스의 작가 알퐁스 드 라마르띤Alphonse de Lamartine과 기 드 모파쌍Guy de Maupassant, 그리고 천재 시인 샤를 삐에르 보들레르Charles Pierre Baudelaire 등도 그들의 작품에서 쌩-뻬레 와인을 언급했습니다. 하지만 오랫동안 사랑받아왔던 쌩-뻬레 와인은 그 이후로 샹빠뉴 지방의 유명세와 다른 산지의 인기에 밀려 인지도가 점점 떨어지기 시작했습니다. 현재 쌩-뻬레는 스파클링 와인이 생산량의 70%를 차지하고 있으며, 소량 생산되는 화이트 와인은 점점 품질이 좋아지고 있습니다.

SAINT-PÉRAY
생-뻬레

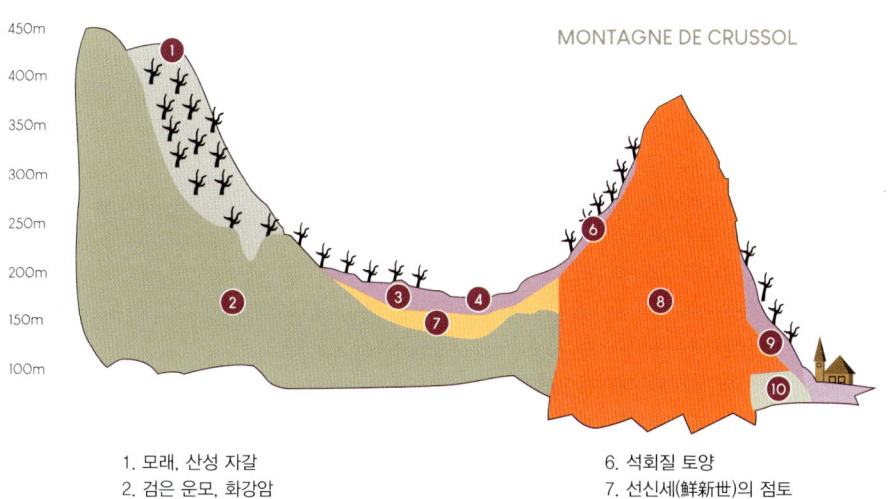

1. 모래, 산성 자갈
2. 검은 운모, 화강암
3. 화강암질, 경사면의 하부: 모래
4. 고대에 형성된 하천 자갈 떼라스
5. 경사면: 황토, 자갈
6. 석회질 토양
7. 선신세(鮮新世)의 점토
8. 3첩기와 쥐라기 석회질 토양
9. 각진 석회암
10. 화강암

KEY FIGURES

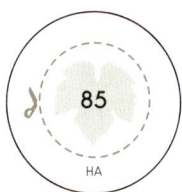
85
HA

3.068
HL

100%
SPARKLING, WHITE

36
HL/HA

론 강 우안, 발랑스 서쪽에 위치한 원산지로 론 밸리 가장 남쪽에 위치하고 있습니다. 원산지 명칭을 사용할 수 있는 지역은 쌩-뻬레와 뚤로(Toulaud) 마을 일부에 한정되어 있습니다. 일조량이 풍부한 론 밸리의 기후와는 달리 울퉁불퉁한 언덕과 깊은 계곡으로 인해 서늘한 미세기후를 지니고 있습니다.

AOC 품종 규정: 루싼과 마르싼을 사용해 스파클링 와인을 주로 생산하며, 소량의 화이트 와인도 생산합니다. 북부 론 밸리 원산지 중에서는 유일하게 레드 와인을 생산하지 않습니다.

Sources: Inter Rhône 2018

HISTORY OF
SAINT-PÉRAY

19세기는 쌩-뻬레 스파클링 와인과 화이트 와인의 황금기로 당시 샹빠뉴보다 더 높이 평가되어 러시아 황실과 빅토리아 여왕의 식탁에서도 큰 사랑을 받았습니다. 또한 쌩-뻬레 와인은 위대한 예술가에게도 영감을 주기도 했습니다. 리하르트 바그너는 쌩-뻬레를 마시면서 오페라『파르지팔』을 작곡했고, 프랑스의 작가 알퐁스 드 라마르띤과 기 드 모파쌍, 그리고 천재 시인 보들레르 등도 그들의 작품에서 쌩-뻬레 와인을 언급했습니다.

08   남부 론 밸리의 주요 AOC

남부 론 밸리는 풍부한 역사와 자연 경관이 어우러진 관광 명소로도 인기가 많습니다. AOC 꼬뜨 뒤 론과 AOC 꼬뜨 뒤 론 빌라주 와인을 주로 생산하고 있지만, 여기에서도 매력적인 크뤼가 9개 존재합니다. 남부 론 밸리의 대표적인 크뤼 AOC는 다음과 같습니다.

- AOC 샤또네프-뒤-빠프(Châteauneuf-du-Pape) : 1933년 AOC 승격, 3,210헥타르

[2018년 Inter-Rhône 자료 참고]

샤또네프-뒤-빠프는 '교황의 새 성'이란 의미로, 이곳에서 7명의 교황이 재위했으며, 그중 3대 교황인 요하네스 22세 Joannes XXII가 샤또네프-뒤-빠프의 땅에 피서용 별장을 지었던 것이 계기가 되어서 위와 같은 이름으로 와인이 불리게 되었습니다. 이 별장 건물은 유감스럽게도 제2차 세계대전 중 독일군의 폭격에 의해서 파괴되어 현재 남아있지 않습니다.

1920년대는 필록세라 피해로 인한 위조 와인과 원산지를 사칭하는 와인이 횡행했던 시기였습니다. 이를 해결하고자 1923년에 이 지역의 유명 와인 생산자이며, 포르티아 성의 소유주인 삐에르 르 루와 Baron Pierre Le Roy 남작은 샤또네프-뒤-빠프 와인에 대한 최저 알코올 도수, 최대 수확량, 품종 등의 생산 규칙과 원산지의 경계선을 책정했으며, 라벤더와 타임 모두를 재배할 정도의 척박한 땅이 아니면 포도나무를 심을 수 없다는 내용을 포함시켰습니다. 이후 르 루아 남작의 규칙은 프랑스 AOC 법의 근간이 되었고, 1936년 샤또네프-뒤-빠프는 프랑스에서도 가장 이른 시기에 AOC 인정을 받게 되었습니다. 1954년에는 샤또네프-뒤-빠프 생산자들이 포도밭을 보호할 목적으로 비행기의 이륙, 착륙을 포함한 비행 금지령 법을 통과시키기도 했습니다.

샤또네프-뒤-빠프는 론 강의 좌안, 아비뇽 마을의 북쪽에 펼쳐지는 원산지로 남부 론 밸리에서 가장 중요한 산지입니다. 레드 와인과 화이트 와인 모두 생산 가능하지만, 생산량의 93% 이상이 레드 와인입니다. 1866년 이후부터 샤또네프-뒤-빠프는 13가지 품종을 사용해 레드 와인을 생산하는 것이 전통으로 자리매김했습니다. 이렇게 다양한 품종을 사용함으로써 와인에 복

합적인 향과 풍미를 제공할 뿐만 아니라, 1866년 발생한 필록세라 병충해의 피해를 막기 위한 의도도 있었습니다. 1936년 AOC 최초 규정에 13가지 품종의 사용을 허가했으며, 2009년에는 18개 품종을 사용할 수 있도록 개정하였습니다.

11종의 적포도 품종

그르나슈 누아 Grenache Noir, 씨라(색을 제공하는 역할), 무르베드르 Mourvèdre(구조감을 제공하는 역할), 삑뿔 누아 Picpoul Noir, 떼레 누아 Terret Noir, 바까레즈 Vaccarèse, 쌩쏘 Cinsault(부드러움을 제공하는 역할), 뮈스까르댕 Muscardin(신선함을 제공하는 역할), 꾸누아즈 Counoise(무게감을 제공하는 역할), 끌레레뜨 로제 Clairette Rosé, 그르나슈 그리 Grenache Gris

7종의 청포도 품종

그르나슈 블랑 Grenache Blanc, 삑뿔 블랑 Picpoul Blanc, 삑뿔 그리 Picpoul Gris, 삐까르당 Picardan, 끌레레뜨 블랑슈 Clairette Blanche(섬세함을 제공하는 역할), 루싼 Roussanne, 부르불랭 Bourboulenc

현재 그르나슈 누아를 주품종으로 쌩쏘, 무르베드르, 씨라, 뮈스까르댕, 꾸누아즈, 끌레레뜨, 부르불랭을 블렌딩해 생산하는 생산자가 주를 이룹니다. 하지만 샤또 드 보까스뗄 Château de Beaucastel과 끌로 데 빠프 Clos des Pape와 같은 일부 생산자는 13가지 품종을 사용하며, 도멘 드 라 자나쓰 Domaine de la Janasse와 같은 극소수 생산자는 그들이 만드는 와인 중 일부는 그르나슈 단일 품종으로 생산하기도 합니다.

어떤 스타일이건 샤또네프-뒤-빠프의 레드 와인은 일반적으로 그르나슈 누아를 주품종으로 사용하기 때문에 과실 향과 풍미가 진하고 알코올 도수가 높은, 남부 프랑스를 상징하는 스타일의 와인이 됩니다.

현재 재배 면적은 3,210헥타르 정도로 비교적 넓은 산지입니다. 포도밭은 주로 개간한 평야 지대에 위치하고 있으며, 가장 높은 표고를 지닌 곳은 북쪽으로 120미터 정도입니다. 지중해성 기후로 연간 일조량은 2,800시간 정도이며, 미스트랄이 심해 매우 건조합니다.

토양은 백악기 전기 지층의 우르고니안 석회암을 기반으로 모래와 붉은색 점토, 그리고 알프스 빙하의 잔재인 갈레 룰레Galets roulés라 불리는 자갈로 구성되어 있으며, 포도밭에 따라 어린아이의 머리 크기 정도의 큰 돌이 지표면을 덮고 있기도 합니다. 이러한 큰 자갈은 낮 시간에 태양 열을 비축하여 야간에 방출해주기 때문에 포도가 잘 성숙되고, 건조한 여름철 토양이 수분을 머금을 수 있게 보호해주는 역할을 하기도 합니다. 이러한 토양에서 생산되는 와인은 강건한 타닌과 묵직한 무게감이 특징입니다.

하지만 모든 포도밭에서 자갈 토양을 볼 수 있는 것은 아닙니다. 샤또 라야스Château Rayas의 포도밭에서는 점토와 모래가 주로 구성되어 있으며 자갈 토양은 거의 찾아볼 수 없습니다. 이러한 토양에서 만든 와인은 섬세하고 우아한 캐릭터를 지니게 됩니다.

샤또네프-뒤-빠프의 숨은 포도밭, 라 크로(La Crau)

샤또네프-뒤-빠프의 가장 유명한 리외-디자 포도밭 명칭으로 샤또네프-뒤-빠프 마을의 동남쪽에 위치하고 있습니다.

도멘 뒤 비유 뗄레그라프(Domaine du Vieux Télégraphe)가 라 크로 포도밭의 최대 소유주로 현대적 양조 기술을 도입해 굳건한 명성을 다지고 있습니다. 또한 유명한 앙리 보노(Henri Bonneau)도 이 포도밭을 소유하고 있으며, 생산량 적지만 자신만의 확고한 위치를 유지하고 있습니다. 라 크로 포도밭은 갈레 룰레의 풍부한 자갈 토양으로 구성되어 있습니다.

CHÂTEAUNEUF-DU-PAPE
샤또네프-뒤-빠프

샤또네프-뒤-빠프의 토양은 백악기 전기 지층의 우르고니안 석회암을 기반으로 모래와 점토, 그리고 갈레 룰레의 큰 자갈로 구성되어 있습니다. 갈레 룰레 토양으로 가장 유명한 포도밭은 동남쪽에 위치한 라 크로(La Crau)로, 도멘 뒤 비유 뗄레그라프가 최대 소유주입니다. 이러한 토양에서 만든 와인은 강건한 타닌과 묵직한 무게감이 특징입니다.

반면 샤또 라야스의 포도밭은 점토와 모래가 주로 구성되어 있으며, 자갈 토양은 찾아볼 수 없습니다. 이러한 토양에서 만든 와인은 섬세하고 우아한 캐릭터를 지니게 됩니다.

LES ATOUTS

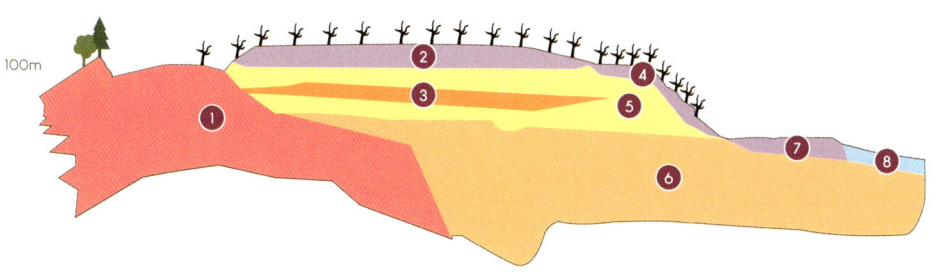

1. 석회질 점토
2. 떼라스 상부: 규토질의 큰 붉은 자갈, 충적토
3. 적갈색 사암
4. 경사면: 자갈 토양
5. 모래, 산화 코발트
6. 부르디갈리아 석회질의 사암
7. 자갈 충적토 떼라스
8. 최근 형성된 충적토

KEY FIGURES

3,210
HA

101,870
HL

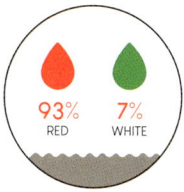
93% RED   7% WHITE

35
HL/HA

샤또네프-뒤-빠프는 지중해성기후로 연간 일조량은 2,800시간 정도입니다. 특히 미스트랄이 자주 발생하기 때문에 매우 건조합니다. 토양은 갈레 룰레라 불리는 큰 자갈들이 지표면을 덮고 있으며, 이러한 토양은 낮에 태양 열을 비축하여 야간에 방출해주기 때문에 포도가 잘 성숙되고 건조한 여름철 토양이 수분을 머금을수 있게 보호해주는 역할을 하기도 합니다.
AOC 품종 규정: 레드 와인은 규정상 13가지 품종을 허가하지만 그르나슈 품종을 주로, 색과 타닌, 방향성과 구조감을 주기 위해 씨라와 무르베드르 품종을 블렌딩합니다. 그르나슈와 쌩쏘는 와인에 풍부하고 부드러운 질감의 타닌을, 무르베드르와 씨라, 뮈스까르댕은 진한 색과 구조감, 신선함을, 꾸누아즈는 무게감과 부케를 제공합니다.

Sources: Inter Rhône 2018

HISTORY OF
CHÂTEAUNEUF-DU-PAPE

샤또네프-뒤-빠프란 '교황의 새 성'이란 의미로, 이곳에서 7명의 교황이 재위 했으며, 그 중 3대 교황인 요하네스 22세가 샤또네프-뒤-빠프의 땅에 피서용 별장을 지었던 계기가 되어서 위와 같은 이름으로 와인이 불리게 되었습니다. 이 별장 건물은 유감스럽게도 제2차 세계대전 중 독일군의 폭격에 의해서 파괴되어 현재 남아있지 않습니다.

- AOC 지공다스(Gigondas) : 1971년 AOC 승격, 1,208헥타르

[2018년 Inter-Rhône 자료 참고]

론 강의 좌안, 샤또네프-뒤-빠프의 약간 동쪽에 위치하고 있는 원산지로 99% 레드 와인을 생산하며, 1% 극소량의 로제 와인을 생산하고 있습니다. 1592년 지공다스에서 생산한 화이트 와인에 대한 기록이 있지만 현재 화이트 와인은 전혀 생산하지 않습니다.

레드 와인은 그르나슈 누아를 주품종으로 씨라, 무르베드르, 까리냥 등의 블렌딩이 가능하며, 샤또네프-뒤-빠프와 어깨를 견줄만한 품질을 지니고 있지만, 가격은 비싸지 않아 가격 대비 가치가 좋은 와인으로 평가 받고 있습니다. 로제 와인은 그르나슈 누아를 주품종으로 기타 론 밸리의 토착 품종의 블렌딩이 가능합니다.

우수한 포도밭은 당뗄 드 몽미라이으Dentelles de Montmirail 산의 바로 밑의 뜨거운 분지에 위치하고 있으며, 토양은 붉은 점토와 자갈 충적토로 구성되어 있습니다. 이러한 토양은 배수성이 좋아 물에 의한 토양 침식을 막아주고 토양을 빠르게 건조시켜 줍니다. 특히 점토가 풍부한 토양에서 우수한 품질의 지공다스 와인이 생산되고 있습니다.

도멘 산타 뒤크Domaine Santa Duc, 샤또 드 쌩 꼼Château de Saint Cosme과 같은 생산자들은 새 오크통에 숙성시키는 현대적인 지공다스 와인을 선보이고 있고, 도멘 드 께롱Domaine de Cayron과 같은 생산자는 화려한 향과 중후한 스타일의 전통적인 지공다스를 만듭니다. 훌륭한 품질의 지공다스 레드 와인은 10년 이상 병 숙성이 가능합니다.

GIGONDAS
지공다스

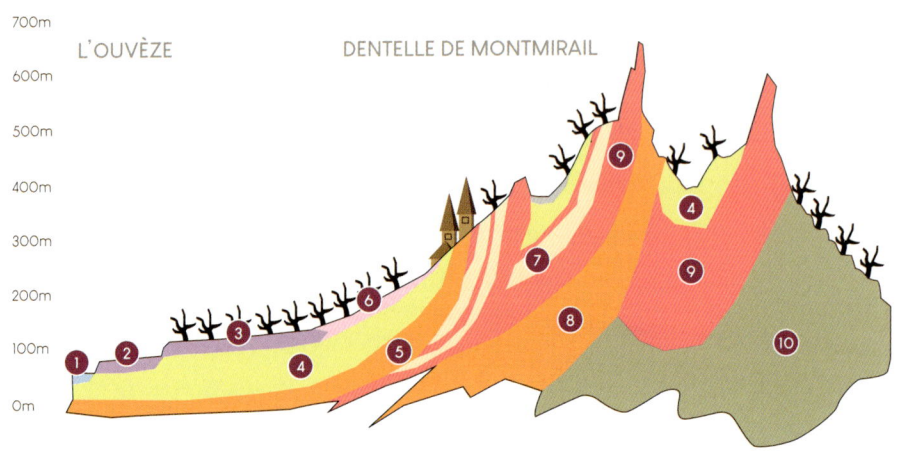

1. 최근 형성된 충적토
2. 떼라스 하부: 충적토
3. 떼라스 중부: 충적토
4. 모래, 코발트
5. 부르디갈리아 석회질의 사암
6. 모래 진흙, 석회질 토양
7. 백악기의 이회토, 석회암
8. 점토질의 석회암
9. 단단한 석회암 능선
10. 검은 옥스퍼드 점토

--- KEY FIGURES ---

지공다스 와인은 1894년 파리 농업 박람회에서 금메달을 받을 정도로 위상이 높았습니다. 하지만 제2차 세계대전 이전까지 지공다스 와인의 대다수는 부르고뉴 와인의 색과 타닌을 보강하기 위한 용도로 사용되었습니다.

지중해성 기후로 연간 일조량은 2,800시간 정도이며 전반적으로 덥고 건조합니다. 우수한 포도밭은 당뗄 드 몽미라이으 산의 분지에 위치하고 있으며, 특히 점토가 풍부한 토양에서 뛰어난 품질의 와인이 생산됩니다.

AOC 품종 규정: 레드 와인은 그르나슈 품종 최대 80%, 씨라와 무르베드르 품종 최소 15%를 사용할 수 있습니다. 로제 와인은 그르나슈 품종 최대 80%, 기타 지역 내의 토착 품종을 최대 25%를 사용할 수 있습니다.

Sources: Inter Rhône 2018

- AOC 바께라스(Vacqueyras): 1990년 AOC 승격, 1,412헥타르

[2018년 Inter-Rhône 자료 참고]

지공다스 남서쪽의 우베즈 Ouvèze 강 주변을 따라 펼쳐진 와인 산지로 95% 레드 와인을 생산하고, 4% 화이트 와인, 그리고 1% 극소량의 로제 와인을 생산하고 있습니다. 바께라스의 와인 역사가 언제부터 시작되었는지는 이전 기록이 존재하지 않아 정확하게 알 수는 없습니다. 하지만 1414년에 바께라스 주변에 포도나무를 재배했다는 기록과 1448년에 바께라스 마을의 포도 수확과 와인 세금에 대한 기록이 남아있어 대략적으로 역사를 가늠하게 되었습니다. 그 후 바께라스는 1937년에 꼬뜨 뒤 론 구역에 편입되었다가, 1955년 꼬뜨 뒤 론 빌라주로 합류되었고, 1990년 마침내 독자적인 AOC 명칭을 획득하였습니다.

레드 와인은 그르나슈 누아를 주품종으로 씨라, 무르베드르를 블렌딩해 생산하며, 화이트 와인은 끌레레뜨, 그르나슈 블랑, 부르불랭, 루싼, 마르싼 등을 사용해 생산하고 있습니다. 표고 100~400미터에 포도밭이 위치하고 있으며, 전반적으로 지공다스와 유사한 떼루아를 지니고 있습니다. 지공다스 와인이 우아한 스타일이라면, 바께라스 와인은 힘 있는 스타일로 잘 알려져 있습니다. 실제 바께라스 생산자들은 지공다스 생산자에 비해 씨라 품종을 많이 사용하고 있습니다.

우수한 포도밭은 갸리그 고원 Plateau de Garrigues 쪽에 위치하며 이곳에서는 가난한 자의 샤또 네프-뒤-빠프라 불리는 품질 좋은 와인이 생산됩니다. 저지대 쪽의 포도밭은 온도가 더 높기 때문에 우아함이 결여된 힘 있는 와인을 주로 생산합니다.

VACQUEYRAS
바께라스

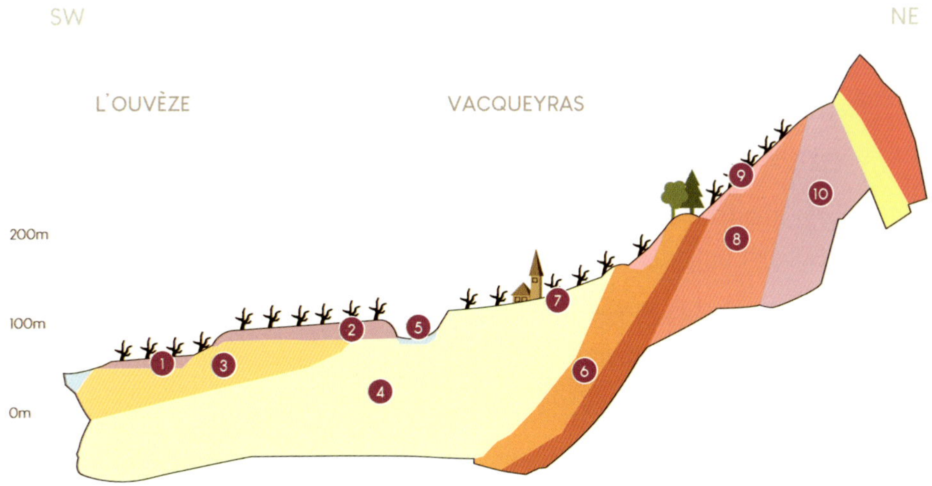
SW
NE
L'OUVÈZE
VACQUEYRAS
200m
100m
0m
1
2
3
4
5
6
7
8
9
10

1. 떼라스 하부: 자갈성
2. 떼라스 상부: 자갈성
3. 선신세(鮮新世)의 점토 퇴적물
4. 모래, 코발트
5. 점토질 붕적토
6. 부르디갈리아 사암, 석회암
7. 경사면 상층부: 모래
8. 역암, 이회질 모래, 점신세(漸新世)의 석고
9. 산 비탈: 자갈성
10. 삼량기(三量紀)의 다이어피어

0 1km

KEY FIGURES

1.412
HA
45.620
HL
95%
RED
4%
WHITE
1%
ROSÉ
32
HL/HA

1937년 꼬뜨 뒤 론, 1967년에는 꼬뜨 뒤 론 빌라주 바께라스로 분류되었던 바께라스는 1990년에 AOC 인증을 받았습니다. 포도밭은 보끌뤼즈 지역의 당뗄 드 몽미라이으 산 기슭에 있는 바께라스와 싸리앙 2개의 마을을 가로질러 뻗어 있습니다. 전반적으로 지공다스 마을과 유사한 떼루아를 지니고 있지만, 생산되는 와인은 지공다스에 비해 더 힘있는 스타일입니다. AOC 품종 규정: 레드 와인은 그르나슈 품종을 최소 50% 이상, 씨라, 무드베드르 품종을 최소 20% 이상, 꺄리냥을 포함한 토착 품종은 최대 10% 이상 사용할 수 있습니다. 로제 와인은 그르나슈 품종을 주로 사용하며, 화이트 와인은 끌레레뜨와 그르나슈 블랑, 부르불랭 품종을 블렌딩해 생산합니다.

Sources: Inter Rhône 2018

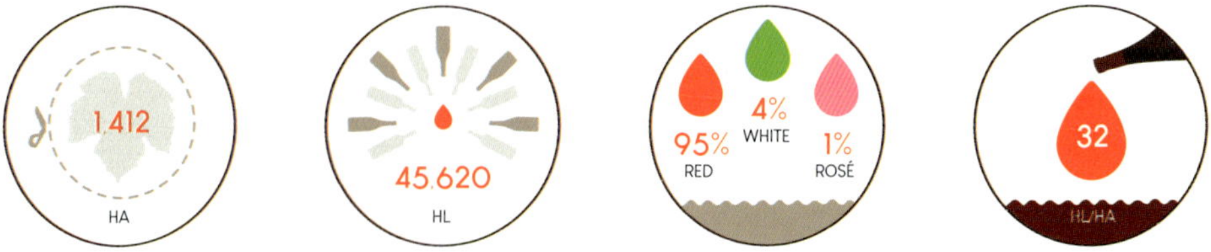

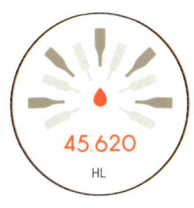

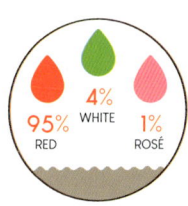

- AOC 따벨(Tavel), AOC 리락(Lirac)

론 강 서쪽에는 드라이 로제 와인으로 유명한 산지가 존재합니다. 이곳의 로제 와인들은 그르나슈 누아를 주품종으로 쌩쏘를 블렌딩해 생산하고 있습니다.

따벨은 필립 4세와 아비뇽 교황들이 즐겨 마신 와인이며, 루이 14세가 특별히 아꼈던 와인으로 유명합니다. '로제의 왕'이라고 불리며, 루아르 지방의 앙주 로제, 프로방스 지방의 방돌 로제와 함께 프랑스 3대 로제 와인 중 하나로 손꼽히고 있습니다. 쎄녜Saignée 방식으로 만들어지는 따벨은 진한 색의 타닌도 강한 남성적인 캐릭터로, 병 숙성을 시키면 무게감 있고 복합적인 향과 고소한 풍미를 지닙니다. 따벨은 1937년에 AOC로 승격되었으며, 2015년 기준으로 포도 재배 면적은 911헥타르에 달합니다.

리락은 87% 레드 와인을 생산하고, 10% 화이트 와인, 그리고 3% 로제 와인을 생산합니다. 역사적으로 따벨과 함께 로제 와인의 특산지로 잘 알려졌으나, 현재 리락은 그르나슈 누아를 주품종으로 씨라, 무르베드르를 블렌딩해 생산하는 레드 와인이 더 유명합니다.

리락은 1947년에 AOC로 승격되었으며, 2015년 기준으로 포도 재배 면적은 771헥타르에 달합니다.

TAVEL
따벨

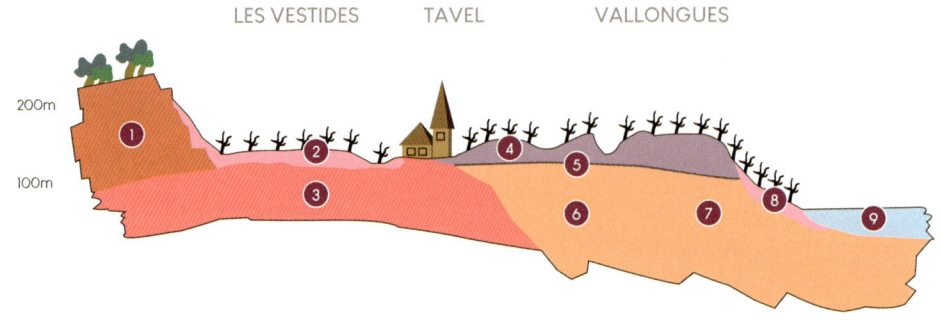

SW　　　　　　　　　　　　NE　NW　　　　　　　　　SE

LES VESTIDES　　TAVEL　　VALLONGUES

200m
100m

1. 단단한 석회암의 두꺼운 제방
2. 석회암 파편의 얇은 토양
3. 아치형 구조의 석회암 판
4. 고대 론 충적토: 조약돌과 붉은 흙
5. 모래과 조약돌 지층
6. 플리오쎈(제3기상층) 모래
7. 플리오쎈 퇴적 점토
8. 조약돌과 모래로 덮힌 경사지
9. 붕적토

0　1km

KEY FIGURES

911
HA

37.778
HL

100%
ROSÉ

41
HL/HA

1936년 AOC 인증을 받은 따벨은 로제 와인만 생산하는 원산지로 로제 와인의 왕으로 불립니다. 또한 필립 4세와 아비뇽 교황이 가장 즐겨 마시던 와인으로도 유명합니다.

포도밭은 론 강 우안의 따벨 마을에 위치하고 있습니다. 전형적인 지중해성 기후로 연간 일조량은 2700시간 정도, 강우량은 낮은 편이며 거센 미스트랄의 영향을 받습니다. 쎄녜 방식으로 만들어지는 따벨은 남성적인 캐릭터의 로제 와인입니다.

AOC 품종 규정: 그르나슈 주품종으로 쌩쏘와 끌레레뜨 품종을 최대 15%, 삑뿔, 부르불랭, 무르베드르, 씨라, 꺄리냥 등의 품종을 최대 10% 사용할 수 있습니다.

Sources: Inter Rhône 2018

LIRAC
리락

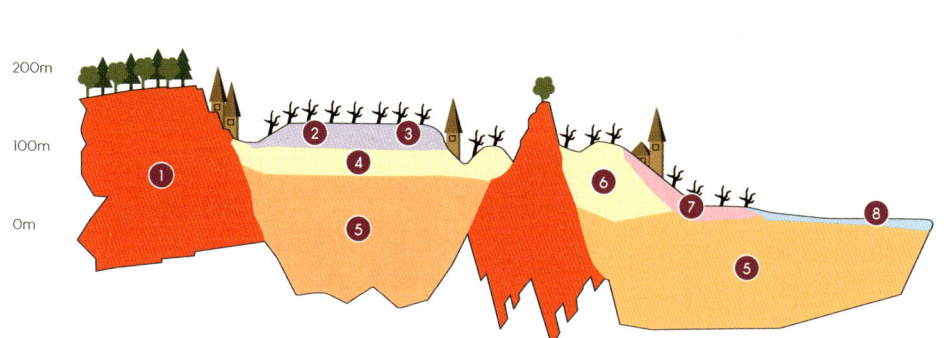

SW / NE

LIRAC — SAINT-LAURENT-DES-ARBRES — SAINT-GÉNIÈS-DE-COMOLAS

1. 단단한 석회암 제방
2. 모래와 조약돌
3. 고대 론 충적토: 조약돌과 붉은 흙
4. 선신세(鮮新世)의 하천 모래
5. 선신세(鮮新世)의 점토 퇴적물
6. 모래 기반의 조약돌 충적토
7. 산 비탈: 모래와 조약돌
8. 최근에 형성된 충적토

KEY FIGURES

771 HA

24,370 HL

87% RED / 10% WHITE / 3% ROSÉ

32 HL/HA

리락은 2천년 동안 꼬뜨 뒤 론 와인의 일부에 속해있었지만, 1947년에 AOC 인증을 받았습니다. 포도밭은 론 강 우안의 리락, 로끄모르(Roquemaure), 쌩-로랑-데-아르브르(Saint-Laurent-des-Arbres), 쌩-제니에-드-꼬몰라(Saint-Géniés-de-Comolas)의 4개 마을에 위치하고 있습니다. 역사적으로 따벨과 함께 로제 와인의 특산지로 잘 알려졌으나, 현재는 레드 와인이 더 유명합니다.

AOC 품종 규정: 레드 와인은 그르나슈, 씨라, 무르베드르 품종을 블렌딩해 생산하며, 로제 와인은 그르나슈, 씨라, 쌩쏘 품종을 블렌딩합니다. 화이트 와인은 끌레레뜨와 부르불랭과 그르나슈 블랑 등의 품종을 사용합니다.

Sources: Inter Rhône 2018

- AOC 봄-드-브니즈(Beaumes-de-Venise) : 2005년 AOC 승격, 635헥타르

[2018년 Inter-Rhône 자료 참고]

뮈스까 드 봄-드-브니즈로 유명한 봄-드-브니즈 마을에서 생산되는 레드 와인의 원산지 명칭으로, 1978년 꼬뜨 뒤 론 빌라주 등급으로 격상되었습니다. 이 마을에서 생산되는 와인은 꼬뜨 뒤 론 빌라주에 봄-드-브니즈 명칭의 표기가 가능했으나, 2005년 크뤼로 승격되어 현재는 봄-드-브니즈 명칭만 사용하고 있습니다.

포도밭은 몽미라이으 산의 동남쪽에 표고 100~600미터 사이에 위치하고 있으며, 대략 100명의 생산자들이 주로 레드 와인을 생산하고 있습니다. AOC 규정상 레드 와인은 그르나슈 품종이 최소 50% 이상 사용하도록 규제하고 있으며, 씨라와 무르베드르 품종을 블렌딩해 만듭니다.

- 뱅 두 나뛰렐(Vin Doux Naturel)의 주요 AOC

남부 론 밸리는 랑그독-루씨옹 지방과 함께 AOC로 인정받은 뱅 두 나뛰렐Vin Doux Naturel의 생산이 가능합니다.

AOC 뮈스까 드 봄-드-브니즈Muscat de Beaumes-de-Venise와 AOC 라스또Rasteau에서 뮈따주Mutage 방식의 스위트 와인이 생산되고 있습니다. 뮈따주는 발효 과정 중간에 순수한 알코올을 첨가해 주정을 강화하는 방식으로 와인에 잔당이 남아있는 스위트 주정강화 와인입니다. AOC 뮈스까 드 봄-드-브니즈는 뮈스까로 만들어지는 상쾌하고 신선한 스위트 주정강화 와인입니다. AOC 라스또는 그르나슈 누아, 그르나슈 블랑, 그르나슈 그리를 사용해서 만들어지는 스위트 주정강화 와인으로 과실 풍미를 살린 것과 산화 숙성시킨 것 등 다양한 타입이 있습니다. AOC 라스또에서는 뱅 두 나뛰렐의 레드, 화이트, 로제 타입의 생산이 가능합니다.

BEAUMES-DE-VENISE
봄-드-브니즈

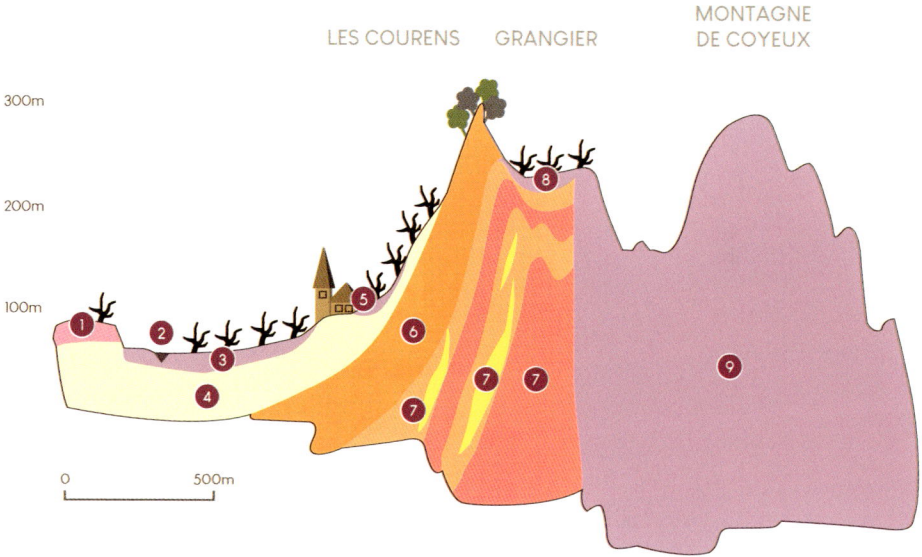

1. 고대 떼라스
2. 뤼쏘 드 라 쌀레뜨 (Ruisseau de la Salette)
3. 최근 형성된 충적토: 자갈, 모래 진흙
4. 모래, 코발트
5. 바위 산 비탈, 조약돌
6. 몰라세 사암
7. 점신세(漸新世) 퇴적물: 이회토, 사암, 석회암, 역암
8. 다양한 돌이 포함된 풍화토
9. 삼량기(三量紀)의 다이어피어, 백운석

KEY FIGURES

AOC 봄-드-브니즈는 레드 와인의 원산지 명칭으로 같은 마을에서 뮈스까 품종을 주정강화해 AOC 뮈스까 봄-드-브니즈도 생산되고 있습니다. 과거 꼬뜨 뒤 론 빌라주였으나 2005년 크뤼로 승격되었습니다. 포도밭은 당뗄 드 몽미라이으 산의 남동쪽 100~600미터 사이 언덕에 펼쳐져 있습니다.

AOC 품종 규정: 그르나슈 품종 최소 50% 이상, 씨라 최대 25%, 무르베드르와 토착 품종을 최대 20% , 청포도 품종을 최대 5% 혼양할 수 있습니다.

Sources: Inter Rhône 2018

RASTEAU
라스또

N   LE RIEU   L'OUVÈZE   S

1. 이회토, 역암
2. 이회토, 모래, 산화 코발트
3. 경사면: 점토, 모래, 자갈
4. 고대 자갈 떼라스
5. 선신기(鮮新期)의 점토

KEY FIGURES

22 HA

638 HL

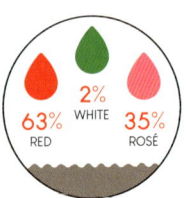
63% RED / 2% WHITE / 35% ROSÉ

29 HL/HA

깨란(Cairanne)과 싸블레(Sablet) 마을에도 20개 구획을 포함하고 있지만, 대부분의 포도밭은 라스또 마을에 위치하고 있습니다. 전형적인 지중해성 기후로 일조량이 풍부하며, 포도의 당도가 높아 알코올 도수가 높으며 주정강화 와인 생산에도 유리합니다. 1934년부터 라스또의 와인 생산자들은 주정강화 와인을 만들기 시작했으며, 현재 지역 전체로 확대되어 1944년 주정강화 와인 AOC 라스또 뱅 두 나뛰렐 명칭을 획득하였습니다.

AOC 품종 규정: 일반적인 레드 와인은 그르나슈 품종을 최대 90%, 기타 토착 품종 10% 사용할 수 있습니다.
뱅 두 나뛰렐은 말부아지(Malvoisie), 마까베오(Maccabéo)와 뮈스까 품종의 사용이 가능하며, 레드 타입의 뱅 두 나뛰렐은 대다수의 생산자가 그르나슈 단일 품종으로 만들고 있습니다.

Sources: Inter Rhône 2018

– 론 밸리의 위성 AOC

남부 론 밸리의 경계선 주변에는 '위성' 명칭의 AOC가 몇 개 존재합니다.

AOC 그리냥-레-자데마르 Grignan-les-Adhémar는 몽뗄리마 아래의 그리냥 마을 주변에 위치한 산지로 예전에는 AOC 꼬뜨 뒤 트리까스땡Coteaux du Tricastin으로 불렸으나, 2010년 AOC 명칭이 변경되었습니다. 미스트랄이 불어오는 건조한 떼루아를 지니고 있으며, 송로 버섯 산지로도 유명합니다. 지중해에서 멀리 떨어져 있어 무르베드르가 잘 익지 않기 때문에, 그르나슈 누아와 씨라를 주로 사용해 과실 향과 풍미를 지닌 와인을 생산합니다. 도멘 그라므농Domaine Gramenon과 같은 생산자를 제외하고는 가급적 2~3년 안에 빨리 마시는 것이 좋습니다. 1,316헥타르의 재배 면적에서 76% 레드 와인, 11% 화이트 와인, 13%의 로제 와인을 생산하고 있습니다.

AOC 꼬뜨 뒤 비바레Côtes du Vivarais는 그리냥-레-자데마르 서쪽에 위치한 산지입니다. 남부 론 밸리가 전반적으로 상당히 무더운 지역이지만, 이곳은 위도가 높아 기후가 서늘해 가벼운 스타일의 와인을 주로 생산합니다. 레드 와인과 로제 와인은 그르나슈 누아와 씨라를 사용해 생산하며, 화이트 와인은 끌레레뜨, 그르나슈 블랑, 마르싼을 사용해 생산합니다. 1999년 AOC로 승격되었으며 현재 220헥타르의 재배 면적에서 52% 레드 와인, 6% 화이트 와인, 42% 로제 와인을 생산하고 있습니다.

AOC 꼬스띠에르 드 님 Costières de Nîmes은 님 지방 근교에 펼쳐진 산지입니다. 과거 랑그독 지방의 일부로 여겼지만, 현재는 샤또네프-뒤-빠프의 서쪽 연장선으로 간주하고 있습니다. 지중해성 기후에 영향을 받아 매우 뜨거운 기후에서 그르나슈 누아, 씨라, 무르베드르가 잘 성숙되며 풍부한 타닌과 구조감이 훌륭한 레드 와인을 생산하고 있습니다. 1989년 AOC로 승격되었으며 현재 4,091헥타르의 재배 면적에서 61% 레드 와인, 5% 화이트 와인, 34%의 로제 와인을 생산하고 있습니다.

AOC 방뚜Ventoux는 과거 AOC 꼬뜨 드 방뚜Côtes du Ventoux 명칭이었으나, 2010년 AOC 방뚜의 새로운 명칭으로 변경되었습니다. 아비뇽 동쪽에 위치한 51개의 마을을 포함한 광역 원산지로 높은 고도로 인해 기후가 서늘한 편입니다. 전통적으로 가볍고 신선한 레드 와인과 로제 와인을 만들었지만, 현재 일부 열정적인 생산자들에 의해 묵직한 와인들도 선보이고 있습니다. 1973년 AOC로 승격되었으며 현재 5,774헥타르의 재배 면적에서 68% 레드 와인, 4% 화이트 와인, 28%의 로제 와인을 생산하고 있습니다.

AOC 뤼베롱Luberon은 과거 AOC 꼬뜨 뒤 뤼베롱Côtes du Luberon 명칭이었으나, 2009년 AOC 뤼베롱의 새로운 명칭으로 변경되었습니다. 방뚜 남쪽에 위치하며 36개 마을을 포함한 광역 원산지입니다. 지중해성 기후로 연간 일조 시간은 2,600시간 정도이며 햇살이 풍부한 편입니다. 레드 와인과 로제 와인은 씨라, 그르나슈 누아, 무르베드르, 쌩쏘를 사용해 과실 향과 풍미를 지닌 부드러운 질감의 와인을 생산합니다. 화이트 와인은 그르나슈 블랑, 끌레레뜨 블랑슈, 부르불랭 등 론 밸리의 다수 청포도 품종을 사용해 생산하며, 이곳에서 생산되는 와인은 수명이 짧아 가급적 빨리 마시는 것이 좋습니다.

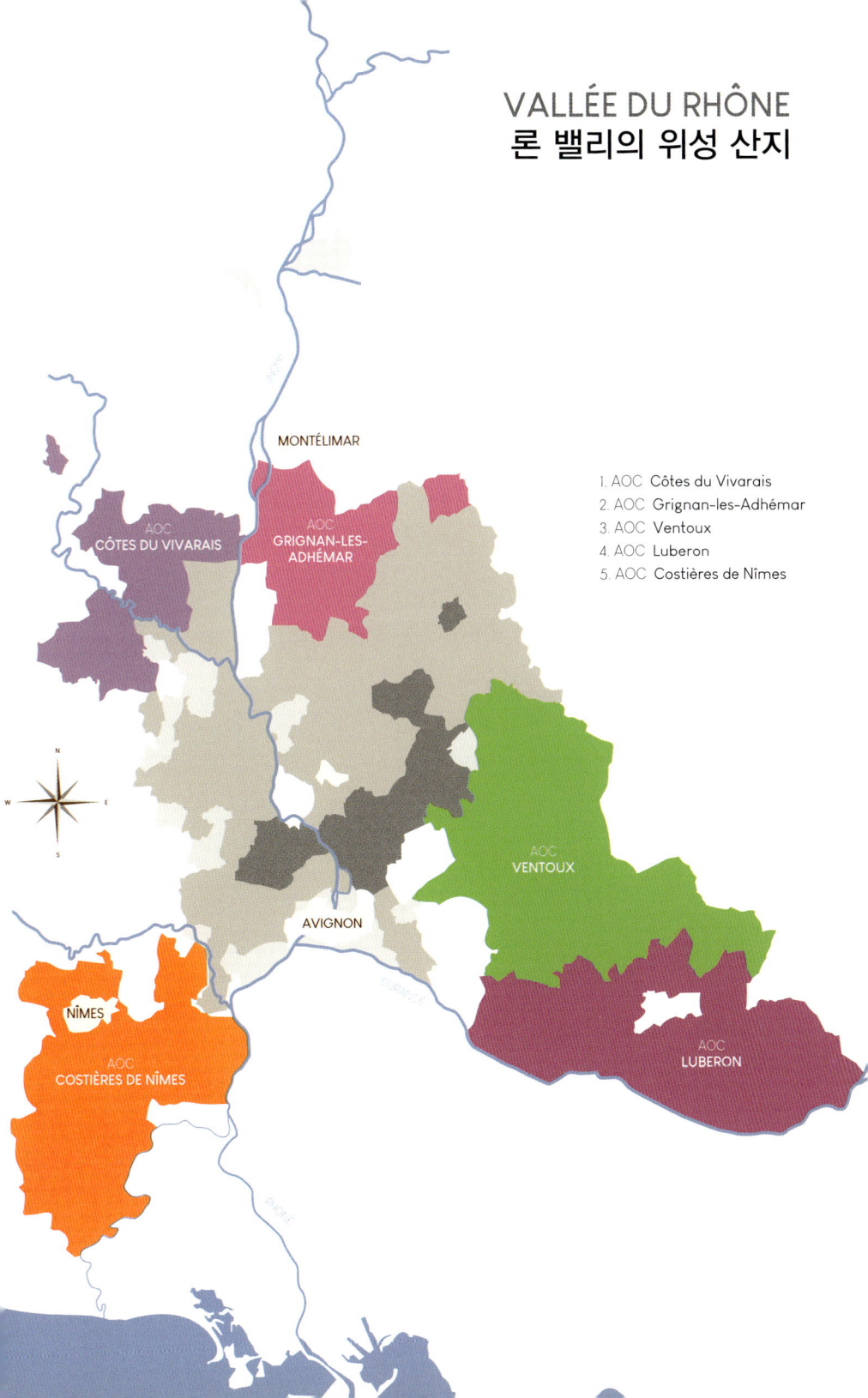

09 론 밸리의 유기농 와인과 론 밸리의 포도밭 확장

오늘날 론 밸리는 프랑스에서 유기농 와인 생산 방식이 가장 많이 이루어지는 지역 중 하나로, 꾸준히 유기농 인증을 획득한 포도원들이 증가하고 있는 추세입니다. 특히 론 밸리는 유기농 농법으로 재배하기에 유리한 천혜의 기후 조건을 갖추고 있어 유기농 와인 생산에 관심을 갖거나 혹은 이미 시행하고 있는 다수의 포도 재배업자들이 더욱 열심히 친환경적인 방법으로 접근하고 있습니다.

또한 론 밸리는 미스트랄에 의해 차갑고 건조한 바람이 불기 때문에 곰팡이 균의 질병 위험 요소를 줄일 수 있어 유기농 농법에 적합한 환경이라 할 수 있습니다. 2015년 인터론 자료에 의하면 론 밸리의 유기농 인증을 받은 포도밭은 7,300헥타르에 달합니다. 론 밸리의 유기농 와인 60%가 AOC 꼬뜨 뒤 론과 AOC 꼬뜨 뒤 론 빌라주로 생산되며, 178개의 생산자들이 이미 AOC 꼬뜨 뒤 론과 AOC 꼬뜨 뒤 론 빌라주 와인으로 인증을 받았습니다.

북부 론 밸리는 매우 협소한 와인 산지로 생산되는 와인의 공급량도 적은 편입니다. 하지만 현재 해외 시장에서 높은 가격에 거래가 활발하게 진행되고 있고 생산자 입장에서는 부족한 공급량이 그저 아쉬울 따름입니다. 부족한 공급량을 맞추기 위해서는 포도밭의 확장이 불가피한데, 기존 AOC는 더 이상 확장하기가 어려운 상태입니다. 이런 이유로 일부 생산자들은 AOC가 아닌 새로운 산지에 실험을 진행 중이며, 특히 꼬뜨-로띠와 꽁드리외의 젊은 생산자들은 론 강 건너편 서쪽에서 화강암 토양의 언덕들을 찾아 포도 재배를 시작하였습니다.

대표적인 마을이 비엔과 리옹 사이에 위치한 쎄쒸엘Seyssuel로 1995년 프랑수아 비야르François Villard, 이브 뀌이롱Yves Cuilleron, 그리고 삐에르 가이야르Pierre Gaillard 3명의 생산자는 이곳에 씨라, 비오니에를 심고 레 뱅 드 비엔Les Vins de Vienne 이름으로 그들의 와인을 생산하고 있습니다. 하지만 쎄쒸엘 마을이 AOC 원산지가 아니기 때문에 뱅 드 뻬이 등급으로 판매되고 있습니다.

한편 다른 지방의 자금력 있는 생산자들도 론 밸리를 주목하고 있는데, 부르고뉴 지방의 대형 네고시앙인 루이 라뚜르Louis Latour와 보졸레 지구의 거물, 조르주 뒤뵈프Georges Duboeuf 등의 생산자도 저렴한 땅값의 발랑스 서쪽의 광활한 아르데슈Ardèche 지방에 투자해 가격 경쟁력을 갖춘 뱅 드 뻬이 와인을 생산하고 있습니다. 최근 들어 아르데슈 지방은 유기농 와인 생산자와 내추럴 와인 생산자들에게 기회의 땅으로 불리고 있습니다.

9일차

과거의 영광을 위한 노력과 변화
랑그독-루씨옹

01. 랑그독-루씨옹 개요
02. 랑그독-루씨옹 지방의 역사
03. 랑그독-루씨옹 지방의 떼루아
04. 랑그독-루씨옹 지방의 주요 포도 품종
05. 랑그독 지방의 주요 AOC
06. 루씨옹 지방의 주요 AOC

FRENCH WINE REGIONS
LANGUEDOC-ROUSSILLON

AOC
33

- CHARDONNAY
- ROUSSANNE, MARSANNE
- GRENACHE BLANC
- GRENACHE, SYRAH
- MOURVÈDRE, CARIGNAN
- CABERNET

랑그독-루씨옹 지방은 프랑스에서 가장 많은 양의 와인을 생산하고 있지만, 대부분은 뱅 드 따블이나 뱅 드 뻬이의 저렴한 일상 소비용 와인이 주를 이루며, AOC 와인의 생산 비율은 그다지 높지 않습니다. AOC 와인 중 77% 레드 와인, 13% 로제 와인, 그리고 10% 화이트 와인을 생산하고 있으며 주정강화 와인인 뱅 두 나뛰렐의 최대 산지이기도 합니다.

01 랑그독-루씨옹 개요

- ◆ 재배 면적 : 246,600 헥타르
- ◆ 생산량 : 12,000,000 헥토리터

[www.lesvintoutsimplement.com] 2017년 자료 참조

    랑그독-루씨옹 지방은 프로방스 지방의 서쪽에 위치하며, 스페인 국경에 접해있는 지중해 연안의 산지입니다. 랑그독 지방과 루씨옹 지방이 하나로 연결되어 있어서 랑그독-루씨옹 지방으로 총칭되지만 사실은 두 지방은 각각의 와인이나 문화에 큰 차이가 있습니다.
    참고로 랑그독 지방과 루씨옹 지방은 1980년 후반에 하나의 행정 구역으로 통합되었습니다.

    랑그독-루씨옹 지방은 프랑스에서 가장 많은 양의 와인을 생산하고 있지만, 대부분은 뱅 드 따블이나 뱅 드 뻬이 등급의 저렴한 일상 소비용 와인이 주를 이루며 AOC 등급 와인의 생산 비율은 그다지 높지 않습니다.
    20세기 후반부의 20년 동안, 이 지방의 전체 와인 생산량이 크게 줄어들었고, 반면 AOC 와인의 양은 5배나 증가했습니다. 또한 최근에는 고품질 와인의 생산 비율이 증가하고 있다고는 하지만, 여전히 많은 생산자들이 낮은 수입으로 인한 투자 부족과 전문성이 결여된 와인을 주로 생산하고 있으며, 이 지방 와인이 경쟁력을 갖추기 위해서는 아직도 시간이 필요할 것 같습니다.

    현재 랑그독-루씨옹 지방의 포도 재배 면적은 24만 6천 헥타르이고, 두 지방의 전체 생산량은 1,200만 헥토리터입니다. 이 중에서 AOC 포도밭은 3분의 1 미만 수준으로 대략 6만 헥타르 정도에 불과하고, 프랑스 전체 뱅 드 따블 와인의 대부분과 뱅 드 뻬이 와인의 절반 정도가 랑그독-루씨옹 지방에서 생산되고 있습니다.
    AOC 와인은 77% 정도 레드 와인을 생산하고, 13% 로제 와인, 그리고 10% 화이트 와인

을 생산하고 있으며, 또한 랑그독-루씨옹 지방은 천연 스위트 와인, 뱅 두 나뛰렐Vins Doux Naturel의 최대 산지이기도 합니다.

랑그 독(Langue d'oc) 지명의 유래

루아르 강의 아래 지역인 옥씨땅(Occitan)에서 사용되었던 지방 언어인 옥시땅 언어, 즉 '랑그 독 (Langue d'oc)'이라고 하는 지명이 탄생하게 됩니다. '오크인의 언어'를 의미하는 랑그 독은 오크어가 사용되어지는 땅이라는 의미로 붙여진 것입니다. 참고로 현재 프랑스에서 사용되고 있는 말 중에 네(Yes) 에 해당하는 위(Oui)란 말을 오크(Oc)라는 단어에서 파생된 것이며, 지금의 프랑스 말의 토대가 된 루아 르 강 위쪽의 옛 언어는 위(Oui)를 오일(Oil)이라고 말했기 때문에 오일어로 불리고 있습니다.

02   랑그독-루씨옹 지방의 역사

    랑그독 지방과 루씨옹 지방의 와인 제조 역사는 매우 오래되었습니다. 하지만 루씨용 지방이 랑그독 지방의 일부로 간주되기 때문에 랑그독 지방을 통해 와인 역사를 살펴보겠습니다.
    기원전 5세기 초에 그리스인들은 나르본Narbonne 근교의 해안을 따라 지금의 랑그독 지방과 프로방스 지방의 일부에 처음으로 포도나무를 재배해, 와인을 생산했습니다. 기원전 125년에 로마인들은 이탈리아와 스페인을 잇는 프랑스 최초의 도로인 비아 도미티아Via Domitia를 건설하였습니다. 이 도로 주변에는 자연스럽게 포도나무들이 재배되었고, 랑그독 지방에서 생산된 와인이 거래의 주축이 되었으며, 또한 해상로를 통해 이탈리아의 로마까지 운반되었습니다. 이후 로마의 지배를 받으면서 품질적으로 크게 향상되었고, 와인 산업은 지역 경제의 중요한 역할을 차지하게 됩니다. 8세기에는 수도원에 의해 포도밭이 확장되었으며, 생산된 와인의 대부분은 수도원에서 소비가 되었습니다.

    랑그독 지방의 몽뻴리에Montpellier 도시는 1204년부터 1349년까지 아라곤 제국의 일부로 간주되어 바르셀로나에 의해 통치되었습니다. 랑그독 지방에서 생산되는 와인은 4세기부터 18세기까지 품질이 높은 것으로 유명했습니다. 특히 1285년에는 몽뻴리에 대학의 교수인 아르노 드 빌뇌브Arnaud de Villeneuve가 포도 과즙 상태 또는 알코올 발효 중에 높은 알코올을 첨가해 주정을 강화하는 뮈따주Mutage 기술을 개발하였습니다. 이 방법을 통해 뱅 두 나뛰렐의 전신인 스위트 주정 강화 와인이 탄생하게 되었고 포트 와인이 만들어지기 400년 전부터 이 지방의 와인은 국경을 넘어 왕성하게 거래되었습니다. 이뿐만 아니라 14세기 파리의 병원에서는 쌩-쉬니앙Saint-Chinian 지역에서 생산된 와인을 치료제로 처방될 정도로 황금기가 찾아왔습니다.
    랑그독 지방은 13세기부터 프랑스 영토가 되었고, 17세기 중반에는 다시 스페인의 영토로 귀속되었습니다. 이러한 흐름 속에 역사적인 사건이 발생하는데, 1531년 생 일레르Saint Hilaire의 수도사들이 샹빠뉴 지방보다 무려 150년 앞서서 스파클링 와인을 개발한 것입니다. 이렇게 만들어진 스파클링 와인은 블랑께뜨 드 리무Blanquette de Limoux 로 판매되었습니다.

HISTORY OF
SPARKLING

문헌상의 기록에 따르면 스파클링 와인을 처음 생산한 산지는 샹빠뉴 지방이 아닌 랑그독 지방의 리무 지역으로, 1531년 프랑스 남부 까르까손(Carcassonne) 근교에 위치한 베네딕트회의 쌩-일내르 수도원에서 처음으로 발명되었습니다. 이곳의 수도사들은 통 안에서 발효 중인 와인을 병입하여 병 안에서 발효를 끝내는 방식으로 스파클링 와인을 생산했습니다.

대중의 믿음과 달리 삐에르 뻬리뇽이 스파클링 와인을 처음 발명한 것은 아니지만, 스파클링 와인의 제조법을 확립하는데 있어 커다란 공헌을 한 것은 사실입니다.

Dom Pérignon

17세기 중반에는 특히 브랜디의 수요가 급증하면서 브랜디 생산을 위해 프랑스와 유럽 국가의 생산자들은 품질이 떨어지는 와인을 증류하기 시작했습니다. 랑그독 지방에서는, 예전 같으면 포도 수확이 끝난 후 6개월 이내에 식초로 판매되었을 만큼 수준 낮은 와인을 증류하여 브랜디를 생산했으며, 이 지방의 가장 대중적인 술로 자리를 잡았습니다.

17세기 후반에 들어 랑그독 지방에서 생산된 와인은 네덜란드 상인을 통해 네덜란드와 영국으로 수출되었고, 많은 수요를 충족시켜주기 위해 브랜디는 물론, 저렴한 가격대의 와인 생산도 번성하게 되었습니다. 그러나 1850년대 대륙을 횡단하는 철도가 건설되면서 파리 등 대도시와의 육로가 연결되어 랑그독 지방은 저렴한 와인의 최대 산지로 전환하게 됩니다. 철도망이 구축된 이후, 랑그독 지방의 와인 생산량은 급격하게 증가하였으며, 더불어 19세기 후반에 산업 시대가 도래하여 증가하는 노동력을 만족시켜줄 수 있는 르 그로 루즈 Le Gros Rouge 라 불리는 저렴한 레드 와인을 대량 생산하기 시작했습니다. 이때 많은 양의 와인을 생산하기 위해 수확량이 많은 저품질 포도 품종을 주로 사용했습니다.

1863년 랑그독 지방에 필록세라 병충해가 출현하면서 와인 산업에 심각한 피해를 미쳤으며, 특히 이 병충해에 취약한 높은 품질의 비티스 비니페라 종의 포도나무들이 대부분 죽게 되었습니다. 포도밭을 재건하는 과정에서 접붙이기한 미국산 대목이 석회암 토양에 잘 적응하지 못했기 때문에 랑그독 지방은 낮은 품질의 아라몽Aramon, 알리깐테 부쉐Alicante Bouschet, 까리냥Carignan 등의 저품질 포도 품종을 여전히 재배했습니다.

19세기가 끝날 무렵, 이곳의 포도밭은 프랑스 전체의 약 4분의 1을 차지할 정도까지 재배가 급증했으며, 프랑스 와인 생산의 거의 절반에 가까운 양이 생산되었습니다. 그러나, 이 급격한 생산량의 확대는 품질 저하를 동반하게 되었고 수확량을 우선으로 선택된 품종에서 만들어지는 와인은 색과 풍미도 부족한 것이 다수였습니다. 따라서 당시 식민지였던 알제리Algérie에서 생산된 농후한 와인을 블렌딩하지 않으면 상품으로 출하할 수 없을 정도였습니다.

두 번의 세계대전 겪는 동안 랑그독 지방에서 생산되는 와인은 프랑스 군인들에게 하루하루 지급되는 보급품으로 전락했고, 1962년 알제리가 프랑스로부터 독립을 하면서부터 알제리산 와인의 유입이 중단되었음에도 불구하고 품질 낮은 와인이 계속 생산되었습니다.

1970년, 와인 시장의 트렌드가 변화해 저렴한 와인의 소비가 급감하자 랑그독 지방은 잉여 와인을 생산하는 산지로 전락하게 됩니다. 특히 랑그독 지방은 꼬르스 섬과 함께 유럽에 잉여 와인이 범람 Wine Lake 하는데 가장 큰 주범이 되어 유럽연합으로부터 반복적으로 보조금을 받는 신세가 되었습니다. 이러한 상황 속에 악명 높은 지방 포도 재배 투쟁 위원회 Comité Régional d'Action Viticole의 폭력적인 시위가 발생하게 됩니다. 민생고를 해결해 주지 못하는 프랑스 정부를 보고 좌절한 랑그독 지방의 포도 재배 투쟁 위원회는 1907년 4월부터 6월, 3개월 동안 일요일마다 가두 행진을 진행했습니다. 가두 행진은 날이 갈수록 규모가 커졌고, 6월 2일 님 지역에서는 대략 30만 명이, 그로부터 1주일 뒤 몽뻴리에 지역에서는 60만 명 이상이 시위에 참여했습니다. 그때마다 알베르 마르쓸랭 Albert Marcelin은 프랑스 혁명이 일어났을 때와 비슷한 분위기를 조장하며 '포도 재배업자 보호를 위한 공동 대책 마련 위원회'의 결성을 촉구했습니다. 이러한 움직임은 각 지방의 시장들에게 악영향을 미쳤으며, 6월 중순으로 접어들면서 이들 가운데 절반이 사임을 하게 되었습니다. 정부는 위조 와인을 제조하는 데 반드시 들어가는 설탕에 부과되는 세금을 높이는 한편, 시위대를 무력으로 진압했습니다. 알베르 마르쓸랭을 비롯한 지도급 인사들에게 구속영장이 발부되었고 동요를 보인 지역을 우선으로 군대를 파견했습니다. 1907년 6월 19일 나르본 지역에서는 양측 간의 충돌로 인해 시위대 5명이 목숨을 잃었고, 다음 날 이 소식을 듣고 분노한 뻬리삐냥 Perpignan 지역의 시위대는 파리 당국의 상징인 시청에 불을 질렀습니다. 그 후, 알베르 마르쓸랭은 파리에서 끌레망쏘 Clemenceau 수상과 회담을 통해 일정한 양보를 받아냈으며 폭동은 점차 진정되었습니다. 그리고 정부는 랑그독 지방의 성질 급한 포도 재배업자들을 달래기 위해 1907년 6월 29일에 서둘러 새로운 법률을 제정하게 되었습니다. 정부가 재정한 법률에는 해마다 시장으로 유입되는 와인의 양을 파악하기 위해서 포도 수확량과 와인 저장고와 숙성 중인 와인을 포함한 와인 재고량에 대한 연례 보고를 와인 생산자의 의무 사항으로 규정했습니다. 그리고 위조 와인 산업에 타격을 주기 위해 와인 제조에 사용하는 설탕의 양에 상한선을 정했고, 위조 와인에 쓰이는 모든 재료의 판매를 금지시켰습니다.

1907년 9월에는 와인을 '신선한 포도 혹은 신선한 포도 과즙을 발효시켜 만든 술'로 규정하는 조항을 만들었고, 이를 계기로 1935년에 와인 산지의 경계선 책정과 품질 관리를 위한 규정을 담은 AOC 법을 시행하게 되었습니다.

　20세기에 접어들면서 영세 재배업자들은 협동조합을 설립하였으며 지금도 이 지방에는 다수의 협동조합이 존재하고 있습니다. 협동조합에 가입한 영세 재배업자 중 일부는 대단히 정치적이고 전투적인 사람들로 자신들의 생활을 위협하는 다른 산지의 와인이나 '무책임한 행정'에 대해서 자주 폭력적인 수단을 동원해 항의 행동을 하고 있으며, 이러한 것이 아마도 전통으로 생각하고 있는 것 같습니다.

　프랑스에서 가장 궁핍했던 역사를 지닌 랑그독 지방은 지금도 와인 산지가 많기 때문에 넘쳐나는 생산량이 문제가 되고 있었습니다. 1970년대부터 랑그독 지방을 포함한 유럽 연합에 가입한 국가에서 소비량을 훨씬 웃도는 막대한 양이 생산되고 있는데, 특히 병충해에도 강하고 생산성이 뛰어난 클론을 선별하는 등의 재배 기술이 향상된 것이 주요 원인으로, 포도밭의 수확량은 이 시기에 갑작스럽게 증가하게 되었습니다. 게다가 젊은 세대의 새로운 소비자들이 기존 세대들처럼 와인을 많이 마시지 않게 되었고 그 결과, 막대한 잉여 와인이 생기게 되었습니다. 소비량 감소의 영향을 받은 대상은 주로 저렴한 가격대의 와인으로, 랑그독 지방에서 생산되는 저가 와인들도 이러한 흐름 속에 해마다 많은 양의 와인들이 남아돌게 되었습니다.

　1980년대 후반 이후부터, 유럽 연합은 포도밭을 줄이는 감반 정책을 시행하는 한편, 매년 대량으로 나타나는 잉여 와인에 대해 막대한 보조금을 사용하여 생산자로부터 와인을 매입하고 증류해 공업용 알코올로 가공하고 있습니다. 랑그독 지방에서는 지금도 와인의 보조금을 받기 위한 목적으로 많은 생산자들이 해마다 와인을 만들고 있기도 합니다.

　하지만 최근 들어 랑그독 지방의 일부 생산자들은 염가 와인의 최대 산지의 이미지와 경제 위기를 헤쳐나가기 위해 외부 투자와 품질에 집중하고 있으며, 랑그독이라는 지방의 이름에 의존하기 보다 자신만의 브랜드 명칭을 만드는데 집중하고 있습니다. 또한 새롭게 부상하는 와인 시장의 요구에 맞춰 전통방식에서 벗어난 단일 품종으로 와인도 생산하고 있으며, 그 결과 판매가 개선되고 상업적인 성공을 거두고 있습니다.

HISTORY OF
LANGUEDOC

19세기 후반 무렵, 랑그독 지방의 재배 면적은 프랑스 전체의 1/4 차지할 정도까지 급증했으며 급격한 생산량의 확대는 품질 저하를 동반하게 되었습니다. 게다가 1970년 와인 시장의 트렌드가 변화해 저렴한 와인 소비가 급감하자 랑그독 지방은 잉여 와인의 생산 산지로 전락하게 됩니다. 이러한 상황을 해결해 주지 못하는 정부를 보고 좌절한 알베르 마르쓸랭은 포도 재배업자 보호를 위한 공동 대책 마련 위원회를 결성해 결렬한 시위와 폭동을 벌였으며, 결국 정부는 성질 급한 랑그독 지방의 재배업자들을 달래기 위해 1907년에 새로운 법률을 제정했습니다. 그리고 와인을 '신선한 포도 혹은 포도 과즙을 발효시켜 만든 술'로 규정하는 조항을 만들었으며, 이를 계기로 1935년에 와인 산지의 경계선 책정과 품질 관리를 위한 AOC법을 시행하게 되었습니다.

03   랑그독-루씨옹 지방의 떼루아

랑그독-루씨옹 지방의 서쪽에는 삐레네산맥이, 동쪽에는 론 강과 프로방스 지방이, 북쪽에는 마씨프 쌍트랄Massif Central과 쎄벤느Cévennes 산맥이 위치하고 있습니다. 이곳은 인근에 위치한 남부 론 밸리의 기후와 유사한 지중해성 기후를 띠고 있지만, 지리적으로 워낙 광범위한 산지이다 보니 지방 내에 서로 다른 미세-기후Micro-Climate가 존재합니다.

랑그독 지방은 지중해 연안을 따라 넓게 펼쳐진 산지입니다. 가르Gard 주나 에로Hérault 주를 중심으로 지중해 연안 근교의 광활한 충적 평야 지대에 대다수의 포도밭들이 자리 잡고 있습니다. 우수한 포도밭들은 에로 주의 북부와 오드Aude 주의 서부 내륙 부의 경사지에 개척되어 있습니다. 이 지방은 전형적인 지중해성 기후로, 연평균 기온은 15도에 달하며 연간 320일 이상의 풍부한 일조량을 자랑합니다. 이러한 기후는 다양한 포도 품종을 재배하는 데 있어 도움을 주고 있으며, 특히 대량으로 생산하는 생산자들에게는 더없이 좋은 기후 조건이라 할 수 있습니다.

연간 강우량은 400㎜ 정도로, 비의 상당 부분이 겨울 동안에 내리며, 특히 5월~8월 사이가 가장 건조한 편입니다. 랑그독 지방의 평야 지대는 북서쪽에서 내륙으로 불어오는 트라몽딴Tramontane 북풍이 불기 때문에 덥고 건조한 지역으로 잘 알려져 있습니다. 프랑스의 대다수 AOC 산지들이 관개 시설을 사용하는 것을 금하고 있지만, 이 지방은 가뭄 피해가 자주 발생하기 때문에 관개를 제한적으로 인정하고 있습니다. 참고로 2006년 12월, 프랑스 정부는 지구 온난화로 인해 관개 규정의 일부를 완화하였습니다.

1999년은 랑그독-루씨옹 지방 생산자들에게 특히 기억할만한 빈티지로 5월에 루씨옹 지방에 엄청난 양의 우박이 내려 재배 농가에 심각한 피해를 주었습니다. 게다가 11월 중순에는 랑그독 지방의 서쪽에 위치한 미네르부아와 꼬르비에르 지역에 36시간 동안 많은 양의 비가 내리는 등 양쪽 지방에 최악의 일 년을 경험하기도 했습니다.

랑그독 지방의 내륙 쪽 토양은 백악질 석회암과 자갈을 기반으로 구성되어 있으며, 해안 근교는 비옥한 충적토로 구성되어 있습니다. 우수한 포도밭 중 일부는 샤또네프-뒤-빠프와 유사한 고대 강바닥 자갈로 표토가 덮여 있기도 합니다.

  루씨옹 지방의 북쪽은 꼬르비에르 산악 지대, 서쪽은 몽 꺄니구Mont Canigou와 삐레네산맥, 그리고 남쪽은 알베르Albères 산악 지대, 세 개의 산에 둘러 싸여 있어 마치 원형 극장 형태를 띠고 있습니다. 랑그독 지방의 대다수의 포도밭이 해안가의 평야 지대에 자리 잡고 있는 것에 비해서 루씨옹 지방의 포도밭은 산기슭의 구릉지에 개간되어 있습니다.

  기후는 랑그독 지방과 같은 지중해성 기후로 연간 325일 이상, 2,530시간 정도의 풍부한 일조량을 자랑합니다. 연간 강우량은 500~600mm 정도로, 트라몽딴 북풍이 자주 불어 특히 루씨옹의 평야 지대의 포도밭은 프랑스에서 가장 건조하고 무더운 지대 중 하나이기도 합니다. 이러한 기후로 인해 루씨옹 지방은 8월 중순이면 주요 품종인 그르나슈가 완전히 무르익어 어느 정도 수확이 가능한 상태가 됩니다.

  토양은 매우 다양한 편입니다. 삐레네산맥 쪽의 남부와 북부가 상이하게 다르게 구성되어 있으며, 이 지방 전반에 걸쳐 점토, 석회질, 편암, 자갈 토양을 뚜렷하게 볼 수 있습니다.

04 랑그독-루씨옹 지방의 주요 포도 품종

랑그독-루씨옹 지방은 무르베드르, 그르나슈, 씨라와 비오니에 등의 전통적인 론 밸리의 품종과 메를로, 까베르네 쏘비뇽, 쏘비뇽 블랑, 샤르도네와 같은 국제 품종 등 다양한 포도 품종들이 재배되고 있습니다. 적포도 품종은 이 지방 재배의 75%를 차지하고 있으며, 가장 재배 면적이 넓은 적포도 품종은 꺄리냥으로 프랑스에서 가장 오래된 포도나무 중 하나이기도 합니다. 이 지방 다수의 생산자들은 보졸레 누보를 만드는 기법인 꺄르보니끄 마쎄라시옹 Carbonique Macération 기술을 사용해 부드러운 타닌을 지닌 꺄리냥 레드 와인을 생산하기도 합니다. 하지만 최근 들어 꺄리냥의 와인 품질에 문제가 발견되어 그르나슈, 쌩쏘, 씨라, 무르베드르 품종으로 전환되고 있는 추세이며, 재배 면적도 줄어들고 있습니다. 반면 까베르네 쏘비뇽, 메를로, 샤르도네 등의 국제 품종을 사용해 만든 뱅 드 뻬이 등급의 와인이 인기가 높아지자 재배 면적도 늘어나고 있습니다. 특히 씨라는 지난 20년 동안 현저하게 재배 면적이 늘어나고 있으며, 이 지방의 기후 조건에도 적합한 품종입니다.

꼬르비에Corbières, 포제르Faugères, 피뚜Fitou와 미네르부아Minervois 원산지에서는 그르나슈, 씨라, 꺄리냥, 무르베드르를 주요 품종으로 레드 와인을 생산하며, 바뇔스Banyals와 리브잘트Rivesaltes 원산지에서는 그르나슈를 주품종으로 주정 강화 와인을 만듭니다.

로제 와인은 쌩쏘를 주품종으로, 르도네르 쁠륏Lledoner Pelut, 삑뿔 누아Piquepoul Noir, 떼레 누아Terret Noir, 그르나슈를 블렌딩해 생산하고 있습니다.

주요 청포도 품종의 경우 국제 품종이 압도적으로 많이 재배되고 있습니다. 특히, 샤르도네는 뱅 드 뻬이 독Vin de Pays d'Oc 명칭의 뱅 드 뻬이 등급 와인과 크레망 드 리무Crémant de Limoux의 스파클링 와인 생산에 주로 사용됩니다. 더불어 슈냉 블랑과 모작Mauzac은 블랑께뜨 드 리무Blanquette de Limoux의 스파클링 와인의 주요 품종으로 사용되고 있습니다.

뮈스까 블랑 아 쁘띠 그랭Muscat Blanc à Petits Grains은 뮈스까 드 프롱띠냥Muscat de Frontignan과 뮈스까 드 쌩-장 미네르부아Muscat de Saint-Jean Minervois 원산지에서 스위트 주정 강화

와인 생산에 사용되며, 뮈스까 달렉상드리 Muscat d'Alexandrie는 뮈스까 드 리브잘트 Muscat de Rivesaltes 원산지에서 주정 강화 와인 생산에 사용됩니다.

기타 품종으로는 루싼, 마르싼, 베르멘티노 Vermentino, 부르불랭, 끌레레뜨 블랑슈, 그르나슈 블랑, 그르나슈 그리, 삑뿔 블랑, 삑뿔 그리, 마까베오 등도 랑그독-루씨옹 지방에서 재배되고 있습니다.

랑그독-루씨옹의 와인 양조에 관해서

오랜 세월 동안 랑그독-루씨옹 지방은 품질보다 양을 우선시하는 밋밋한 '뱅 오르디네르(Vin Ordinaire, 일상적인 테이블 와인)'의 공급지 역할을 했습니다. 이곳의 재배업자들 중 3분의 2 이상이 자신이 직접 와인을 만들지 않고, 협동조합에 포도를 넘겨서 생산하고 있습니다. 다른 지방에 비하면 아주 높은 비율이며, 협동조합의 수만 해도 200개가 넘습니다. 이러한 협동조합들은 합병을 통해 와인 시장에서의 경쟁력을 갖추려고 노력하고 있지만, 여전히 품질에 큰 편차가 있습니다.

또한 아직도 랑그독-루씨옹 지방에서는 저가 와인을 생산하는 곳이 많기 때문에, 양조 설비나 기술 등의 수준도 낮은 편입니다. 알코올 발효와 숙성 과정에서 낡은 콘크리트 탱크가 여전히 주로 사용되고 있으며, 스테인리스 스틸 탱크나 새 오크통을 사용하는 생산자는 매우 드뭅니다.

LANGUEDOC-ROUSSILLON
랑그독-루씨옹 지방의 산지

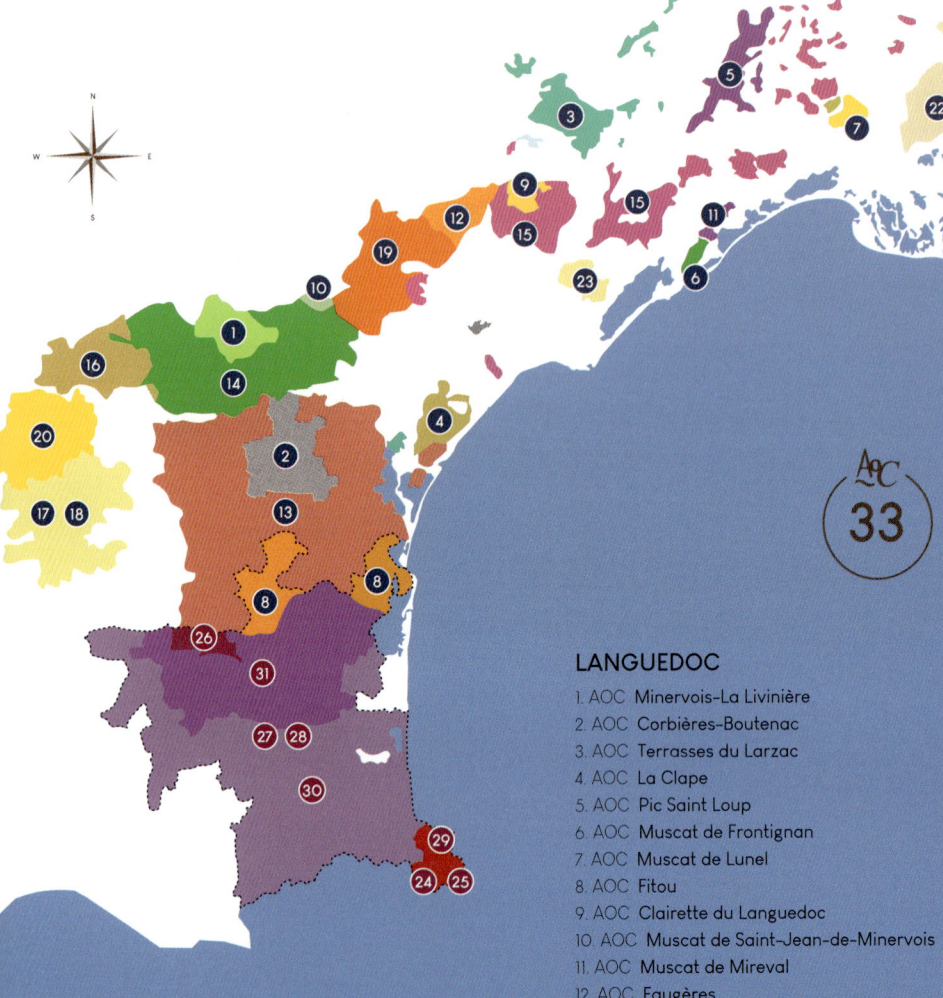

LANGUEDOC
1. AOC Minervois-La Livinière
2. AOC Corbières-Boutenac
3. AOC Terrasses du Larzac
4. AOC La Clape
5. AOC Pic Saint Loup
6. AOC Muscat de Frontignan
7. AOC Muscat de Lunel
8. AOC Fitou
9. AOC Clairette du Languedoc
10. AOC Muscat de Saint-Jean-de-Minervois
11. AOC Muscat de Mireval
12. AOC Faugères
13. AOC Corbières
14. AOC Minervois
15. AOC Languedoc
16. AOC Cabardès
17. AOC Limoux
18. AOC Crémant de Limoux
19. AOC Saint-Chinian
20. AOC Malepère
21. AOC Clairette de Bellegarde
22. AOC Costières de Nîmes
23. AOC Picpoul de Pinet

ROUSSILLON
24. AOC Banyuls
25. AOC Banyuls Grand Cru
26. AOC Maury
27. AOC Rivesaltes
28. AOC Muscat de Rivesaltes
29. AOC Collioure
30. AOC Côtes du Roussillon
31. AOC Côtes du Roussillon Villages
32. AOC Grand Roussillon
33. AOC Côtes du Roussillon Les Aspres

05   랑그독 지방의 주요 AOC

    랑그독 지방은 현재 23개의 AOC가 존재합니다. 2007년에 랑그독-루씨옹 지방 전역을 포함한 원산지 명칭, AOC 랑그독Languedoc이 새롭게 개설되었고, 기존의 AOC 꼬또 뒤 랑그독Coteaux du Languedoc 와인은 현재 AOC 랑그독으로 흡수되었습니다. 현재 랑그독 지방은 과거의 오명의 벗고 품질 향상을 위한 노력의 일환으로 지역 내 AOC의 등급 분류가 진행되고 있습니다.

    2018년 기준으로 꼬르비에르-부뜨냑Corbières-Boutenac, 라 끌랍La Clape, 미네르부아-라 리비니에르Minervois-La Livinière, 삑 쌩 루Pic Saint Loup, 떼라스 뒤 라르작Terrasses du Larzac 5개의 AOC를 크뤼 뒤 랑그독Cru du Languedoc으로 분류하고 있습니다. 현재 AOC 포제르를 비롯한 몇 개의 AOC들이 크뤼 승인을 신청한 상태이며, 향후 크뤼는 더 늘어날 것으로 전망하고 있습니다.

◆ **5개의 크뤼 뒤 랑그독 AOC**

- AOC 미네르부아-라 리비니에르(Minervois-La Livinière) : 1999년 AOC 승격, 350헥타르
- AOC 꼬르비에르-부뜨냑(Corbières-Boutenac) : 2005년 AOC 승격, 1,492헥타르
- AOC 떼라스 뒤 라르작(Terrasses du Larzac) : 2005년 AOC 승격, 329타르
- AOC 라 끌랍(La Clape) : 2015년 AOC 승격, 768헥타르
- AOC 삑 쌩 루(Pic Saint Loup) : 2016년 AOC 승격, 1,500헥타르

[2005년 INAO 자료 참고]

- AOC 미네르부아-라 리비니에르

미네르부아 마을을 중심으로 아질라네Azillanet, 아질Azille, 쎄쓰라Cesseras, 펠린 미네르부아 Félines Minervois, 라 리비니에르La Livinière, 씨랑Siran의 6개 마을을 포함한 원산지 명칭으로 레드 와인만 생산하고 있습니다. 씨라, 무르베드르, 그르나슈를 최소 60% 이상 사용해야 하며, 까리냥 등 토착 품종의 블렌딩이 가능합니다.

쎄르 두뻬아Serre d'Oupia 와 로르-미네르부아Laure-Minervois 언덕 사이에 위치하고 있어 매우 건조한 기후를 보이며, 연간 강우량은 400~500mm 정도로 특히 여름철에 수분 부족으로 어려움을 겪고 있습니다. 낮은 매우 뜨겁지만 야간에 산에서부터 서늘한 바람이 내려와 식혀줍니다.

저지대는 작은 석회암과 이회토가 섞여 있어, 부드럽고 유연한 스타일의 레드 와인이 생산되고 있으며, 고지대는 주로 점토와 이회토로 구성되어 있어, 거칠고 단단한 스타일의 레드 와인이 생산됩니다.

최근 들어 이 지역의 생산자들은 엄격하게 품질 관리를 하고 있는데, 숙성 중인 와인을 두 번에 걸쳐 시음해 숙성 잠재력을 평가하고, 병입 직전에도 최종적으로 시음을 거쳐 품질 상태를 점검합니다. 이러한 과정을 거쳐 합격된 와인은 라 리비니에르 로고가 있는 캡과 품질 보증 번호를 라벨에 표기해 관리하고 있습니다.

- AOC 꼬르비에르-부뜨냑

니엘르Nielle와 오르비외Orbieu 강 사이에 위치하며, 10개의 마을을 포함한 원산지 명칭으로 레드 와인만 생산 가능합니다. 포도밭은 해발 80~100미터 높이의 메마른 낮은 언덕에 자리 잡고 있으며 많은 양의 둥근 돌들을 주로 볼 수 있습니다. 지중해성 기후로 퐁프로와드Fontfroide 산맥이 해풍과 남풍을 막아주기 때문에 강우량이 매우 낮은 편입니다.

건조한 날씨가 지속되고 포도나무는 수분 스트레스를 받아 10월 중순까지 포도가 잘 익을 수 있는 조건을 만들어 주며, 특히 이곳에서는 까리냥과 무르베드르와 같은 품종이 잘 자라고 그르나슈, 씨라와 함께 주요 품종으로 사용되고 있습니다. 까리냥의 재배 면적은 30~50%를 차지하고 있으며, AOC 규정상 씨라를 재배하는 비율이 포도밭 구획의 30%를 초과해서는 안 됩니다.

- AOC 떼라스 뒤 라르작

몽뺄리에 북서쪽에 위치하며 32개의 마을을 포함한 원산지 명칭입니다. 지리적으로 지중해로부터 멀리 떨어져 있으며 인근에 꼬쓰Causse 산이 자리 잡고 있어 매우 다양한 떼루아를 지니고 있습니다. 또한 포도밭들도 비교적 높은 표고에 자리 잡고 있어서 시원한 공기가 자주 유입되며, 일교차가 심한 경우 20도까지 차이를 보입니다. 그 결과 포도가 천천히, 그리고 서서히 성숙되기 때문에 신선하면서도 방향성이 풍부한 와인을 만들 수 있습니다. 이곳에서는 특히 그르나슈 누아, 씨라, 무르베드르, 쌩쏘, 까리냥의 5가지 포도 품종이 매우 잘 자라며 토양의 특성에 따라 떼루아를 반영하는 개성적인 와인을 생산할 수 있습니다.

AOC 규정상 최소 3가지 품종을 블렌딩하는 것과 최소 1년 이상 숙성시키는 것을 의무화하고 있습니다. 사용되는 포도는 반드시 프랑스 원산지 관리 위원회의 승인을 받은 포도밭에서 수확해야 하고, 포도나무 수령인 5년 미만인 것은 사용해서는 안 됩니다.

- AOC 라 끌랍

오드 지방에 위치하며 나르본에서 지중해까지 17킬로미터 길이로 펼쳐진 산지입니다. 아르미쌍 Armissan, 플뢰르 도드 Fleury d'Aude, 그뤼이쌍 Gruissan, 나르본 Narbonne, 쌀-도드 Salles-d'Aude, 비나쌍 Vinassan 6개 마을을 포함한 원산지 명칭으로 소나무 숲, 포도밭 등 협곡과 계곡, 그리고 바다 등의 섞여 아름다운 경치를 자랑합니다.

연간 최대 3,000시간 정도의 아주 풍부한 일조량과 적은 강우량, 그리고 종종 격렬하게 이 지역을 강타하는 지중해 태풍으로 인해 매우 힘들게 포도를 재배하고 있습니다. 라 끌랍는 과거 섬이었으나 오드 강에 의해 지형이 바뀌어 현재는 육지의 한 부분이 되었으며, 토양은 이러한 지질 변화를 그대로 반영하고 있습니다. 생산되는 와인은 80%가 레드 와인이고 20%가 화이트 와인입니다. 레드 와인은 그르나슈, 씨라, 무르베드르를 블렌딩해 생산하며, 화이트 와인은 부르불랭을 사용해 생산합니다. 특히 이곳에서 생산되는 화이트 와인은 독특한 요오드 향과 바다 향이 느껴지기도 합니다.

- AOC 삑 쌩 루

몽뻴리에의 북쪽, 쎄벤느Cévennes 산맥의 경사지에 위치하고 있으며 17개의 마을을 포함한 원산지 명칭입니다. 랑그독 지방 안에서도 가장 명확하게 구별되는 떼루아를 지니고 있는 산지로 크뤼 뒤 랑그독 중에서 가장 늦은 2016년에 프랑스 원산지 관리 위원회의 승인을 받았습니다. 레드 와인과 로제 와인만 생산 가능하며, 씨라, 그르나슈, 무르베드르를 주품종으로 까리냥, 쌩쏘 등을 블렌딩해 생산하고, 병입 전에 최소 6~8개월 동안 숙성시키는 것을 의무화하고 있습니다. 로제 와인도 레드 와인과 동일한 품종을 사용하고 있지만 품종 비율에 약간의 차이는 있습니다. 랑그독의 최북단에 위치하며, 연간 강우량은 1,000mm 정도로 랑그독 지방에서는 가장 습하고 서늘한 기후를 보이고 있습니다. 오히려 랑그독 지방보다는 론 밸리와 가깝고 오히려 씨라, 그르나슈가 적합한 산지입니다.

1950~1970년까지 삑 생 루에서는 전통적으로 그르나슈, 쌩쏘, 까리냥을 주로 재배했으며, 이곳에서 만든 와인은 쁘띠 뱅Petit Vin으로 불리며, 파리에서 판매되었습니다. 하지만 서늘한 기후 때문에 만생종인 그르나슈가 잘 익지 못했고, 그 결과 원산지의 명성까지 실추되었습니다. 하지만 1980년대 중반부터 품질에 대한 변화가 일어나 햇볕이 잘 드는 곳에 씨라, 그르나슈, 무르베드르를 재배해, 품종에 대한 전환이 이뤄졌습니다. 현재 바위 지대 측면에서 끌로 마리Clos Marie, 샤또 드 까즈뇌브Château de Cazeneuve, 라스꼬Lascaux와 같은 생산자들이 크뤼 이름에 걸맞은 훌륭한 와인을 생산하고 있습니다. 이들이 만든 와인은 허브 향과 서늘한 기후에서 오는 신맛을 통해 우아함을 겸비하고 있는 것이 특징입니다.

◆ 크뤼 뒤 랑그독을 제외한 주요 AOC

- AOC 뮈스까 드 프롱띠냥(Muscat de Frontignan) : 1936년 AOC 승격, 797헥타르
- AOC 뮈스까 드 뤼넬(Muscat de Lunel) : 1943년 AOC 승격, 321헥타르
- AOC 피뚜(Fitou) : 1948년 AOC 승격, 2,600헥타르
- AOC 끌레레뜨 뒤 랑그독(Clairette du Languedoc) : 1948년 AOC 승격, 100헥타르
- AOC 뮈스까 드 쌩-장-드-미네르부아(Muscat de Saint-Jean-de-Minervois) : 1949년 AOC 승격, 195헥타르
- AOC 뮈스까 드 미르발(Muscat de Mireval) : 1959년 AOC 승격, 260헥타르
- AOC 포제르(Faugères) : 1982년 AOC 승격, 2,100헥타르
- AOC 꼬르비에르(Corbières) : 1985년 AOC 승격, 13,500헥타르
- AOC 미네르부아(Minervois) : 1985년 AOC 승격, 5,000헥타르
- AOC 랑그독(Languedoc) : 1985년 AOC 승격, 10,000헥타르
- AOC 까바르데(Cabardès) : 1999년 AOC 승격, 550헥타르
- AOC 리무(Limoux) : 2004년 AOC 승격, 1,700헥타르
- AOC 쌩-쉬니앙(Saint-Chinian) : 2005년 AOC 승격, 3,200헥타르
- AOC 말르뻬르(Malepère) : 2007년 AOC 승격, 401헥타르

[2005년 INAO 자료 참고]

– AOC 뮈스까 드 프롱띠냥

프롱띠냥 Frontignan과 빅-라-가르디올 Vic-la-Gardiole의 2개 마을을 포함한 원산지 명칭으로 뮈스까 블랑 아 쁘띠 그랭 품종을 사용해 뱅 두 나뛰렐만 생산합니다. 뮈따주 기법으로 96%의 증류주를 첨가해 주정을 강화하며, 최종 알코올 도수는 15~18%를 유지해야 합니다. 한때 세계적으로 유명한 와인이었으나, 지금은 예전만큼의 인기를 유지하지 못하고 있습니다. 이곳에서 생산되는 와인은 돌려 따는 스크루-캡을 사용하는 것이 일반적입니다.

- AOC 뮈스까 드 뤼넬

몽뻴리에 시와 뤼넬 시의 중간의 뤼넬 시 주변을 둘러싸고 있는 원산지로, 뱅 두 나뛰렐만 생산합니다. 뤼넬Lunel, 뤼넬-비엘Lunel-Viel, 싸뛰라르그Saturargues, 베라르그Vérargues의 4개 마을에서 생산되며, AOC 뮈스까 드 프롱띠냥, AOC 뮈스까 드 미르발, AOC 뮈스까 쌩-장-드 미네르부아와 원산지 경계선에 차이만 있을 뿐 제조 기법과 와인 스타일은 거의 닮았습니다. 이 중에서 AOC 뮈스까 쌩-장-드 미네르부아는 주목할만합니다.

- AOC 피뚜

랑그독 지방 서부에 위치한 와인 산지로 피뚜를 포함한 9개 마을에서 레드 와인만 생산하고 있습니다. 필립 2세부터 루이 14세까지 거슬러 올라갈 정도로 오랜 역사에 걸쳐 명성을 누렸습니다. 포도밭은 햇볕이 잘 드는 위치에 자리매김하고 있고 토양은 2개 지역에서 다른 모습을 볼 수 있습니다. 해안 산호초 주변에는 점토-석회암 지대이며 내륙 쪽으로 향할수록 얇은 편암으로 구성되어 있습니다. 이곳 모두에서 까리냥이 잘 성숙되어 짙은 색의 풍만하고 강건한, 풀-바디 와인이 생산되고 있습니다. 까리냥 외에 그르나슈, 적은 비율이지만 씨라, 무르베드르도 재배되고 있으며, 서로 블렌딩되어 부족한 부분을 보완해 줍니다. 그르나슈는 까리냥을 보다 부드럽게 만들어주는 역할을, 씨라와 무르베드르는 풍부한 풍미와, 타닌 그리고 입안에 감도는 긴 여운을 제공하는 역할을 맡고 있습니다. 이러한 품종들이 서로 조화를 이뤄 피뚜 와인만의 개성을 탄생시킵니다.

1980~1990년대에 걸쳐 피뚜는 랑그독 북부 산지에 비해 상대적으로 숙성 능력과 품질이 떨어졌으나, 현재 지역 내에서 철저하게 품질을 관리한 결과, 4~5년 이상 숙성 가능한 우수한 와인을 만들고 있습니다.

- AOC 끌레레뜨 뒤 랑그독

지중해에서 30킬로미터 떨어져 있는 에로 강 주변의 8개 마을을 포함한 원산지로, 끌레레뜨를 단일 품종으로 스위트 와인과 소량의 드라이 화이트 와인을 생산하고 있습니다. 지중해성 기후이지만 쎄벤느 산이 막아주고 있어, 영향을 덜 받습니다. 부싯돌, 석회암을 기반으로 점토—모래 토양이 뭉쳐 있고 북쪽의 일부에서는 편암 토양을 볼 수 있습니다. 산뜻한 맛을 지닌 끌레레뜨의 장점을 최대한 살려 산뜻한 스타일의 화이트 와인을 만들고 있습니다.

– AOC 포제르

베지에르Béziers 평원 북서쪽에 위치하며 포제르를 포함한 6개 마을로 구성되어 있습니다. 마씨프 산맥에 의해 토양은 거의 편암으로 이뤄져 있으며, 워낙 척박해 포도 재배에 있어 고된 작업을 요합니다. 지중해성 기후이며 포도밭은 남향에 자리 잡고 있습니다. 과거 AOC 규정에는 레드 와인과 로제 와인만 인정했지만 몇 번의 개정을 통해 2017년부터는 화이트 와인 생산도 가능해졌습니다. 레드 와인의 경우 빈티지에 따라 꺄르보니끄 마쎄라시옹 기술을 사용하기도 합니다.

– AOC 꼬르비에르

지중해에서 오드 지방까지 60킬로미터에 걸친 산과 계곡에 위치한 산지로, 87개의 마을에서 생산되고 있습니다. 지중해성 기후와 서쪽의 해양성 기후가 공존하며, 석회암, 편암, 점토, 이회암, 사암이 번갈아 나타나는 매우 다채로운 산지입니다. 이 지역의 여름 날씨는 미네르부아보다 더 극단적이어서 가뭄과 폭염은 재배업자들의 골칫거리가 되고 있습니다. 이러한 떼루아로 인해 미네르부아에서 생산되는 레드 와인보다 더 진하고 거친 느낌을 줍니다. 워낙 광대한 원산지이다 보니 지역적 경계를 나누는 것이 중요한 문제로 대두되어, 1999년 AOC 개정으로 11개 구획으로 분류하였습니다. 이 과정에서 통합된 곳도 있고 AOC 꼬르비에르–부뜨냑 Corbières-Boutenac 처럼 크뤼로 승격된 곳도 있습니다.

– AOC 미네르부아

랑그독 지방 서쪽에서 꼬르비에르와 더불어 가장 핵심적인 AOC입니다. 남쪽으로 미디 운하 Canal du Midi, 북쪽으로는 몽따뉴 누아르 Montagne Noire 그리고 나르본에서 까르까손 Carcassonne 입구까지, 마치 거대한 원형 경기장을 연상케 하는 원산지입니다. 미네르부아의 포도밭들은 북쪽에 우뚝 솟은 몽따뉴 누아르 산자락까지 뻗어 있지만, 삐레네 산맥 아래에 위치한 꼬르비에르만큼 울퉁불퉁하지는 않습니다. 원산지가 큰 만큼 다양한 지형에 포도밭들이 위치하고 있습니다. 미네르브Minerve 마을 위쪽의 포도밭들은 AOC 미네르부아 중에서 표고가 가장 높아 포도가 가장 늦게 익고, 드넓은 서쪽 일대의 내리막 언덕 아래에 위치한 쁘띠 꼬쓰Petit Causse는 계단식 포도밭에 점토-석회암 토양으로 구성되어 있습니다. 남서쪽의 끌라무Clamoux 마을은 대서양의 영향이 시작되는 곳으로, 자갈, 점토, 석회암, 편암 등 다양한 토양에서 신맛이 높고 가벼운 와인을 생산합니다. 서쪽의 아르장 두블Argent Double 마을은 오드 강을 향해 경사져 있으며, 무덥고 건조합니다. 동쪽에 쎄르Serres 마을은 지중해와 가장 가까워 밋밋하게 블렌딩된 와인을 많이 만들고 있습니다.

레드 와인은 씨라와 그르나슈, 무르베드르 3개 품종이 최소 60% 이상 사용되어야 하며, 쌩쏘, 삑뿔 누아, 떼레 누아 등의 토착 품종은 최대 40%까지 허용됩니다. 화이트 와인은 마르쌍, 루싼, 마까베오, 부르불랭, 끌레레뜨 등을 사용해 생산됩니다. AOC 규정상 블렌딩을 의무화하고 있으며, 단일 품종으로 생산할 경우 뱅 드 뻬이 등급으로 판매해야 합니다.

- AOC 랑그독

이 지방 전역을 포함한 광역 원산지입니다. 과거 꼬또 뒤 랑그독Coteaux du Languedoc으로 불렸으나 2007년 AOC 개정에 따라 지금의 이름으로 변경되었습니다. 서부에 비해 동부 쪽에서 생산되는 와인이 비교적 품질이 좋습니다.

- AOC 까바르데

까르까손 시의 북쪽에 위치한 산지로, 주변에 위치한 AOC 미네르부아와 AOC 꼬르비에르와 비교하면 비교적 작은 규모의 산지입니다. 지중해성 기후와 대서양의 기후가 만나는 지점으로 포도밭은 주로 100~350미터 사이에 위치합니다. 석회암 토양이 주를 이루고 있어 지면을 시원하게 유지시켜주며 랑그독 지방 중 유일하게 토착 품종과 보르도 지방의 품종을 의무적으로 블렌딩해야 합니다. AOC 규정상 메를로, 까베르네 쏘비뇽, 끼베르네 프랑이 최소 40% 이상 사용해야 하며, 나머지는 씨라, 그르나슈, 쌩쏘 등의 토착 품종을 블렌딩합니다. 그 때문인지 와인 품질도 매우 우수하며, 꼭 한번 시음해볼 만합니다.

— AOC 리무

까르까손 시 남쪽으로 25킬로미터 떨어진 언덕의 41개 마을을 포함한 원산지 명칭입니다. 세 개의 산으로 둘러싸여 있어 지중해성 기후를 막아주기 때문에 비교적 서늘한 편입니다. 남쪽 언덕에 포도밭이 위치하며, 점토-석회질, 자갈 토양으로 이뤄져 있습니다. 다양한 와인이 생산되지만, 전통 방식으로 만든 스파클링 와인이 예전부터 탄탄한 명성을 확립해왔습니다.

블랑께뜨 드 리무 Blanquette de Limoux는 슈냉 블랑과 샤르도네 두 품종이 최소 90% 이상 사용해야 하며, 크레망 드 리무 Crémant de Limoux는 샤르도네가 최소 40%, 슈냉 블랑이 최소 20%, 이 두 품종이 최대 90%를 초과해서는 안 되고 그 외에 모작, 삐노 누아의 블렌딩이 가능합니다. 리무 메또드 앙쎄스트랄 Limoux Méthode Ancestrale은 100% 모작을 사용해야 하며, 알코올 발효 중간에 와인을 병으로 옮겨 탄산가스 발효를 마무리해서 만듭니다. 리무 루즈 Limoux Rouge는 최소 50% 메를로를 사용해야 하며 말벡, 씨라, 그르나슈 등을 블렌딩해 만들고, 리무 블랑 Limoux Blanc은 모작이 최소 15%, 샤르도네, 슈냉 블랑을 블렌딩해 만듭니다.

— AOC 쌩-쉬니앙

마씨프 쌍트랄 끝자락의 산기슭에 펼쳐져 있는 20개 마을을 포함한 원산지 명칭으로 인근의 쌩-쉬니앙 마을의 이름에서 유래되었습니다. 레드 와인과 로제 와인, 그리고 화이트 와인을 생산하며, 이곳의 와인 모두 랑그독 지방에서 가장 색다른 스타입니다. 와인은 주로 북쪽과 남쪽의 편암 토양에 생산되며 포도밭의 표고는 종종 600미터를 훌쩍 넘기도 합니다.

까리냥, 쌩쏘, 그르나슈, 씨라 등의 토착 품종을 사용하지만 최근 들어 씨라, 무르베드르, 그르나슈의 재배 면적이 70%를 차지할 정도로 늘어났습니다. 일부 생산자 중에 까리냥 100%로 만드는 경우도 있지만 AOC 규정상 블렌딩을 의무화하고 있기 때문에 뱅 드 따블 등급으로 판매해야 합니다. 로제 와인은 과실 향과 풍미를 살리기 위해 쌩쏘를 사용해 만들고 있습니다.

2004년에 이 원산지의 2개 마을이 독립 승격되어 AOC 쌩-쉬니앙-베르루 Saint-Chinian-Berlou,

AOC 쌩-쉬니앙-로끄브렁 Saint-Chinian-Roquebrun 명칭을 사용하고 있습니다.

- AOC 말르뻬르

까르까손 시의 남쪽에 펼쳐진 와인 산지로, 북쪽의 미디 운하에서 동쪽의 오드 지방까지 뻗어 있습니다.

해양성 기후와 지중해성 기후가 혼합된 독특한 산지로 표고, 포도밭의 방향 등에 따라 포도 품종을 다르게 재배합니다. 레드 와인은 최소 50% 이상은 메를로를 사용해야 하며 까베르네 프랑과 말벡, 그리고 까베르네 쏘비뇽과 그르나슈 등을 블렌딩해 생산합니다. 로제는 까베르네 프랑이 최소 50% 이상 사용돼야 하며 까베르네 쏘비뇽, 말벡 등을 블렌딩해 만듭니다. 사용되는 품종만 보면 와인에 대한 기대치가 높아지지만, 그냥 '또 다른 랑그독 중 하나'로 보면 됩니다.

뱅 두 나뛰렐(Vin doux Naturel)

천연 감미 와인으로 해석할 수 있는 뱅 두 나뛰렐은 랑그독-루씨옹 지방에서 가장 많이 생산되고 있습니다. 특히 루씨옹 지방은 프랑스 전체 뱅 두 나뛰렐의 90% 정도를 생산하고 있는 최대 산지입니다. 1285년 몽뻴리에 의과 대학교의 아르노 드 빌뇌브 Arnaud de Villeneuve 박사에 의해 뮈따주 기술이 개발되었으며, 그로 인해 랑그독-루씨옹 지방에 널리 보급되었습니다. 뱅 두 나뛰렐은 뮈따주 기술을 사용한 주정강화 와인으로 알코올 발효 중간에 높은 알코올 도수의 브랜디 또는 증류주를 첨가해 발효를 중단시키기 때문에 와인에 잔여 당분과 알코올 도수가 높아집니다.

랑그독 지방에서는 뮈스까 품종을 사용해 화이트 타입의 주정 강화 와인을 주로 생산합니다. 그중에 가장 유명한 것이 AOC 뮈스까 드 프롱띠냥으로 17세기부터 파리나 런던에서 명성을 얻고 있던 스위트 주정 강화 와인입니다. 이 와인은 영국의 철학자 존 로크 John Locke와 프랑스의 작가 볼테르 Voltaire가 좋아한 것으로도 알려져 있습니다.

반면 루씨옹 지방의 AOC 바뉠스에서는 그르나슈를 주품종으로 사용해 레드 타입의 주정 강화 와인을 생산하며, 대략 16~17% 정도의 알코올 도수를 지닙니다. 바뉠스의 생산자들은 짙은 색상의 와인을 얻기 위해 다양한 숙성 방식을 사용하고 있으며, 일부 생산자의 경우 큰 유리병에 담아 햇볕이 드는 야외에서 숙성시키도 합니다. 이렇게 만들어진 와인을 랑씨오 Rancio라 부르며 어두운 색상의 산화 뉘앙스와 견과류 풍미가 인상적입니다.

MUTAGE
뮈따주 기술에 관해

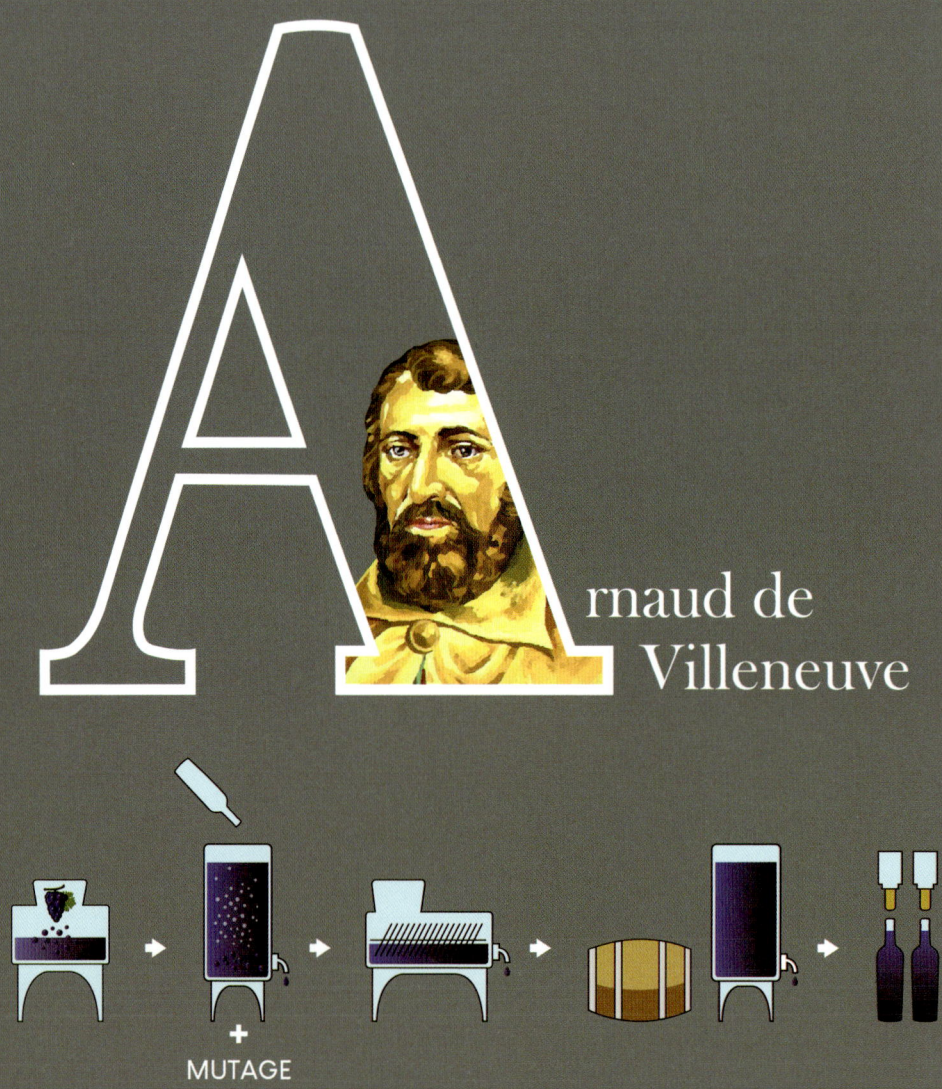

1285년 몽뻴리에 의과 대학교의 아르노 드 빌뇌브 박사에 의해 뮈따주 기술이 개발되었으며, 그로 인해 랑그독-루씨옹 지방에 널리 보급되었습니다. 뱅 두 나뛰렐은 뮈따주 기술을 사용한 주정강화 와인으로 알코올 발효 중간에 높은 알코올 도수의 브랜디 및 증류주를 첨가해 발효를 중단시키기 때문에 와인에 잔여 당분과 알코올 도수가 높아집니다.

주요 뱅 드 뻬이

랑그독 지방에서 가장 흔하게 볼 수 있는 뱅 드 뻬이 등급의 와인은 뱅 드 뻬이 독Vin de Pays d'Oc으로, 이 지방 전역에서 생산이 가능합니다. 또한 뱅 드 뻬이 데로Vin de Pays d'Hérault, 뱅 드 뻬이 도드Vin de Pays d'Aude, 뱅 드 뻬이 뒤 가르Vin de Pays du Gard 등도 랑그독 지방에서 뱅 드 뻬이 등급의 와인을 만들고 있습니다. 이러한 뱅 드 뻬이 등급은 품종 규정이 AOC보다 느슨하기 때문에, 까베르네 쏘비뇽, 메를로, 씨라, 샤르도네 등 국제 품종을 자유롭게 사용할 수 있습니다. 또, 단일 품종으로 와인을 양조했을 때에는 신세계 와인과 같이 품종 명칭을 라벨에 표기하는 것이 가능하고, 또한 저가 와인 시장에서의 경쟁력을 갖추고 있습니다. 현재 뱅 드 뻬이 등급으로 생산되는 약 70% 이상의 와인들이 라벨에 포도 품종의 명칭을 표기하고 있습니다. 뱅 드 뻬이 등급으로 생산되는 와인의 대부분은 가격이 저렴한 편이지만, 몇몇 와인은 이탈리아의 슈퍼 토스카나처럼 AOC 법에 연연하지 않고 해외 시장에서 인정받고 있는 와인을 생산하기도 합니다.

최근 들어 영국의 가이 앤더슨Guy Anderson, 프랑스의 띠에리 부디노Thierry Boudinaud, 미국의 E&J. 갈로 와이너리E & J. Gallo Winery 등의 대기업 와인 회사들이 랑그독 지방에서 팻 베스터드Fat Bastard와 레드 비씨끌레뜨Red Bicyclette와 같은 와인을 생산하며 새로운 자본 시장을 개척하고 있습니다.

VIN DE PAYS D'OC
랑그독 지방의 뱅 드 뻬이

VIN DE PAYS (IGP)

1. IGP Cité de Carcassonne
2. IGP Coteaux de Béziers
3. IGP Coteaux d'Ensérune
4. IGP Coteaux de Narbonne
5. IGP Coteaux du Pont du Gard
6. IGP Saint-Guihem-le-Désert
7. IGP Saint-Guihem-le-Désert / Cité d'Anoane
8. IGP Cévennes
9. IGP Côtes de Thau
10. IGP Côtes de Thau / Cap d'Agde
11. IGP Haute Vallée de l'Aude
12. IGP Haute Vallée de l'Orb
13. IGP Vallée du Torgan
14. IGP Vallée du Paradis
15. IGP Coteaux de Peyriac
16. IGP Coteaux de Peyriac / Hauts de Badens
17. IGP Coteaux de Thongue
18. IGP Le Pays Cathare
19. IGP Vicomté d'Aumelas
20. IGP Vicomté d'Aumelas / Vallée Dorée
21. IGP Aude
22. IGP Gard
23. IGP Pays d'Hérault
24. IGP d'Oc (Vin de Pays d'Oc)

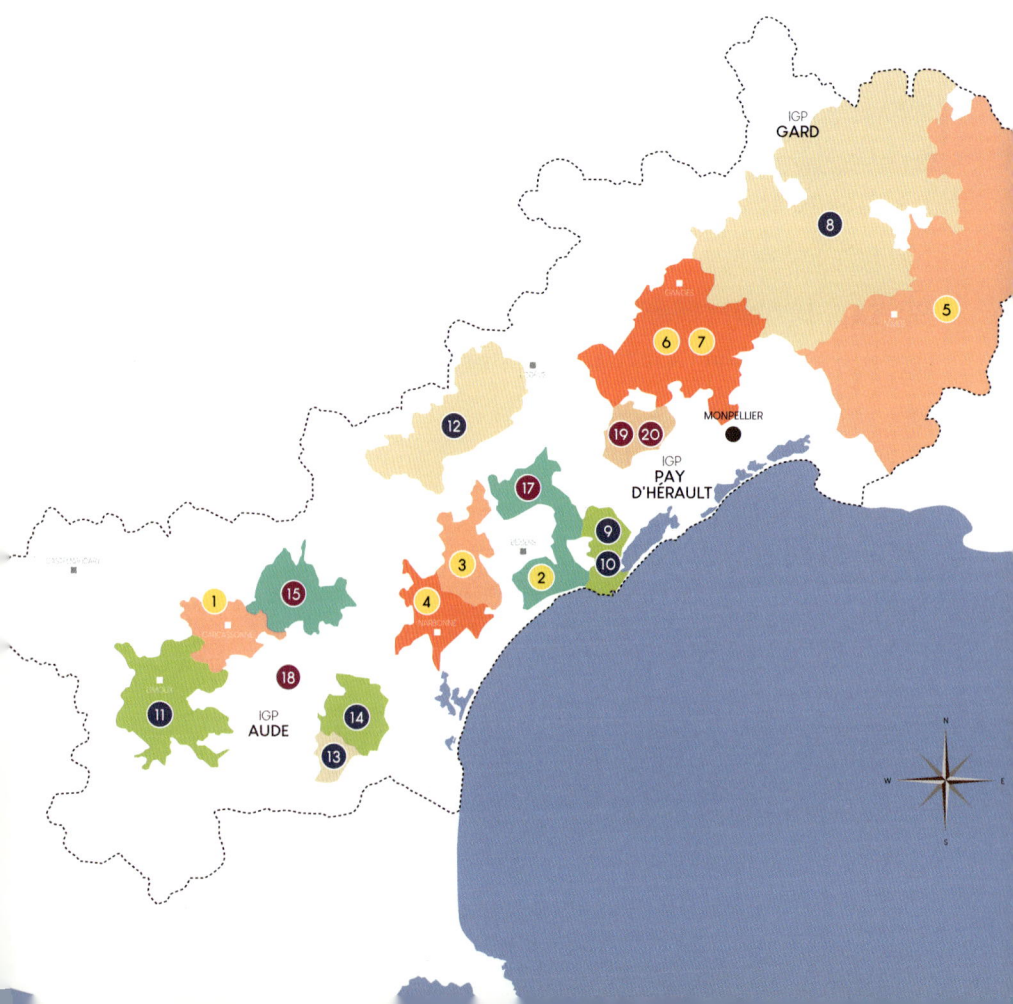

06 루씨옹 지방의 주요 AOC

    루씨옹 지방은 스페인 국경에 높이 솟아있는 삐레네 산맥과 랑그독 지방 사이에 있는 지중해 연안의 지역입니다. 랑그독 지방의 일부라고 생각할 수도 있지만 문화적으로는 스페인의 까딸루냐 지방과 매우 비슷합니다. 루씨옹 지방에 사는 주민들은 스스로를 까딸루냐인이라고 생각하고 있으며, 지방 사투리는 프랑스어라기보다는 스페인어처럼 들리기도 합니다. 루씨옹 지방은 뱅 두 나뛰렐의 최대 산지이며 주요 AOC는 다음과 같습니다.

◆ **루씨옹 지방의 주요 AOC**
- AOC 바뉠스(Banyuls) : 1936년 AOC 승격, 1,200헥타르
- AOC 바뉠스 그랑 크뤼(Banyuls Grand Cru) : 1962년 AOC 승격, 174헥타르
- AOC 모리(Maury) : 1936년 AOC 승격, 800헥타르
- AOC 리브잘트(Rivesaltes) : 1936년 AOC 승격, 5,000헥타르
- AOC 뮈스까 드 리브잘트(Muscat de Rivesaltes) : 1956년 AOC 승격, 5,000헥타르
- AOC 꼴리우르(Collioure) : 1971년 AOC 승격, 1,800헥타르
- AOC 꼬뜨 뒤 루씨옹(Côtes du Roussillon) : 1977년 AOC 승격, 5,330헥타르
- AOC 꼬뜨 뒤 루씨옹-빌라쥬(Côtes du Roussillon Villages): 1977년 AOC 승격, 3,000헥타르
- AOC 그랑 루씨옹(Grand Roussillon) : 1997년 AOC 승격, 1,812헥타르
- AOC 꼬뜨 뒤 루씨옹 레 자스프르(Côtes du Roussillon Les Aspres) : 2003년 AOC 승격, 50헥타르

[2005년 INAO 자료 참고]

ROUSSILLON
루씨옹 지방의 산지

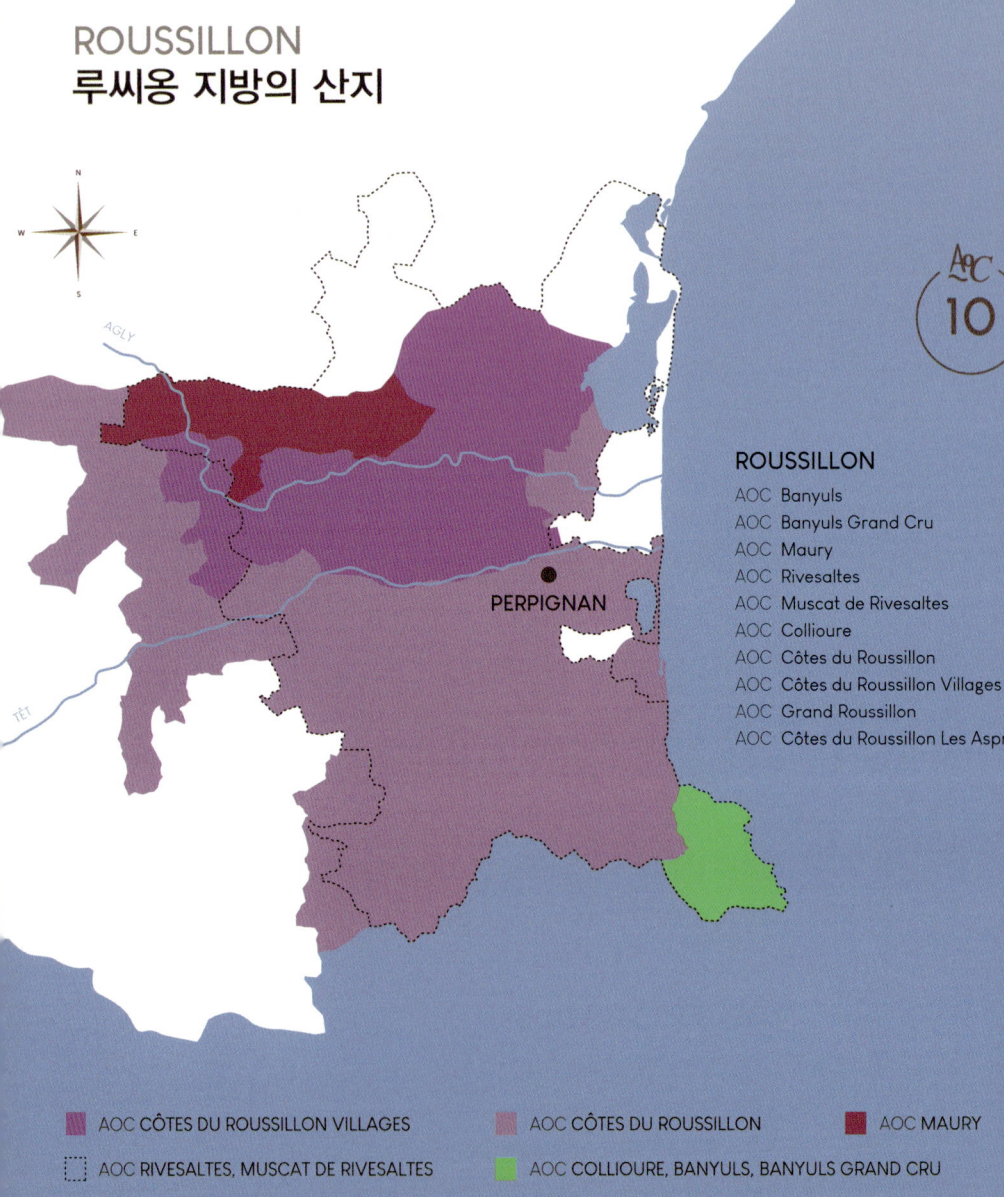

ROUSSILLON
- AOC Banyuls
- AOC Banyuls Grand Cru
- AOC Maury
- AOC Rivesaltes
- AOC Muscat de Rivesaltes
- AOC Collioure
- AOC Côtes du Roussillon
- AOC Côtes du Roussillon Villages
- AOC Grand Roussillon
- AOC Côtes du Roussillon Les Aspr

루씨옹 지방은 스페인 국경에 높이 솟아있는 삐레네 산맥과 랑그독 지방 사이에 위치하고 있습니다. 랑그독 지방의 일부로 생각할 수 있지만 문화적으로는 스페인의 까딸루냐 지방과 매우 비슷합니다. 10개의 AOC가 있으며, 그 중에서 바뉼스, 모리, 리브잘트 등 뱅 두 나뛰렐의 최대 산지이기도 합니다.

- AOC 바뉠스

프랑스의 최남단, 스페인의 북쪽 국경과 인접해 있는 산지로, 4개의 마을을 포함한 원산지 명칭입니다. 바뉠스, 쎼르베르Cerbère, 꼴리우르Collioure, 뽀르-방드르Port-Vendres 마을에서 프랑스 최고의 뱅 두 나뛰렐을 만들고 있습니다. 이곳의 뱅 두 나뛰렐은 주로 레드 타입으로 생산하며, 소량의 로제와 화이트 타입도 생산하고 있습니다. 다양한 포도 품종을 사용하지만, 주로 오래된 수령의 그르나슈 누아를 사용합니다.

뮈따주 방식을 사용해 제조하며, 알코올 발효 중간에 높은 도수의 증류주를 첨가해 와인의 잔여 당분을 남깁니다. 주정을 강화한 와인은 오크통에서 숙성하거나 또는 봉본느Bonbonnes라 불리는 주둥이가 좁고 몸체가 둥근 큰 유리병에 담아 햇볕에 노출시켜 가온 숙성을 진행합니다. AOC 규정상 그르나슈 누아를 최소 50% 이상 사용해야 하고 그르나슈 그리, 그르나슈 블랑, 까리냥 등의 토착 품종을 블렌딩해야 하며, 최소 10개월 이상 동안 숙성시켜야 합니다. 전반적으로 포르투갈의 포트 와인과 유사하지만 알코올 도수는 16~20%로 낮은 편입니다.

도멘 드 라 렉토리Domaine de la Rectorie, 도멘 비알-마녜르Domaine Vial-Magnères, 도멘 뒤 트라지네르Domaine du Traginer, 도멘 마드록Domaine Madeloc, 도멘 뒤 마스 블랑Domaine du Mas Blanc 등의 생산자들이 전통적인 우수한 품질의 바뉠스를 생산하고 있습니다.

- AOC 바뉠스 그랑 크뤼

바뉠스와 같은 원산지에 해당되지만, 규제가 더 엄격하고 레드 타입으로만 뱅 두 나뛰렐을 생산할 수 있습니다. AOC 규정상 그르나슈 누아를 최소 75% 이상 사용해야 하고 그르나슈 그리, 그르나슈 블랑, 까리냥 등의 토착 품종을 블렌딩해 생산해야 하며, 최소 30개월 이상 동안 숙성을 진행해야 합니다.

- AOC 모리

뻬르삐냥Perpignan 시에서 북서쪽, 아글리 계곡 상류 쪽에 위치하며, 모리를 포함한 4개 마을의 원산지 명칭입니다. 과거에는 뱅 두 나뛰렐만을 생산했지만, 2012년에 AOC 규정이 개정되면서 드라이 타입의 레드 와인인 AOC 모리 쎅Maury Sec 생산이 가능해졌습니다. 레드 타입의 뱅 두 나뛰렐은 그르나슈 누아가 최소 75% 사용되어야 하며, 화이트 타입의 뱅 두 나뛰렐은 그르나슈 그리를 주품종으로 토착 품종을 사용해 만들지만 아직 소량만 생산됩니다. 포도밭은 고지대에 위치하고 있으며, 대서양으로부터 불어오는 서풍이 기온을 약간 식혀줍니다. 토양은 주로 검은 편암으로 구성되어 있고, 화강암과 점토, 석회암 토양도 볼 수 있습니다.

제라르 고비Gérard Gauby와 같은 일부 생산자들은 모리 마을 남쪽, 아글리 계곡의 내륙 지역에서 주정 강화를 하지 않고 방향성이 풍부한 레드 와인과 미네랄 향의 견고하고 수명이 긴 화이트 와인을 생산하기도 합니다. 이전에는 AOC 꼬뜨 뒤 루씨옹-빌라주 또는 뱅 드 뻬이 데 꼬뜨 까딸랑Vin de Pays des Côtes Catalanes 명칭의 뱅 드 뻬이 등급이었지만, 이제는 AOC 모리 쎅을 사용할 수 있습니다.

- AOC 리브잘트

뻬레네-오리앙딸Pyrénées-Orientales 지방의 68개 마을과, 오드 지방의 9개 마을을 포함한 원산지 명칭으로, 레드 타입과 화이트 타입의 뱅 두 나뛰렐만 생산 가능합니다. 리브잘트의 지명은 까딸루냐어로 '높은 강'을 의미하며 아글리Agly, 떼트Têt와 떼크Tech, 3개의 강이 가로지르고 있습니다. 그르나슈 누아, 그르나슈 그리, 그르나슈 블랑과 마까베오를 주요 품종으로, 말부아지 뒤 루씨옹Malvoisie du Roussillon의 블렌딩이 가능하며, 1997년 AOC 규정에 따라 다음과 같은 4가지의 표기가 가능합니다.

*리브잘트 앙브레(Rivesaltes Ambré) : 그르나슈 누아, 그르나슈 블랑. 마까베오, 말부아지. 뮈스까를 사용해 생산한 리브잘트로 전통 오크통에서 최소 2년 동안 산화 숙성을 거쳐야 합니다. 금색 또는 호박색을 띠고 있으며 헤이즐넛, 아몬드, 호두, 시트러스, 커피 등의 향이 특징입니다.

*리브잘트 그르나(Rivesaltes Grenat) : 그르나슈의 비율이 75%로 별도의 숙성 없이 병입

합니다. 병안에서 최소 12개월 동안 환원 숙성을 거쳐야 하며 루비색의 체리, 블랙커런트, 딸기 등의 붉은색 과실 향이 특징입니다.

*리브잘트 뛰일레(Rivesaltes Tuilé) : 그르나슈의 비율이 50%로 큰 오크통에서 최소 2년 동안 산화 숙성을 진행해야 합니다. 적갈색 또는 오렌지 색상의 커피, 카카오, 담배, 절인 과실 향이 특징입니다.

*리브잘트 오르 다주(Rivesaltes hors d'âge) : 최소 5년 이상 숙성시킨 리브잘트 앙브레와 리브잘트 뛰일레에만 오르 다주를 추가로 표기할 수 있습니다. 대다수의 오르 다주는 5년 이상 숙성시켜 제조하며, 일부는 20년 이상 숙성시키는 경우도 있습니다.

- AOC 뮈스까 드 리브잘트

삐레네-오리앙딸Pyrénées-Orientales 지방의 90개 마을과, 오드 지방의 9개 마을을 포함한 원산지 명칭으로, 바뉠스, 모리, 리브잘트 원산지도 포함됩니다. 뮈스까 달렉상드리와 뮈스까 블랑 아 쁘띠 그랭 이렇게 2가지 포도 품종만을 사용해 화이트 타입의 뱅 두 나뛰렐만 생산해야 합니다. 포도 품종의 사용 비율은 생산자에 따라 달라질 수 있으며, 뮈스까 아 쁘띠 그랭은 열대 과일 및 시트러스 계열의 과일 향이 두드러지고, 뮈스까 달렉상드리는 농익은 과일과 흰 꽃 향이 특징입니다.

일반적으로 뮈스까 드 리브잘트는 신선함을 유지하기 위해 최대한 빨리 병입됩니다. 또한 보졸레 누보처럼 11월 셋째 주 목요일부터 판매를 시작하는 햇 와인도 있는데, 이때 라벨에 뮈스까 드 노엘Muscat de Noël 명칭을 표기해야 합니다.

- AOC 꼴리우르

꼴리우르Collioure, 바뉠스, 쎄르베르Cerbère, 뽀르-방드르Port-Vendres 4개 마을을 포함한 원산지 명칭으로, 1991년까지 레드 와인, 로제 와인만 생산 가능했으나, 2003년 AOC가 개정되면서 화이트 와인의 생산도 가능해졌습니다. 레드 와인과 로제 와인은 그르나슈, 씨라, 무르베드르를 주품종으로 사용하며, 화이트 와인은 그르나슈 블랑과 그리를 주로 사용합니다. 이곳에서 생산되는 와인은 프랑스보다는 스페인 와인과 많이 닮았으며, 알코올 도수도 비교적 높은 편입니다.

흥미롭게도 AOC 규정상 꼴리우르에서 만든 레드 와인은 수확 일을 기준으로 이듬해 6월 1일 이전에는 판매할 수 없으며, 화이트 와인은 이듬해 3월 1일 이전에는 판매할 수 없습니다. 이곳의 품질 좋은 와인들은 보통 7~15년 동안 병 숙성이 가능하다고 알려져 있습니다.

- AOC 꼬뜨 뒤 루씨옹

삐레네-오리앙딸Pyrénées-Orientales 지방의 118개 마을을 포함한 원산지 명칭으로, 레드 와인, 로제 와인, 화이트 와인을 생산합니다. 랑그독 지방에 비해 거친 산악 지대로, 긴 일조량과 적은 강우량, 특히 강한 바람은 농축미가 강한 와인을 만들 수 있는 기후를 제공합니다. 가장 많은 양을 생산하는 레드 와인은 AOC 규정상 그르나슈를 주품종으로 꺄리냥, 쌩쏘, 씨라, 무르베드르 등 최소한 3가지 품종을 블렌딩해야 합니다. 아글리 계곡에서 품질 좋은 레드 와인과 화이트 와인들이 생산되고 있으며, 대부분이 뱅 드 뻬이 까딸랑Vin de Pays Catalan 명칭의 뱅 드 뻬이 등급으로 판매되고 있습니다.

- AOC 꼬뜨 뒤 루씨옹-빌라주

루씨옹 지방의 아글리 계곡의 북쪽 절반에 해당되는 32개의 마을을 포함한 원산지 명칭입니다. 루씨옹 지방 전체 면적의 3분의 1 정도로 한정되며 아글리 계곡의 경사지에 포도밭들이 자리 잡고 있습니다. 레드 와인만 생산 가능하며 꼬뜨 뒤 루씨옹에 비해 더 엄격한 규제를 받습니다. 레드 와인은 꺄리냥을 최대 60%, 씨라, 무르베드르를 최소 30% 사용해야 하며, 최소 3가지 품종을 블렌딩해야 합니다. AOC 꼬뜨 뒤 루씨옹에 비해 수확량을 낮춰 생산하기 때문에 농축된 풍미를 비롯해 전반적으로 품질이 더 뛰어난 편입니다.

라뚜르-드-프랑스Latour-de-France, 꺄라마니Caramany, 레께르드Lesquerde, 또따벨Tautavel 4개 마을에서 생산되는 와인은 꼬뜨 뒤 루씨옹-빌라주에 각자의 마을 명칭을 라벨에 표기할 수 있습니다. 라뚜르-드-프랑스 마을은 주로 갈색 판암 토양으로, 까라망 마을은 주로 편마암 토양으로, 레께르드 마을은 화강암질의 모래 토양으로 뒤덮여 있고, 또따벨 마을은 조밀한 석회암에 붉은색 점토 토양으로 구성되어 있습니다. 4개 마을에서 생산되는 와인은 단단하고 견고해 장기 숙성이 가능하며, 꼬뜨 뒤 루씨옹-빌라주 중에서는 떼루아를 표현하는 능력이 뛰어납니다.

- AOC 그랑 루씨옹

루씨옹 지방 전역에 펼쳐진 100개의 마을을 포함한 원산지 명칭입니다. 레드, 로제, 화이트 타입의 뱅 두 나뛰렐을 생산하며, 뮈스까 블랑 아 쁘띠 그랭, 뮈스까 달렉상드리, 그르나슈 누아, 그르나슈 블랑, 그르나슈 그리, 마까베오 등을 블렌딩하며, 까리냥, 쌩소, 씨라를 최대 10% 정도를 사용할 수 있습니다.

- AOC 꼬뜨 뒤 루씨옹 레 자스프르

삐레네-오리앙딸Pyrénées-Orientales 지방의 19개 마을을 포함한 원산지 명칭으로, AOC 꼬뜨 뒤 루시옹-빌라주에 포함되지 않았던 아스프르Aspres와 알베르Albères 지역을 위한 것입니다. 레드 와인만 생산 가능하며, 그르나슈 누아, 씨라, 무르베드르, 까리냥 등 최소한 3가지 품종을 블렌딩해야 합니다.

10 일차

무명의 산지에서
개성을 표현하는 와인

쥐라 & 싸부아 지방

01. 쥐라 지방 개요
02. 쥐라 지방의 역사
03. 쥐라 지방의 떼루아
04. 쥐라 지방의 주요 포도 품종
05. 쥐라 지방의 주요 AOC
06. 싸부아 지방 개요
07. 싸부아 지방의 역사
08. 싸부아 지방의 떼루아
09. 싸부아 지방의 주요 포도 품종
10. 싸부아 지방의 주요 AOC

FRENCH WINE REGIONS
JURA

● SAVAGNIN
● POULSARD
● CHARDONNAY
● TROUSSEAU
● PINOT NOIR

부르고뉴 지방과 스위스 국경 사이에 위치한 쥐라 지방은 인위적으로 산화시켜 만드는 뱅 존을 필두로 전통적인 와인을 생산하고 있습니다. 과거 필록세라 피해를 입기 전까지만 해도 2만 헥타르에 달하는 포도밭이 존재했지만, 필록세라 피해 이후 재배 면적이 1/10까지 줄어들었습니다.

01 쥐라 지방 개요

- ◆ 재배 면적 : 1,814 헥타르
- ◆ 생산량 : 78,000 헥토리터

[www.lesvintoutsimplement.com] 2017년 자료 참조

    프랑스의 가장 동쪽에 위치한 쥐라 지방은 부르고뉴 지방과 스위스의 국경 사이를 두고 있는 와인 산지입니다. 전원적인 분위기를 풍기며, 인위적으로 산화시켜 만드는 뱅 존을 필두로 전통적인 와인이 지금도 만들어지고 있습니다. 이 지방에서 생산되는 와인은 하나같이 개성이 넘쳐나며 음식과 함께 즐기면 흥미로운 페어링을 선사합니다. 또한 미생물학의 기초를 다지는 데 가장 큰 역할을 한 빠스뙤르Pasteur는 쥐라 지방 출신답게 쥐라 와인에 대해 다양한 관심을 품고 있었으며, 그는 쥐라 와인의 홍보대사라 칭할 정도로 수많은 실험에 쥐라 와인을 사용했습니다.

    과거 쥐라 지방은 필록세라의 피해를 입기 전까지만 해도 2만 헥타르에 달하는 포도밭이 존재했지만, 19세기 말에 필록세라의 피해를 입은 후, 재배 면적이 크게 줄어들었습니다. 현재 그 10분의 1까지 줄어 들어 2017년 기준으로 AOC 와인용 포도 재배 면적은 1,814 헥타르이고 와인 생산량은 7만 8천 헥토리터로 생산량의 90%가 AOC 등급 와인입니다.

02 쥐라 지방의 역사

기원후 80년경 로마의 정치가이자 학자인 플리니우스는 자신의 저서 박물지Naturalis Historia에서 로마 제국 각지에서 생산되는 와인을 소개했으며, 쥐라 지방의 와인에 대해 다음과 같이 기록했습니다.

'이 포도는 오스트리아 비엔나 지역의 송진 풍미를 지닌 와인으로 유명했고, 세쿠아니Séquanie 지역을 더 풍요롭게 만들었다.' 세쿠아니는 동쪽에 살던 골족의 정착지로써 프랑슈-꽁떼Franche-Comté의 고대 지명으로 현재 쥐라 & 싸부아에 해당되며, 오스트리아 비엔나에서 재배되던 품종은 트라미네르Traminer 품종으로 알려져 있습니다. 플리니우스가 언급한 포도는 아마도 오늘날 쥐라 지방의 싸바냉으로 추측되며, 실제 트라미네르 종과 깊은 관계가 있는 것으로 밝혀졌습니다.

10세기 아르부아 지역에 대한 자료와 16세기 샤또-샬롱과 살랭-레-뱅Salins-les-Bains 대한 자료가 존재하지만, 아직까지 쥐라 지방의 와인 역사가 얼마나 오래 전으로 거슬러 올라가는지 알 수는 없습니다. 다만 문헌 상의 남아 있는 기록을 토대로 오래 전부터 시작되었을 것이라고 유추하고 있습니다.

쥐라 지방에서 본격적으로 와인 품질에 관한 규제가 시작된 것은 1732년부터입니다. 특별 규정을 제정하여 허용되는 포도 품종의 수를 제한한 결과 허가 받지 못한 포도나무의 재배 면적이 대폭 감소하였습니다. 그리고 1774년에는 쥐라 지방의 와인 품질을 유지하고 명성을 높일 수 있도록 적합한 포도 품종 14종을 발표했습니다.

프랑스 혁명 시기에 잠깐의 정체기가 찾아왔지만 이후 프랑스 혁명이 끝나고 19세기 말까지 쥐라 지방의 와인 산업은 꾸준히 발전했습니다. 특히 상류층과 성직자들은 오늘날 가장 유명한 포도밭들의 대다수를 소유했으며, 19세기에 쥐라 지방의 포도 재배 면적은 2만 헥타르에 달했습니다. 하지만 1879년 쥐라 지방에 처음으로 필록세라 병충해가 출현해 1886년에는 아르부아 지역까지 피해가 확산되었습니다. 그로부터 3년 뒤인 1895년에 쥐라 지방 전역으로 필록세라 병충해가 퍼져나갔고 불과 몇 년 만에 모든 포도밭이 황폐화되었습니다. 포도 재배업자들은 다양한 방법을 시도해 필록세라 병충해로부터 벗어나려고 노력했으며, 쥐라 지방 출신의 식물학자인 알렉시 밀라르데Alexis Millardet(1838~1902)에 의해 미국산 대목에 유럽산 수목을 접붙이기하는 방법으로 필록세라 병충해를 극복하게 되었습니다. 이 방법은 전 세계적으로 포도 재배에 있어 매우 중요한 발견이라 할 수 있습니다.

필록세라의 피해 이후 수요에 비해 공급량이 턱없이 부족했기 때문에 와인 가격은 자연스레 폭등했습니다. 설상가상으로 20세기 초반에는 가짜 와인까지 성행했지만, 당시 가짜 와인을 방지하는 대책은 미비한 수준이었습니다. 이런 상황을 해결하기 위해 아르부아 포도 재배자 협회 보좌관인 알렉시 아르뺑Alexis Arpin은 1902년에 '전국 와인 생산자 협회National union of wine growers에 아르부아 지역을 가입하였고, 1906년 아르부아 포도 재배업자들은 그들의 와인 원산지를 보증하는 자격을 얻게 되었습니다. 또한 프랑스 원산지 관리 위원회는 1936~1937년에 걸쳐 쥐라 지방의 아르부아를 선두로 샤또-샬롱, 레뚜왈, 꼬뜨 뒤 쥐라 산지에 AOC 등급을 인가해 주었습니다.

1970년까지 쥐라 지방에서는 농지 중 8%만이 포도를 재배하고 있었습니다. 이에 포도밭을 재건하기 위해 베르누아Vernois 지역을 통합해 AOC 포도 품종을 이식하였고 은행에서는 특별 융자를 받을 수 있게 지원도 아끼지 않았습니다. 또한 새로 시작한 젊은 생산자들을 도와주기 위해 와인 양조 디플로마를 만드는 등 많은 노력을 기울여 포도 재배 면적을 확장해 나갔습니다. 특히 앙리 마리Henri Marie는 빠스퇴르 소유의 포도원을 포함해 아르부아 마을에 있는 300헥타르의 광대한 포도밭을 매입하면서 이 지역의 새로운 가능성을 보여 주었습니다. 이러한 움직임에도 불구하고 여전히 쥐라 지방은 2천 헥타르가 조금 안 되는 작은 면적이지만 현재 고품질 와인 생산에 집중하고 있는 추세입니다.

HISTORY OF
JURA

LOUIS PASTEUR

쥐라 지방 출신의 빠스퇴르는 쥐라 와인에 대해 다양한 관심을 품고 있었으며, 쥐라 홍보대사라 칭할 정도로 수많은 실험에 쥐라 와인을 사용했습니다.

vins du Jura

산악인의 단백질과 칼슘을 보충해주기 위해 만들어진 꽁떼 치즈는 프랑슈-꽁떼, 쥐라 지방의 전통 치즈이기도 합니다. 소 우유를 원료로 고온에서 가열 압착 과정을 거치며 숙성 기간은 최소 4개월, 길게는 18~24개월까지 숙성킵니다. 제조 과정에서 수분이 많이 빠져나와 다른 치즈에 비해 비교적 오래 보관이 가능합니다. 직경 40~70cm, 높이 10cm 정도의 원 모양으로 무게는 최대 50kg까지 나가기도 합니다.
껍질은 갈색이지만 속은 엷은 크림색을 띠고 있으며, 질감은 약간 단단한 편입니다. 프랑스에서 가장 인기가 많은 치즈 중 하나로, 특히 쥐라 지방의 와인과 완벽한 궁합을 자랑합니다.

03 쥐라 지방의 떼루아

쥐라 지방의 주요 포도밭은 쥐라 산과 브레쓰Bresse 지역의 평야 지대 사이에 위치하며, 남북으로 80킬로미터, 폭 6킬로미터의 띠 형태를 띠고 있습니다. 포도밭은 표고 250~400미터의 경사지에 개간되었고 대다수의 토양의 침식이 우려될 정도로 꽤 가파른 경사지에 위치하고 있습니다. 특히 햇볕이 잘 드는 남향과 남동향의 경사지의 포도밭에서 우수한 품질의 포도가 재배되고 있습니다.

기후는 부르고뉴 지방과 같은 대륙성 기후이지만 쥐라 지방은 고산성 기후로 분류되어 특히 겨울에 더 심한 추위를 느낄 수 있습니다. 포도 재배업자는 항상 포도 성숙도를 걱정하며, 가을 서리의 피해를 줄이기 위해 주로 기요Guyot 수형으로 포도나무를 관리하고 있습니다. 또한 최상의 포도 당도를 얻기 위해 통상적으로 10월 말까지 수확 시기를 늦추기도 합니다.

토양은 지대에 따라 나뉩니다. 낮은 지대는 주로 점토로 구성되어 있고, 표고가 높아질수록 부르고뉴 지방과 유사한 쥐라기 석회암 및 이회토로 구성되어 있습니다. 참고로 쥐라기 석회암은 단어에서 유추할 수 있듯이 쥐라 지방에서 유래된 것입니다.

04 쥐라 지방의 주요 포도 품종

쥐라 지방의 주요 청포도 품종으로는 싸바냉과 샤르도네가 있습니다.

토착 품종인 싸바냉은 매우 늦게 익는 품종으로 12월에 수확하는 경우도 있습니다. 이 지방에서 나뛰레Naturé라 불리는 싸바냉은 이탈리아의 트라미네르종과 깊은 관계가 있는 것으로 밝혀졌으며, 포도나무가 불규칙하게 자라고 수확량이 적은 편입니다. 쥐라 지방에서는 종종 싸바냉에 샤르도네를 블렌딩하여 매혹적인 화이트 와인을 생산하기도 합니다.

중세 시대 이후부터 쥐라 지방에서 재배되고 있는 샤르도네는 이 지방에서 믈롱 다르부아 Melon d'Arbois라 불립니다. 추위에 강한 품종으로 일찍 성숙되며 서늘한 기후에서도 포도의 당도가 좋은 편입니다. 20세기 말부터 쥐라 지방의 포도 재배업자들에게 큰 인기를 얻어, 현재 이 지방 재배 면적의 45%를 차지하고 있습니다.

쥐라 지방에서 재배되고 있는 주요 적포도 품종으로는 뿔싸르Poulsard와 트루쏘Trousseau, 삐노 누아가 있습니다.

뿔싸르는 아르부아 근교에 위치한 뿌삐랭Pupillin 마을에서 쁠루싸르Ploussard라고 부르며, AOC 규정상 쥐라 지방에서 생산되는 뿔싸르 와인은 뿔싸르, 또는 쁠루싸르로 라벨 표기가 모두 가능합니다. 뿔싸르는 껍질이 검고 얇으며, 껍질에 색소와 페놀 성분이 적기 때문에 생산되는 와인은 비교적 색이 옅은 편입니다.

아르부아 북쪽 지역에서 드물게 찾아볼 수 있는 트루쏘는 쥐라 지방에서 재배되는 다른 품종보다 일조량을 더 많이 요하는 품종으로, 이 지방 재배 면적의 5%를 차지하고 있습니다. 주로 옅은 색을 지닌 뿔싸르와 블렌딩되어 색을 보강해주는 역할을 합니다. 최근 DNA 검사를 통해 싸바냉과 친자 관계가 있는 것으로 밝혀졌으며, 슈냉 블랑과 쏘비뇽 블랑과는 형제 관계라 할 수 있습니다.

쥐라 지방에서는 삐노 누아를 사용해 다양한 스타일로 와인을 생산하며, 뿔싸르의 옅은 색을 보강하기 위해 블렌딩되기도 합니다. 특히 아르부아-뿌삐랭 Arbois-Pupillin 마을에서 로제 와인 생산에 중요한 품종이며, AOC 샤또-샬롱 서쪽에 위치한 아를레 Arlay 마을 주변에서 우수한 레드 와인을 생산하고 있습니다.

SAVAGNIN

SAVAGNIN
싸바냉

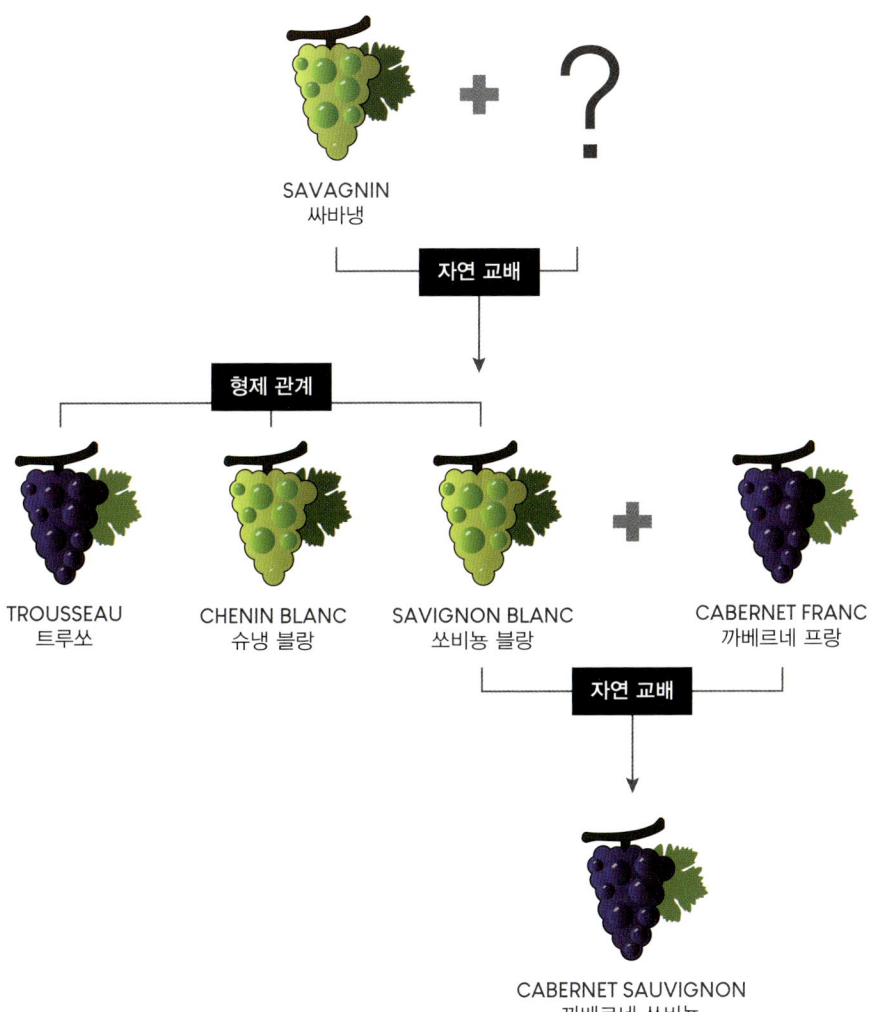

쥐라 지방의 토착 품종인 싸바냉은 이 지방에서 나뛰레라 불리고 있습니다. DNA 검사 결과 이탈리아의 트라미너 종과 깊은 관계가 있는 것으로 밝혀졌으며, 트루쏘, 슈냉 블랑, 쏘비뇽 블랑과도 연관이 있습니다. 쥐라 지방에서는 뱅 존을 만드는 핵심 품종으로 사용되고 있으며 종종 샤르도네와 블렌딩하여 매혹적인 화이트 와인을 생산하기도 합니다.

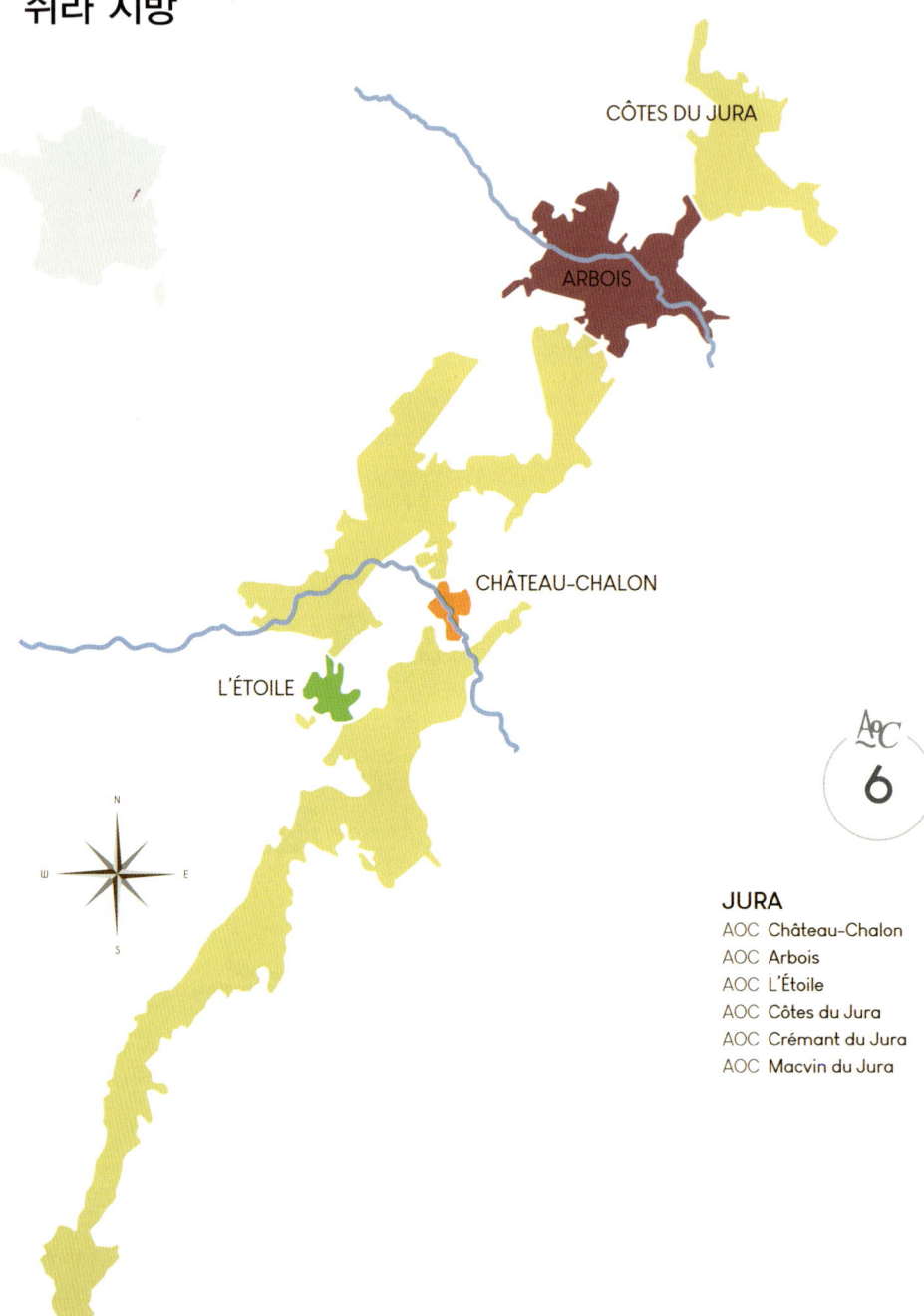

05 쥐라 지방의 주요 AOC

쥐라 지방은 6개의 AOC가 존재합니다. 부르고뉴 지방처럼 등급화되어 있지 않고 단순하게 지방과 마을 단위로만 분류하고 있습니다.

◆ 마을 명칭 AOC 3개

- AOC 아르부아(Arbois) : 1936년 AOC 승격, 820헥타르
- AOC 샤또-샬롱(Château-Chalon) : 1936년 AOC 승격, 50헥타르
- AOC 레뚜왈(L'Étoile) : 1937년 AOC 승격, 52헥타르

[2005년 INAO 자료 참고]

◆ 지방 명칭 AOC 3개

- AOC 꼬뜨 뒤 쥐라(Côtes du Jura) : 1937년 AOC 승격, 526헥타르
- AOC 막뱅 뒤 쥐라(Macvin du Jura) : 1991년 AOC 승격, 53헥타르
- AOC 크레망 뒤 쥐라(Crémant du Jura) : 1995년 AOC 승격, 310헥타르

[2005년 INAO 자료 참고]

- AOC 아르부아

아르부아 마을 주변에 펼쳐진 원산지로, 하위 지역인 뿌삐랭 마을까지 포함하고 있습니다. 레드 와인과 로제 와인은 뽈싸르와 트루쏘, 그리고 삐노 누아를 사용해 생산하며, 화이트 와인은 샤르도네와 싸바냉을 사용해 생산합니다.

아르부아 마을의 남쪽에 위치하고 있으며, 아르부아의 하위 마을에 속해 있습니다. 쥐라 와인의 거장 삐에르 오베르누와 Pierre Overnoy가 뿌삐랭 마을을 기반으로 고품질 와인을 생산하고 있으며, 세계적으로 높은 평가를 받고 있습니다. 뽈싸르와 싸바냉은 표고 300~400미터 사이에서 주로 재배되며, 400~500미터 사이에서는 샤르도네를 재배하고 있습니다.

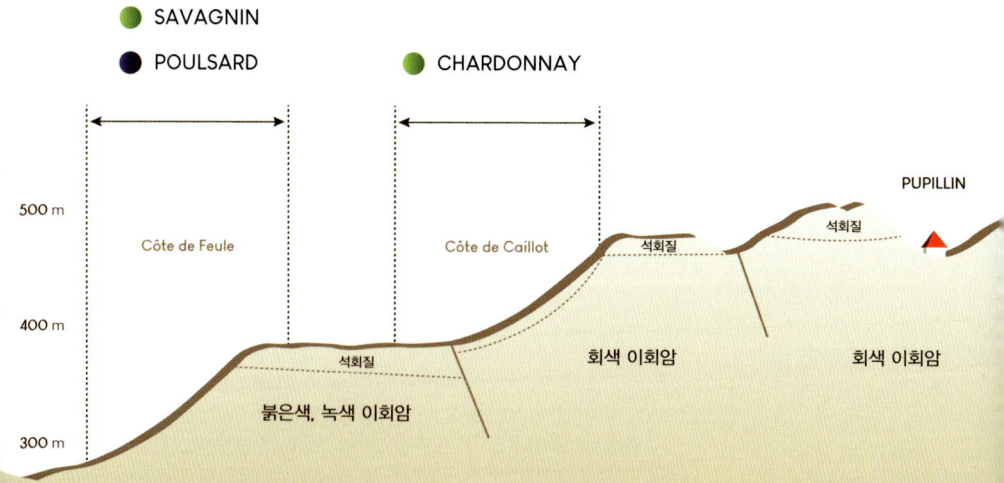

CHÂTEAU-CHALON
샤또 샬롱

40
DOMAINE

3
NÉGOCIANT

3
COOPÉRATICE

쥐라 지방의 남쪽에 위치한 샤또-샬롱은 뱅 존(Vin Jaune)만 만드는 마을입니다. 뱅 존은 AOC 레뚜왈과 AOC 꼬뜨 뒤 쥐라에서도 생산 가능하지만 샤또-샬롱을 최고로 평가하고 있습니다. 싸바냉 단일 품종으로 부르고뉴 지방에서 사용했던 오래된 오크통에 넣어 숙성을 하며, 법정 최저 숙성 기간은 6년으로 프랑스 AOC 중에서는 가장 숙성 기간이 깁니다.

- AOC 샤또-샬롱

뱅 존Vin Jaune만을 생산하는 원산지로, 쥐라 지방 남쪽에 위치하고 있습니다. 2005년 기준으로 40곳의 도멘과 3곳의 협동조합, 3곳의 네고시앙을 포함해 총 46곳에서 와인을 생산하고 있습니다.

뱅 존은 AOC 레뚜왈과 AOC 꼬뜨 뒤 쥐라에서도 생산 가능하지만 샤또-샬롱의 뱅 존을 최고로 평가합니다. 싸바냉 품종만을 사용하며 생산자들은 싸바냉이 최대한 익었을 때 수확하여 알코올 발효를 거친 후, 부르고뉴 지방에서 사용했던 오래된 오크통에 넣어 숙성을 시작합니다. 뱅 존의 법정 최저 숙성 기간은 6년 이상으로 프랑스 AOC 와인 중 숙성 기간이 가장 깁니다. 숙성 기간 중에는 증발되는 와인을 보충하는 우이야주Ouillage 작업이나 침전물을 제거하는 쑤띠라주Soutirage 작업을 하지 않기 때문에 통 안에 와인은 대부분 증발하여 와인 표면에 산막효모가 뒤덮이게 됩니다. 이 산막효모막으로 인해 뱅 존은 셰리와 같은 독특한 견과류 향이 생성되고 산화 뉘앙스의 풍미가 강해집니다. 스페인의 셰리Sherry와 제조 방식이 유사하지만, 주정 강화는 행하지 않습니다.

뱅 존은 산화에 의해 색이 진한 황색을 띠고 있기 때문에 '황색 와인Yellow Wine'을 의미하는 프랑스 단어에서 이름이 유래되었으며, 쥐라 지방에서 생산되는 뱅 존은 가격이 비싸고, 수명도 매우 긴 편입니다.

샤또-샬롱을 포함해 쥐라 지방에서 생산되는 뱅 존Vin Jaune은 끌라브랭Clavelin이라 불리는 620ml 용량의 특수한 형태의 병에 넣어져서 판매됩니다. 이 병을 사용한 이유는 정확히 알려진 바는 없지만, 아마도 발효가 끝난 와인 1리터를 오크통에 넣고 숙성하면 대략 380ml 용량이 증발되기 때문에 620ml 용량의 병을 사용하지 않았나 추측하고 있습니다. 참고로 샤또-샬롱에서 생산하는 뱅 존은 프랑스 최고의 미식가인 퀴르농스키가 프랑스 5대 화이트 와인 중 하나로 손꼽던 와인입니다.

VIN JAUNE
뱅 존의 양조 방식

뱅 존은 싸바냉을 단일 품종으로 사용하며, 알코올 발효가 끝난 후 부르고뉴 지방에서 사용했던 오래된 오크통에 넣어 숙성을 시작합니다. 뱅 존의 법정 최저 숙성 기간은 6년 이상으로 AOC 와인 중 숙성 기간이 가장 깁니다. 뱅 존은 스페인의 셰리와 제조 방식이 유사하지만, 주정강화는 하지 않습니다.

VIN JAUNE
뱅 존에 관해

뱅 존은 숙성 기간 중 자연스럽게 증발되는 와인을 채워주는 우이야주 작업과 침전물을 제거하는 수띠라주 작업을 하지 않기 때문에 통 안에 와인은 대부분 증발하여 와인 표면에 산막 효모막이 형성되고, 효모는 자가분해를 통해 셰리와 같은 독특한 견과류 향과 풍미가 생성됩니다.
이러한 방식을 '뱅 드 브왈', 또는 '쉬-브왈'이라고 합니다. 뱅 드 브왈 방식으로 만드는 와인 중 최소 6년 이상 숙성을 시킨 것이 뱅 존입니다.

VIN DE VOILE
[VIN SOUS VOILE]
뱅 드 브왈: 산화막 와인

JURA BOTTLE
쥐라 지방의 전통 병

쥐라 지방에서 생산되는 뱅 존은 전통적으로 620ml 용량의 끌라브랭 병에 넣어져서 판매됩니다. 이 병을 사용한 이유는 정확히 알려진 바는 없지만, 아마도 발효가 끝난 와인 1리터를 오크통에 넣고 숙성하면 대략 380ml 용량이 증발되기 때문에 아마도 620ml 용량의 병을 사용하지 않았나 추측하고 있습니다. 또한 이 지방에서 생산되는 뱅 드 빠이으 와인은 375ml 용량의 포 병에 담겨 판매되고 있습니다.

CLAVELIN
뱅 존, 620ml 끌라브랭

POT
뱅 드 빠이으, 375ml 포

- AOC 레뚜왈

샤또-샬롱 서쪽에 펼쳐진 원산지로, 레뚜왈L'Étoile, 쁠랭우아조Plainoiseau, 깡띠니Quintigny, 쌩-디디에Saint-Didier 4개 마을에서 생산됩니다. 레뚜왈 화이트 와인은 샤르도네, 싸바냉을 사용해 만들고, 뱅 존은 싸바냉 단일 품종으로 만듭니다. 그리고 뱅 드 빠이으는 샤르도네, 뿔싸르, 싸바냉을 사용해 만듭니다.

- AOC 꼬뜨 뒤 쥐라

이 지방 전역에서 생산되는 와인 명칭으로 뱅 드 빠이으Vin de Paille, 뱅 존을 포함한 화이트 와인과 로제 와인, 레드 와인이 생산 가능합니다. 화이트 와인은 샤르도네와 싸바냉을 사용해 만들며 레드 와인과 로제 와인은 뿔싸르, 트루쏘, 삐노 누아를 사용해 만들지만, 뱅 존을 포함한 화이트 와인을 주로 생산하고 있습니다.

뱅 드 빠이으는 수확한 포도를 짚 더미 위에 널어 통풍이 잘 되는 그늘에서 1월까지 건조해 생산하는 스위트 와인입니다. 건조 과정을 거친 포도는 중량이 반으로 줄고 과즙의 당도가 농축된 건포도 상태가 되는데, 이러한 건포도로 알코올 도수 15% 이상으로 양조하여, 중고 오크통에서 2~3년간 숙성시키면 매끈한 느낌의 스위트 와인이 탄생됩니다. 소량 생산되는 뱅 드 빠이으는 쥐라 지방의 특산품으로 뽀Pots라 불리는 375ml의 용량의 특수한 형태의 병에 넣어져서 판매됩니다.

쥐라 지방의 와인은 뱅 존 뿐만 아니라 다른 AOC 와인에서도 의도적으로 산화된 뉘앙스를 띄는 것이 많습니다. 게다가 이 지방에서 생산되는 와인들은 전반적으로 산미가 강한 것이 특징입니다. 최근 들어 숙성 과정 중 우이야주 작업을 진행해 산화 뉘앙스가 없는 신선한 타입의 와인을 만드는 생산자가 늘고 있으며, 이러한 제조 방식을 우이에(Ouillé)라 합니다.

- AOC 막뱅 뒤 쥐라

이 지방 전역에서 생산되는 주정 강화 와인의 원산지 명칭으로 14세기부터 생산될 정도로 오랜 역사를 지니고 있습니다. 막뱅 뒤 쥐라 생산에 사용되는 포도는 당도 함유량이 가장 높을 때까지 기다려야 하기 때문에 통상적으로 수확을 늦게 진행합니다. 이렇게 얻은 포도 과즙은 알코올 발효를 진행하지 않은 상태에서 쥐라 지방의 전통 증류주인 마끄 뒤 쥐라Marc du Jura를 첨가해 최대 22%까지 주정을 강화합니다. 높은 알코올 도수로 인해 발효가 진행되지 않아 잔여 당분이 많은 스위트 와인이 되며, 중고 오크통에서 12개월간 숙성시켜 출하합니다. 이렇게 제조한 와인을 뱅 드 리꿰르Vin de Liqueur 라고도 하며, 막뱅 뒤 쥐라는 꼬냑 지방의 삐노 데 샤랑뜨Pineau des Charentes와 아르마냑 지방의 플록 드 가스꼬뉴Floc de Gascogne에 이어 3번째로 뱅 드 리꿰르 AOC로 승격되었습니다. 레드, 로제 타입의 막뱅 뒤 쥐라 생산에는 뿔싸르, 트루쏘, 삐노 누아 품종을 사용하며, 화이트 타입의 막뱅 뒤 쥐라는 샤르도네와 싸바냉을 사용합니다.

- AOC 크레망 뒤 쥐라

이 지방 전역에서 생산되는 스파클링 와인의 원산지 명칭입니다. 뿔싸르, 트루쏘, 삐노 누아의 적포도 품종과 샤르도네, 싸바냉, 삐노 그리의 청포도 품종으로 화이트, 로제 스파클링 와인을 만듭니다. 최근에 생산되는 크레망 뒤 쥐라는 샹빠뉴와 같이 병내 2차 탄산가스 발효를 진행해 만들고 있으며, 품질도 꽤 괜찮은 편입니다.

경매에 등장한 뱅 존 1774

2018년 5월 26일 프랑스 쥐라 지방의 엉셰르(Encher) 경매장에서 1774 빈티지의 아르부아 뱅 존(Arbois Vin Jaune) 와인이 3병 출품되었습니다. 아나뚜알 베르쎌(Anatoile Vercel, 1725~1786)이 만든 와인으로, 베르쎌 가문은 14세기부터 가족 경영에 의해 포도원을 운영하고 있으며, 아르부아 마을에서 가장 오래된 포도원 중 하나이기도 합니다.

이 3개의 뱅 존 와인은 각각 10만 3700유로(1억 3천만 원), 9만 6250유로(9,600만 원), 7만 3200유로(9,200만 원)에 낙찰되었으며, 낙찰자 가운데 1명은 캐나다 국적인 것으로 전해졌습니다. 경매장 측은 세계에서 가장 오래된 것으로 알려진 이들 와인이 병당 1만 5000~2만 유로에 낙찰될 것으로 예상했었지만, 실제 낙찰가는 이보다 5배 이상 높았습니다. 참고로 1774년은 프랑스에서 루이 15세가 사망하고 그의 손자인 루이 16세가 왕으로 즉위한 해이며, 또한 이웃 독일에서는 괴테가 '젊은 베르테르의 슬픔'을 출간한 해이기도 합니다.

VIN JAUNE 1774
가장 오래된 뱅 존

2018년 5월 26일 쥐라 지방의 엉셰르 경매장에서 1774 빈티지의 아르부아 뱅 존 와인이 3병 출품되었습니다. 3개의 뱅 존은 아나뚜왈 베르쎌이 만든 와인으로 각각 1억 3천 만원, 9천 6백 만원, 9천 2백 만원에 낙찰되었으며 경매장 측은 예상 낙찰가보다 5배 이상 높은 가격이라고 밝혔습니다.

FRENCH WINE REGIONS
SAVOIE

AOC
6

- 🟢 CHASSELAS
- 🟢 JACQUÈRE
- 🟢 ROUSSETTE
- 🔵 MONDEUSE
- 🔵 GAMAY
- 🔵 PINOT NOIR

스위스 국경 근처의 산기슭에 위치한 싸부아는 천혜의 관광지로 유명합니다. 포도 재배 면적은 보르도 지방과 견줄 정도로 넓지만, 알프스 산맥에 의해 산지가 너무 멀리 흩어져있기 때문에 와인 생산량은 1/50에 불과하며, 프랑스 전체 생산량의 0.5%를 차지하고 있는 매우 작은 산지입니다.

06 싸부아 지방 개요

- ◆ 재배 면적 : 2,330 헥타르
- ◆ 생산량 : 166,000 헥토리터

[www.lesvintoutsimplement.com] 2017년 자료 참조

싸부아 지방은 쥐라 지방의 남쪽, 스위스 국경 근처에 있는 와인 산지로 알프스산맥의 산기슭에 위치합니다. 천혜의 관광지로 겨울에는 스키로 여름에는 피서로 많은 관광객들이 방문하며, 이 지방에서 생산되는 와인의 대부분은 현지에서 소비되고 있습니다. 과거 프로방스 지방의 로제 와인과 마찬가지로 관광지 와인이라는 이미지를 가지고 있었지만, 최근 들어 개성 넘치는 와인을 생산하고 있습니다.

2017년 기준으로 AOC 와인용 포도 재배 면적은 2,330헥타르이고 와인 생산량은 16만 헥토리터에 달합니다. 전체 생산되는 와인의 70%는 화이트 와인으로, 20%의 레드 와인과 6%의 로제 와인, 그리고 4%의 스파클링 와인을 소량 생산하고 있습니다. 싸부아 지방의 면적은 보르도 지방과 견줄 정도로 넓지만, 알프스산맥에 의해 산지가 너무 멀리 흩어져있기 때문에 와인 생산량은 50분에 1에 불과하며, 프랑스 전체 생산량의 0.5%를 차지하고 있는 매우 작은 산지입니다.

현재 46%를 네고시앙Négociant에서 생산하고 있으며, 39%는 독립 생산자Vignerons Indépendants 라 불리는 도멘에서, 그리고 15%는 협동조합Coopératives에서 생산되고 있습니다.

07 싸부아 지방의 역사

싸부아 지방은 과거 알프스 북쪽 너머의 갈리아 트란살피나 Gallia Transalpina 부족의 영토 중 하나로 갈리아 부족의 일파인 알로브로게스 부족이 살았던 지역입니다. 로마인들의 지배를 받기 이전부터 알로브로게스 부족은 이곳에 고산기후에 잘 견디고, 가을 서리 전에 익을 수 있는 비티스 알로브로지카 Vitis allobrogica 종을 재배했습니다. 현재 론 지방의 루싼, 마르싼, 뒤레자 Dureza 등의 품종과 싸부아 지방의 몽되즈 Mondeuse 품종 등이 비티스 알로브로지카 종에 의해 파생된 품종으로 밝혀졌습니다.

2세기 말에 로마인들은 랑그독과 프로방스와 함께 싸부아 도시를 건설했으며, 로마 시대의 유명 작가인 콜루멜라 Columella 는 농경과 농업에 관한 책에 이 지방의 토착 품종인 몽되즈를 '눈 속에서도 익는 포도 품종'이라 기록하기도 했습니다. 싸부아 지방에서 생산되는 와인은 독특한 향과 풍미를 지니고 있어 로마인에게 특히 인기가 많았습니다.

중세 시대에 들어 수도원은 소유하고 있는 토지를 파악하기 위해 싸부아 지방의 포도밭 구획에 대한 명칭을 제정하였으며, 수도사들이 포도밭과 와인 양조를 담당하면서 와인 품질이 전반적으로 향상되었습니다.

1248년에 알프스산맥의 그라니에 산에서 유럽 역사상 가장 큰 산사태가 발생해 싸부아 지방의 북쪽에 위치한 16개 마을을 덮쳐 5천명이 사망했습니다. 이 산사태는 싸부아 지방의 그라니에 산 주변 떼루아를 크게 변화시켰고, 아프르몽 Apremont 과 아빔 Abymes 마을의 석회암 토양은 이 산사태로 인해 퇴적된 것입니다.

싸부아 지방은 15세기 초반부터 19세기 중반까지 이탈리아 왕국의 영토였으며, 1860년 3월 24일 사르데냐 왕국과 프랑스 간의 튜린 Turin 조약에 의해 니스 지방과 함께 프랑스로 할양되었습니다. 프랑스에 귀속된 싸부아 지방의 와인은 남부 프랑스 와인과 경쟁하면서 결과적으로 품질이 떨어지게 되고, 이후 1877년 싸부아 지방에도 필록세라 병충해가 출현해 막대한 피해가 발생했습니다.

포도밭을 재건하는 과정에서 제1차, 2차 세계대전이 발생해 싸부아 지방의 재배 면적은 크게 감소했으며, 현재 남아 있는 포도밭을 중심으로 품질 향상을 꾀하려고 노력하고 있습니다.

SAVOIE TERROIR
싸부아 지방의 떼루아

싸부아 지방은 알프스 산에 의한 대륙성 기후와 지중해성 기후의 영향을 받고 있습니다. 전반적으로 추운 편이며, 7월 평균 기온은 20도이고 연간 강우량은 1,220mm 정도 입니다. 생산되는 와인은 전반적으로 신맛이 강하고 무게감도 가볍습니다. 포도밭은 남쪽 경사지의 표고 200~450미터에 위치하고 있습니다. 우수한 포도밭은 태양 열을 최대한 받을 수 있는 남향, 남동향의 경사지에 자리잡고 있으며 강과 호수 근교는 상대적으로 온난한 편입니다.

이 지방의 토양은 쥐라기와 백악기 시대에 대규모 조산 운동으로 생긴 알프스 산맥에 의해 형성되었습니다. 빙하 퇴적물인 빙퇴석과 충적토, 강의 떼라스 자갈과 점토, 석회질 사암 등 매우 다양하게 구성되어 있으며, 특히 빙하로 인해 석회질 성분이 풍부한 편입니다.

08 싸부아 지방의 떼루아

　싸부아 지방의 기후는 전반적으로 추운 편이며, 생산되는 와인은 신맛이 강하고 무게감도 가볍습니다. 포도밭은 알프스산맥과 호수 사이, 표고 200~450미터 산기슭의 남쪽 경사지에 위치하고 있습니다. 우수한 포도밭은 태양 열을 최대한 받을 수 있는 남향, 남동향의 경사지에 위치하고 있으며, 강과 호수 근교는 상대적으로 온난한 기후를 보입니다.

　싸부아 지방은 쥐라기와 백악기 시대에 대규모 조산 운동으로 생긴 알프스산맥에 의해 형성된 토양입니다. 빙하의 퇴적물과 충적토, 그리고 강의 떼라스 자갈과 점토, 석회질 사암 등 토양은 매우 다양하게 구성되어 있으며, 빙하로 인해 전반적으로 석회질 성분이 풍부한 편입니다.

09 싸부아 지방의 주요 포도 품종

싸부아 지방에서 생산되는 대다수의 와인은 단일 품종으로 만들어지고 있으며 이 산지 특유의 토착 품종도 많이 재배되고 있습니다. 25종의 포도 품종을 재배하고 있는데, 이중 샤쓸라 Chasselas, 자께르 Jacquère, 루쎄뜨 Roussette, 알리고떼, 샤르도네 등의 청포도 품종과 몽되즈, 삐노 누아 등의 적포도 품종을 가지고 훌륭한 품질의 와인이 생산되고 있습니다.

스위스에서 광범위하게 재배되고 있는 샤쓸라는 이 지방에서도 재배 면적이 넓은 편이며, 레만 호수 남쪽 마을에서 주로 재배되고 있습니다. 샤쓸라 와인은 마른 과실 향의 신선하고 가벼운 드라이 타입으로, 비교적 빨리 마시는 것이 좋습니다.

수확량이 많은 자께르는 AOC 뱅 드 싸부아 와인을 생산하는 주요 품종으로 50%의 재배 면적을 차지하고 있습니다. 이 품종은 서양배, 흰 복숭아, 자몽, 흰 꽃 등의 풍부한 방향성과 가볍고 신선한 드라이 타입의 화이트 와인을 생산합니다. 특히 아프르몽 마을에서 생산되는 자께르 화이트 와인은 퐁듀 요리와 잘 어울립니다.

과거 루쎄뜨라 불리었던 알떼스 Altesse는 수확량이 적고 늦게 익는 품종이지만, 회색 곰팡이 병에 저항력이 강한 편입니다. 알떼스로 만든 화이트 와인은 파인애플, 복숭아, 시트러스 향과 함께 모과, 허브 등의 이국적인 아로마를 느낄 수 있으며, 좋은 신맛과 숙성 잠재력도 뛰어납니다. 알떼스의 원산지는 프랑스로 추정하고 있으며, 생산자들은 알떼스 품종이 헝가리의 푸르민트 Furmint와 유사한 캐릭터를 지니고 있다고 말합니다.

또한 싸부아 지방에서는 부르고뉴 지방에서 이식된 알리고떼와 샤르도네도 재배하고 있으며, 싸부아 지방 남쪽의 아이즈 Ayze 마을에서 싸바냉의 친척 품종인 그랭제 Gringet도 소량 재배하고 있습니다. 그랑주는 사과, 모과 향의 가볍고 신선한 화이트 와인으로 주로 생산되며, 스파클링 와인으로 만들면 허브, 흰 꽃, 시트러스 향을 지닌 우아하고 상쾌한 것이 특징입니다.

몽되즈는 싸부아 지방의 토착 품종으로, 로마 시대 이전부터 이 지방에서 재배되고 있었습니다. 19세기 후반 필록세라 피해를 입은 후 몽되즈의 재배 면적이 급감했지만, 20세기에 약간 회복되어 2000년 기준으로 프랑스에 200헥타르의 재배 면적을 차지하고 있습니다. 남부 론 밸리의 AOC 샤또네프-뒤-빠프 생산에 소량 사용되고 있으며, 싸부아 지방에서 가메와 삐노 누아의 색을 보강하기 위해 블렌딩되고 있습니다. 몽되즈로 생산한 와인은 색이 진하며 후추 등의 스파이시한 캐릭터가 특징으로 일부 생산자의 경우 보졸레 와인과 같은 스타일로 만들기도 합니다. 우수한 품질의 몽되즈 와인은 아르뱅 마을의 석회암과 이회토에서 생산되며 붉은색 과실, 제비꽃, 향신료 등의 복합적인 향과 균형 잡힌 밸런스와 구조감을 지니고 있고, 10년 이상 병 숙성이 가능합니다.

싸부아 지방에서는 이외에 부르고뉴 지방에서 이식된 삐노 누아나 가메도 재배되고 있습니다.

싸부아의 베르무트(Vermouth)

싸부아 지방은 와인보다 베르무트로 더 유명한 산지입니다. 베르무트는 와인에 향을 가미해 만든 혼성주로 제조사에 따라 첨가하는 재료가 다르며, 특히 청포도 품종으로 생산한 베르무트가 유명합니다. 주로 식전주로 사용되거나, 칵테일의 부재료로 사용됩니다.

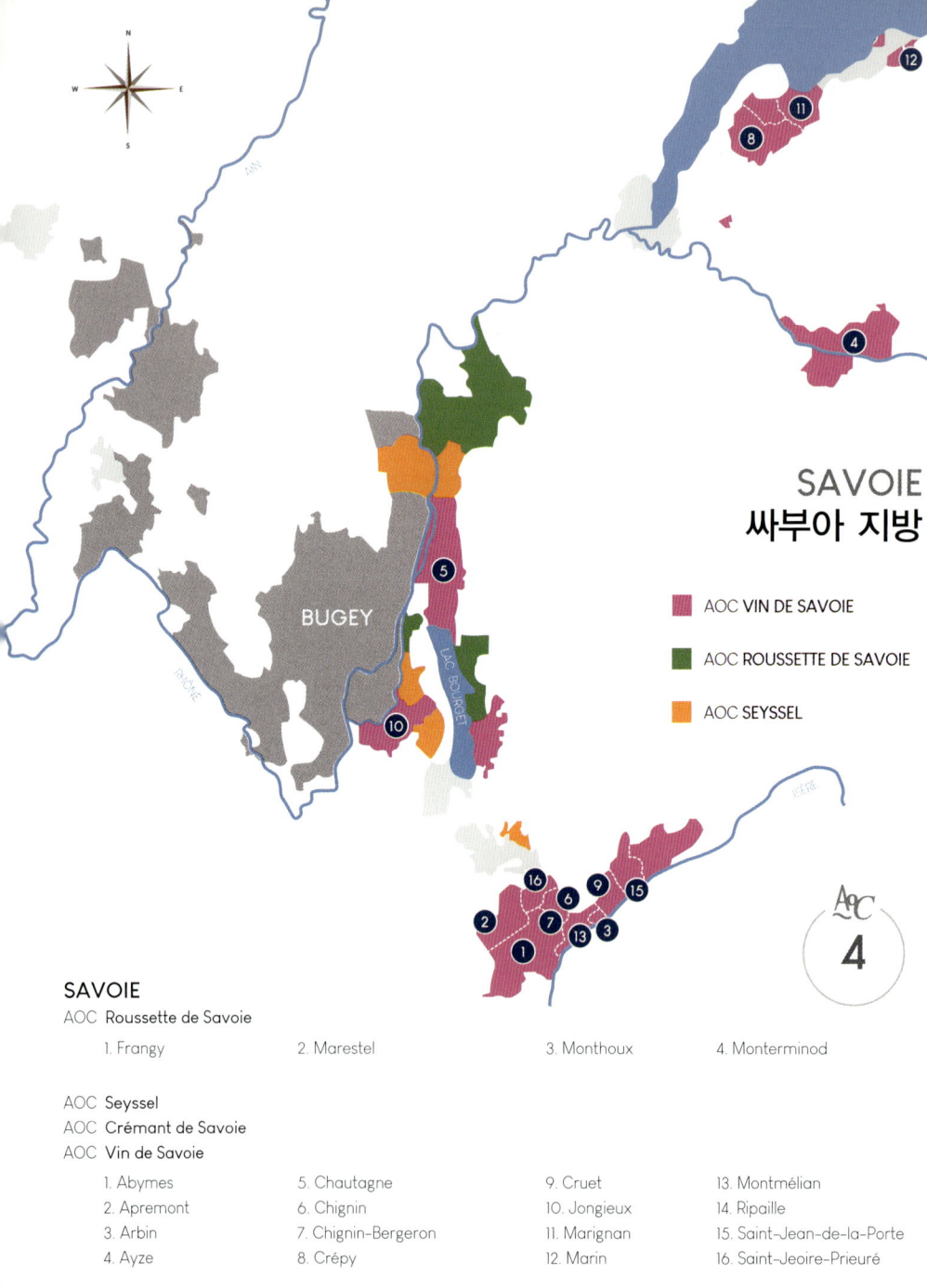

10 싸부아 지방의 주요 AOC

싸부아 지방은 과거 3개의 AOC가 존재했습니다. 하지만 2009년 부르제Bourget 호수 서쪽의 뷔제Bugey 지방에 2개 AOC와 함께, 2014년 싸부아 전역에서 생산되는 스파클링 와인인 AOC 크레망 드 싸부아를 새롭게 추가하여, 지금은 다음과 같이 6개의 AOC가 존재합니다. 싸부아 지방에서 생산되는 88%는 AOC 뱅 드 싸부아이고, 9%는 AOC 루쎄뜨 드 싸부아, 그리고 3%는 AOC 쎄쎌이 차지하고 있습니다.

- AOC 뱅 드 싸부아(Vin de Savoie) : 1973년 AOC 승격, 1,755헥타르
- AOC 루쎄뜨 드 싸부아(Roussette de Savoie) : 1973년 AOC 승격, 150헥타르
- AOC 쎄쎌(Seyssel) : 1942년 AOC 승격, 90헥타르
- AOC 크레망 드 싸부아(Crémant de Savoie) : 2014년 승격
- AOC 뷔제(Bugey) : 2009년 AOC 승격, 500헥타르
- AOC 루쎄뜨 뒤 뷔제(Roussette du Bugey) : 2009년 AOC 승격, 9헥타르

[2005년 INAO 자료 참고]

- AOC 뱅 드 싸부아

이 지방 전역에서 생산되는 원산지 명칭으로, 레드 와인, 화이트 와인, 로제 와인을 생산하고 있습니다. 싸부아 지방 내에 크뤼Cru로 지정된 16개 마을에서 생산되는 와인은 뱅 드 싸부아에 각자 마을의 명칭을 라벨에 표기할 수 있으며, 뱅 드 싸부아보다 더 엄격한 규제를 받습니다.

① **아빔, 레 아빔**(Abymes 혹은 Les Abymes) : 주요 품종은 자께르로 화이트 와인만 생산하며, 아프로몽과 함께 평판이 좋습니다.

② **아프르몽**(Apremont) : 주요 품종은 자께르로 화이트 와인만 생산합니다.

③ **아르뱅**(Arbin) : 주요 품종은 몽되즈로 레드 와인만 생산하며, 시냥과 함께 품질이 우수합니다.

④ **아이즈**(Ayze) : 주요 품종은 그랑주로 스파클링 와인과 화이트 와인을 생산합니다.

⑤ **쇼따뉴**(Chautagne) : 자께르가 주요 품종으로 화이트 와인을 생산하며 가메, 몽되즈, 삐노 누아가 주요 품종으로 레드 와인을 생산합니다. 특히 가메로 만든 레드 와인이 유명합니다.

⑥ **시냉**(Chignin) : 자께르가 주요 품종으로 화이트 와인을 생산하며 가메, 몽되즈, 삐노 누아가 주요 품종으로 레드 와인을 생산합니다. 고품질 싸부아 와인의 대명사로 알려져 있습니다.

⑦ **시냉-베르주롱**(Chignin-Bergeron) : 주요 품종은 루싼으로 화이트 와인만을 생산하는데, 강렬한 향이 특징입니다.

⑧ **크레삐**(Crépy) : 주요 품종은 샤쓸라로 화이트 와인만 생산합니다.

⑨ **크뤼에**(Cruet) : 주요 품종은 자께르로 화이트 와인만 생산합니다.

⑩ **종지외**(Jongieux) : 자께르가 주요 품종으로 화이트 와인을 생산하며, 소량의 알떼스 화이트 와인도 생산합니다. 레드 와인은 가메, 몽되즈, 삐노 누아가 주요 품종으로 사용해 생산합니다.

⑪ **마리냥**(Marignan) : 주요 품종은 샤쓸라로 화이트 와인만 생산합니다.

⑫ **마랭**(Marin) : 주요 품종은 샤쓸라로 화이트 와인만 생산합니다.

⑬ **몽메리앙**(Montmélian) : 주요 품종은 자께르로 화이트 와인만 생산합니다.

⑭ **리빠이으**(Ripaille) : 주요 품종은 샤쓸라로 화이트 와인만 생산합니다. 아주 풍부한 황금빛이 특징입니다.

⑮ **쌩-장-드-라-뽀르뜨**(Saint-Jean-de-la-Porte) : 주요 품종은 몽되즈로 레드 와인만 생산합니다.

⑯ **쌩-즈와르-프리외레**(Saint-Jeoire-Prieuré) : 주요 품종은 자께르로 화이트 와인만 생산합니다.

- AOC 루쎄뜨 드 싸부아

루쎄뜨 품종의 우수성을 인정해 싸부아 지방에서 생산되는 루쎄뜨 와인의 원산지 명칭입니다. 싸부아 지방의 서쪽에서 주로 생산되고 있으며, 루쎄뜨·알떼스 단일 품종으로 화이트 와인만을 생산합니다. 크뤼Cru로 지정된 4개 마을, 프랑지Frangy, 마레뗄Marestel, 몽뚜Monthoux, 몽떼르미노Monterminod에서 생산되는 와인은 루쎄뜨 드 싸부아에 각자 마을의 명칭을 라벨에 표기할 수 있으며, 루쎄뜨 드 싸부아보다 더 엄격한 규제를 받습니다.

과거에는 샤르도네를 50%까지 블렌딩할 수 있었지만, 이제는 블렌딩을 금하고 있습니다. 루쎄뜨 드 싸부아에서 만든 와인은 제비꽃, 허브, 미네랄, 꿀, 헤이즐넛 등의 다양한 향과 신맛이 높은 드라이 타입의 화이트 와인으로 숙성 잠재력도 뛰어납니다.

- AOC 쎄쎌

쎄쎌 마을과 꼬르보노Corbonod 마을에서 생산되는 와인에 대한 원산지 명칭으로 알떼스와 샤쓸라를 사용해 주로 드라이 타입의 화이트 와인과 스파클링 와인을 생산합니다. 알떼스에 지방 토착 품종인 몰레뜨Molette를 소량 블렌딩해 만든 스파클링 와인이 특히 유명하며, 라벨에 쎄쎌 몰레뜨Seyssel Molette로 표기합니다.

- AOC 크레망 드 싸부아

이 지방 전역에서 생산되는 스파클링 와인에 대한 원산지 명칭으로 2014년에 AOC 명칭을 획득하였습니다. 샹빠뉴와 같이 2차 탄산가스 발효를 진행하는 전통적인 방식으로 제조해야 하며, 최소 60% 이상 토착 품종을 사용해야 하고, 최종 블렌딩의 40%는 자께르를 사용해야 합니다.

- AOC 뷔제

행정 구역 상 앵Ain 지방에 속하며, 뷔제 지방에서 생산되는 와인에 대한 원산지 명칭입니다. 과거 루쎄뜨 드 뷔제와 함께 지금은 사라진 AO-VDQS 등급이었지만, 2009년에 승격되었습니다. 주로 화이트 와인을 생산하지만, 로제 와인과 레드 와인, 스파클링 와인 생산도 가능합니다. 크뤼로 지정된 3개 마을, 마니끌Manicle, 몽따니외Montagnieu, 쎄르동Cerdon 에서 생산되는 와인은 뷔제에 각자 마을의 명칭을 라벨에 표기할 수 있습니다.

화이트 와인은 샤르도네를 주품종으로 알리고떼, 알떼스, 자께르, 삐노 그리, 몽되즈 블랑슈를 블렌딩해 생산합니다. 로제 와인은 가메, 삐노 누아를 주품종으로 몽되즈, 삐노 그리와 뿔싸르를 블렌딩해 생산하며, 레드 와인은 가메, 삐노 누아, 몽되즈를 사용해 생산합니다.

예외적으로 뷔제-마니끌Bugey-Manicle은 샤르도네 단일 품종으로 화이트 와인을 생산하고, 삐노 누아 단일 품종으로 레드 와인을 생산합니다. 뷔제-몽따니외Bugey-Montagnieu는 몽되즈 단일 품종으로 레드 와인을 생산하고 루쎄뜨를 주품종으로 스파클링 와인을 생산합니다.

뷔제-쎄르동Bugey-Cerdon은 가메, 뿔싸르를 주품종으로 로제 스파클링 와인을 생산하며, 메또드 앙쎄스트랄Méthode Ancestrale 기법으로 약간의 단맛을 지닌 약발포성 로제 와인도 생산하고 있습니다. 메또드 앙쎄스트랄은 전통적인 스파클링 와인의 생산 기법으로 알코올 발효 중에 와인을 병입해 남아 있는 잔당을 가지고 탄산가스를 얻는 기술입니다. 이렇게 만들어진 스파클링 와인은 샹빠뉴에 비해 탄산가스의 압력이 낮은 것이 특징입니다.

- AOC 루쎄뜨 뒤 뷔제

루쎄뜨·알떼스 품종으로 만든 화이트 와인에 대한 원산지 명칭으로 이 지방 전역에서 생산됩니다. 과거 AOC 규정상 알떼스와 샤르도네 품종의 블렌딩을 허가했지만, 2009년 개정되면서 알떼스 단일 품종만을 사용해 생산해야 합니다. 크뤼로 지정된 2개 마을, 몽따니외와 비리외-르-그랑 Virieu-le-Grand 마을은 루쎄뜨 뒤 뷔제에 각자 마을의 명칭을 라벨에 표기할 수 있습니다.

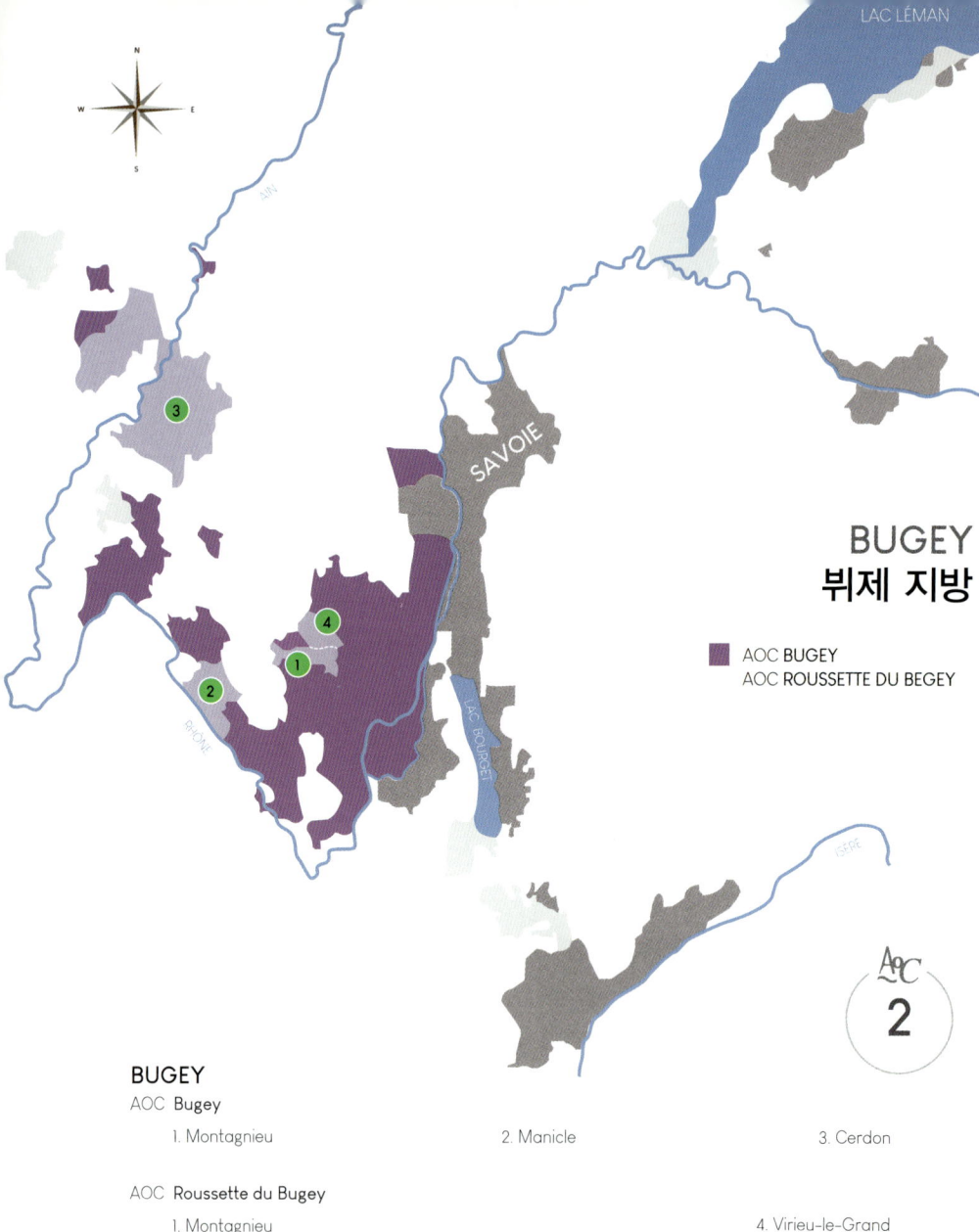

BUGEY
AOC **Bugey**
　　1. Montagnieu　　　　　　2. Manicle　　　　　　3. Cerdon

AOC **Roussette du Bugey**
　　1. Montagnieu　　　　　　　　　　　　　　　　4. Virieu-le-Grand

AOC 뷔제는 이 지방 전역에서 생산되는 원산지 명칭으로, 주로 화이트 와인을 생산하지만 로제, 레드, 스파클링 와인도 생산 가능합니다. 마니끌, 몽따니외, 쎄르동 3개의 크뤼 마을에서 생산된 와인은 AOC 뷔제에 각자 마을 명칭을 표기할 수 있습니다.

AOC 루쎄뜨 뒤 뷔제는 루쎄뜨로 불리는 알떼스 품종의 화이트 와인에 대한 원산지 명칭으로 이 지방 전역에서 생산됩니다. 몽따니외, 비리외-르-그랑 2개의 크뤼 마을에서 생산된 와인은 루쎄뜨 뒤 뷔제에 각자 마을 명칭을 표기할 수 있습니다.

11 일차

**지중해 햇살을 닮은
로제 와인의 본 고장**

프로방스 & 꼬르스

01. 프로방스 지방 개요
02. 프로방스 지방의 역사
03. 프로방스 지방의 떼루아
04. 프로방스 지방의 주요 포도 품종
05. 프로방스 지방의 주요 AOC
06. 프로방스 지방의 크뤼 클라쎄 등급
07. 꼬르스 섬 개요
08. 꼬르스 섬의 역사
09. 꼬르스 섬의 떼루아
10. 꼬르스 섬의 주요 포도 품종
11. 꼬르스 섬의 주요 AOC

FRENCH WINE REGIONS
PROVENCE

AOC
9

● BOURBOULENC   ● CLAIRETTE   ● GRENACHE BLANC
● MOURVÈDRE   ● GRENACHE NOIR   ● CINSAULT

프로방스 지방은 생산되는 와인의 89% 정도가 로제 와인이 차지고 있을 정도로 로제 와인의 인기가 높습니다. 실제로 프랑스 1위의 로제 와인 산지로, 프랑스 전체 로제 와인 생산량의 42%, 전 세계 로제 와인 생산량의 6%를 차지하고 있습니다.

01 프로방스 지방 개요

- ◆ 재배 면적 : 31,180 헥타르
- ◆ 생산량 : 978,000 헥토리터

[www.lesvintoutsimplement.com] 2017년 자료 참조

프랑스 남동부의 지중해를 접하고 있는 와인 산지로 북쪽은 남부 론 밸리, 서쪽은 랑그독 지방에 접하고 있습니다. 프로방스 지방은 생산되는 와인의 89% 정도가 로제 와인이 차지하고 있을 정도로 로제 와인의 인기가 높습니다. 실제 프랑스 1위의 로제 와인 산지로 2016년 기준으로 약 1억 6천만 병 정도가 판매되었으며, 프랑스 전체 로제 와인 생산량의 42%, 전 세계 로제 와인 생산량의 6%를 차지하고 있습니다. 특히 니스Nice, 마르세유Marseille, 깐느Cannes 등의 유명 관광 도시가 지방 내에 있어, 로제 와인을 판매하는 데 있어 큰 도움을 주고 있습니다. 하지만 관광지의 특산품들이 그러하듯 프로방스 지방의 로제 와인도 가격에 비해 품질이 떨어진다는 비판을 항상 받아오지만, 이 지방을 방문해 마늘이나 올리브 오일을 사용한 향토 요리에 로제 와인을 곁들인다면 불만은 모두 사라질 정도로 잘 어울립니다. 또, 최근 들어서 고품질의 로제 와인를 만들려고 하는 의욕적인 생산자가 프로방스 지방에도 많이 생겨났습니다.

이 지방은 레드 와인의 생산량이 적기는 하지만 최근 들어 열정적인 생산자들이 진지하게 생산에 임하고 있으며, 포도 품종도 품질이 떨어지는 까리냥 대신 까베르네 쏘비뇽과 씨라와 같은 고품질 품종으로 전환이 진행되고 있습니다. 2017년 기준으로 AOC용 포도 재배 면적은 약 3만 1천 헥타르에 달하고 와인 생산량은 978,000 헥토리터입니다.

ROSÉ VINIFICATION
로제 와인 양조법

PRESSURAGE DIRECT
직접 압착 방식

포도 송이를 매우 천천히 압착한 후 과즙과 껍질을 압착기 안에서 짧은 시간 접촉시켜 줍니다. 과즙에 색이 물들면 껍질을 제거한 다음 알코올 발효를 진행합니다. 이후 양조 과정은 화이트 와인과 동일합니다.

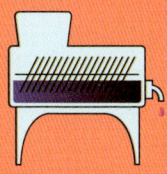

SAIGNÉE
쎄녜 방식

제경, 파쇄 후 포도 과즙과 껍질, 씨를 넣고 16~20°C 정도의 온도에서 2~20시간 정도 침용 과정을 진행합니다. 침용 과정을 짧게 행하는 것이 쎄녜 방식의 핵심입니다. 이후 양조 과정은 레드 와인과 동일합니다.

ROSÉ DE SAIGNÉE
쎄녜 방식의 로제 와인

쎄녜 방식은 가장 일반적인 로제 와인 제조법으로, 레드 와인 제조 과정과 유사합니다. 포도 송이를 제경, 파쇄 작업을 거친 후 탱크에 넣고 침용 과정을 진행합니다. 16~20도 정도의 온도에서 짧게는 2시간, 길게는 20시간 정도 껍질에서 색소와 타닌 성분을 추출합니다. 이후 압착 과정을 거치고 과즙만 알코올 발효를 진행합니다.
직접 압착 방식으로 만든 로제 와인과 비교하면 색이 짙고 타닌이 강한 것이 특징입니다.

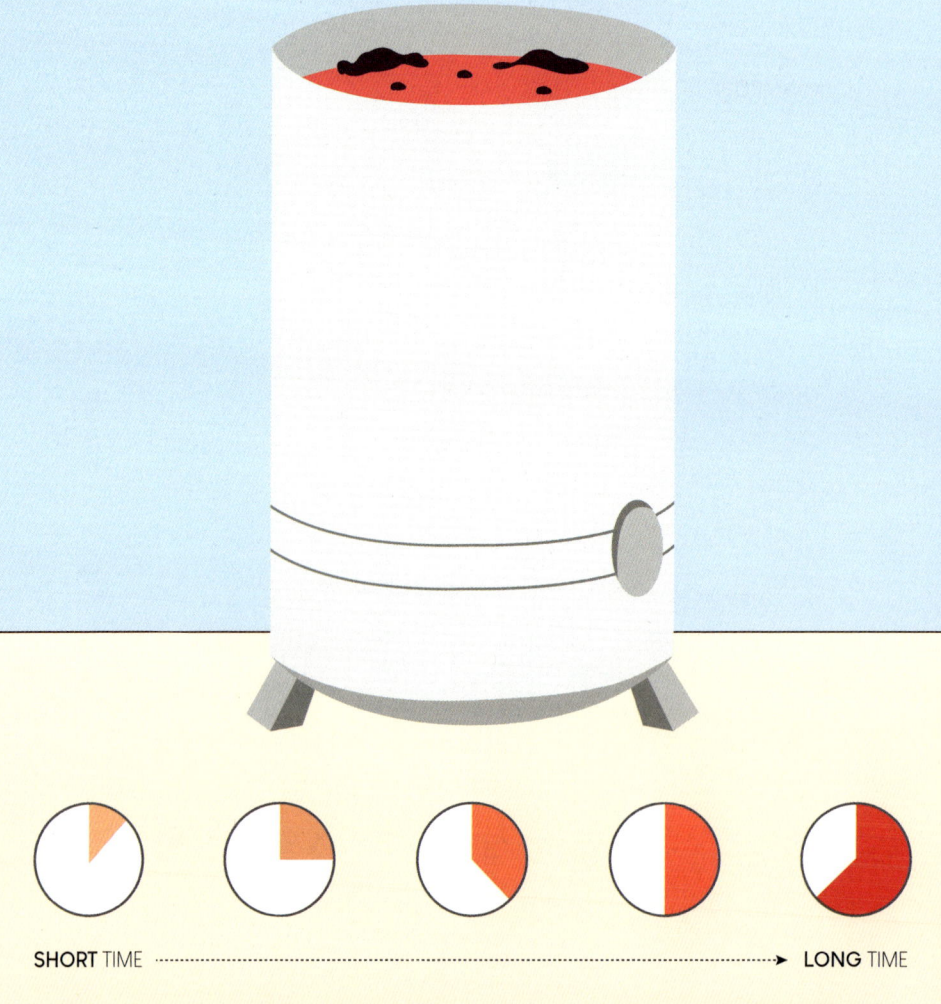

SHORT TIME ················· ▶ LONG TIME

02 프로방스 지방의 역사

기원전 570년 포카이아Phocaea의 그리스 상인들이 프랑스 남동부 해안의 마살리아Massalia(현 마르세유) 도시를 건설하면서, 그들의 소개로 프랑스에 처음으로 포도나무를 재배하기 시작합니다. 이때 생산된 레드 와인은 오늘날의 레드 와인과 같은 색상이 아니었으며, 포도를 압착한 후 매우 빠르게 양조했기 때문에 옅은 색을 띠고 있었습니다.

기원전 200년경에 로마인들은 지금의 프로방스 지방에 정착했고, 결국 로마 제국의 속주 Provincia Romana(현 프로방스) 도시가 되어 본격적으로 포도 재배와 와인 양조를 시작하게 되었습니다. 역사적으로 프로방스 지방은 프랑스에서 최초로 와인을 만든 산지로, 이후 로마 제국이 영토를 확장하면서 론 밸리, 부르고뉴 지방, 가스꼬뉴 지역을 비롯한 보르도 지방에 포도 재배와 와인 양조가 전파되었습니다.

중세 시대에 들어 프로방스 지방의 포도밭은 대다수 수도원이 소유하면서 포도 재배지가 급속도로 확장되었습니다. 수도사들은 포도 재배와 와인 양조에 노력을 기울였고, 그 결과 와인 품질도 전반적으로 향상되었습니다. 당시 수도원에서 생산된 와인은 종교적인 목적뿐만 아니라, 상당량이 판매되었을 정도로 인기 있었습니다.

1032년~1246년까지 프로방스 지방은 신성 로마 제국의 일부였으며, 1246년에 프랑스 내의 영주 국가가 되었습니다. 이후 1481년에 루이 11세에게 양도되고, 1486년에 이르러 완전히 프랑스 왕가의 영토로 흡수되었습니다. 이렇게 여러 차례 통치자가 바뀌면서 지배자와 문화에 따라 프로방스 지방의 포도 재배와 와인 양조도 영향을 받게 되었습니다.

14세기부터 왕족과 귀족, 그리고 왕실 군대의 고위 장교들이 프로방스 지방의 포도밭을 매입하기 시작했습니다. 결과론적인 얘기이지만 이들이 소유한 포도밭에서 오늘날과 같은 프로방스 와인들이 탄생하게 되었습니다.

1880년 프로방스 지방에 필록세라 병충해가 발생하면서 거의 모든 포도원이 파괴될 정도의 큰 피해를 입게 됩니다. 그럼에도 불구하고 포도 재배업자들은 포기하지 않고 다양한 방법을 시도해 필록세라로부터 벗어나려고 노력했으며, 마침내 미국산 대목에 프랑스산 수목을 접붙이기하는 방법으로 필록세라 병충해를 극복했습니다. 하지만 포도밭을 재건하는 과정에서 이 지방의 포도 재배업자들은 까리냥과 같은 수확량이 많고 품질이 낮은 포도 품종을 주로 재배했고, 안타깝게도 프로방스 지방은 저품질 와인들이 넘쳐나기 시작했습니다.

19세기 후반에는 프랑스의 철도망이 완비되고 파리 등 새로운 시장이 확장되었습니다. 특히 프로방스 지방은 관광 도시로 알려지면서 부이야베스 bouillabaisse 와 같은 향토 해산물 음식과 잘 어울리는 로제 와인의 생산이 크게 증가했습니다.

20세기 초반부터 프로방스 지방의 포도 재배업자들은 힘을 모아 협동조합을 설립했습니다. 와인 산업은 자연스레 협동조합으로 옮겨가면서 이들의 영향력이 커졌으며, 이들은 프로방스의 포도 재배업자를 대변해 프랑스 원산지 관리 위원회에 AOC를 신청하였습니다. 현재 프로방스 지방은 과거의 이미지를 탈피하기 위해 부단히 노력 중이며, 주목할만한 점은 향 좋은 고품질 로제 와인이 점점 늘어나고 있다는 것입니다.

03 프로방스 지방의 떼루아

　전형적인 지중해성 기후로 연간 일조 시간은 3,000시간 이상으로 포도를 성숙시키는데 필요한 일조량의 2배나 될 정도로 햇살이 뜨겁습니다. 온화한 겨울과 비가 거의 내리지 않는 매우 따뜻한 여름이 뒤따르며, 강우량은 연간 700㎜ 정도로 봄과 가을에 집중적으로 내립니다. 이러한 기후 조건에서 포도 재배업자들이 주의를 기울이지 않으면, 포도가 과도하게 익어버릴 수 있습니다.

　프로방스 지방은 남부 론 밸리와 마찬가지로 미스트랄 북풍이 강하게 불기 때문에 지중해를 향하는 남향의 경사지에 포도나무를 심어 바람으로부터 보호하고 있습니다. 남향의 경사지가 아닌 포도밭은 포도나무의 수형 관리를 튼튼하게 하지 않을 경우 심한 바람에 의해 포도나무가 피해를 입을 수도 있습니다. 하지만 미스트랄 북풍이 나쁜 것만은 아닙니다. 이 지방의 뜨거운 열기로부터 포도를 식혀주는 역할을 하고, 포도밭의 통풍을 좋게 하여 곰팡이 질병을 예방해주기 때문에 유기농 방식 등 친환경적인 재배를 시행하는 재배업자에게는 긍정적인 면도 있습니다.

　일반적으로 남향의 경사지의 포도밭은 일조량이 풍부하고 기온이 따뜻하기 때문에 늦게 익는 품종이 적합하며, 반대로 북향의 경사지의 포도밭은 빨리 익는 품종이 적합하다고 알려져 있습니다.

　프로방스 지방은 각양각색의 토양으로 구성되어 있습니다. 지중해 연안의 까시스 마을의 토양은 석회암과 이판암으로 주로 구성되었으며, 해안 지역의 토양은 편암과 석영이 많은 반면, 내륙으로 갈수록 점토와 사암이 더 많이 분포되어 있습니다.

04 프로방스 지방의 주요 포도 품종

프로방스 지방에서 재배되고 있는 포도 품종은 대략 45종으로, 이 품종들의 원산지는 프랑스, 스페인, 이탈리아, 그리스와 헝가리 등 다양합니다.

가장 널리 재배되고 있는 적포도 품종은 그르나슈 누아이고, 까리냥, 씨라, 쌩쏘 등이 뒤를 잇고 있습니다. 하지만 이 지방의 주요 적포도 품종은 무르베드르로 레드 와인과 로제 와인 생산에 주로 사용됩니다. 레드 와인에는 무르베드르를 주품종으로 그르나슈 누아와 쌩쏘를 블렌딩해 생산하며, 로제 와인은 그르나슈를 주품종으로 생산합니다.

최근 들어 '세계적인 품종'이라 불리는 까베르네 쏘비뇽과 씨라 등의 재배 면적이 증가하고 있으며, 전통적인 생산자 입장에서는 유행을 쫓아가는 세계화Globalization와 획일적인 와인 스타일을 걱정하기도 합니다. 지난 세기 동안 다수의 재배업자들이 수확량이 많은 까리냥을 주로 사용해 와인을 만들었지만 고품질을 목표로 하는 생산자가 늘어남에 따라 최근 이 품종이 감소하고 있는 추세입니다. 이 외에 브라께Braquet, 꺌리토Calitor, 폴르Folle, 띠부랑Tibouren 품종을 블렌딩용으로 사용하고 있습니다.

청포도 품종은 론 밸리처럼 부르불랭, 끌레레뜨, 그르나슈 블랑, 마르싼, 비오니에, 샤르도네, 쏘비뇽 블랑, 쎄미용, 롤르Rolle, 위니 블랑 등이 있습니다. 현재 품질상의 이유로 빠스깔 블랑Pascal Blanc을 포함해 프로방스 지방의 다수의 토착 품종들이 사라지고 있습니다.

프로방스 지방 논란의 주인공, 까베르네 쏘비뇽

프로방스 지방에서 까베르네 쏘비뇽이 최초로 재배된 시기는 19세기 말로, 필록세라의 피해 이후 포도밭을 재건하는 과정에서 이 품종을 옮겨 심기 시작했습니다. 이후 1960년대 후반부터 본격적으로 까베르네 쏘비뇽을 재배하였으며, 현재 AOC 레 보-드-프로방스의 경우 규정상 최대 30%까지 까베르네 쏘비뇽의 사용이 가능합니다.

이 지방에 까베르네 쏘비뇽을 상업화한 인물은 보르도 지방의 샤또 라 라귄(Château La Lagune, Haut-Médoc)의 소유주였던 조르주 브뤼네(Georges Brunet)로, 그는 1960년대 말에 자신의 포도원을 팔아 엑-썅-프로방스 북동쪽의 샤또 쌩 떼스테브(Château Saint Estève)를 매입하게 됩니다. 하지만 포도원의 이름이 보르도 지방의 쌩-떼스떼프 마을과 비슷해 혼동될 수 있다고 생각한 브뤼네는 이탈리아 시인 페트라르카(Petrarch)의 '로르의 포도나무(The vine of Laure)'에서 영감을 얻어 샤또 비뉴로르(Château Vignelaure)로 변경하였습니다. 샤또 비뉴로르는 까베르네 쏘비뇽 70%, 씨라 30% 비율로 생산하고 있으며, 이 포도원의 성공은 프로방스 지방의 까베르네 쏘비뇽이 확장되는데 큰 역할을 했습니다. 현재 이 지역에서 가장 뛰어난 생산자로 평가받고 있는 도멘 드 트레발롱(Domaine de Trévallon)도 샤또 비뉴로르의 영향을 받았다고 볼 수 있습니다.

'세계적인 품종'이라 불리는 까베르네 쏘비뇽의 사용 증가에 대해서는 현지 생산자 사이에서도 찬반양론이 일고 있습니다. 도멘 드 트레발롱처럼 '까베르네 쏘비뇽을 주품종으로 뛰어난 와인을 만들 수 있다'라고 주장하는 생산자가 있는 반면 '프로방스 지방의 기후에서는 까베르네 쏘비뇽이 당도만 급격하게 상승하고, 향과 풍미 성분은 미숙한 채로 수확된다.'라고 비판을 제기하는 생산자도 있습니다.

PROVENCE
프로방스 지방

PROVENCE
1. AOC Côtes de Provence
2. AOC Coteaux d'Aix-en-Provence
3. AOC Coteaux Varois en Provence
4. AOC Coteaux-de-Pierrevert
5. AOC Cassis
6. AOC Bandol
7. AOC Bellet
8. AOC Palette
9. AOC Les Baux-de-Provence

- BOURBOULENC
- CLAIRETTE
- GRENACHE BLANC
- MARSANNE & VIOGNIER
- MOURVÈDRE
- GRENACHE NOIR
- CINSAULT & SYRAH
- CABERNET SAUVIGNON

AOC 꼬뜨 드 프로방스는 이 지방 전역에서 생산되는 원산지 명칭으로 84개 마을을 포함하고 있습니다. 생산량의 90%는 로제 와인이 차지하고 있으며 지중해의 휴양지에서 대부분이 소비되고 있습니다. 이 외에 지방 명칭 AOC 3개와 까시스, 방돌, 벨레, 빨레트, 레-보-드-프로방스 5개의 마을 명칭 AOC가 존재합니다. 특히 AOC 방돌은 세계적으로 인정을 받고 있으며, 장기 숙성이 가능한 고품질 레드 와인을 생산하고 있습니다.

05 프로방스 지방의 주요 AOC

프로방스 지방에는 다음과 같이 9개의 AOC가 존재합니다.

◆ 지방 명칭 AOC 4개

- AOC 꼬뜨 드 프로방스(Côtes de Provence) : 1977년 AOC승격, 20,064헥타르
- AOC 꼬또 덱-쌍-프로방스(Coteaux d'Aix-en-Provence) : 1985년 AOC승격, 3,958헥타르
- AOC 꼬또 바루아 엉 프로방스(Coteaux Varois en Provence) : 1993년 AOC승격, 2,229헥타르
- AOC 꼬또-드-삐에르베르(Coteaux-de-Pierrevert) : 1998년 AOC승격, 338헥타르

[2005년 INAO 자료 참고]

◆ 마을 명칭 AOC 5개

- AOC 까시스(Cassis) : 1936년 AOC승격, 196헥타르
- AOC 방돌(Bandol) : 1941년 AOC승격, 1,553헥타르
- AOC 벨레(Bellet) : 1941년 AOC승격, 48헥타르
- AOC 빨레트(Palette) : 1948년 AOC승격, 43헥타르
- AOC 레 보-드-프로방스(Les Baux-de-Provence) : 1995년 AOC승격, 305헥타르

[2005년 INAO 자료 참고]

– AOC 꼬뜨 드 프로방스

이 지방 전역에서 생산되는 원산지 명칭으로, 가장 큰 AOC입니다. 보르뒤르 마르팀Bordure Maritime, 노트르–담 데 장주Notre-Dame des Anges, 오 뻬이Haut Pays, 바쌩 뒤 보쎄Bassin du Beausset, 프레쥐스Fréjus, 라 롱드La Londe, 삐에르프Pierrefeu, 몽따뉴 쌩–빅투아르Montagne Sainte-Victoire 등 84개 마을을 모두 포함하고 있습니다. 최근 들어 이 중 프레쥐스Fréjus와 라 롱드La Londe, 삐에르프Pierrefeu, 몽따뉴 쌩–빅뚜아르Montagne Sainte-Victoire 4개 마을에서 생산되는 와인은 꼬뜨 드 프로방스와 각자의 마을 명칭을 표기할 수 있습니다.

꼬뜨 드 프로방스 와인 생산량의 90%는 로제 와인이 차지하고 있는데 많은 양의 로제 와인들은 대부분이 지중해의 휴양지에서 소비되고 있습니다. 6.5% 정도는 레드 와인을 생산하고 나머지 3.5%는 화이트 와인을 생산합니다.

주요 적포도 품종은 까리냥, 쌩쏘, 그르나슈, 무르베드르와 띠부르이며, 최근 들어 까베르네 쏘비뇽과 씨라를 사용하는 비율이 증가하고 있습니다. 레드 와인과 로제 와인의 품질을 향상시키기 위해 AOC 규정상 까리냥을 최대 40%까지 사용하고 나머지 60%는 그르나슈, 쌩쏘, 무르베드르와 띠부르를 사용할 것, 로제 와인의 경우, 쎄녜 방식으로 만든 로제 와인을 최소 20% 이상 사용할 것을 의무화하고 있습니다.

전통적인 방식으로 생산하는 꼬뜨 드 프로방스 와인은 여전히 지방 전통인 암포라, 또는 볼링 핀 형태의 독특한 병에 담아 판매하고 있습니다. 하지만 최근 들어 일부 젊은 생산자들은 로제 와인을 만들 때 오크통에서 발효·숙성 과정을 진행하고, 화이트 와인은 온도 조절 장치가 있는 발효조를 사용해 낮은 온도에서 발효를 하는 등 전통방식에서 벗어난 시도를 하고 있기도 합니다.

– AOC 꼬또 덱–쌍–프로방스

프로방스 지방 서쪽과 북동쪽의 49개 마을을 포함한 원산지 명칭으로, 꼬뜨 드 프로방스에 이어 두 번째로 큰 AOC입니다. 주로 엑–쌍–프로방스Aix-en-Provence를 중심으로 둘러싸고 있으며, 대략 82.5%는 로제 와인이 차지하고 있습니다. 그리고 12% 정도는 레드 와인을 생산하고 나머지 5.5%는 화이트 와인을 생산합니다. 주요 적포도 품종은 그르나슈, 쌩쏘,

무르베드르와 함께 1960년대 보르도 지방의 샤또 라 라귄Château La Lagune 포도원에서 가져온 까베르네 쏘비뇽입니다. 주요 청포도 품종은 부르불랭, 끌레레뜨, 그르나슈 블랑, 샤르도네, 쏘비뇽 블랑과 쎄미용입니다.

일부 생산자의 경우 보졸레 누보Beaujolais Nouveau와 유사한 화이트 누보를 생산하는데, 이 와인은 보졸레 누보보다 2주 늦은 12월에 출하하며 라벨에 누보Nouveau 또는 프리뫼르Primeur를 표기하지 않습니다.

- AOC 꼬또 바로아 엉 프로방스

프로방스 지방 중앙 부분에 위치하고 있습니다. 과거 프로방스 백작의 여름 별장이 있었던 브리뇰Brignoles 마을을 중심으로 주변 28개의 마을을 포함한 원산지 명칭이며, 비교적 최근에 AOC 명칭을 획득하였습니다. 포도밭은 350미터에서 500미터 사이에 위치하고 있으며 석회암 토양이 군락을 이루고 있습니다. 주변에 쌩뜨-봄 산맥Massif de Ste-Baume을 비롯한 바위 산들이 둘러싸고 있어 지중해성 기후를 막아주기 때문에 비교적 서늘한 대륙성 기후를 띠고 있습니다. 이 지역의 중심부에 위치한 브리뇰 마을에서는 11월 초에 수확을 하는 경우도 있습니다. 이곳에서 생산되는 와인의 90%는 로제 와인이고, 7%는 레드 와인, 3%는 화이트 와인입니다. 이곳에서 생산되는 와인들은 전반적으로 향이 풍부하고 신선한 캐릭터를 지니고 있는 것이 특징입니다.

- AOC 꼬또-드-뻬에르베르

꼬또 덱-쌍-프로방스 북동쪽에 위치하며 11개 마을을 포함한 원산지 명칭입니다. 과거에는 AO-VDQS 등급이었으나, 1998년 AOC 명칭을 획득하였습니다. 로제 와인, 레드 와인, 화이트 와인을 생산하는데, 모두 눈에 띄게 가벼운 캐릭터를 지니고 있습니다.

- AOC 까시스

마르세유 동쪽에 위치한 원산지로, 작은 항구 마을 이름이기도 합니다. 생산되는 와인의 75% 이상이 화이트 와인으로 프로방스 지방에서는 보기 드문 산지입니다. 토양은 주로 석회암으로 구성되어 있으며, 특히 주요 품종인 끌레레뜨, 마르싼, 위니 블랑, 쏘비뇽 블랑을 재배하기 적합한 환경입니다. 이곳의 화이트 와인은 허브 향이 풍부하며 드라이 타입의 신맛이 낮고 풀-바디한 스타일입니다. 지역 향토 음식인 '부이야베스'와 완벽한 조화를 이룹니다.

- AOC 방돌

까시스 항구 마을 근교에 위치하고 있는 와인 산지로, 프로방스 지방의 AOC 중에서는 세계적으로 인정을 받고 있는 곳입니다. 방돌 마을을 중심으로 르 보쎄Le Beausset, 라 까디에르-다주르La Cadière-d'Azur, 르 까스뗄레Le Castellet, 에브노Evenos, 올리울Ollioules, 싸나리-쉬르-메르Sanary-sur-Mer, 쌩-씨르-쉬르-메르Saint-Cyr-sur-Mer 8개 마을에서 생산되고 있으며, 기후는 따뜻한 편입니다. 토양은 무척 다양하지만, 붉은 점토와 석회암이 주를 이루고 있습니다. 이러한 떼루아에서는 특히 생장 주기가 긴 무르베드르가 매우 잘 자라며, 프랑스 AOC 중 유일하게 방돌은 무르베드르를 주품종으로 사용해 대부분 레드 와인을 생산하고 있습니다. 검은색 과일, 바닐라, 정향, 가죽 등의 복합적인 향과 타닌 성분이 많이 두드러진 방돌의 레드 와인은 장기 숙성 능력도 뛰어난 편으로, 일반적으로 5~10년 정도 병안에서 숙성시켜 마시는 것이 좋습니다.

AOC 규정상 레드 와인과 로제 와인 생산에는 최소 50% 이상 무르베드르를 사용해야 하며, 최대 15%까지는 씨라와 까리냥의 블렌딩이 가능합니다. 소량 생산되는 화이트 와인은 끌레레뜨, 부르불랭, 위니 블랑 등을 사용해 생산하고 있으며, 과거 쏘비뇽 블랑의 블렌딩이 허가되었지만, 현재 금하고 있습니다. 또한 방돌에서도 소량의 로제 와인이 생산되는데, 론 밸리의 AOC 따벨과 향과 맛에 있어 유사한 점이 많습니다.

방돌에서 생산되는 무르베드르 와인은 떼루아의 특성에 따라 다양한 캐릭터를 지니고 있습니다. 이 지역에서 주로 볼 수 있는 붉은 점토에서 생산되는 와인은 타닌 성분이 매우 강하기 때문에 일반적으로 그르나슈와 쌩쏘를 블렌딩해 생산됩니다. 반면 북서쪽의 쌩-씨르-쉬르-메르 마을에서 에브노 마을까지는 작은 자갈이 섞여있는 지역으로, 이곳에서는 가볍고 섬세한 와인이 생산됩니다.

전통적으로 방돌에서는 그르나슈를 주로 서늘한 북향의 경사지에 재배하는데, 이는 포도

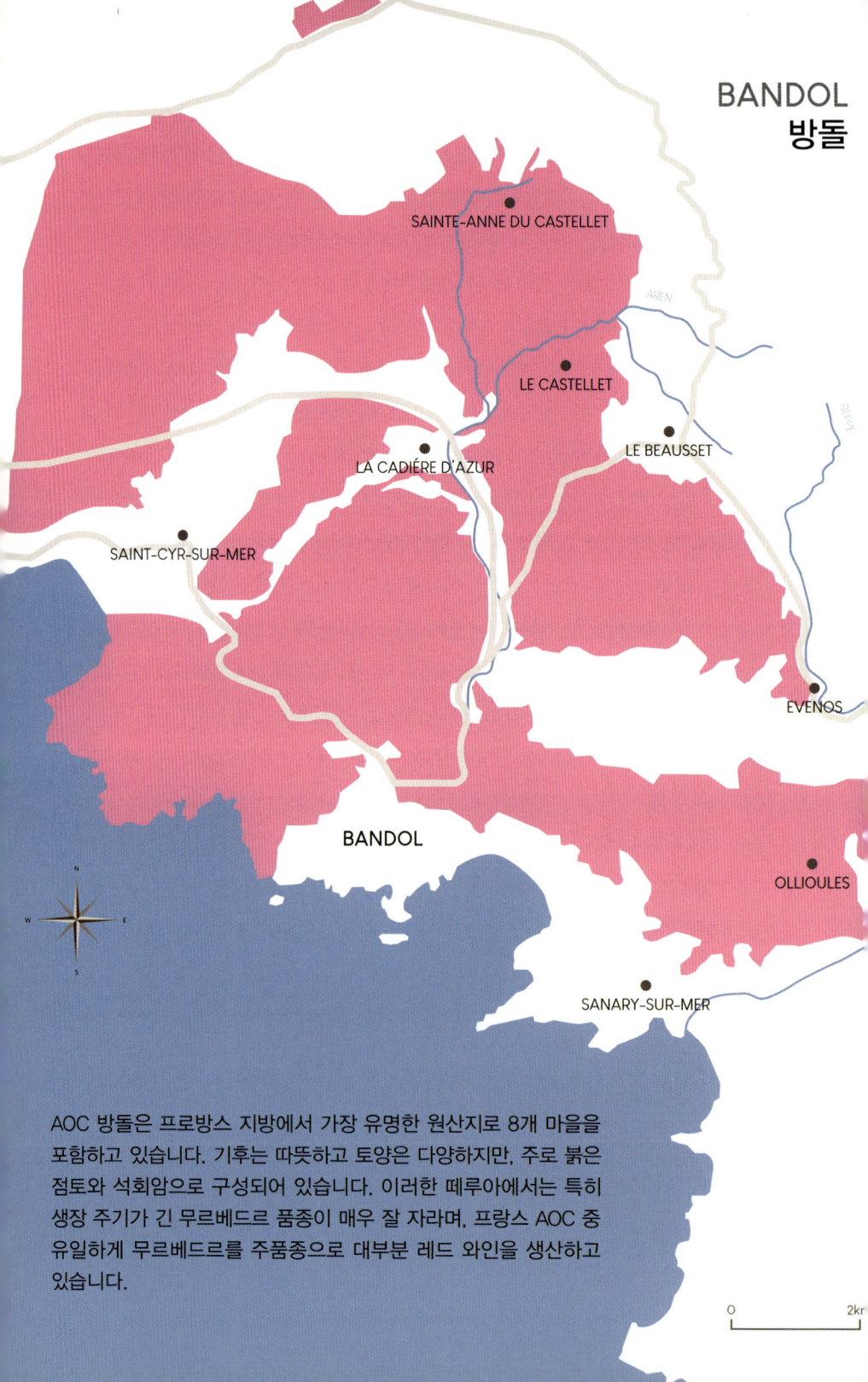

BANDOL
방돌

AOC 방돌은 프로방스 지방에서 가장 유명한 원산지로 8개 마을을 포함하고 있습니다. 기후는 따뜻하고 토양은 다양하지만, 주로 붉은 점토와 석회암으로 구성되어 있습니다. 이러한 떼루아에서는 특히 생장 주기가 긴 무르베드르 품종이 매우 잘 자라며, 프랑스 AOC 중 유일하게 무르베드르를 주품종으로 대부분 레드 와인을 생산하고 있습니다.

가 과하게 익어 알코올 도수가 지나치게 높게 형성되는 것을 방지하기 위해서입니다. 척박한 토양과 환경을 지닌 방돌은 프랑스 와인 산지 중에서도 가장 낮은 수확량을 의무화하고 있으며, 또 무르베드르를 완전히 성숙된 이후에야 양조할 수 있습니다. 포도밭은 주로 계단식으로 경작하고 있어 기계 수확이 현실적으로 불가능하며, AOC 규정에도 기계 수확을 금하고 있습니다. 무르베드르 자체가 산도가 낮은 품종이어서 양조가 어렵고, 숙성 과정에서 산소와 충분히 접촉시키지 않으면 불쾌한 냄새가 나는 경우도 있습니다. 하지만 지금은 예전에 비해 양조 기술이 향상되었기 때문에 좀 더 세련된 방돌 와인을 자주 만날 수 있게 되었습니다.

- AOC 벨레

프로방스 지방 동쪽 끝에 위치한 와인 산지입니다. 연간 일조 시간은 2,700시간 정도로 햇살이 풍부한 편이며 연간 강우량은 838mm 정도입니다. 하지만 알프스산맥의 바람과 미스트랄 북풍의 영향으로 기후는 전반적으로 서늘한 편입니다. 브라케또Brachetto, 푸엘라Fuella, 베르멘티노 등 이탈리아 품종을 주로 재배하고 있으며, 휴양 도시 니스에 바로 붙어 있는 덕에 품질에 비해 높은 가격으로 판매되고 있습니다.

- AOC 빨레트

엑-쌍-프로방스 바로 동쪽의 아르크Arc 강 연안에 위치한 와인 산지로, 역사적으로 가장 오래된 마을입니다. AOC 규정상 레드 와인과 로제 와인은 그르나슈와 무르베드르, 또는 쌩쏘를 최소 80% 사용해야 하며, 나머지 20%는 씨라, 까리냥, 까스떼Castet, 마노스껭Manosquin, 뮈스까, 까베르네 쏘비뇽의 블렌딩이 가능합니다. 화이트 와인은 끌레레뜨가 최소 80% 이상 사용되어야 하며, 나머지 20%는 부르불랭, 트레비아노Trebbiano, 그르나슈 블랑, 뮈스까 블렌딩이 가능합니다. 이 외에도 매우 다양한 포도 품종이 재배되고 있으며 사용할 수 있는 품종의 수는 심지어 남부 론 밸리의 샤또네프-뒤-빠프보다 많습니다.

이곳의 가장 유명한 생산자는 샤또 씨몬Château Simone으로, 200년 이상 빨레트 마을에서 다양한 토착 품종을 사용해 품질이 뛰어난 레드 와인, 로제 와인, 화이트 와인을 생산하고 있습니다.

- AOC 레 보-드-프로방스

꼬뜨 덱-쌍-프로방스 안에 위치한 작은 마을로, 1995년에 분리되어 AOC 명칭을 획득했습니다. 레 보-드-프로방스는 이 산지 언덕 꼭대기에 위치한 중세 고성의 이름에서 유래하였습니다.

포도밭은 마을 언덕 꼭대기 중심부에 자리 잡고 있으며, 약 80%는 레드 와인을 생산하고, 나머지는 로제 와인과 화이트 와인을 생산합니다. 레드 와인은 그르나슈, 무르베드르, 씨라 3가지 품종의 블렌딩 비율이 최대 60%이고, 쌩쏘와 꾸누아즈Counoise, 까리냥을 블렌딩할 경우 30%, 까베르네 쏘비뇽을 블렌딩할 20% 이하로 제한하고 있습니다.

레 보-드-프로방스는 까베르네 쏘비뇽이 널리 재배되고 있지만, 생산에 사용되는 양을 제한하고 있어 이곳의 생산자와 프랑스 원산지 관리 위원회INAO 사이에 긴장감이 팽팽합니다. 논란의 핵심은 포도 품종으로, INAO는 20세기 초반부터 수확량이 많고 품질이 떨어지는 까리냥을 단계적으로 없애는 대신, 그르나슈와 쌩쏘, 그리고 무르베드르와 씨라의 재배를 장려했습니다. 또한 까베르네 쏘비뇽을 포함 타 지역 품종의 사용을 전통에 벗어난다고 판단해 엄격하게 사용을 제한했으며, 따라서 고품질을 목적으로 까베르네 쏘비뇽을 사용하는 생산자들은 규정을 어겼다는 이유로 뱅 드 뻬이 등급에 만족해야 했습니다.

대표적인 생산자가 도멘 드 트레발롱으로 레 보-드-프로방스 마을에 위치하고 있지만, 이곳에서 만들어지는 레드 와인이 씨라 50%, 까베르네 쏘비뇽 50% 비율로 생산하기 때문에 뱅 드 빼이 와인으로 판매되고 있습니다. 도멘 드 트레발롱에서 생산되는 와인은 낮은 등급임에도 불구하고 이 마을에서 가장 뛰어난 와인으로 평가받고 있습니다. 참고로 1960년대 후반부터 프로방스 지방에 까베르네 쏘비뇽이 상업적으로 재배되기 시작했으며, 까베르네 쏘비뇽의 선구자는 보르도 지방의 샤또 라 라귄의 소유주인 조르주 브뤼네로 엑-쌍-프로방스 북동쪽의 샤또 비뉴로르Vignelaure를 매입하면서 이 품종의 재배가 확산되었습니다.

지중해와 가깝고 '지옥의 계곡'으로 알려진 발 덩페르(Val d'Enfer)에 둘러싸여 있어 연평균

2,900시간 정도로 기후가 매우 뜨겁습니다. 또한, 악명 높은 미스트랄 북풍도 불기 때문에 프로방스의 다른 지역보다 유기농 방식의 포도 재배에 적합합니다. 실제 레 보-드-프로방스는 AOC 최초로 모든 포도밭을 유기농 방식으로 경작할 것을 의무화하고 있습니다. 이러한 규정이 생긴 이유는 레 보-드-프로방스가 워낙 미스트랄 북풍이 강해 포도나무에 살포한 화학 제품을 쉽게 제거할 수 있는 것과, 이곳 생산자들이 AOC로 승격된 1995년 전부터 이미 유기농 방식으로 전환을 마친 상태이기 때문입니다.

남부 프랑스 와인의 향기, 갸리그(Garrigue)

프로방스 지방, 남부 론 밸리, 랑그독 지방 등의 지중해 연안 지역에서는 관목의 수풀을 자주 볼 수 있습니다. 이 수풀을 프랑스 방언으로 '갸리그'라고 부르며, 갸리그란 수풀에서 나는 흙 향이나 로즈마리, 라벤더, 타임 등의 다양한 허브와 스파이시한 향 등이 복합적으로 피어오를 때 사용하는 표현입니다. 남부 프랑스의 레드 와인에서 이런 향이 자주 느껴지기 때문에 갸리그란 말은 향을 나타내는 용어로 자주 사용되고 있습니다.

갸리그 향은 토양에 따라 달리 표현하기도 합니다. 유사한 향이지만 석회암과 점토에서 생산되면 '갸리그'로, 편암에서 생산되면 '마끼(Maquis)'라고 합니다.

06 프로방스 지방의 크뤼 클라쎄 등급에 관해서

프로방스 지방에는 크뤼 클라쎄(Cru Classé) 등급이 존재합니다. 부르고뉴, 알자스 지방처럼 포도밭을 등급화시키지 않고 보르도 지방처럼 포도원을 분류해 서열화시켰습니다. 1955년 7월 22일 프랑스 정부 기관에 의해 최초로 제정되었으며, 포도원의 역사, 와인 양조, 숙성 저장고, 포도밭의 품질 등을 평가해, 프로방스 지방의 18곳 포도원을 크뤼 클라쎄 등급으로 분류하였습니다. 공식적으로 정부 기관의 승인을 받았지만, 사실 이 등급이 와인의 품질을 기반으로 하지 않았다는 점과 선정 당시 가장 중요한 포도밭의 떼루아 조건과 구획의 경계선 등을 반영하지 않았다는 점에서 문제점으로 지적하고 있습니다.

크뤼 클라쎄로 선정된 포도원은 자신들의 최고 와인인, 퍼스트 와인 외에 세컨드 와인이나 써드 와인의 라벨에도 '크뤼 클라쎄 드 프로방스'를 표기할 수 있습니다. 또한 선정된 포도원은 멀리 떨어진 새로운 구획의 포도밭을 사서 만들어도 포도원의 이름만 바뀌지 않는다면 '크뤼 클라쎄' 등급을 유지할 수 있습니다.

1955년 제정된 크뤼 클라쎄 리스트는 단 한차례도 변경된 적이 없으며, 새로 포도원이 추가되거나 기존 포도원이 지위를 잃지도 않았습니다. 불공정한 등급이 여전히 존재하는 것은 1977년 꼬뜨 드 프로방스가 AOC 명칭을 획득하기 이전부터 크뤼 클라쎄가 존재하고 있었다는 이유 때문이며, 프랑스 원산지 관리 위원회도 문제 삼고 있지 않습니다. 운이 좋게 크뤼 클라쎄로 선정된 18곳의 포도원은 와인의 품질이 떨어져도 여전히 혜택을 받고 있습니다.

◆ 크뤼 클라쎄 드 프로방스(Cru Classé de Provence)
① 샤또 드 브레강쏭(Château de Brégançon, Bormes)
② 끌로 씨본느(Clos Cibonne, le Pradet)
③ 샤또 뒤 갈루뻬(Château du Galoupet, La Londe-Les-Maures)
④ 도멘 드 모반느(Domaine de Mauvanne, les Salins d'Hyères)
⑤ 샤또 미뉘띠(Château Minuty, Gassin)
⑥ 끌로 미레이으(Clos Mireille, La Londe-Les-Maures)

⑦ 리모레스끄(Rimauresq, Pignans)

⑧ 샤또 드 쌩-마르땡(Château de Saint-Martin, Taradeau)

⑨ 샤또 쌩뜨-로즐린(Château Sainte-Roseline, les Arcs)

⑩ 샤또 드 쎌르(Château de Selle, Taradeau)

⑪ 샤또 쌩-마르귀르뜨(Château Sainte-Marguerite, La Londe-Les-Maures)

⑫ 샤또 루빈(Château Roubine, Lorgues)

⑬ 도멘 드 로메라드(Domaine de l'Aumérade, Hyères)

⑭ 샤또 드 라 끌라삐에르(Château de la Clapière, Hyères)

⑮ 도멘 드 라 크루와(Domaine de la Croix, La Croix-Valmer)

⑯ 샤또 쌩-모르(Château Saint-Maur, Cogolin)

⑰ 도멘 뒤 누와이에(Domaine du Noyer, Bormes)

⑱ 도멘 뒤 자 데스끌랑(Domaine du Jas d'Esclans, La Motte)

FRENCH WINE REGIONS
CORSE

AOC
9

- VERMENTINO (ROLLE)
- BIANCU GENTILE
- MUSCAT
- NIELLUCCIO
- SCIACARELLO
- GRENACHE NOIR

꼬르스 섬에는 9개의 AOC가 존재하며, 생산되는 와인의 대부분은 섬 내에서 소비됩니다. 레드, 화이트, 로제, 스파클링, 주정강화 와인 등 다양한 타입이 만들어지고 있지만, 고급이라 말할 수 있는 것은 극히 드뭅니다. 뱅 드 뻬이 와인을 주로 수출하며, 로제 와인의 생산량이 전체 30%를 차지하고 있습니다.

07 프랑스 안의 작은 이탈리아, 꼬르스 섬

- ◆ 재배 면적 : 3,000 헥타르
- ◆ 생산량 : 12,000 헥토리터

[www.lesvintoutsimplement.com] 2017년 자료 참조

꼬르스 또는 코르시카Corsica 섬은 지중해에 위치한 프랑스령의 섬입니다. 티레니아Tyrrhenia 해를 사이에 두고 남쪽에는 사르데냐 섬이 있고 동쪽에는 토스카나 주가 위치하고 있어 지리적으로는 프랑스보다 이탈리아에 가까운 섬입니다. 실제 문화적으로도 이탈리아에 가깝다고 할 수 있습니다. 남북으로 약 180킬로미터, 동서로 약 80킬로미터 넓이의 꼬르스 섬은 특히, 섬 전역에 산이 많은 것이 특징입니다.

꼬르스 섬에는 9개의 AOC가 존재하며, 생산되는 와인의 대부분은 섬 내에서 소비됩니다. 레드 와인, 화이트 와인, 로제 와인, 스파클링 와인, 주정강화 와인 등 다양한 타입이 만들어지고 있지만, 고급이라 말할 수 있는 것은 극히 드물며, 이곳의 뱅 드 뻬이 등급 와인인 농 드 베르Nom de Verre와 뱅 드 뻬이 드 릴 드 보떼Vin de Pays de l'Île de Beauté를 주로 수출하고 있습니다. 또한 프로방스 지방 정도는 아니지만 로제 와인의 생산량이 많은 편으로 전체의 30%를 차지하고 있습니다.

1960년대부터 꼬르스의 와인 산업은 근대화가 이루어져 품질도 서서히 높아져 갔지만, 1980년대 이후, 유럽 연합에 의한 감반 정책의 대상이 되어 재배 면적이 감소하고 있는 추세입니다. 2017년 기준으로 AOC 와인용 포도 재배 면적은 3,000헥타르이고 와인 생산량은 1만 2천 헥토리터에 달합니다.

08 꼬르스 섬의 역사

　　꼬르스 섬의 와인 제조 역사는 오래되었습니다. 기원전 570년 포카이아의 그리스 상인들이 프랑스 남동부 해안의 마살리아Massalia(현 마르세유) 도시를 세운 직후 꼬르스 섬에도 정착하면서 포도 재배를 시작하였습니다. 포카이아의 그리스인들은 꼬르스 섬의 토착 품종과 함께 외국에서 들여온 포도나무를 재배하였다고 전해집니다.

　　8세기부터 10세기에 걸쳐 꼬르스 섬은 여러 차례 이슬람 세력의 지배를 받게 됩니다. 이슬람교의 율법에 따라 술을 금하고 와인 제조를 엄격하게 제한하면서, 꼬르스 섬의 와인 양조는 정체기를 맞이하게 됩니다.

　　11세기에 들어 꼬르스 섬은 토스카나 지역의 피사 공화국의 지배하에 있었으며, 14세기부터는 제노바 공화국의 지배를 받았습니다. 포도 재배학자들은 이 기간 동안 산지오베제의 변종인 니엘루치오Nielluccio가 꼬르스 섬에 유입되었다고 믿고 있습니다. 그후 500년간 제노바 공화국의 지배를 받았으며 제노바인들은 꼬르스 섬의 포도 수확과 와인 양조에 관한 엄격한 법규를 제정하였고, 제노바 공화국 밖으로 꼬르스 와인을 수출하는 것을 금하였습니다. 당시 꼬르스 와인 중 꺕 꼬르스Cap Corse 지역에서 생산되는 그리스 스타일의 와인이 가장 인기가 높았습니다.

　　1768년 제노바 공화국은 꼬르스 섬을 프랑스에 매각하였지만, 여전히 꼬르스 섬에서는 매력적인 와인을 생산하고 있었습니다. 영국 작가인 제임스 보즈웰은 당시 유행했던 스페인의 말라가Malaga 와인과 랑그독 지방의 프롱띠냥Frontignan 와인에 비교하며 꼬르스 와인의 품질과 다양성을 찬양하였습니다.

　　1769년 꼬르스 섬의 아작씨오 마을에서 나폴레옹 보나파르트(토스카나 출신의 이탈리아 혈통)가 태어났습니다. 1804년에 나폴레옹이 황제에 오르자 고향 꼬르스 섬에서 생산되는 와인과 담배에 대해 프랑스 제국으로 수출하는 세금의 면제 혜택을 주기도 했습니다.

　　19세기 들어 꼬르스 섬의 재배업자들은 와인 산업을 육성하기 위해 씨아카렐로Sciacarello 품종을 널리 재배하였습니다. 또한 동부 해안가의 바스티Bastia 지역과 아작씨오Ajjacio 지역을 연결하는 철도망을 구축하였고, 이 구간중 900미터의 가장 높은 고도에 위치한 비짜보바Vizzavona

(현 비바리오) 마을에는 큰 규모의 와인 저장고를 건설하였습니다.

19세기 후반 꼬르스 섬에 필록세라 병충해가 발생해 와인 산업에 치명적인 타격을 입혔고, 꼬르스 섬의 포도 재배업자들은 필록세라를 피해 다른 나라로 이주하면서 이 섬의 인구가 크게 감소하였습니다. 이후 1960년대 알제리가 프랑스에서 독립하자 삐에-누아Pied-Noir로 불리는 알제리 이민자들이 꼬르스 섬으로 이주하여 새롭게 포도밭을 일구기 시작했습니다. 1976년 포도밭의 재배 면적이 무려 4배까지 증가했지만, 저품질 와인이 꼬르스 섬을 뒤덮었습니다. 게다가 꼬르스 섬의 재배업자들은 품질보다 양을 중시하는 경향이 강했기 때문에, 유럽에 잉여 와인이 범람하는데 가장 큰 주범이 되었습니다. 유럽연합은 과도한 공급으로 인해 발생하는 잉여 와인을 해결하기 위해 1980년부터 '포도나무의 감반 정책'을 실시하였습니다. 재배 면적을 줄이기 위해 포도나무를 갈아엎는 농가에게 장려금을 지급했으며, 와인 생산량을 제한하고 온도 조절 장치가 달린 발효 탱크와 현대적인 양조 기술 등을 소개해 품질에 초점을 맞추기 시작했습니다. 그 결과 2003년까지 꼬르스 섬의 재배 면적을 7,000헥타르 정도 줄였으며 품질 또한 전반적으로 향상되었습니다.

HISTORY OF
CORSE

1769년 꼬르스 섬의 아작씨오 마을에서 나폴레옹 보나파르트가 태어났습니다. 1804년에 나폴레옹이 황제에 오르자 고향 꼬르스 섬에서 생산되는 와인, 담배에 대해 프랑스 제국으로 수출하는 세금의 면제 혜택을 주기도 했습니다.

CORSE TERROIR
꼬르스 섬의 떼루아

꼬르스 섬은 지중해에서 가장 산이 많은 섬으로, 기후는 프랑스 본토보다 좀 더 일조량이 풍부하고 건조합니다. 연간 일조량은 2,470~2,885시간 정도로 특히 7월과 8월이 유달리 건조한 것이 특징입니다. 기온은 전반적으로 높지만 섬 전체가 산악 지대이기 때문에 기상 조건에 차이가 있으며, 일반적으로 섬의 북쪽이 남쪽보다 기온이 높은 편입니다.
연간 강우량은 400mm 정도로, 8월부터 9월 사이에 비가 거의 내리지 않아 곰팡이 병의 피해는 없지만, 가뭄에 대한 불안요소를 지니고 있습니다.

전반적으로 기온이 높은 편이지만, 300미터 정도의 높은 표고에 포도밭이 위치하고 있고, 바다로부터 바람도 많이 불어오기 때문에 포도 재배에 적정한 기온을 띄고 있습니다.

09 꼬르스 섬의 떼루아

꼬르스 섬은 지중해에서 가장 산이 많은 섬이며, 프랑스의 가장 남쪽에 위치하고 있습니다. 기후는 프랑스 본토보다 좀 더 일조량이 풍부하고 건조하며, 7월 평균 기온은 23.3도로 특히 7월과 8월이 유달리 건조한 것이 특징입니다. 기온은 전반적으로 높지만 섬 전체가 산악 지대이기 때문에 장소에 따라 기상 조건에 차이가 있습니다. 일반적으로 섬의 북쪽이 남쪽보다 기온이 높습니다.

연강 강우량은 400mm 정도이고, 수확 시기의 평균 강우량은 65mm 정도입니다. 8월부터 9월에 사이에 비가 거의 내리지 않아 곰팡이 병의 피해는 없지만, 가뭄에 대한 불안요소를 지니고 있습니다.

꼬르스 섬의 표고는 평균 600미터 정도로 포도밭은 300미터까지의 장소에 위치해 있습니다. 연간 일조시간은 2,885시간 정도로 높은 편이지만, 표고가 비교적 높고 바다로부터 바람도 많이 불어오기 때문에 포도 재배에 적정한 기온을 띠고 있습니다. 또한 주변 바다의 영향으로 낮에는 태양 열을 흡수하고, 야간에 섬으로 방출하기 때문에 일정한 온도를 유지할 수 있습니다.

꼬르스 섬에서는 몇 개의 토양을 찾아볼 수 있습니다. 최북단에 위치한 꺕 꼬르스 지역은 주로 편암으로 뮈스까 품종이 잘 자랍니다. 꺕 꼬르스 바로 남쪽에 위치한 빠트리모니오 Patrimonio 지역은 풍부한 석회암과 점토로 구성되었는데, 이 섬의 유일한 석회암 토양입니다. 이러한 토양에서는 북부 론 밸리처럼 강건한 스타일의 레드 와인과 균형감이 좋은 화이트 와인 등 장기 숙성이 가능한 최상급 와인들이 생산됩니다. 서부 해안과 남부 지역은 주로 화강암 토양으로 구성되어 있으며 향신료 향이 풍부하고 마시기 편한 부드러운 스타일의 와인이 생산됩니다. 동부 해안의 솔렌자라 Solenzara와 바스티아 항구 사이에는 이회질의 모래 토양으로 충적토에 해당되며, 가벼운 무게감을 지닌 와인이 생산됩니다.

CORSE TERROIR
꼬르스 섬의 떼루아

- GNEISS, GRANITE 편마암, 화강암
- RHYOLITES 유문암
- SCHISTE, OPHIOLITE 편암, 염기성 화성암
- SEDIMENTS 제2기, 제3기 퇴적물
- ALLUVIUM 충적토
- SAND, CALCAIRE 모래, 석회질

꼬르스 섬에는 몇 개의 토양을 찾아볼 수 있습니다. 최북단에 위치한 깝 꼬르스 지역 주변은 편암, 염기성 화성암으로 뮈스까 품종이 잘 자랍니다. 빠트리모니오 지역은 풍부한 석회암과 점토로 구성되었는데, 이섬의 유일한 석회암 토양으로 최상급 와인이 생산됩니다. 서부 해안과 남부 지역은 화강암 토양으로 향신료 향이 풍부하고 마시기 편한 부드러운 스타일의 와인이 생산됩니다.

10   꼬르스 섬의 주요 포도 품종

    꼬르스 섬의 가장 많이 재배되고 있는 적포도 품종은 니엘루치오로, 이탈리아의 산지오베제와 같은 품종입니다. 북쪽의 바스티아 항구 주변에 있는 빠트리모니오 산지에서 주로 재배되고 있습니다. 빠트리모니오에서 이 품종을 사용해 붉은색 과실과 꽃 계열의 향 등, 방향성이 풍부하고 우아한 타닌과 장기 숙성이 가능한 와인을 만들고 있습니다.

    또 다른 적포도 품종인 씨아카렐로는 꼬르스 섬의 독자적인 토착 품종입니다. '바삭거리는 소리'의 뜻을 지닌 형용사, 크락깡Craquant에서 이름이 유래되었으며, 꼬르스 섬의 재배 면적에 15%를 차지합니다. 아작씨오와 깔비Calvi, 사르뗀Sartène 산지에서 주로 재배되고 있으며 향신료 향이 풍부하고 부드러운 타닌을 지닌 와인을 만들고 있습니다.

    이 외의 프랑스 남부 지방에서 사용되고 있는 적포도 품종과 꺕 꼬르스 산지에서 알레아띠꼬Aleatico 적포도 품종으로 라쀠Rappu 명칭의 뱅 두 나뛰렐을 생산하고 있는데, 달고 강한 맛을 지닌 레드 와인입니다.

    청포도 품종으로는 베르멘티노Vermentino가 주요 품종으로, 프랑스 남부 지방에서 사용되는 롤르Rolle과 같은 품종입니다. 꼬르스 섬에서는 말부아지 드 꼬르스Malvoisie de Corse 라고 부르며, 꺕 꼬르스 산지에서 주로 재배되고 있습니다. 방향성이 풍부한 품종으로 독특한 향을 지닌 드라이 타입의 화이트 와인에서 사과, 감귤 향 등 복합적인 향을 지닌 스위트 타입의 화이트 와인까지 다양하게 생산됩니다. 꼬르스 섬에서 생산되는 베르멘티노는 병안에서 숙성을 하면 페트롤과 유사한 향을 표현하기도 하는데, 일부 생산자들은 꼬르스 섬의 리슬링이라 표현하기도 합니다.

    이 외에 비앙꾸 장띨레Biancu Gentile 청포도 품종으로 자몽, 살구, 오렌지, 미네랄 등의 아로마를 지닌 이국적인 스타일의 화이트 와인도 생산하고 있습니다.

    최근 들어 토착 품종들의 우수성과 포도가 잘 자라는 자갈 언덕의 포도밭을 재발견한 덕에 우수한 와인들이 더 많이 생산되고 있습니다.

CORSE
꼬르스 섬

CORSE
1. AOC Patrimonio
2. AOC Ajaccio
3. AOC Vin de Corse
4. AOC Muscat du Cap Corse
5. AOC Vin de Corse-Calvi
6. AOC Vin de Corse-Sartène
7. AOC Vin de Corse-Figari
8. AOC Vin de Corse-Porto-Vecchio
9. AOC Vin de Corse-Coteaux du Cap Corse

● VERMENTINO (ROLLE)   ● BIANCU GENTILE   ● MUSCAT
● NIELLUCCIO   ● SCIACARELLO   ● GRENACHE NOIR

꼬르스 섬은 2개의 크뤼 명칭 AOC, 5개의 마을 명칭 AOC, 1개의 지방 명칭 AOC, 그리고 1개의 뱅 두 나뛰렐 AOC 총 9개의 AOC가 존재합니다. 빠트리모니오와 아작씨오가 섬 내 크뤼로 지정된 AOC로 꼬르스 와인 중에서는 가장 품질이 뛰어납니다. 또한 섬 전역의 17개 마을에서 AOC 뮈스까 뒤 꺕 꼬르스의 주정강화 와인도 생산되는데, 알코올 발효 중간에 주정을 첨가해 잔여 당분을 남긴 스위트 와인입니다.

11 꼬르스 섬의 주요 AOC

꼬르스 섬은 9개의 AOC가 존재하며 다음과 같이 분류되어 있습니다.

◆ 2개의 AOC 크뤼 명칭

AOC 빠트리모니오(Patrimonio), AOC 아작씨오(Ajaccio)

◆ 5개의 AOC 마을 명칭

AOC 뱅 드 꼬르스-뽀르또-베끼오(Vin de Corse-Porto-Vecchio)

AOC 뱅 드 꼬르스-피가리(Vin de Corse-Figari)

AOC 뱅 드 꼬르스-사르뗀(Vin de Corse-Sartène)

AOC 뱅 드 꼬르스-깔비(Vin de Corse-Calvi)

AOC 뱅 드 꼬르스-꼬또 뒤 깝 꼬르스(Vin de Corse-Coteaux du Cap Corse)

◆ 1개의 AOC 지방 명칭

AOC 뱅 드 꼬르스(Vin de Corse)

◆ 1개의 AOC 뱅 두 나뛰렐

AOC 뮈스까 뒤 깝 꼬르스(Muscat du Cap Corse)

- AOC 빠트리모니오

북쪽의 바스티아 항구 주변에 위치한 원산지로, 1968년 꼬르스 섬 최초로 AOC 명칭을 획득하였습니다.

포도 재배 면적은 458헥타르이고 레드 와인과 화이트 와인, 로제 와인을 생산합니다. 레드 와인과 로제 와인은 니엘루치오를 주품종으로 만들며, 화이트 와인은 베르멘티노 단일 품종으로 만듭니다. 2002년 AOC 규정이 바뀌면서 레드 와인 생산에는 최소 90% 이상, 로제 와인은 최소 75% 이상 니엘루치오를 사용해야 하며, 그르나슈와 씨아카렐로, 베르멘티노의 블렌딩이 가능합니다. 석회암과 점토 토양에서 장기 숙성이 가능한 최상급 와인도 생산되지만, 일반적으로 이곳에서 생산되는 와인은 병입된 후 1~3년 안에 마시는 것이 가장 좋습니다.

- AOC 아작씨오

꼬르스 섬의 수도이자, 와인 원산지로 서부 해안에 위치하고 있습니다. 1984년 AOC 명칭을 획득했으며, 포도 재배 면적은 258헥타르입니다. 레드 와인과 화이트 와인, 로제 와인을 생산하며 레드 와인은 씨아카렐로 주품종에 니엘루치오, 베르멘티노, 그르나슈, 쌩쏘, 꺄리냥을 블렌딩해 생산합니다. 로제 와인은 씨아카렐을 주품종으로 사용해 생산하며, 화이트 와인은 종종 위니 블랑 Ugni Blanc 과 베르멘티노를 블렌딩해 생산합니다. 화강암 토양을 기반으로 향신료 향의 마시기 편한 스타일로 만들며, 빠트리모니오 와인과 동일한 수명을 지니고 있습니다. 참고로 아작씨오의 포도밭은 꼬르스 섬에서 가장 표고가 높습니다.

- AOC 뱅 드 꼬르스

꼬르스 섬 전역에서 생산되는 원산지 명칭으로, 5개의 마을 명칭 AOC를 포함하고 있습니다. 꼬르스 섬에서 생산되는 AOC 와인의 45%를 차지하며 레드 와인과 화이트 와인, 로제 와인을 생산합니다. 레드 와인과 로제 와인은 니엘루치오, 씨아카렐로, 그르나슈 세 품종을 최소 50% 이상 사용해야 하며, 화이트 와인은 베르멘티노를 주품종으로 만듭니다.

또한 깔비, 피가리, 사르뗀, 뽀르또-베끼오, 꼬또 뒤 깝 꼬르스의 5개 마을에서 생산되는 와인은 각자 마을의 명칭을 라벨에 표기할 수 있으며, 뱅 드 꼬르스에 비해 수확량이 낮습니다. 북서부에 위치한 꼬르스 깔비는 씨아카렐로, 니엘루치오, 그르나슈를 주품종으로 기타 토착 품종을 블렌딩해 만든 풀-바디 스타일의 레드 와인이 유명하고, 남쪽의 꼬르스 피가리와 뽀르또-베끼오는 현대적인 스타일의 화이트 와인이 유명합니다.

5개 마을 중 최북단에 위치한 꼬르스-꼬또 뒤 꺕 꼬르스는 뮈스까와 알레아티코를 각각 사용해 뱅 두 나뛰렐을 생산하는데, 알레아띠꼬로 만들면 라벨에 라쀠Rappu 라 표기합니다.

- AOC 뮈스까 뒤 꺕 꼬르스

뱅 두 나뛰렐로 생산되는 원산지 명칭으로, 꼬르스 섬 전역의 17개 마을에서 생산되고 있습니다. 뮈스까 아 쁘띠 그랭을 주품종으로 생산하며, 알코올 발효 중간에 주정을 첨가해 잔여 당분을 남긴 스위트 와인입니다.

12 일차

**자연친화적인
포도 재배와 와인 양조**

내추럴 와인

01. 자연친화적 농업의 움직임
02. 자연친화적인 포도 재배로의 회귀
03. 자연친화적인 재배로의 지향
04. 유기농 재배와 유기농 와인
05. 바이오-다이나믹 재배와 바이오-다이나믹 와인
06. 뤼뜨 래조네 재배와 자연친화적인 재배의 차이
07. 자연친화적인 와인 제조와 내추럴 와인

01   자연친화적 농업의 움직임

20세기 중반에 접어들면서 농업은 전과 다른 양상으로 전개되었습니다. 수확량의 증대와 농가의 이익을 극대화하기 위해 기계화와 능률화라는 목적으로 많은 합성화학 계통의 비료와 농약 사용이 정당화되었습니다. 인간의 수고와 경제적인 부담을 덜어주기 위한 행위는 시간이 지나면서 토양과 환경에 큰 변화를 가져왔으며, 그 결과 토양 오염과 생태계의 불균형을 초래하게 되었습니다. 또한 이를 섭취하는 인간에게도 악영향을 미친다는 사실을 인지하게 되면서 자연 친화적인 농업 움직임이 세계적으로 일고 있습니다. 이러한 흐름은 포도 재배에 있어서도 예외가 아니었으며, 더불어 와인 양조에도 변화가 일어나기 시작했습니다.

관행 농법(Conventional Agriculture)의 정의와 폐해

제2차 세계 대전 이후, 양조용 포도 재배를 비롯한 전 세계의 모든 농업에서 화학 비료 및 곰팡이 방지제, 살충제, 제초제 등의 합성화학 농약을 다량으로 사용하는 것이 일반화되었습니다. 관행 농법이라 불리게 된 이 근대적인 농법 덕분에 커다란 생산성 향상과 농가의 수고를 덜 수 있게 되었지만, 한편으로는 지속적인 화학 비료와 합성화학 계통의 농약 사용으로 인해 여러 가지 폐해가 연쇄적으로 발생하게 되었습니다.

첫 번째 폐해는 합성화학 계통 농약에 의한 토양의 오염을 들 수 있습니다. 양질의 토양 속에는 막대한 양의 미생물과 지렁이가 생식하고 있으며, 이것들은 포도의 건강한 발육에 도움을 주고 있습니다. 하지만 흙에 직접 살포하는 제초제와 잎사귀를 향해 뿌려지는 곰팡이 방지제와 살충제가 비에 씻겨 흙으로 스며들면서 토양 속의 생명들을 앗아가 버렸습니다.

프랑스의 저명한 토양 미생물학자 부부인 끌로드 부르기뇽Claude Bourguignon과 리디아 부르기뇽Lydia Bourguignon은 "인류가 농사를 시작한 6천여 년 전에는 지구의 12%가 사막이었으나, 현재는 32%가 사막이며, 이중 절반은 20세기 들어와 형성된 것이다. 또한 부르고뉴 지방의 그랑 크뤼 포도밭 토양 속의 미생물 숫자를 조사해 보니, 사하라 사막보다도 적었다."라는 충격적인 말을 했을 정도로 심각한 상황이었습니다.

두 번째 폐해는 다량의 합성화학 계통 농약을 지속적으로 사용하게 되면서 주변 생태계에 안 좋은 영향을 끼치고 더불어, 밭에서 일하는 사람들의 건강을 위협하고 있다는 것입니다. 아이러니하게도 인간의 일을 덜어주고자 개발한 이 물질들이 정작 인간을 위협하는 요인으로 작용하고 있습니다. 또한 곰팡이 방지제와 살충제에 관해서는 기존의 약제에 대해 내성을 가진 새로운 종류의 곰팡이, 해충 등의 발생을 촉진시킨다는 것도 알려져 있어 더욱 독성이 강한 약제가 개발되는 악순환에 빠지기 쉽습니다.

세 번째 폐해는 화학 비료를 다량으로 사용하게 되면 포도나무의 뿌리가 지표면 근처에만 뻗어나가게 되는 폐해를 낳기도 합니다.

일반적으로 포도나무의 뿌리는 깊이 뻗는 것이 품질에 좋은 영향을 끼친다고 알려져 있지만 다량의 화학 비료 사용으로 인해 지표면 부근의 영양분이 풍부해져, 포도나무는 굳이 뿌리를 깊이 뻗으려 하지 않는 결과를 초래하게 됩니다.

또한 포도나무의 생육을 촉진시켜주기 위해 칼륨 화학 비료를 다량으로 사용하게 되면 포도의 산도가 줄어들기 때문에 인위적으로 산을 첨가하는 보산 작업을 해야 하는 와인 산지도 발생하게 되었습니다. 실제로 1960년대부터 1970년대에 걸쳐서 부르고뉴 지방의 꼬뜨 도르 지구에서 다량으로 뿌려진 칼륨 비료 때문에 포도의 산도가 심각한 수준으로 떨어졌고, 추운 기후에도 불구하고 양조 과정에서 산을 보충하는 보산 작업을 진행하는 심각한 사태가 발생하기도 했습니다.

CONVENTIONAL
관행 농법에 관해서

제2차 세계대전 이후 전 세계의 농업은 화학 비료 및 합성화학 농약을 다량으로 사용하는 근대적인 농법이 보급되었습니다. 근대적 농법은 노동력을 줄여주는 동시에 생산성을 높여주었지만, 환경 오염의 문제와 작물의 품질 저하라는 문제를 발생시켰습니다.
현재 근대적이라는 단어 대신 부정적인 시각으로 보는 관행 농법은 토양의 오염과 생태계의 파괴, 그리고 인간의 건강을 위협하는 등의 많은 폐해를 가져다주고 있습니다.
그 결과 1980년대 이후부터 세계 주요 와인 산지에서는 옛날부터 해오던 자연친화적인 포도 재배로 돌아가려는 움직임이 일어나고 있습니다.

프랑스의 저명한 토양 미생물 학자 부부인 끌로드와 리디아 부르기뇽은 "인류가 농사를 시작한 6천여 년 전에는 지구의 12%가 사막이었으나, 현재는 32%가 사막이며, 이중에 절반은 20세기 들어와 형성된 것이다. 또한 부르고뉴 지방의 그랑 크뤼 포도밭 토양 속 미생물 숫자를 조사해 보니, 사하라 사막보다 적었다."라는 충격적인 말을 했을 정도로 관행 농법의 폐해가 심각한 상황이었습니다.

02 자연친화적인 포도 재배로의 회귀

지속 가능한 농법과 내추럴 와인(Natural Wine)의 등장

 관행 농법은 단기적인 측면에서 상당한 매력을 가지고 있는 것은 맞지만 장기적인 측면에서 보면 환경과 와인의 품질 면에서도 마이너스인 것을 알게 되었습니다.

 그 결과, 1980년대 이후부터 세계 주요 와인 산지에서는 옛날부터 해오던 자연친화적인 포도 재배로 돌아가려는 움직임이 일어나고 있습니다. 자연친화적인 포도 재배에는 몇 가지 방식이 존재하지만 모두 공통된 키워드는 환경 파괴 없이 '지속 가능한Sustainable'것을 목적으로 두고 있습니다. 주위 환경과의 조화를 꾀하면서 장기간 계속할 수 있는 농업을 의미하며, 이것은 와인의 품질에 있어서도 플러스라고 생각되고 있습니다.

 자연친화적인 방식 중 유기농 및 바이오-다이나믹 방식으로 재배된 포도만을 사용해 만든 와인을 '내추럴 와인'이라 부르고 있으며, 21세기 이후부터 전 세계적으로 붐을 일으키고 있습니다. 그러나 최근 들어 내추럴 와인이 인기가 높아지고 있는 것은 사실이지만 아직까지 그 양은 미미한 수준입니다. 또한 와인 생산 국가에서 공식적으로 내추럴 와인에 관한 규정 및 관련 인증 기관이 존재하지 않기 때문에 정확한 수치를 파악하는 것조차도 어렵습니다.

 각 나라의 공식 기관으로부터 유기농 재배를 인증을 받은 포도밭은 전 세계적으로 5%에도 미치지 못하며, 내추럴 와인은 그 이하 정도의 수치로 추측하고 있습니다.

03   자연친화적인 재배로의 지향

지속 가능한 재배 방식으로는 뤼뜨 래조네Lutte Raisonnée 재배, 그리고 자연친화적인 재배 방식으로는 유기농 재배 및 바이오-다이나믹 재배를 들 수 있습니다. 각각의 방식은 화학 비료 및 곰팡이 방지제, 살충제, 제초제 등의 합성화학 농약의 사용에 대한 규제와 방법에 차이가 있습니다.

뤼뜨 래조네(Lutte Raisonnée)의 정의

뤼뜨 래조네Lutte Raisonnée 란, 프랑스어의 단어로만 보면 '이론에 기초한 체계적인 싸움'을 의미합니다. 이해를 돕기 위해 의역하자면 '감축 합성화학 농법', 또는 '환경 보전 농법' 정도의 의미로 해석할 수 있는 농업 방식의 총칭으로, 영어의 서스테이너블 비티컬쳐Sustainable Viticulture(지속 가능한 포도 재배)와 같은 뜻이기도 합니다.

뤼뜨 래조네 방식은 유기농 재배, 바이오-다이나믹 재배처럼 화학 비료 및 합성화학 농약의 사용을 일체 금지하는 것이 아니라, 어쩔 수 없이 필요한 경우에 한하여 최소한의 수준은 사용이 인정되고 있습니다. 그런 의미로 합리적인 방식이라 할 수는 있지만, 문제는 유기농 재배와 같이 널리 합의된 객관적 기준과 규정이 없어서, 재배자가 판단해 최소한을 사용했다고 말하면 실제로는 다량의 화학 비료 및 합성화학 농약을 사용했더라도 뤼뜨 래조네라고 할 수 있다는 것입니다.

하지만 예외적으로, 프랑스 샹빠뉴 지방과 미국 캘리포니아 주와 같이 현지 생산자 단체가 주도하여 적정량 사용, 기준 책정, 인증 부여 등을 하고 있는 경우도 있습니다. 특히 2001년 이후, 캘리포니아 와인의 진흥을 목적으로 하는 생산자 단체인 캘리포니아 와인 협회The Wine Institute와 캘리포니아 포도 재배자 협회California Association of Wine Grape Growers가 공동으로

세운, 서스테이너블 와인 그로잉 프로그램Sustainable Wine Growing Program(지속 가능한 와인 생산 프로그램)은 큰 성과를 올리고 있습니다.

2011년 기준으로 약 1,700명의 포도 재배업자, 와인 생산업자가 참가해 캘리포니아 주의 와인 양조용 포도밭의 70%, 와인 생산량의 68%를 차지하고 있습니다. 더불어 2010년에는 제3자 기관에 의한 심사를 통해 인증 제도도 시작했으며, 인증을 받고 있는 생산자도 급속히 증가하고 있는 추세입니다. 이 프로그램은 '친환경적일 것', '경제적으로 실현 가능할 것', '사회적으로 공정할 것'이라는 3가지 타이틀로, 총 227항목, 500페이지에 달하는 상세한 안내서가 프로그램에 참가하는 포도 재배업자, 와인 생산업자에게 배포되고 있습니다.

지속 가능한 농법과 환경 보전 농법으로 불리고 있지만 내추럴 와인 생산자들은 이 농법을 부정하고 있습니다. 이들은 화학 비료 및 합성화학 제품을 절대 사용하지 않은 재배 방식만을 인정하고 있기 때문에 최소한의 수준을 사용하는 뤼뜨 래조네 방식도 자연친화적인 방식으로 인정하고 있지 않습니다.

04 유기농 재배와 유기농 와인

유기농 재배(Organic Agriculture)의 정의

　자연친화적인 재배 방법 중에서, 가장 인지도가 높은 것이 유기농Organic 재배 방식으로, 프랑스어로는 비올로직Biologic이라고 합니다. 이 방식은 19세기 말에서 20세기 중반에 활약한 영국의 저명한 농업학자인 알버트 하워드Albert Howard 경이 1940년에 출판한 '농업 성전' 책에서 시작된 농업 운동 또는 농법을 말하며, 그의 방식은 포도 이외의 농업, 축산업에서도 널리 행해지고 있습니다.

　유기농 재배는 토양이 갖고 있는 생물학적 환경의 균형을 중시하여 생태계를 보전하면서 지속적으로 자급자족할 수 있는 농업을 목적으로 하고 있습니다. 구체적인 방법으로는 화학비료와 합성화학 제품을 일체 사용하지 않는 것이 특징이지만, 예외적으로 보르도 혼합액 등 천연물에서 얻은 곰팡이 방지제 등 일부 종류에 한해서는 사용이 인정되고 있습니다. 게다가 최근 들어서는 인위적인 비료 공급, 흙의 경작, 병충해 방제, 제초 등에 관해서도 표준화된 규정이 확립되었습니다.

　유기농 재배의 인증 기관은, 지역 별로 설치되어 있습니다. EU 각국에 거점을 가진 최대 공적 인증 단체 에코서트ECOCERT를 비롯해서, 프랑스의 꺌리떼-프랑스Qalité-France와 나뛰르 에 프로그레Nature et Progrès(프랑스 민간 인증 단체로 1964년 설립되어 오랜 역사와 많은 회원 수 자랑), 독일의 나투르란트Naturland와 에코트 뱅Ecot Vin, 미국 캘리포니아의 CCOF 등 세계적으로 약 400개의 조직이 존재하고 있으며, 와인의 라벨에 이러한 인증 단체의 명칭과 로고가 인쇄되어 있는 것도 있습니다.

　또한 1972년에 설립된 국제 세계 유기농업 운동연맹IFOAM은 전 세계적으로 유기농 재배 방식의 진흥을 목적으로 하고 있으며, 현재 이 조직에는 약 100개국, 750개 단체가 가입되어 있습니다. 각 국가별로 법 규제도 정비되어 있으며, 공식적으로 유기농 재배라는 단어를

쓰기 위해서는 인증 단체로부터 인증을 받아야 합니다.

유기농 재배의 인증은 밭 단위로 이루어지며, 3년 이상에 걸쳐 화학 비료, 합성화학 제품을 사용하지 않는 등의 기준을 지속적으로 이행해야 하는 것이 필수입니다. 인증을 받은 후에도 한 번이라도 화학 비료, 합성화학 제품을 사용해 기준을 벗어나는 행위를 하게 되면, 인증이 취소됩니다.

01 균과 해충 방제
*보르도액 살포
*잎사귀 제거
*생물학적 방제
*천적/호르몬제

02 포도밭의 비료
*식물성 퇴비
*동물성 거름

03 잡초 제거/관리
*중경제초
*피복식물 재배

FRENCH WINE REGIONS
🇫🇷 ORGANIC

1.28% CHAMPAGNE	**13.5%** ALSACE	**7.7%** LOIRE	**12.6%** BOURGOGNE
24% JURA & SAVOIE	**7%** BORDEAUX	**5.4%** SUD-OUEST	**10.5%** RHÔNE
10% LANGUEDOC-ROUSSILLON		**24%** PROVENCE	**11%** CORSE

COGNAC 1.3%, BOURGOGNE 8.6%, BEAUJOLAIS 4%, JURA 17%, SAVOIE 7%

유기농 재배에서 사용되는 방법

　유기농 재배에서는 화학 비료, 합성화학 제품을 일체 사용하지 않기 때문에 화학 비료 대신에 퇴비와 거름을 사용해서 토양 속에 부족한 영양분을 보충합니다. 퇴비는 포도 껍질, 줄기 등 식물에서 얻은 유기물을 미생물이 분해시킨 것이고, 거름은 동물에서 얻은 유기물을 미생물이 분해시킨 것입니다.

　유기농 재배에 있어 곰팡이 예방 작업은 매우 중요합니다. 재배업자는 포도송이 주변의 잎사귀를 제거해 통풍이 잘 되게 하여 곰팡이 발생을 예방하고 있습니다. 곰팡이 방제에는 유황 분말과 보르도 혼합액(황산구리+생석회 액체) 등의 천연 재료 농약을 사용하고 있습니다.

　해충의 피해를 막기 위해서는 곤충, 벼룩 등의 천적을 포도밭에 풀어 놓거나, 특정 해충의 성호르몬이 들어 있는 캡슐을 포도나무에 설치해, 해충의 교미 활동을 어렵게 해서 개체 수의 증가를 억제하는 방법 등을 사용하고 있습니다. 이러한 것을 통틀어 생물학적 방제라 부르고 있습니다.

　잡초 제거는 합성화학 제초제 대신 제초기를 사용하고 있으며, 천연 재료로 만든 제초제를 뿌려 제거하고 있습니다. 이 외에, 이랑 사이의 잡초를 갈아엎거나, 흙을 갈아엎는 중경 제초 방법과 이랑 사이에 유익한 피복 식물을 심는 등의 다양한 방법들이 취해지고 있습니다. 이러한 작업은 잡초 제거뿐만 아니라, 흙에 파묻힌 잡초는 분해 및 부식되어 토양 유기물이 형성되기 때문에 자연스럽게 퇴비 역할을 하게 됩니다. 또한 토양을 순화시켜 통풍이 잘 되어 미생물의 번식도 촉진시켜 주는 효과를 얻을 수 있습니다.

　이렇듯 유기농 재배는 많은 인력과 노동을 필요로 합니다. 2017년 UMR Moisa가 실시한 조사에 따르면 유기농 재배 농장이 일반 농자에 비해 1.5배 많은 일자리를 창출하며, 유기농 재배 농장의 일자리가 더 안정적이고 정규직 비율도 더 높다고 발표했습니다.

ORGANIC WINE
유기농 와인

wine

유기농 방식에 따라 재배된 포도만을 사용해 만든 와인을 유기농 와인이라고 합니다. 기존의 규정은 단순하게 포도밭의 관리에만 국한된 것으로, 와인 제조 과정에 관한 내용은 포함되어 있지 않았습니다. 2012년, 유럽연합은 재배뿐만 아니라 와인 제조 과정의 내용을 포함시켜 유기농 와인에 대한 규정을 새롭게 제정하였는데, 그 중 제조 과정에서 타닌, 효모, 아황산염, 젤라틴 등의 11가지 첨가물을 허가하고 있습니다.

유기농 와인에 관해

유기농 방식에 따라 재배된 포도만을 사용해 만든 와인을 '유기농 와인'이라고 합니다. 과거의 규정은 단순하게 포도밭의 관리에만 국한된 것으로, 와인 제조 과정에 관한 내용은 포함되어 있지 않았습니다.

2012년 8월, 유럽연합은 재배뿐만 아니라 와인 제조 과정의 내용을 포함시켜 '유기농 와인'에 대한 규정을 새롭게 제정하였는데, 그중 제조 과정에서 타닌, 젤라틴, 효모, 아황산염 등의 11가지 첨가물을 허가하고 있습니다.

유기농 와인의 와인 제조 과정에서 합성화학 제품의 첨가물 사용에 관해서는 각 나라마다 차이가 있습니다. 수많은 합성화학 제품들이 일반적인 와인 양조 과정에서 사용되고 있는데, 가장 대표적인 것이 와인 보존제인 이산화황(SO_2)입니다. 유럽연합의 경우, 아황산염(SO_2)의 사용을 최소한으로 인정하고 있지만, 미국에서는 전국 유기농 프로그램 National Organic Program 에 따라 '유기농' 인증을 받은 와인은 아황산염의 사용을 엄격히 금하고 있습니다. 만약 유기농 재배만 하고 양조 과정에서 아황산염을 사용했다면 와인 라벨에 '유기농 포도로 만든 와인 Wine made from organic grapes'이라고 표기해야만 합니다. 단 알코올 발효 과정에서 자연스럽게 발생하는 이산화황을 고려해 총 농도를 20ppm 미만으로 규정하고 있습니다.

아황산염은 와인의 산화를 방지해 장기간, 때로는 수십 년 동안 지속될 수 있게 해주며, 유해한 박테리아나 미생물의 번식을 막아주는 역할을 합니다. 그렇기 때문에 일반 와인에 비해 아황산염이 무첨가, 또는 억제된 유기농 와인은 가급적 빨리 소비하는 것이 좋습니다.

현재 전 세계적으로 유기농 와인을 만드는 포도원은 대략 1,500~2,000곳으로, 프랑스에만 885곳 이상의 유기농 와인 생산자가 존재합니다.

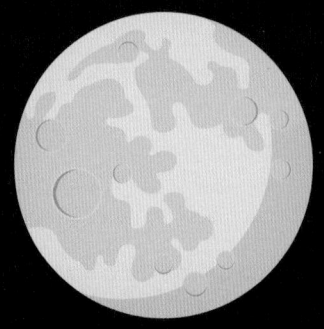

05 바이오-다이나믹 재배와 바이오-다이나믹 와인

바이오-다이나믹 재배(Bio-Dynamic Agriculture)의 정의

바이오-다이나믹의 사전적인 의미는 생물역학으로, 프랑스어로는 비오디나미Biodynamie 라고 합니다. 이 방식은 1990년대 이후부터 고품질 와인을 추구하는 생산자들 사이에 퍼져 나가고 있는 자연친화적인 농법으로 자리 잡았습니다. 1924년 오스트리아 출신의 신비주의 철학자 루돌프 슈타이너Rudolf Steiner가 창시한 철학으로, 처리보다는 예방을 중요시하며, 농장의 자급자족을 장려하는 것에 초점을 맞춰, 포도 재배에만 한정되지 않고 모든 작물과 축산을 대상으로 시행하고 있습니다. 그가 개설한 농업 강좌의 재배 이론은 유기농 재배보다 앞선 움직임으로 생태계의 원리와 영적, 초자연적인 시각을 지니고 있습니다. 현재 루돌프 슈타이너의 철학은 유기농 재배의 발전적 농법으로 보는 시각이 많지만, 역사적으로는 유기농 재배의 선두에 서서 그 성립에 커다란 영향을 끼치고 있습니다.

유기농 재배와 마찬가지로 화학 비료와 합성화학 제품을 일체 사용하지 않는 농법으로, 곰팡이, 해충 방제, 제초에 관해서도 유기농 방식과 유사한 방법이 사용됩니다. 하지만 바이오-다이나믹 재배가 특수한 것은, '주술적 테크닉'을 사용하는 것입니다.

그 테크닉에 의해 모든 자연의 힘이 조화롭게 균형을 이루어 흙과 식물이 활성화된다고 주장하고 있습니다. 실제로 창시자인 루돌프 슈타이너는 '20세기 최대의 신비학 연구자'로 불리는 사상가이며, 바이오-다이나믹은 그의 사상을 반영한 우주적, 정신세계적인 측면이 강하게 담겨 있습니다. 그 때문에 과학적 근거를 중시하는 합리주의자 입장에서는 '근거가 없는 신비학 연구자'로 강하게 비판받는 일도 적지 않았습니다.

바이오-다이나믹 재배에서 사용하는 방법

바이오-다이나믹 재배에 사용되는 주술적인 테크닉으로는 대표적인 3가지를 들 수 있습니다.

첫 번째, 채종 달력을 사용해 농사의 작업 시기를 결정하는 것입니다. 채종 달력은 루돌프 슈타이너의 가르침에 따라 독일에서 바이오-다이나믹 농원을 운영하는 마리아 툰 Maria Thun 여사가 1963년부터 매년 발행하고 있는 농사 달력으로, 천체의 운행에 맞춰 가지치기, 특수 조합제의 사용 등을 실시하는 일정이 정해져 있습니다. 식물의 생육은 달과 혹성의 운행에 따라 크게 영향을 받는다는 슈타이너의 이론에 맞춰 각각의 농사 작업 및 작업의 날짜를 매년 달력에 표시해 놓은 것입니다.

또한 마리아 툰 여사는 동일한 달력을 사용해 와인을 마셨을 때 맛있는 날과 그렇지 않은 날도 구별하고 있습니다. 그래서인지 가끔 바이오-다이나믹 와인 생산자들과 와인 시음을 할 때 평가가 만족스럽지 못하면, 그녀의 달력으로 변명을 하는 경우도 있습니다.

두 번째, 프레파라트 Präparat 라고 불리는 특수 조합제를 사용하는 것입니다.

프레파라트란 포도밭에 살포하거나 비료로 첨가하는 특수한 힘을 가진 물질을 말하며, 특수 조합제를 제작할 때에는 각각의 물질에 강한 에너지를 주기 위해서 수컷 소의 뿔, 사슴의 방광, 가축의 두개골 등에 채워, 특정 계절에 땅속에 묻어두는 조금 색다른 방식이 이용됩니다. 바이오-다이나믹의 약자인 BD에 3자리 코드 번호로 분류해, 소의 뿔과 쐐기 풀을 이용한 BD500, 석영의 결정체를 이용한 BD501 등 BD500~BD508까지 9종류의 특수 조합제를 기본적으로 사용하고 있으며, 그 외에도 여러 개의 특수 조합제가 존재합니다. 이러한 특수 조합제는 일반적으로 물에 희석해서 사용하고 있습니다.

예를 들면, BD501로 1헥타르당 2~6g을 30~300리터의 물에 희석해 사용하는데, 사실 이 정도 양의 특수 조합제로는 물리적으로 큰 효과를 기대할 수 없습니다. 그럼에도 불구하고 바이오-다이나믹 재배자들이 특수 조합제가 효과를 가지고 있다고 생각하는 것은 유럽의 대체의학인 호메오파티 요법 때문입니다.

　세 번째, 호메오파티Homeopathy 요법을 사용하는 것입니다. 이 요법에 사용할 약물은 농작물에 해를 끼치는 식물의 종자와 해충, 동물 등의 천연 재료를 태운 재로 만들어집니다. 조제한 약물은 물과 희석해서 밭에 살포하며, 희석 농도는 프레파라트와 동일하게, 거의 물에 가까울 정도로 묽게 희석해서 사용합니다. 호메오파티 요법에는, '양이 적어지면 적어질수록 효과가 강해진다.'는 원리가 담겨 있습니다.

　위의 방법은, 루돌프 슈타이너로부터 시작되어 확립된 교안으로 인식되기 쉽지만, 실제로 대부분은 루돌프 슈타이너가 죽은 후에 실험을 통해서 서서히 그 모습이 자리 잡은 것입니다. 결과적으로 바이오-다이나믹은 지금도 발전 중의 농법이라고 할 수 있습니다.

호메오파티(Homeopathy)

동종요법(同種療法)은 인체에 질병 증상과 비슷한 증상을 유발시켜 치료하는 유사과학이자 대체의학의 일종으로 유사 요법이라고도 합니다. 과학적 근거는 전혀 없는 것으로 알려져 있지만 과학 지식이 부족한 대중들에게 많이 퍼져있습니다. 호메오파티 요법은 1796년 독일 의사인 사무엘 하네만에 의해 정립된 그 만의 독특한 원리를 이용한 치료법으로 그는 "건강한 사람에게 어떤 특정한 증상을 유발하는 약물은, 그 증상을 나타내는 환자를 치유할 수 있는 힘을 가지고 있다."라고 주장하였습니다. 이렇게 해서 그는 동종요법이라는 새로운 의학의 원리들을 처음으로 서술하게 되었으며, 그는 이 원리를 유사성의 법칙이라 불렀습니다.

BIO-DYNAMIC
바이오-다이나믹에 관해

1924년 오스트리아 출신의 신비주의 철학자 루돌프 슈타이너가 창시한 철학으로, 1990년대 이후부터 고품질 와인을 추구하는 생산자들 사이에 퍼져나가고 있는 자연친화적인 재배 방식입니다.
슈타이너가 개설한 농업강좌의 재배 이론은 유기농 재배보다 앞선 움직임으로 생태계의 원리, 영적·초자연적인 시각을 지니고 있으며, 농장의 자급자족을 장려하는 것에 초점을 맞춰 모든 작물과 축산을 대상으로 시행하고 있습니다.

01 작업 시기의 결정	02 특수 조합제 살포	03 동종요법의 사용
*채종 달력을 사용 *천체 운행에 맞춤	*BD500~508 *기타 특수 조합제	*식물 종자, 해충을 태운 재를 사용

바이오-다이나믹 재배에 사용되는 주술적인 테크닉은 세 가지를 들 수 있습니다. 첫 번째, 채종 달력을 사용합니다. 채종 달력은 독일의 마리아 툰 여사가 매년 발행하는 농사 달력으로 이것을 사용해 농사의 작업 시기를 결정합니다. 두 번째, 프레파라트 특수 조합제를 사용하는 것입니다. 바이오-다이나믹 약자인 BD에 3자리 코드 번호로 분류해 소의 뿔과 쐐기 풀을 이용한 BD500, 석영의 결정체를 이용한 BD501 등 BD500~508까지 9종류의 특수 조합제를 사용합니다.
세 번째, 호메오파티 요법을 사용하는데, 이 요법에 사용할 약물은 농작물에 해를 끼치는 식물의 종자와 해충, 동물 등의 천연 재료를 태운 재를 물과 희석해서 포도밭에 살포합니다.

BD PRÄPARAT
특수 조합제

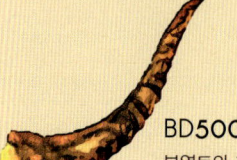
BD500
부엽토와 거름 혼합물을 소 뿔에 채워 넣고 40~60cm 깊이의 땅 속에 가을 기간 동안 묻어둔 후 이듬해 봄에 비료로 사용합니다.

BD501
봄 철 석영 가루를 소 뿔에 채워 넣고 땅 속에 묻었다가 가을에 꺼낸 뒤 1~6월 습한 시기에 혼합물을 살포합니다.

BD502
서양톱풀 꽃을 사슴 방광에 채워 넣고, 여름 동안 햇볕에 말린 뒤 겨울에 땅에 묻습니다. 이듬해 봄에 비료로 사용합니다.

BD503
카모마일 꽃을 소의 소장에 채워 넣고 가을 동안 땅에 묻은 뒤 봄에 비료로 사용합니다.

BD504
쐐기풀을 포도밭의 토양이나 주변에 묻어둡니다.

BD505
참나무 껍질을 얇게 잘라서 죽은 동물의 두개골 안에 넣고 빗물이 있는 땅 속에 묻어둡니다.

BD506
민들레 꽃을 소의 복막에 채워 넣고 겨울 동안 땅에 묻은 뒤 봄에 꺼내 비료로 사용합니다.

BD507
발레리아 꽃을 빗물에 담가둔 후 살포합니다.

BD508
쇠뜨기 풀을 빗물에 담가둔 후 살포합니다.

바이오-다이나믹 재배에 사용되는 프레파라트는 토양의 활성화, 포도 나무의 면역력 증진과 곰팡이 예방, 식물의 대사 촉진 등 여러 효과가 있다고 주장하지만, 아직 정확하게 과학적으로 증명된 것이 없어 효과에 대해서는 언급하지 않았습니다.

바이오-다이나믹 와인에 관해

바이오-다이나믹 방식에 따라 재배된 포도만을 사용해 만든 와인을 바이오-다이나믹 와인이라고 합니다.

유기농 와인과 마찬가지로 주요 국제 인증 기관마다 와인 제조 과정에서 합성화학 제품의 첨가물에 차이를 보이고 있습니다. 바이오-다이나믹의 국제 인증 단체인 데메테르의 경우, 미국과 오스트리아 지부에서는 배양 효모의 사용을 금하고 있지만, 독일 지부에서는 이를 허가하고 있습니다. 이처럼 인증 기관과 단체 등에 의해 해석과 규정에 관한 차이가 존재하지만, 유기농 와인과 가장 명확하게 구분 지을 수 있는 것은 아황산염의 사용 수치입니다. 일반적으로 바이오-다이나믹 와인이 유기농 와인에 비해 아황산염의 사용 수치가 더 적습니다.

바이오-다이나믹의 인증 기관

현재 전 세계 50개국에서 바이오-다이나믹 방식을 적용해 재배하고 있으며, 포도뿐만 아니라 곡식, 목화, 누에 재배에 이르기까지 다양한 환경에서 이 농법이 사용되고 있습니다.

유기농 재배와 마찬가지로, 바이오-다이나믹 재배에서도 각종 민간단체가 특정 기준에 따라, 포도밭마다 인증을 하고 있습니다. 루돌프 슈타이너의 영향을 받은 후계자들에 의해, 1928년에 창설된 것이 국제적 인증 단체, 데메테르 DEMETER International 로, 현재 세계 약 20개국에 지부를 갖고 있습니다. 이 단체는 바이오-다이나믹 인증 프로그램을 만들어 농경 지침, 온실 관리, 가축 지침, 수확 후 관리 등의 세부적인 규정으로 관리하고 있습니다. 인증 단체의 명칭인 데메테르는 그리스 신화에 나오는 올림포스 12신 중, 대지의 여신을 의미합니다.

한편 1996년에 프랑스에서 설립된 SIVCBD 단체에서도 바이오-다이나믹 인증을 하고 있습니다. 이 단체는 와인 제조용 포도만을 대상으로 하고 있으며, 인증을 받은 생산자는 비오디뱅Biodyvin 로고를 라벨에 표시하고 있습니다. 현재 SIVCBD 단체에는 프랑스, 독일, 이탈리아, 포르투갈, 스위스 등 148명의 생산자가 가입되어 있으며 3,700헥타르의 포도밭을 인증하고 있습니다.

데메테르에 비해 SIVCBD가 비교적 탄력적인 조직이며, 가축을 농장 안에서 사육하지 않아도 좋다는 등, 농법에 관한 일부 규정도 느슨한 편입니다

2013년 기준으로 전 세계 10,000헥타르 이상, 700개 포도밭에서 바이오-다이나믹 인증을 받았으며, 유명 생산자들도 최근 바이오-다이나믹 농법으로 전환하고 있는 추세입니다. 프랑스의 유명 바이오-다이나믹 와인 생산자로는 부르고뉴 지방의 도멘 르루와Domaine Leroy, 루아르 지방의 도멘 니꼴라 졸리Domaine Nicolas Joly, 론 밸리의 M. 샤뿌띠에M. Chapoutier, 알자스 지방의 도멘 진트-움브레흐트Domaine Zind-Humbrecht 등이 있습니다.

바이오-다이나믹 재배에 관한 다양한 의견

현재 바이오-다이나믹 재배가 와인 생산자들 사이에서 크게 유행하고 있지만, 창시자인 루돌프 슈타이너는 술의 생산, 소비를 일체 인정하지 않는 절대 금주 주의자였습니다. 바이오-다이나믹의 가르침을 정리한 '농업 강좌' 강연록에서, 루돌프 슈타이너는 독일의 포도 재배업자와 와인 생산자들이 자급자족 목적이 아닌 상업적인 수단으로 자신의 이념을 사용한다고 쓴소리로 비판하기도 했습니다. 또한, 루돌프 슈타이너가 주장한 바이오-다이나믹의 본래 모습은 다양한 작물과 가축이 상호작용을 하면서 유기체로서의 농장을 만들려고 한 것이며, 이것은 유기농 재배에도 공통된 생각이기도 합니다. 하지만 포도 재배업자들은 바이오-다이나믹의 원래 취지와는 달리 와인 양조용 포도만을 단편적으로 재배했으며, 이런 점에서도 루돌프 슈타이너의 사상과는 크게 벗어난 것입니다.

최근 들어, 바이오-다이나믹을 실천하는 포도 재배업자들은 포도밭 생물의 다양성을 조금

이라도 늘리기 위해 여러 종류의 식물을 함께 심는 노력을 하고 있으며, 그 결과 포도밭의 건강, 특히 생물의 다양성, 토양의 비옥도, 작물의 영양 상태, 해충, 잡초, 질병 관리 분야에 있어 개선되었다고 주장하고 있습니다. 대표적인 생산자가 부르고뉴 지방의 도멘 르플래브 Domaine Leflaive의 안-끌로드 르플래브 Anne-Claude Leflaive 여사로, 바이오-다이나믹 재배를 통해 병든 포도밭을 구했다고 그녀는 믿고 있습니다.

반면 캘리포니아 주의 일부 포도 재배업자들은 바이오-다이나믹 방식과 유기농 방식에는 품질 차이가 없다고 주장하고 있습니다. 이들은 캘리포니아 주의 유키아 Ukiah 포도밭에서 서로 다른 구획을 대상으로 각각 바이오-다이나믹 재배와 유기농 재배를 시행한 결과 토질과 포도나무당 수확량, 그리고 포도송이와 포도 알갱이의 무게에서 차이를 발견하지 못했다고 밝혔습니다.

미국의 경제잡지 '포춘'에서 동일 생산자의 일반 와인과 바이오-다이나믹 와인 각각 10쌍을 준비해 7명의 와인 전문가를 대상으로 블라인드 시음회를 진행했습니다. 시음회에 참석한 와인 전문가들은 9개의 바이오-다이나믹 와인들이 일반 와인에 비해 품질이 더 뛰어나며, 그중에서 아로마, 풍미, 질감에 있어 특정 떼루아 및 원산지를 더 잘 표현한다고 밝혔습니다. 하지만 모든 바이오-다이나믹 와인이 일반 와인에 비해 품질이 더 뛰어난 것은 아닙니다. 일부 비평가들은 포도 재배업자 및 와인 생산자들이 노력과 정성을 다하지 않았다면 건강한 포도밭과 와인 품질의 향상이 일어날 수 있을지에 대해 의문을 제기하기도 합니다. 또한 바이오-다이나믹 와인의 성공을 생산자들의 높은 장인 정신과 세심한 주의를 기울인 탓으로 돌리는 비평가들도 있습니다.

CERTIFICATION
인증 기관 로고

유기농의 인증 기관

유럽연합 유기농 인증

프랑스 유기농 인증

미국 유기농 인증

바이오-다이나믹 인증 기관

프랑스 바이오-다이나믹 인증

데메테르 바이오-다이나믹 인증

06 뤼뜨 래조네 재배와 자연친화적인 재배의 차이

뤼뜨 래조네 재배는 경제적인 측면도 포함시켜 종합적인 지속 가능성을 고려하고 있기 때문에 각각의 실천 면에서는 자연친화적인(유기농, 바이오-다이나믹) 재배와는 상반되는 부분이 존재합니다. 예를 들어 합성화학 농약의 사용량은 극도로 자제하지만, 이것은 경제적 지속 가능성 범위 내에서 시도가 되고 있습니다. 합성화학 농약의 살포에 의지하지 않으면 작물이 전멸할 위험이 높은 경우, 유기농, 바이오-다이나믹 재배에서는 그저 묵묵히 참고 있을 뿐이지만, 뤼뜨 래조네에서는 주저하지 않고 합성화학 농약을 살포합니다.

이것은 인간과 감기의 관계와 비슷합니다. 감기에 걸렸을 때 약을 전혀 먹으려고 하지 않는 것이 유기농 재배, 바이오-다이나믹 재배 방식의 입장입니다. 반면 평소부터 건강 관리에 신경 써서 불필요한 약은 먹지 않으려 노력하지만, 몸 상태가 좋지 않으면 약도 먹는다는 것이 뤼뜨 래조네 재배 방식의 입장입니다.

각각의 재배 기술의 선택에서도 유기농, 바이오-다이나믹 재배와 뤼뜨 래조네 재배와는 방침이 다른 점이 있습니다. 예를 들어 유기농, 바이오-다이나믹 재배에서는 쟁기질로 제초 작업을 하는 것이 토양에 활력을 주는 중요한 방식이라고 생각한다며, 뤼뜨 래조네 재배는 쟁기질에 관해 토양의 유출, 토양의 단립 구조의 파괴, 트랙터 사용에 따른 배기가스의 대기 오염, 화석 연료의 사용 문제 등의 관점에서 지속 가능한 포도 재배 방식이 아니라고 생각하고 있습니다.

또한 천연 재료로 만든 보르도 혼합액은 독성이 매우 강하며 함유된 구리는 토양에 축적되어 오염의 원인이 되고 있습니다. 현재 유기농, 바이오-다이나믹 재배에서 보르도 혼합액의 사용이 인정되고 있으며, 이 점에 있어 유기농 재배, 바이오-다이나믹 재배를 비판하는 사람들도 있습니다.

현재 뤼뜨 래조네, 유기농 재배의 생산자 중에는, 바이오-다이나믹 재배의 일부 방법을 실험적으로 도입하는 경우도 있으며, 바이오-다이나믹 재배로의 이행 단계로, 뤼뜨 래조네를 내거는 생산자도 있습니다.

CONVENTIONAL VS ORGANIC
관행 농법과 유기농의 차이

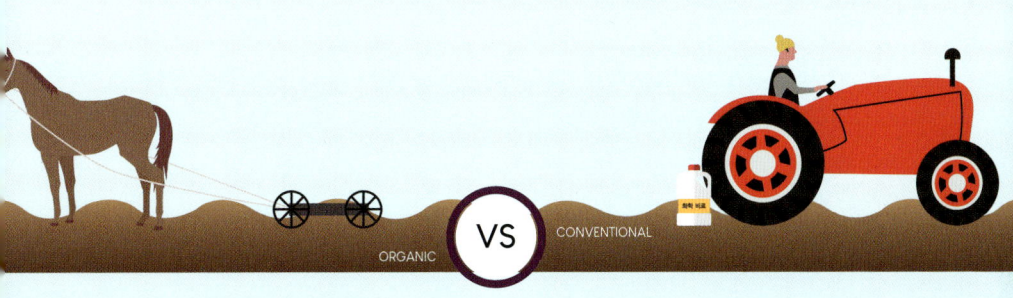

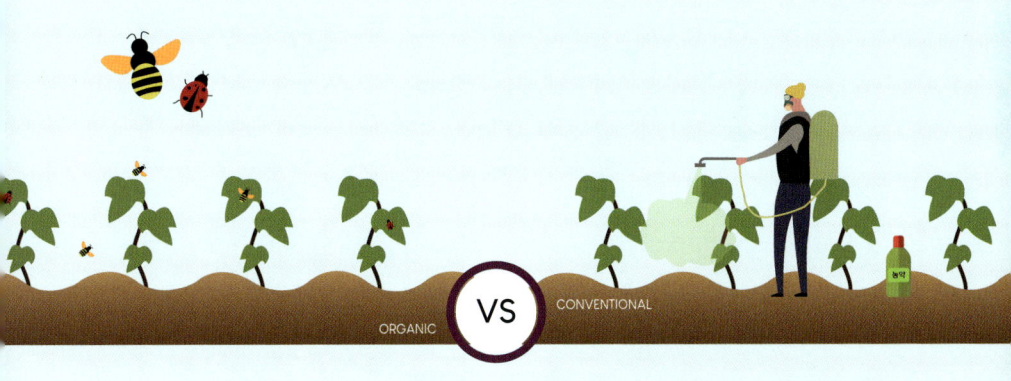

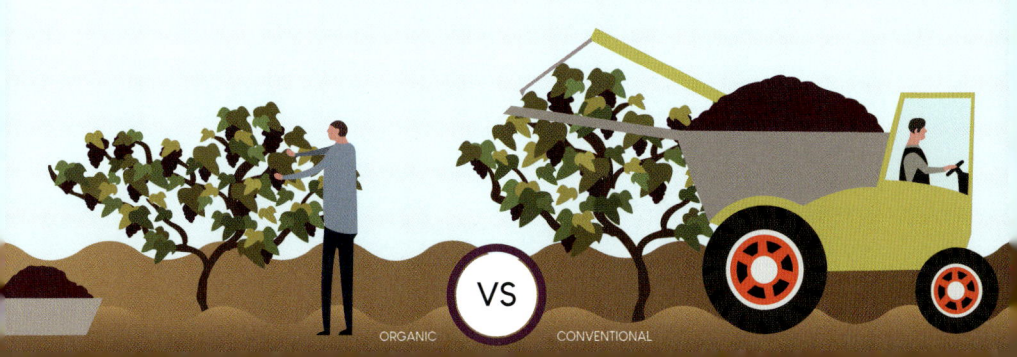

NATURAL WINE
내추럴 와인

자연친화적인 재배, 즉 유기농과 바이오-다이나믹 재배에서는 화학 비료 및 농약 등 합성화학 제품의 사용을 엄격히 금하고 있습니다. 하지만 자연친화적인 재배 방식을 이행하는 와인 생산자일지라도 대부분은 와인 제조 과정에서 합성화학 첨가물 등을 사용하고 있습니다. 이러한 생산 관행에 반대하는 일부 생산자들은 포도 재배 뿐만 아니라, 와인 제조 과정에서도 합성화학 첨가물 등의 인위적인 개입을 최소화하려고 노력하고 있습니다. 20세기 후반부터 이러한 생산자들이 만든 와인을 내추럴 와인, 또는 자연파 와인이라 부르고 있습니다.

07 자연친화적인 와인 제조와 내추럴 와인

    자연친화적인 재배, 즉 유기농, 바이오-다이나믹 재배에서는 화학 비료 및 농약 등의 합성화학 제품의 사용을 엄격히 금하고 있습니다. 하지만 자연친화적인 재배 방식을 이행하는 와인 생산자일지라도 대부분은 와인 제조 과정에서 합성화학 첨가물을 사용하고 있습니다. 이러한 생산 관행에 반대하는 일부 생산자들은 포도 재배뿐만 아니라 와인의 제조 과정에서도 합성화학 첨가물 등의 인위적인 개입을 최소화하려고 노력하고 있습니다. 20세 후반부터 이러한 생산자들이 만든 와인을 '내추럴 와인', 또는 '자연파 와인'이라 부르고 있습니다. 그럼 내추럴 와인에 사용되고 있는 자연친화적인 제조 방법과 내추럴 와인의 규정에 대해 살펴보도록 하겠습니다.

인위적 개입의 회피, 억제

    내추럴 와인은 알코올 발효와 말로-락틱 발효 과정에서 시중에 판매되는 배양 효모, 배양 유산균 대신 천연·야생 효모, 천연 유산균을 사용하고 있습니다. 특히 천연 효모에 관해서는 최근 각각의 지역, 포도밭 별로 고유의 종이 자라고 있다는 것이 알려지게 되면서 떼루아의 일부로 받아들여지는 경향이 있습니다.

    양조를 보조하는 각종 첨가물을 최대한 사용하지 않는 것도 자연친화적 와인 제조의 특징입니다. 과즙의 정제를 촉진하는 각종 효소와 알코올 발효 중 효모의 증식을 돕는 영양제, 그리고 산화 방지와 유해한 박테리아의 번식 억제해 주는 이산화황과, 와인의 불순물을 제거하기 위해 사용되는 정제제 등이 그 대상입니다.

    최근에는 펌프와 원심 분리기의 비사용, 여과의 회피 등 포도 과즙 및 와인에 가하는 물리적인 힘을 최소화하는 것도 중요시되고 있으며, 이 과정은 중력에 의해 자연스럽게 진행하고 있습니다. 게다가 내추럴 와인 생산자 중에는, 알코올 발효 중의 온도 관리조차 부자연적인 인위적 개입으로 생각하여 전혀 하지 않는 경우도 있습니다.

참고로 유럽 연합에서는 유기농 와인 양조 과정에 50여 가지의 첨가물과 가공 보조제의 사용을 허가하고 있으며, 이점을 내추럴 와인 생산자들이 문제를 제기하고 있습니다.

이산화황(SO_2) 무첨가 와인

안정적이고 위생적인 와인 양조를 하기 위해 이산화황의 첨가는 불가피합니다. 하지만 내추럴 와인 생산자 중 일부는 그 양을 억제할 뿐만 아니라, 양조 과정의 첫 단계인 파쇄 과정부터 병입 과정에 이르기까지 이산화황을 전혀 첨가하지 않는 경우도 있습니다.

이산화황을 첨가하지 않은 와인은 특유의 부드러운 질감을 갖는 것이 특징이지만, 양조 과정에서 위험성이 매우 크게 나타날 수 있습니다. 특히 이산화황 무첨가 와인에서는 본드, 식초 등의 휘발산 냄새와, 오래된 가죽과 유사한 부패 효모 냄새, 그리고 주정 강화 와인인 셰리, 사과 발효주인 시드르와 같은 산화 향 및 유황 냄새와 같은 환원취 등의 불쾌한 풍미가 종종 강하게 느껴지기도 합니다. 또한 이산화황의 양이 적으면 적을수록, 일반적으로 와인의 수명은 짧아진다고 알려져 있습니다. 하지만 이산화황을 첨가하지 않고 와인을 만드는 생산자 중에서는 이와 반대의 주장을 하는 이들도 있기도 합니다.

이산화황은 알코올 발효 과정에서 생성되는 부산물로, 최대 10ppm의 이산화황이 자연적으로 생성되기 때문에, 이산화황 무첨가 와인이라고 해도 와인에 함유된 이산화황의 양이 없을 수는 없습니다. 게다가 일부 이산화황 무첨가 와인 중에는, 이산화황을 사용하지 않아 발생하는 결함을 억제하기 위해 타닌 흡착제PVPP를 포도 과즙에 첨가하거나, 또는 이산화황을 첨가해서 양조한 와인에서 후에 화학적 처리를 통해 이산화황을 제거하거나 하는 등의 전혀 앞뒤가 맞지 않는 기술도 행해지고 있습니다.

NATURAL WINE MAKING
내추럴 와인의 양조

내추럴 와인은 알코올 발효와 말로-락틱 발효 과정에서 시중에서 판매되는 배양 효모와 유산균 대신 천연·야생 효모와 천연 유산균을 사용하고 있습니다. 천연 효모에 관해서는 최근 각각의 지역, 포도밭 별로 고유의 종이 자라고 있다는 것이 알려지게 되면서 떼루아 일부로 받아들여지는 경향이 있습니다.

또한 양조를 보조하는 각종 첨가물을 최대한 사용하지 않는 것과, 펌프와 원심 분리기의 비사용, 여과의 회피 등 포도 과즙 및 와인에 가하는 물리적인 힘을 최소화하는 것도 매우 중요시되고 있습니다.

내추럴 와인의 제조 규정

내추럴 와인 제조 과정에서 이산화황의 첨가량을 줄이는 것 외에 다음과 같이 몇 가지 지켜야 할 점이 있습니다.

① 반드시 손으로 수확을 행해야 하며, 될 수 있는 한 깨끗한 포도를 사용해야만 한다.
② 자연에 존재하는 효모만으로 알코올 발효를 행해야 하며, 말로-락틱 발효를 인위적으로 차단하지 않아야 한다.
③ 정제 및 여과 작업을 하지 않아야 한다.
④ 와인 양조 및 숙성 과정에서 그 어떤 첨가물도 넣지 않아야 한다. 단 이산화황은 예외적이며, 최대 허용치는 스파클링 와인, 화이트 와인은 리터당 50mg, 로제 와인, 레드 와인은 리터당 30mg 초과해서는 안 된다.

상기 규정에 따라 제조하기 위해서는 포도의 산도를 높게 유지해야 합니다. 산도는 미생물에게는 독이기에, 높으면 높을수록 이산화황 첨가량도 적어지게 됩니다. 단, 최근 들어 내추럴 와인 생산자들이 포도 성숙도가 높은 포도를 사용하고 싶어 하는 경향이 있고, 포도가 잘 익을수록 산도는 감소하는 경향이 있기 때문에 주의해야 합니다. 또한, 미생물의 살균도 산도가 높을수록(pH가 낮을수록) 이산화황의 효과가 더 잘 듭니다. 레드 와인의 경우, 타닌 성분이 산화를 막아주기 때문에 이산화황의 첨가량을 억제하기 쉽습니다. 하지만, 첨가한 이산화황이 타닌 등에 흡착되어 효과가 나빠지는 경우도 있으니 주의해야 합니다.

제조·병입 과정에서 산소를 제거하거나 또는 이산화탄소를 잘 이용해야 합니다. 이것은 내추럴 와인 생산자들이 자주 사용하는 기술로, 이산화탄소는 미생물에게 독이기 때문에 병 안에 채운다면 이산화황을 대신해서 와인을 지켜주는 작용을 합니다. 극단적인 예지만, 질소 가스를 와인 안에 순환시켜서 용해 산소를 제거하는 등의 자연 친화적인지 어떤지 알 수 없는 방법도 있습니다.

SULFITE OF NATURAL
내추럴 와인의 이산화황

유럽연합의 SO₂ 첨가 허용치

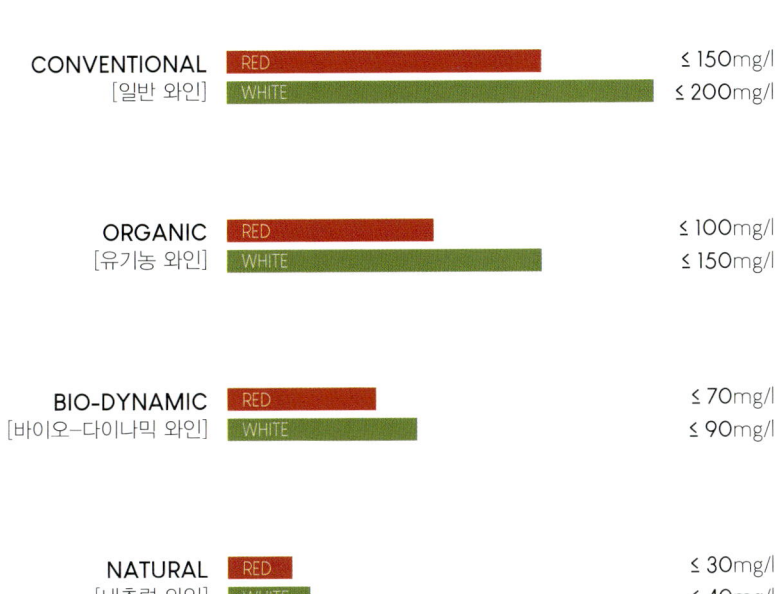

2012년 이전의 유기농 와인은 포도 재배만 유기농법으로 재배된 와인을 의미했으나, 새롭게 개정된 이후 포도 재배 뿐만 아니라 와인 제조 모두 유기농 방식에 의거해 만들어진 와인을 의미합니다.

NATURAL WINE MAKING
내추럴 와인의 양조

내추럴 와인 제조 과정에서 이산화황 첨가량을 줄이는 것 외에 다음과 같이 몇 가지 지켜야 할 점이 있습니다.

1. 반드시 손으로 수확을 행해야 하며, 될 수 있는 한 깨끗한 포도를 사용해야 한다.
2. 자연에 존재하는 효모만으로 알코올 발효를 행해야 하며, 말로-락틱 발효를 인위적으로 차단하지 않아야 한다.
3. 정제 및 여과 작업을 하지 않는다.
4. 와인 양조, 숙성 과정에서 그 어떤 첨가물도 넣지 않아야 한다. 단 이산화황은 예외적이며 최대 허용치는 스파클링, 화이트 와인은 리터당 50mg, 레드 와인은 리터당 30mg 초과하면 안 된다.

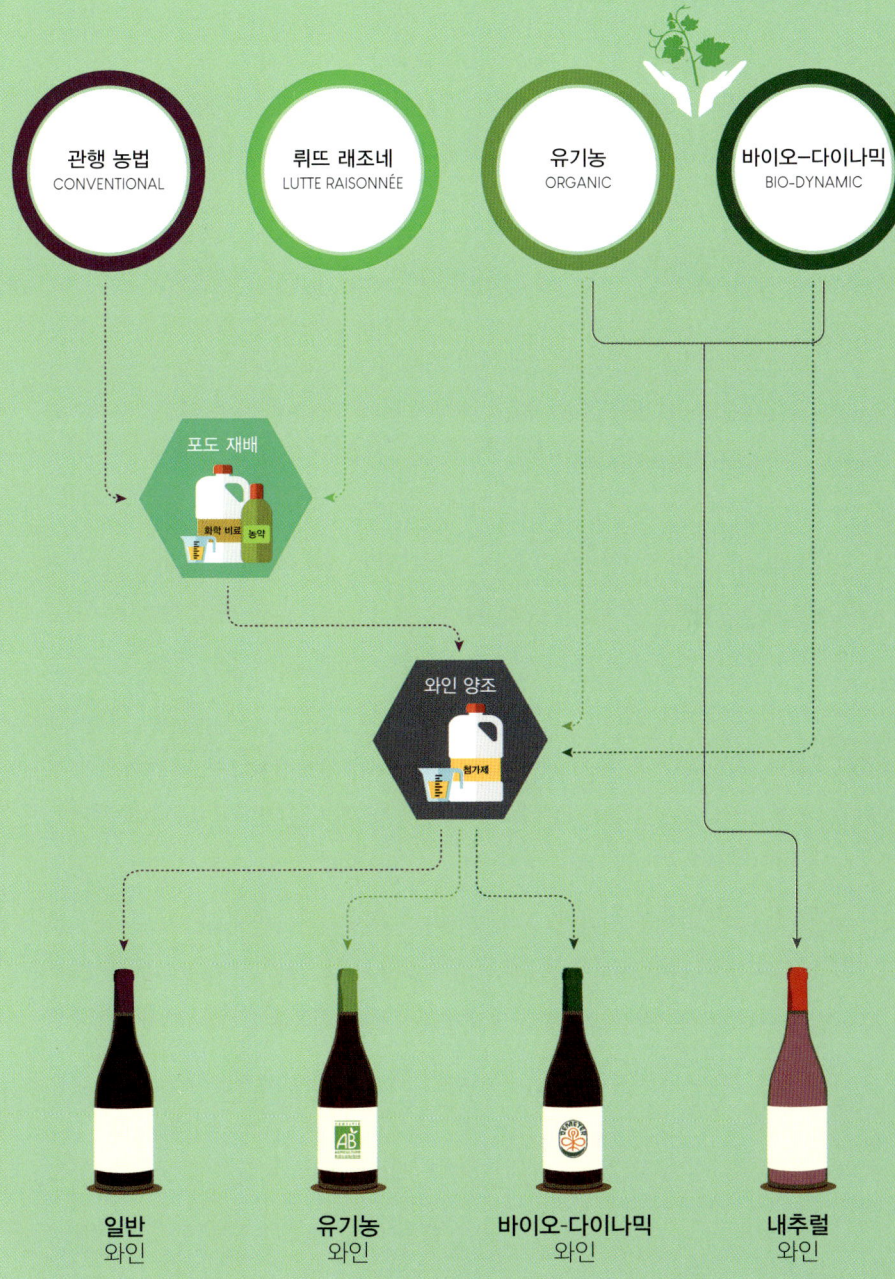

내추럴 와인의 보관에 관해서

양조 및 숙성 과정에서의 안정화 처리가 최소한도로 이루어진 내추럴 와인은, 일반적인 와인에 비해 변질되기 쉽기 때문에, 반드시 저온에서 보관하는 것이 좋습니다. 또한 구입 이후 관리뿐만 아니라 구입 전에 냉장설비를 사용해 운송을 철저히 이행하는 수입업자의 와인을 고르는 것도 중요합니다. 내추럴 와인 생산자 중에는 부르고뉴 지방의 도멘 뽕쏘Domaine Ponsot와 같이 온도가 변하면 색이 변하는 특수 재질의 스티커를 병 목에 붙이는 경우도 있습니다. 이것은 유통업자의 적절한 관리를 요구하기 위한 방책이기도 합니다.

미국 시장에 프랑스의 내추럴 와인을 소개한 유명한 와인 수입업자인 커밋 린치Kermit Lynch는 그의 저서 '어드벤쳐스 온 더 와인 루트Adventures on the Wine Route 1988'에 내추럴 와인에 대한 다음과 같이 기술하였습니다.

"여과하지 않은 와인이 변해 있었던 경우는 지금까지 3~4번 정도밖에 되지 않았다. 내가 오랜 세월 동안 수입해 온 무여과 와인의 양을 생각한다면, 그 정도의 비율은 매우 낮은 정도라고 생각한다. 바보 같은 이야기로 들릴지 모르겠지만 아마도 내가 수입한 와인을 구입한 고객들이 자신의 셀러에서 변한 와인을 발견했을 때, 손해를 감수하고 어떠한 불만을 말하지 않기 때문이라고 나는 믿고 있다. 고객이 불만을 제기하면 와인 수입업자는 그것에 대해 사과, 변상해야 하고, 와인 수입업자는 다시 와인 생산자에게 불만을 말해서 미안하게 만든다. 그럼 생산자는 안전한 와인을 만들기 위해 와인을 살균하게 될 것이고, 그렇게 되었다고 했을 때, 과연 누가 이득을 얻는 것인가를 생각해볼 필요가 있다.

만약 당신이 내추럴 와인을 사랑한다면, 가끔 불행한 사고가 일어나도 받아들여야 하는 것은 아닌가? 머리가 이상해져서 성범죄를 저지르는 남자가 있다고 해서 우리 사회가 남성 전원을 거세하지는 않는 것처럼 말이다. 적어도 나는 그런 식으로는 하고 싶지 않다."

당신이 내추럴 와인을 만드는 생산자의 철학에 찬성해 응원하고 싶다면, 약간의 상처에 눈을 감아주는 것도 때로는 필요할지도 모릅니다. 그렇다고 해서 커밋 린치와 같이 무조건적으로 내추럴 와인과 그 생산자를 옹호하는 입장을 취해서는 안됩니다. 이러한 입장은 자칫 내추럴 와인 생산자들이 품질보다 지금의 인기에 의해 상업적인 목적으로만 내추럴 와인을 생산할 수 있으며, 이러한 와인들은 장기적으로 내추럴 와인 시장에 암적 요소로 작용될 수 있기 때문입니다.

더불어 내추럴 와인에 관심이 있거나 좋아하는 애호가분은 와인 판매자, 와인 전문가들에게 그 와인에 대한 정확한 정보를 요청하는 습관을 지녀야 하며, 이와 더불어 국내 와인 업계 종사자들도 와인 정보 수집과 소개에 있어 노력을 기울여야 할 것입니다.

내추럴 와인의 대표적인 결함, 브레따노미세스(Brettanomyces)

브레따노미세스는 효모 균의 한 종류로, 포도밭이나 양조장에서 활발하게 활동하고 있습니다. 이 균은 산소에 노출된 상태에서는 포도당을 산성화시켜 많은 양의 아세트 산을 생성하며, 와인의 향과 풍미에도 영향을 미칩니다. 특히 호기성 상태와 오크통 내부의 불규칙한 표면은 브레따노미세스의 성장에 좋은 조건이 되며, 양조장이 비위생적인 환경일 때에도 마찬가지입니다. 브레따노미세스 성장을 억제하기 위해서는 이산화황을 사용하는 것이 효과적으로 알려졌지만, 내추럴 와인의 경우 이산화황을 억제하거나, 또는 첨가하지 않았기 때문에 이 문제가 자주 발생하게 됩니다.

일부 양조가들은 낮은 수준의 브레따노미세스 화합물은 와인에 긍정적인 영향을 주며, 와인 향과 풍미에 복합성과 영한 레드 와인에 숙성된 캐릭터를 제공한다고 믿고 있습니다. 하지만 브레따노미세스 화합물이 과도한 수준이 되면 향과 풍미에 부정적인 영향을 미쳐 와인의 결함으로 간주합니다. 브레따노미세스 화합물은 비율에 따라 완전히 다른 감각적인 특성을 전달할 수 있으며, 와인에 다음과 같이 느낄 수 있습니다.

❖ 4-ethylphenol 화합물에 의해 반창고, 농가 마당, 말안장, 소독약 등의 부정적인 향과 풍미로 인지
❖ 4-ethylguaiacol 화합물에 의해 베이컨, 향신료, 정향, 훈 향 등의 긍정적인 향과 풍미로 인지
❖ 이소길초산(Isovaleric Acid) 화합물에 의해 땀에 젖은 양말, 치즈, 악취 등의 부정적인 향과 풍미로 인지

NATURAL WINE FAULT
내추럴 와인의 결함

내추럴 와인의 대표적인 결함으로는 브레따노미세스가 있습니다. 브레따노미세스는 효모균의 한 종류로, 포도밭과 양조장에서 활발하게 활동하며 산소에 노출되었을 때 포도당을 산성화시켜 많은 양의 아세트산을 생성하여 와인의 향과 풍미에도 영향을 미칩니다.
낮은 수준의 브레따노미세스는 와인에 긍정적인 영향을 준다고 주장하지만, 과도한 수준이 되면 향과 풍미에 부정적인 영향을 미쳐 결함으로 간주합니다. 특히 땀에 젖은 양말, 악취 등의 향은 브레따노미세스로 인한 내추럴 와인의 대표적인 결함입니다.